세기말의 러시아 문제

Русский вопрос на рубеже веков

알렉산드르 이사예비치 솔제니친 평론집

이 책은 한국문학번역원, 러시아문학번역원의
지원을 받아 출간되었습니다.

목차

3부. 세기말의 러시아 문제

*독자의 편의를 위해 '3부'의 각 장 제목은 편집자가 붙였음을 알려 드립니다.

서문
솔제니친의 일생을 관통한 조국애의 기록들

'평생 내 발밑에 있던 조국의 땅, 이제서야 그 아픔을 듣고 이 땅에 대해 쓴다'고 했던 솔제니친은 진정한 애국자였다. 조국에 대한 사랑은 그의 평생을 관통했다. 박해자들로 인해 조국을 빼앗기고 떠밀리듯 망명을 떠나야 할 때도 조국의 운명에 대한 충성 어린 마음과 조국의 미래에 대한 갈증을 줄이지 못했다.

솔제니친은 자유로운 미래를 꿈꾸었을 뿐 아니라 끊임없이, 고집스럽게 그리고 강렬하게 동료들의 경험을 받아들이고 앞 세대의 생각을 연구하며, 그가 살아야 했던 낯선 땅과 그 땅의 민족들의 삶을 비교했다. 솔제니친의 모든 작품과 평론들은 결국 이 미래를 지향한다.

이 책은 조국이 새로운 길로 나아가길 열렬히 바라는 솔제니친의 네 편의 글로 구성되었다.

「소비에트 연방 지도자에게 보내는 서한」(1973년)은 솔제니친이 아직 망명 전 "이 지도자들의 아버지가 일반 러시아 사람들이자 평범한 남자들이었다면 아이들을 그렇게 버려둘 수는 없지 않았을까? 자신만 있고 나라는 사라져간다면 이기적 탐욕이 아니고 무엇인가?"라며 조국이 회복의 길로 나아가길 바라는 실낱같은 희망을 품고 쓴 글이다. 그러나 그 희망은 실현되지 않았다.

「어떻게 러시아를 재건할 것인가?」(1990년)는 페레스트로이카가 시작되고 '어디로 어떻게 갈 것인가?', '공산주의 이후 러시아를 어떻게 세울 것인가?'라는 질문이 날카롭게 던져졌을 때 쓴 글이다. 이 글은 두 개의 장으로 나뉘는데 첫 번째 장이 가장 뜨거운 순간에 쓰인 것이라면 두 번째 장인 '냉정하고 복잡한 사상으로'는 눈앞에 놓인 과제를 차분히 분석한 글이다. 제목의 물음표는 당시 엄청난 판매 부수(2,700만 부!)로 이어져, 마치 나라 전체가 러시아가 나아갈 길에 관해 토론하는 것 같았다. 이렇게 토론의 불이 지펴진 듯했으나 그 열기가 권력층에 이르자 차갑게 식어버렸다.

솔제니친이 고향으로 돌아가기 전 마지막 겨울에 쓴 「세기말의 러시아 문제」(1994년)는 17~19세기 러시아 역사에 대해 오랫동안 연구한 것을 담았다. 그는 "많은 뜨거운 애국자들이 분노할 것이다. 실제로 그렇게 되었다."라고 기록했다. 글의 말미에는 이미 최근 시대(20세기 말)를 언급하고 있다.

1994년 러시아로 돌아온 솔제니친은 스물여섯 개 주를 여행하면서 만난 수천 명의 사람들과 수많은 편지를 주고받으며 그들의 신음소리를 전해 들었다. 그때 받았던 모든 인상과 느꼈던 생각들을 책 『붕괴되는 러시아』(1998년)에 기록했다. "내 생각이 삶의 고통으로부터 쉽게 벗어날 수 있게 해줄 것이라고 생각하지 않는다. 도움이 된다고 생각하지 않는다. 그저 러시아의 끝없이 잔혹한 세기의 증인이자 피해자로서 이 책을 쓸 뿐이다"라는 부분에서는 처음으로 이 투사의 긴 인생에 걸친 피로와 괴로움과 불안의 순간이 느껴진다.

시끄러운 포효 속에서 탄압받던 이 작품들은 당시 피상적으로 읽히고 해석될 뿐이었다. 그러나 15, 25, 40년이 지난 지금 솔제니친의 글이 다시 읽히고 재발간되는 이유는 놀라울 정도로 당시의 시대성과 작금의 현대성을 모두 갖고 있기 때문이다. 실제로 작가는 이를 정확히 예측했다. "러시아의 이익을 정확히 이해한 내 책들은 세월이 한참 흘러 보다 깊이 역사적 과정을 연구하게 될 때에서야 비로소 필요할지 모른다. 내가 죽고 난 후 뒤늦게 무언가 장기적인 행동이 나타날 것이다"라고.

나탈리야 솔제니친

1부

소비에트 연방 지도자에게 보내는 서한

『수용소군도』를 압수당하기 6개월 전 이 책에 있는 모든 제안을 담아 KGB로 편지를 보냈습니다. 하지만 그 후로 어떤 반응이나 답장 혹은 움직임도 볼 수 없었지요. 우리의 수많은 생각들이 폐쇄된 조사실에서 사라져갔다는 것은 의심할 여지가 없습니다. 아무것도 남아 있지 않은 지금 편지를 어떻게 공개해야 할지 모르겠습니다. 반박할 수 없는 과거를 끝내 인정하지 않으려는 신문사의 태도가 『수용소군도』 출판을 반대했던 이유였겠지요. 하지만 나는 오늘날에도 그것이 돌이킬 수 없는 것이었다는 생각에 반대합니다. 반성하기에 너무 늦었다는 것은 있을 수 없으니까요. 그 길은 모든 생명체와 존재할 수 있는 모든 것에 허락된 길입니다.

이 편지는 한 가지 생각, 즉 '국가적 재앙을 어떻게 피할 것인가?'라는 질문에서 시작됐습니다. 어쩌면 편지 속에 담긴 몇 가지 실제적 제안으로 인해 놀랄 수도 있을 겁니다. 하지만 누군가 날 선 지혜가 담긴 더 나은 출구를 제시한다면, 그리고 무엇보다 그것이 충분히 현실적이고 납득할 수 있는 것이라면 나는 언제라도 철회할 수 있습니다. 우리 지식인들은 조국의 이상적인 미래의 모습(최대한의 자유)에 대해서 모두가 공감하는 바이나 또한 그것이 우리 미래에 있어서는 무용지물이라는 점에도 모두가 동의합니다. 모두가 한마음으로 일어나지 않기를 바라고 있으니 그런 일은 일어나지 않을 것입니다.

나의 모든 제안은 아주 작은 희망, 그러나 가능성이 아예 없는 것은 아닌 그런 희망에서 비롯되었습니다. 희망을 품게 된 계기는 1955~1956년의 '흐루쇼프 기적'이라고 일컬어지는 사건에서 시작됐습니다. 휴머니즘적 입법이 시작되면서 전혀 예상하지 못했고 믿을 수도 없었던 수백만 명의 무고한 죄수를 풀어주었던 사건이지요(다른 영역에서는 다른 세력이 그와 정반대 모습으로 여전히 위협하고 있습니다). 흐루쇼프의 이러한 행동은 그에게 필요한 정치적 행보를 넘어선 확실하고 진실된 운동이었으나 본질적으로는 공산주의 이데올로기에 반하는 것이어서 양립할 수 없었습니다(무엇 때문인지 서둘러 후퇴했고 철회했지요). 하지만 이와 같은 일이 다시 일어날 수 있다는 예상조차 금지하는 것은 조국이 평화롭게 진화하리라는 희망을 완전히 차단하는 것입니다.

1974년 1월

* * *

나는 당신이 부탁받지도 않은 일에 대해 흔쾌히 생각해줄 것이라고는 기대하지 않습니다. 스스로가 꽤나 별종인 사람인 데다 당신들이 속한 사다리에 껴 있지도 않아 나를 해고하거나 강등, 혹은 승진이나 포상도 할 수 없을 것입니다. 하지만 바로 그렇기에 내 말에는 어떤 계산도 들어 있지 않으며 당신 조직의 최고의 전문가들에게도 들어볼 수 없는 전적으로 진실한 말입니다. 기대를 하지는 않지만 짧게나마 말하고 싶은 것은 태어나는 순간부터 당신들 모두와 그리고 내가 속하게 된 민족, 그 민족을 구원하는 길이자 축복이 과연 무엇인가 하는 것입니다.

어떤 계략을 말하려는 것이 아닙니다. 오히려 우리와 보다 가까이 사는 민족, 그리고 우리와 더 밀접한 관계가 있는 민족일수록 더욱 진심으로 그들 모두가 잘살기를 바랍니다. 내가 가장 걱정하는 것은 러시아와 우크라이나인들의 운명입니다. '제 집이 제일이다'라는 속담도 있지만, 더 깊숙하게는 우리가 저지른 비교할 수 없는 고통과 관련이 있습니다.

서두에 이 편지를 쓰는 이유는 당신들 또한 조국에 대한 걱정이 가장 우선일 것이라 여기기 때문입니다. 그리고 당신들 역시 출생지나 아버지, 조부, 증조부, 우리의 광활한 대지에 있어서 타인이 아니며 무국적자도 아닙니다. 내가 틀렸다면, 이 편지를 계속 읽는 것은 아무 소용 없는 일입니다.

지난 60년간 가장 깊은 곳에 있던 일을 파헤치고자 하는 것이 아닙니다. 현재 우리 민족의 역사가 어디까지 진행되었는지, 과거에는 어떠했는지 책을 통해 설명하려는 것뿐입니다. 물론 당신들이 이 책을 읽을 것이라고 생각하지는 않아요. 어쩌면 앞으로도 영원히 읽지 않을지도 모르지요. 그렇기에 이 편지를 당신들 앞으로 보내는 것입니다. 나는 내가 옳다고 여기는 미래에 대해 말할 겁니다. 어쩌면 조금은 당신이 동의할지도 모르겠어요. 10~30년 후 다가올 조국의 큰 재난을 피할 시간이 아직 있다고 설득할 수 있을지도 모르죠.

그 재난이란 중국과의 전쟁, 그리고 비좁고 악취 나는 지구에서 서구 문명과 함께 우리가 맞이하게 될 파멸입니다.

무릎을 꿇은 서구

어떠한 광란의 애국적 예언자도 크림 전쟁 이후, 가깝게는 러일전쟁 이후, 그리고 1916년, 1921년, 1931년, 1941년에도 감히 오만한 전망을 입 밖에 내지 못했습니다. 이제 그 예언을 말해도 될 때가 왔습니다. "아주 단단한 물리적 힘으로 존재했던 모든 유럽 열강이 곧 사라지고, 그 지도자들은 미래 러시아 지도자들의 호의를 얻으려 양보할 것이고 러시아 언론이 그들에 대한 비난을 멈춘다면 심지어 그 호의를 얻으려 서로 경쟁하게 될 것이다. 그들은 쇠약해져 어떤 전쟁에도 패하지 않으려 스스로를 중립국으로 선언할 것이다. 또한 러시아를 기쁘게 하려고 뭐든지 찾아 나설 것이다. 해협을 향한 영원한 꿈은 결국 실현되지 않겠지만 필요도 없을 것이다. 러시아가 지중해와 대양으로 더 멀리 뻗어갈 것이기 때문에. 경제적 손실과 불필요한 행정에 대한 걱정만이 러시아의 대 서구 진출을 반대할 논쟁 거리가 될 것이다. 그러나 이처럼 두 차례의 세계대전에 참여해 막강한 승리자가 되었고, 인류의 리더로 전 세계 인구를 먹여 살리게 된 강대국이 갑자기 멀리 있는 작은 아시아 국가와의 전쟁에서 패하고 내부적 혼란과 정신적인 약함을 드러낼 것이다."

사실 제정 러시아의 대외 정책이 크게 성공을 거둔 적은 없습니다. 나폴레옹과의 대유럽 전쟁에서 승리를 했음에도 러시아는 그 힘을 동유럽으로 확장하지 못했지요. 러시아는 헝가리혁명 제압에 나섰지만 그것은 합스부르크를 위한 것이었습니다. 1866년과 1870년에는 프로이센의 후방을 지켜주었죠. 그러나 그 대가로 러시아가 얻은 것은 아무것도 없습니다. 즉 사심 없이 게르만 열강들을 끌어올리려준 것입니다. 오히려 발칸전쟁과 터키전쟁에서 패배해 엉망이 되었고, 마지막 비참한 전쟁에 뛰어들었으나 엄청난 자원과 땅을 갖고도 해협에 대한 염원을 실현하지 못했습니다. 제정 러시아는 자신의 일이 아닌 다른 사람들의 일을 대신하는 일이 빈번했습니다. 외교 정책에서 저지른 대부분의 실수는 지도층의 실용적인 사고 부족과 유연하지 못한 관료주의적 외교 탓으로, 민족적 에고이즘을 구현하는 데 지속적으로 방해가 되었습니다.

그러나 소비에트 외교는 처음부터 끝까지 모든 약점에서 해방되어 제정 러시아가 결코 하지 못했던 것을 요구하고 추구하며 취할 수 있었습니다. 이뤄낸 성취로만 본다면 그 어느 때보다 빛나는 시대라고 할 수 있습니다. 50년 동안 가장 컸던 전쟁에서는 다른 국가보다 결코 유리하지 않은 입장에서 승리하여, 내전으로 피폐해진 국가에서 세계를 떨게 만든 초강대국으로 변신할 수 있었습니다. 이러한 성공을 이루기까지 특별히 중요한 순간들이 있습니다. 예를 들어, 2차 세계대전이 끝나고 항상 손쉽게 루스벨트를 이겨왔던 스탈린은 처칠을 상대로도 승리하여 유럽과 아시아에서 원하는 모든 것을 얻을 수 있었습니다. 심지어 생각 이상으로 서구 동맹국의 기만과 무력에 넘어가 고국으로의 귀환을 거부한 백만 이상의 소련 시민들도 쉽게 돌려받았습니다. 최근 몇 년간 소비에트 외교가 거둔 성공은 스탈린의 성공만큼이나 인정되어야 합니다. 막대한 연합 세력인 서구조차도 더 이상 소련에 맞서지 않았습니다. 2차 세계대전에서 내부적 단합, 견고, 용기를 발견하고 전후 폐허에서 벗어날 힘을 찾은 것 같던 유럽도 영원히 사라질 것 같았습니다. 승리한 강국들은 특별한 외부 요인도 없는데 점차 쇠약해지고 부패해갔습니다.

압도적인 성공의 정점에 오르면 누군가의 의견이나 의심을 수용하는 것이 더욱 꺼려지게 됩니다. 지금도 물론 각종 충고와 권고를 매단 채 가장 불행한 순간이 당신들에게 찾아오고 있습니다. 대외적 성공을 거둔 시점이야말로 계속해서 성공 가도를 달리는 것을 거부하거나, 스스로 절제하고 재건하는 것이 가장 어려운 때입니다.

그러나 현명한 사람들이 그렇지 못한 사람들과 다른 이유는 현명한 사람들은 극단적 상황(극약 처방)이 오기 훨씬 이전에 충고와 주의점을 받아들인다는 데 있습니다.

사실 이러한 성공에서 자부심을 가질 만한 이유는 별로 많지 않습니다. 서양 세계 및 서양 문명이 비극적으로 약해진 것과 소련 외교가 흔들림 없이 견고하게 성공했다는 것은 서로 큰 관계가 없습니다. 서양의 몰락은 르네상스 시대에 시작되어 18세기 계몽 시대에 가장 높았던 문화 전체와 세계관이 역사적, 심리적 및 도덕적 위기를 맞아 빚어진 결과입니다. 그러나 그 위기에 대한 분석은 이 서신의 범위를 벗어나는 일이 됩니다(서신에서 다루지 않을 겁니다).

하지만 우리가 거둔 성공에는—아마 보지 않을 수 없을 겁니다!—두 번의 놀라운 실패가 있습니다. 우리 스스로 독일 육군전사(Wehrmacht)와 마오쩌둥의 중국이라는 과거와 미래의 전쟁에서 만날 강력한 두 적을 만들었습니다. 베르사유 조약을 피해가면서까지 소련군 부대에서 최초로 독일군에게 장교 훈련을 받게 해, 각종 노하우와 현대전, 탱크돌파, 낙하산 부대에 대한 이론을 가르쳐주었지요. 이로 인해 매우 짧은 훈련 기간임에도 히틀러 군대가 강해질 수 있었습니다. 그런데 왜 우리는 평화를 사랑하는 장제스 대신 마오쩌둥을 키웠고 핵 실험을 도왔을까요? 이 이야기는 최신 역사이자 많이 알려진 이야기입니다(지금 아랍인들과의 관계도 혹시 나 그러한 실수는 아닌지 걱정입니다).

이제 앞날을 위해 중요한 사실에 대해 말해봅시다. 위에서 말한 실패들은 우리 외교관들의 잘못에서 비롯된 것이 아니고 장군들의 생각에서 나온 것도 아닙니다. 그 이유는 마르크스-레닌주의의 지시를 정확히 따랐기 때문이죠. 첫 번째 지시는 세계 제국주의에 피해를 주는 것이었고, 두 번째는 해외 공산주의 운동을 지원하는 것이었습니다. 그러나 두 경우 모두에서 민족에 대한 고려는 없었습니다.

나는 극단적인 현실주의자들을 잘 압니다. 그렇다고 "구식 러시아 외교에서 이상주의를 조금이라도 가져오자!" 혹은 "세계 각 국가에 대한 간섭을 중단하고 호의를 베풀자" 또는 "승리한 우리 외교의 도덕적 기반을 살펴보자" 등의 공허하기만 한 호소를 할 생각도 없습니다. 외교가 대외적 힘을 소비에트에 부여한 것은 맞지만 그렇다고 국민에게 진실된 선을 가져다주는 건 아니니까요.

극단적인 현실주의자들과 이야기할 때면, 늘 두려운 대상에 대해 말하게 되죠. 그들이 나보다 더 자세히 알고 있고 이미 오래전부터 두려웠던 대상이죠. 다름 아닌 중국입니다.

아무리 당신이 축하를 받아도 그리고 높은 곳에 올라섰다 해도, 세계사 전체에서 아직 존재하지 않았던(아마 앞으로도 없을 것입니다) 세력, 대항력을 찾을 수 없는 존재가 있다는 것을 잊어서는 안 됩니다. 우리 속담에 '숲이 자라는 만큼 도끼 자루도 자라난다'는 말이 있습니다. 중국의 경우, 이 도끼 자루가 9억 개에 달합니다.

중국과의 전쟁

과거 세계적인 통치자들의 실수를 당신이 되풀이하지 않기를 바랍니다. 전쟁에서 승리할 것이라는 생각도 하지 마십시오. 세계사 어느 전쟁에도 나서지 않았던 약 10억 인구의 나라가 우리에 맞서고 있죠. 그 나라의 인구는 1949년 이래로 최고 수준의 노동 시간(현재 우리보다 높습니다), 인내심, 복종을 떨어뜨린 적이 없으며 나라 전체가 전체주의 시스템에서 정확히 작동하고 있습니다. 결코 우리보다 떨어지지 않습니다. 그 나라의 군대와 인구는 주변 환경이나 인구 수에서 서양에 밀리지 않습니다. 모든 병사와 모든 시민 한 사람 한 사람이 마지막 총알이 남을 때까지 그리고 마지막 숨을 쉴 때까지 싸울 겁니다. 전쟁이 일어날 경우 인도 정도의 나라나

그에 준하는 동맹이 필요할 것이나 그것이 이루어질 가능성
은 거의 없습니다. 당신은 물론 처음에 핵무기를 사용하지는
않을 겁니다. 당신이 중시하는 명성에 큰 흠이 되는 일이고
사실 신속한 승리를 가져다줄 수도 없습니다. 더욱이 약한 상
대에 핵무기를 사용하지는 않을 겁니다(다행히도 인류는 단
순 자기방어 목적인 경우, 마지막 단계에서 자제할 수 있습니
다. 그래서 1차 세계대전 이후 아무도 화학 무기를 감히 사용
하지 않았고 2차 세계대전 이후에는 누구도 핵무기를 사용하
지 않을 것이라고 믿습니다. 지금껏 과다 축적된 핵무기는 아
무 의미가 없으며, 오직 발명가와 군인들만 자축할 뿐입니다.
핵강국의 선두에 선 국가들은 무거운 운명을 지고 있습니다.
핵무기를 쌓아 놓는 것은 결코 유익하지 않으며, 갈등을 일으
키기에도 너무 낡았습니다).

평범한 전쟁이야말로 인류 전쟁사에서 가장 길고 가장 많
은 피를 흘리게 했습니다. 일례로 베트남 전쟁(여러 면에서
유사합니다)은 최소한 10~15년 이상이며, 아말락이 쓴 책
(역주: 중국과의 전쟁으로 소비에트가 몰락할 것이라고 예
견)에 따르면 전쟁은 점차 확장됩니다. 제1차 세계대전에서
러시아가 약 150만의 생명을 잃었다고 한다면 2차 세계대전
에서는 (흐루쇼프 자료) 2,000만 명이 사망했습니다. 중국과
전쟁을 치른다면 6,000만 명 이상이 희생될 것입니다. 언제
나 전쟁에서는 생명보다 도덕적으로 더 우월한 것들이 반드

시 희생되기 마련입니다. 러시아 민족을 예를 들자면 우리의 마지막 뿌리가 멸망하는 것이죠. 그 파괴는 17세기 구교도의 파멸로 시작되었고, 표트르 대제의 사망으로 이어지며, 이후에도 여러 번 반복되었지만 이 편지에서 그것에 대해 말하지는 않겠습니다. 그리고 지금이 마지막 상황으로 이 전쟁 후에는 러시아 민족은 지구상에서 거의 사라질 것입니다. 이미 이것만으로도 그 전쟁의 완벽한 패배자입니다. 우리의 청년과 장년들이 전쟁에 나가서 밟히고 부서지는 모습을 상상해 보십시오. 가슴이 찢어집니다. 대체 어떤 이데올로기이며 무엇을 위한 겁니까? 하지만 그 이데올로기는 사망한 이데올로기일 뿐입니다. 나는 당신들이 그런 무서운 책임을 질 능력이 안 된다고 생각합니다!

평범한 중국인도 고통스러운 동정심의 대상입니다. 전쟁에서 가장 힘없는 희생자가 되기 때문이죠. 그들은 그저 이야기를 하고 귀를 여기저기 기울일 뿐이지 자신의 운명을 바꿀 수 없는 꽉 막힌 처지에 놓여 있습니다.

이것은 미래의 일이겠지만 다가오는 속도로 보아 이미 거의 가까이 와 있어 오늘날 권력을 갖고 있는 자에게 힘을 과시할 수 있는 사람, 그저 목소리를 내려고 하는 이들에게 짐이 되고 있습니다. 이 전쟁은 결코 있어서는 안 됩니다! 절대로 일어나서는 안 됩니다. 누구도 승리할 수 없기에 전쟁 승리를 목표로 삼지 말고 피해야 합니다!

나는 그 길을 알 것 같습니다. 그렇기 때문에 오늘 이 편지를 쓰는 겁니다.

이 전쟁의 이유가 무엇일까요? 두 가지 이유가 있는데 두 번째부터 말하자면, 10억 인구를 가진 중국의 역동적인 힘이 아직 미개척지인 시베리아 땅에 이르지 못했기 때문입니다. 사실 우리의 성급한 사회주의 개혁, 심지어 우주 개발도 아직 시베리아에 닿지 못했습니다. 그러나 중국의 압력은 지구의 인구가 증가하면서 함께 커질 것입니다. 첫 번째 이유는, 훨씬 더 날카롭고 중요하며 절망적이기도 합니다. 바로 이데올로기죠. 아마 놀라지 않을 것입니다. 전 역사에서 이데올로기적 (종교를 포함해) 이견으로 인한 전쟁보다 비참한 내전은 없었습니다. 지난 15년 동안 당신들과 중국 지도자들 간에는 '진보적 세계관을 가진 인물'에 대해 누가 더 정확히 이해하고 해석하며 계승하고 있는지에 대한 논쟁이 이어지고 있습니다. 그리고 민감한 국가 간 갈등 외에도 우리 사이에는 글로벌 경쟁, 자신의 교리로 전 세계 민족을 이끌어야 한다는 주장이 팽배해지고 있습니다.

당신들은 어떻게 생각합니까? 전쟁이 일어나면, 두 교전국이 순수하게 그저 각자의 이데올로기 깃발만 흔들겠습니까? 그렇다고 6,000만 명의 우리 동포들이 신성한 진리가 상대방의 주장대로 레닌의 책 355페이지가 아닌 533페이지에 있다는 사실 때문에 죽음을 무릅써야 할까요? 물론 그렇게 희생당하는 사람도 있을 겁니다.

히틀러와의 전쟁이 시작되었을 때 스탈린은 군사 훈련에서 수많은 실수를 저질렀지만 이념적 측면을 놓치지 않았습니다. 그 전쟁은 정반대 이데올로기 간에 벌어진 것이기 때문에 그 동기가 더욱 확실했습니다. 하지만 스탈린은 전쟁 초기부터 부패한 이데올로기에 의지하지 않고 현명하게 그것을 버리고 생각지도 못한 과거 러시아 깃발을 들어 올렸습니다. 그 깃발의 일부는 심지어 정교회를 상징하는 것이었죠. 그래서 우리는 승리할 수 있었습니다. (그러나 승리한 후에는 다시 진보적 사상(마르크스-레닌주의)을 나프탈렌 냄새가 물씬 나는 낡은 옷장에서 다시 꺼내 왔습니다.)

불과 뉘앙스만 다를 뿐 유사하고 중첩된 이데올로기들이 충돌하는 상황에서 스탈린처럼 방향 전환을 하면 안 된다고 정말 그렇게 생각하나요? 그러나 군사적 긴장 속에서는 방향을 전환하는 것이 이미 늦었을뿐더러 꽤나 어려운 일입니다.

오늘이라도 가장 안전하게 방향을 전환한다면 얼마나 합리적이겠습니까! 징말로 전쟁을 피하려 한다면 전쟁이 일어나기 전에 많은 것을 해야 하지 않을까요.

그들의 이데올로기는 그들에게 줘버립시다! 중국 지도자들이 잠시라도 자부심을 갖도록 하십시오. 그러면 그들은 국제적 의무를 한 더미 진 채 힘들게 인류를 먹여 살려야 할 겁니다. 예를 들어 경제적으로 어려운 국가인 쿠바 한 나라에만 하루 100만 달러를 지불하는 등 어려운 나라들을 위해 돈을 내야 할지 모릅니다. 또한 테러리스트와 남부 파르티잔들도 거둬야 할 것입니다. 그러나 그렇게 되면 우리와 그들 사이에 있던 가장 치열한 불화가 사라지고, 전 세계에서 벌어지는 다수의 경쟁과 갈등도 사라질 것입니다. 군사 분쟁도 멀리 날아가 어쩌면 결코 일어나지 않을지도 모릅니다.

　편견 없이 한번 봅시다. 지난 세기 말 서구에서 '진보적 사상'이라는 어두운 회오리가 날아와 우리의 영혼을 가득 뒤덮어 망가뜨렸습니다. 이제는 그 회오리가 동쪽으로 가고 있습니다. 그렇게 가도록 놔두십시오! 그렇다고 중국의 정신적 파멸을 원한다는 의미는 아닙니다. 우리 민족은 이 질병으로부터 곧 회복되고 중국도 시간이 지나면 그렇게 될 것이라고 믿습니다. 다만 온 나라를 구하고 인류를 보호하는 데 너무 늦지 않기를 바랍니다. 지금 우리에게는 어떻게 우리 민족을 구원할지에 대한 염려만으로도 충분합니다.

　이데올로기적 불화가 사라지면 소-중 전쟁은 일어나지 않을 것입니다. 만약 먼 미래에 전쟁이 일어난다면 정말 방어적 전쟁일 것이며 실제로는 내전에 가까울 것입니다. 20세기 말 우리가 시베리아 영토를 넘겨줄 수는 없습니다. 너무나 당연한 것입니다. 그러나 이데올로기는 양보할 수 있습니다. 그렇게 하면 오히려 문제가 가벼워지고 회복될 것입니다.

문명의 교착

두 번째 위험은 러시아가 오래전부터 속해 있던 서구 문명이 여러 가지 면에서 정체되어 있다는 것입니다. 두 번째 위험이 오기까지는 아직 20~30년이 남아 있습니다. 다른 선진국들도 이러한 교착 상태를 겪고 있고 심지어 이들은 우리보다 더 상황이 안 좋아질 수도 있습니다. 하지만 동시에 그에따르는 비용을 미뤄줄 수 있는 새로운 과학적 발견과 발명에대한 희망도 있습니다. 만약 두 문제가 여러가지 면에서 유사하지 않아 한 방법으로 해결할 수 없다면 이에 대해 언급조차하지 않았을 겁니다. 사실 그렇게 운 좋게 일치하는 경우는역사적으로도 드문 일입니다. 그러므로 이러한 선물을 귀중하게 생각해야 하고, 그 기회를 놓쳐서는 안 될 것입니다.

그런데 이 문제가 어떻게 '갑자기' 인류 앞에 그리고 러시아 앞에 쏟아졌을까요! 혁명 전후의 진보 언론인들은 회귀주의자들을 조롱하기를 즐겼습니다(러시아에는 그런 사람들이 언제나 많았죠). 회귀주의자들은 조국을 사랑하자고 외쳤고 옛 마을, 심지어 세 채의 오두막뿐인 가장 멀리 떨어진 마을과 철로 근처의 시골길조차 사랑해야 한다고 했습니다. 이미 자동차가 있음에도 말로 바꾸자고 주장했고, 대형 공장이나 콤비나트를 위해 작은 생산 시설을 포기해서는 안 되고, 화학비료 때문에 거름을 방치해서도 안 되며, 도시에 수백만을 모아 고층 빌딩 안에서 서로의 머리 위를 오르내리지 말자고 주장했습니다. 진보 언론인들이 얼마나 비웃었는지, 'Slavophiles(비웃음에서 나온 단어로, 이 단순한 사람들은 이 별명을 거부하지도 못했습니다)'는 이들을 가리키는 별명이 되어버렸습니다. 그리고 그들은 여러 정신적인 특징과 일상의 전통을 가진 러시아를, 충분히 전 세계 속에서 자신의 특별한 길을 찾을 수 있는 러시아라는 거인을 망가뜨렸습니다. 전 인류가 발전할 수 있는 길이 오직 하나의 길만 있는 것은 분명 아닐 겁니다.

20세기 말 우크라이나와 러시아의 시골 노인이라면 누구나 잘 알고 있는 것임에도 선진 서구 사상가들의 가르침을 받겠다고 서구 부르주아 산업과 마르크스 노선을 끌고 가는 일은 없었어야 했습니다. 사실 서구 사상가들이 그 노인을 위해 시간을 냈다면 진작부터 그 가르침을 들었을 것입니다. 즉 "12마리의 벌레가 같은 사과를 먹을 수는 없다. 만약 지구가 제한되어 있다면 공간과 자원 역시 제한될 수밖에 없다"라는 것이죠. 그러므로 계몽주의 공상가들이 우리 머릿속에 집어넣은 끝없는 발전이라는 것은 실현될 수 없습니다. 우리는 앞줄에 선 사람들이 뭐라고 외치는지 듣지 못하고 앞길도 알지 못한 채, 다른 사람들의 등 뒤에서 계속해서 방황해야 했습니다. 이제는 방향을 전환해야 합니다. '무한한 발전'이라는 것은 생각 없이 인류를 사방이 막힌 곳으로 밀어내는 미친 짓입니다. '무한한 발전'에 대한 탐욕스러운 문명은 침몰하여 마지막을 기다리고 있을 뿐입니다.

그리고 서구와 우리에게 필요한 것은 '수렴'이 아니라 막다른 골목에 있는 서양과 동양 모두가 완전히 쇄신하고 개혁하는 것입니다. '테야르 드 샤르댕 학회'나 '로마 클럽'에서 관련 책을 출판한 덕에 이미 유럽에서는 널리 알려져 있습니다. 그들의 결론은 아주 압축적입니다.

"'발전'을 바람직한 사회 특성으로 간주하는 것을 멈춰야 한다. '발전의 무한성'은 미친 신화이다. '지속적으로 발전하는 경제'가 아니라 일정한 수준의 경제, 안정적인 경제가 되어야 한다. 경제 성장은 불필요할 뿐만 아니라 파괴 행위이다. 국민의 부를 확대하는 것이 아니라 보존하는 것을 목표로 삼아야 한다. 산업, 농업에서 현대 기술의 거대화, 그리고 재이주(지금의 도시들은 암 덩어리 같다)를 즉시 중단해야 한다. 현재 기술의 주요 목표는 이전 기술이 쌓아 놓은 탄탄한 결과를 없애는 것에 불과하다. 서구 문명의 비극적인 길을 아직 시작하지 않은 '제3 세계'는 육체노동을 줄이지 않고 오히려 늘리는 '작은 기술'로만 구원을 얻을 수 있다. 작은 기술이란 지역의 자원에만 의존하는 가장 단순한 기술이다."

산업 발전과 관련된 무절제 수준의 이야기들은 수백 년, 수천 년(아담에서 1945년까지)이 아닌 고작 최근 28년간

(1945년 이후) 일어났던 일입니다. 지난 몇 년간의 이 같은 빠른 붐이야말로 인류에게 가장 위험한 것입니다. 위에서 말했던 과학자들이 경제 발전에 대한 여러 시나리오대로 컴퓨터로 계산을 해보았는데 그 결과는 모두 절망적이었습니다. 인류가 경제적 발전을 거부하지 않는다면 2020년에서 2070년 사이 치명적인 죽음을 맞이할 것이라고 합니다. 이 계산에는 인구, 자원, 농업, 산업, 환경 오염 이렇게 다섯 가지 요소를 고려했습니다. 기존 자료에 따르면 일부 자원은 곧 소진됩니다. 즉, 20년 후에는 모든 석유가 동나고, 19년 후에는 구리, 12년 후에는 수은, 그 외 다른 것들도 빠르게 소진됩니다. 에너지 자원과 담수도 매우 제한적입니다. 이후 자료에서는 현재 알려진 것보다 자원이 두 배, 세 배가 더 있다고 해도 농업 생산성은 고작 두 배로 늘어날 뿐이고 인류가 원자력을 사용하여 21세기의 초반에 수많은 인구가 사망할 것이라고 예측합니다. 생산이 멈춰서가 아니라(자원의 끝), 과잉 생산(환경 파괴) 등 어떤 상황에서라도 그렇게 된다는 겁니다. 현재의 '발전'은 위에서 말한 다섯 가지 요소를 모두 고려한 최적의 해법을 찾지 못할 겁니다. 인류가 경제적 발전을 포기하지 않는다면, 생물 환경은 현존하는 모든 생명체에 유해하게 됩니다. 인류를 구하려면 향후 20~30년 내에 안정적인 기술로 바꿔야만 하고 그 일은 지금 즉시 시작해야 합니다.

서구 문명은 멸망하지 않고 살아남을 가능성이 가장 높아 보입니다. 이 서구 문명은 너무나 역동적이고 창의적이어서 임박할 위기를 극복하고, 오랜 거짓 이미지를 깨고 수년 안에 필요한 변화를 시작할지 모릅니다. 그리고 '제3 세계'는 사전에 이러한 경고에 귀 기울여 아예 서양이 갔던 길을 내딛지 않을지도 모릅니다. 아프리카나 아시아의 여러 국가들은 충분히 그럴 가능성이 있습니다(그렇게 되면 아무도 흑인이라고 비웃는 일은 없을 겁니다).

하지만 우리는 어떠합니까? 우리는 타성, 나태, 심지어는 1848년 마르크스의 '노동가치설'의 글자 하나라도 바꾸기를 주저할 정도로 무능하고 비겁합니다. 그러나 우리에게는 경제적으로나 육체적으로 충분히 살아남을 수 있는 힘이 있습니다. 우리의 길을 가로막고 서 있는 것은 바로 '독단적인 발전의 세계관'입니다. 즉 "산업 개발을 포기한다면 노동 계급, 사회주의, 공산주의, 노동 생산성의 무제한적인 성장은 어떻게 할 것인가? (…) 마르크스를 수정할 수는 없다. 그것은 수정주의이다…"라는 것이지요.

그러나 당신들이 계속해서 무엇을 하든지 간에 당신들은 모두 수정주의자로 알려질 겁니다. 그러니 책임감을 갖고 충실하고 단호히 자신의 의무를 이행한다는 것은 당신의 힘과 결정에 전적으로 의존하는, 살아 있는 이 국민들을 위해 죽은 글자를 거부하는 것이 아니겠습니까? 이제 망설이지 마십시오. 어차피 잠에서 깨야 한다면 팔다리를 펴고 누워야 할 필요가 있을까요? 아직 자기 자신의 쳇바퀴에서 헤어나오지도 못하면서 왜 타인의 고통스러운 쳇바퀴를 죽을 때까지 돌아야 합니까? 만약 선두에 선 자가 "길을 잃었다!"라고 한다면 기억하고 있는 곳까지 즉시 돌아가 그곳에서부터 다시 출발해야 하지 않겠습니까? 왜 우리는 옳은 길, 즉 우리가 있던 그 자리로 즉시 돌아가려 하지 않습니까?

우리는 참으로 오랫동안 서구 기술을 너무나 그대로 쫓아왔습니다. 서양과 동양의 다양한 민족에게 '세계 최초의 사회주의 국가'였고 형편없는 노선을 따르는 중에서도 농업과 소규모 수공업에서 '원조'였던 우리가 어찌하여 비참하게도 기술에서 2인자로 물러나 아무 생각 없이 맹목적으로 서구 문명을 쫓아야만 했습니까? (군사적 조급함에서 비롯된 거창한 '국제과제'를 이루겠다며 서둘렀죠. 이 모든 것도 마르크스주의에서 비롯된 것입니다….) 자랑스러운 우리의 국가 계획을 보면 러시아의 자연을 훼손하지도 않으며, 수백만 가지에 달하는 반인류적인 것들을 만들지도 않습니다. 하지만 우리는 정반대로 움직였죠. 광활한 러시아 영토를 망치고, 러시아의 심장인 소중한 모스크바를 훼손했습니다. 우스꽝스러운 지하 동굴로 뛰어들지 않고는 지나가지조차 못하도록 길거리를 훼손한 정신 나간 자가 누구입니까? 타인의 악의 도끼를 휘둘러 '사도보에 칼초(역주: 모스크바 시내 중심거리)'를 베어버리고, 그곳을 휘발유와 아스팔트로 뒤덮은 자가 누구입니까? 모스크바의 외형과 구도심은 회복이 불가할 정도로 파괴되었고, '신 아르바트 거리'와 같이 서양의 모조품으로 바뀌어버렸습니다. 그 결과 이제 모스크바에서는 더 이상 살 수 없을 정도로 건물들이 높게 치솟았습니다. 이제 무엇을 해야 합니까? 새로운 장소에 옛 모스크바를 다시 재건해야 하나요? 아마도 그것은 불가능할 겁니다. 그렇지만 모든 걸 잃어버린 모스크바에서 아무렇지 않게 지낼 수 있습니까?

우리는 자원을 어리석게 써버렸고, 토양을 황폐하게 만들었습니다. 이 광활한 공간을 마치 '육로 바다'라는 말도 안 되는 소리를 하며, 오염된 산업 황무지로 망쳐 놓았습니다. 그러나 아직까지는 우리가 망친 곳보다 우리의 손이 닿지 않은 곳이 훨씬 많습니다. 그러니 이제 정신을 차려 가던 길에서 돌아섭시다!

러시아의 동부와 북부

우리에게 또 하나의 희망이 있습니다. 위에서 과학자들이 말한 조건 중의 하나로, 가장 큰 재산이 땅이라는 사실입니다. 땅은 정착을 위한 공간이자, 생물권 자체입니다. 또한 지하자원을 덮고 있는 덮개이자 각종 농작물이 생겨나는 곳이죠. 사실 농작물에 대한 예상은 암울합니다. 지구상 현 토지에서는 2000년 무렵부터 농작물이 더 이상 증가하지 않을 것이라고 합니다. 농작물 생산량을 두 배로 늘린다고 해도 (물론 우리의 집단농장은 아닙니다) 2030년에는 모두 없어집니다. 하지만 이와 반대로 오늘날에도 기름지고 풍요로운 미개발 땅을 가진 행복한 곳이 네 곳 있습니다. 바로 러시아(정확히 말하자면 소비에트연방 사회주의공화국(RSFSR)입니다), 호주, 캐나다, 브라질입니다.

즉 러시아는 시간과 생존이라는 면에서 희망이 있습니다. 다름 아닌 4세기에 걸친 치명적인 실수에도 훼손되지 않은 광대한 동북쪽 땅이 바로 그것입니다. 우리는 무지하고 탐욕스러운 '발전'의 문명이 아닌 새로운 문명을 다시 세울 수 있습니다. 즉, 고통 없이 안정적으로 경제를 꾸리고 기준과 원칙에 따라 사람들을 살게 할 수 있습니다. 그렇게 되면 아마도 경제적 필요와 원리에 따라 운영되는 최초의 땅이 될 것입니다. 이곳이야말로 서구 문명의 위기 속에서도 러시아가 파멸하지 않을 것이라는 희망을 주는 곳입니다(집단농장을 포기하면서 많은 땅을 잃어버렸죠. 가까운 곳에도 그런 땅이 있습니다).

독선적인 편견에서 벗어나 스톨리핀의 공로를 인정합시다. 스톨리핀은 1908년 국가 두마(1906~1917년에 존속한 제정 러시아의 의회)에서 예언처럼 이렇게 말했습니다. "땅은 미래 우리 힘의 담보이며, 바로 러시아 자체입니다." 그리고 아무르 철도에 대해서도 "우리가 무기력하게 계속 잠을 잔다면, 이 땅은 타인의 과실주로 온통 젖어서, 깨어나 보면 이름뿐인 러시아만 남아 있을지도 모릅니다"라고 말했습니다.

중국과 대치하고 있는 오늘날 이러한 위험은 거의 전 시베리아로 확대될지 모릅니다. 두 가지 위험은 서로 관련되어 있는데 이 두 가지로부터 모두 벗어날 수 있는 방법이 있습니다. 전쟁과 경제 발전이라는 길목에서 목숨을 앗아가겠다고 협박하는 죽은 이데올로기를 버리고, 안정과 비발전적 경제 원칙을 기반으로 러시아의 동북부, 아시아 북부, 시베리아에 집중하는 것입니다.

서구에서는 이미 안정됐거나 혹은 현재 일어나고 있는 거대한 움직임을 성급하게 기대하거나 쫓아가서는 안 될 것입니다. 어쩌면 그것은 1940년대 중국처럼 기만적인 희망일 수 있습니다. 즉, 서구에서 만들어진 새로운 체제가 오히려 우리에게는 현 체제보다 더 가혹하고 더 적대적인 것이 될 수 있습니다. 그리고 아랍인들은 그들의 운명에 맡깁시다. 그들에게는 이슬람이 있으니 스스로 잘 해결할 것입니다. 남미 또한 스스로의 운명에 맡긴다면 누구도 남미를 전쟁 따위로 위협하는 일은 없을 것입니다. 아프리카 역시 스스로 국가와 문명의 길로 나아갈 수 있도록 놔두고 아프리카가 '무한한 발전'이라는 실수를 반복하지 않기만을 바랍시다. 우리는 지난 반세기 동안 세계 혁명, 동유럽 및 다른 대륙으로의 세력 확대, 이데올로기에 따른 농업 개혁, 지주 계급 타파, 기독교 및 도덕 말살, 무익한 우주전쟁, 스스로를 비롯해 무기를 원하는 국가들을 무장하는 일에 몰두해왔습니다. 우리의 주요 부의 원천인 동북부를 개발하고 확대하는 일보다 다른 일에 더 신경을 써왔습니다. 그러나 우리가 사는 곳이 우주나 동남아시아, 라틴아메리카는 아닙니다. 시베리아나 북부야말로 우리의 희망이자 되살아날 길입니다.

어찌 보면 그 지역에서 많은 일을 했다고 할 수 있습니다. 여기서 다시 수용소 얘기를 할 생각도 없고 살레크하드에서 이가르카에 이르는 죽음의 길에서 수많은 사람들을 희생시킨 일도 꺼내지 않을 겁니다. 철도를 바이칼호 둘레에 부설하여 침수되게 만든 일, 브레이크를 계속 잡아야 하는 경사 길을 생각 없이 산 둘레에 놓은 일을 말하는 것입니다. 손쉽게 이득을 보려고 제지 공장을 바이칼 호수와 세렌가 강에 지었으나 그만큼 오염도 빨리 되었습니다. 좀 더 기다렸어야 했습니다. 사실 현시대의 개발 속도로 보면 동북부 지역에 해놓은 일은 아주 미미한 수준입니다. 오늘날 그 미미한 것이 오히려 얼마나 다행인지 모릅니다. 처음부터 합리적으로 안정적인 경제 원칙에 따라 새롭게 시작할 수 있기 때문이죠. 또 오늘 이어서 얼마나 다행입니까, 내일은 재앙에 더 가까워지는 것이니까요.

아이러니하게도 1920년부터 반세기 동안 우리는 자랑스럽게도(옳게도) 외국인을 믿지 않아 외국인이 우리 자원을 개발하는 일이 없었습니다. 그렇게 했기에 땅이 확실한 민족의 희망이 될 수 있었습니다. 그러나 계속 지체하다 시간만 버렸고, 그러다 갑자기 세계 에너지 자원이 고갈된 순간이 찾아왔습니다. 거대한 산업 강국임에도 불구하고 낙후된 후진국처럼 외국인을 불러 지하자원을 개발하도록 하고 그 대가로 값을 매길 수 없는 보물인 시베리아 천연가스를 가져가도록 하고 있습니다. 아마 반세기가 지나면 우리 후손들이 지금의 무책임하고 낭비적인 행동에 대해 비난할 겁니다. (우리 산업이 이데올로기에 기반하지 않았다면 값어치가 나가는 더 좋은 상품들이 많았을 것입니다. 여기서도 민족의 길을 거스르는 것은 이데올로기입니다!)

20세기에 우리 민족이 다른 민족보다 많은 고통을 겪지 않았다면 자기 민족만을 생각하는 것은 비도덕적인 태도라고 생각했겠죠. 그러나 두 차례의 세계대전 외에도 내부적 계급, 정치, 경제적 파괴로 인해 우리 민족 6,600만 명이 희생을 당했습니다! 전 레닌그라드 통계학 교수인 I. A. 쿠르가노프가 언제라도 수분 내에 관련 자료를 보여줄 겁니다. 내가 통계학자가 아니므로 확인할 수는 없지만 실제 모든 통계는 사실을 숨기고 있으며, 그마저 대략적인 수치일 것입니다.

왜냐하면 실제로는 1억 명이 사라졌기 때문이죠(도스토옙스키가 예측한 것도 정확히 1억 명입니다!). 인구의 3분의 1을 전쟁에서 잃었습니다. 전쟁이 아니었다면 현 인구의 절반 가량의 사람들이 아직 살아 있을 겁니다. 대체 어느 민족이 이러한 대가를 치렀을까요? 그렇게 엄청난 손실을 입으면서 우리가 얻은 것은 중병을 얻은 환자에게 주는 휴가처럼 아주 적은 것에 불과합니다. 그러니 우리 스스로 상처를 치료해 민족의 육체와 정신을 구원해야 합니다. 전 세계를 담당하느라 놓친 우리의 집을 지어야 합니다. 집을 짓는 데에는 우리의 힘과 지혜, 그리고 가슴만으로 충분합니다. 그리고 다행스럽게도 그것은 전 세계의 승리이기도 합니다.

어쩌면 동북부 개발과 관련해서 도덕적인 반대가 나올 수 있습니다. 우리의 동북부는 전혀 러시아적이지 않기 때문이죠. 우리가 그 땅을 갖게 되면서 우리는 원주민들에게 역사적인 죄를 저질렀습니다. 적지 않은 원주민을 죽음으로 몰아넣었고 (최근 우리 스스로 저지른 파괴와는 비교할 수 없습니다만), 박해했습니다. 이것은 16세기에 실제로 일어났던 일이고, 어떠한 형태로든 되돌릴 수 없을 것입니다. 그 이후로 이 광활한 대지는 소수의 사람들이 살거나, 심지어 거의 사람이 없는 상태로 버려졌습니다. 북방 민족에 대한 기록을 보면 이 지역의 인구는 총 12만 8,000명으로, 이들은 이 광활한 영토에 몇몇 마을을 꾸려 살아가고 있습니다. 북방을 개발한다면 절대로 그들을 박해해서는 안 될 것입니다. 그들의 풍습과 생존 방식을 지원한다고 해도 그들 스스로가 자신의 길을 찾지는 않을 것이고 현재로서는 그렇게 할 수도 없습니다. 이 문제가 우리 앞에 놓인 문제 중 가장 작으며 실제로는 거의 문제가 없다고 해도 무방합니다.

그러므로 우리가 가야 할 길은 하나입니다. 빠를수록, 더 유익합니다. 이제 국가적 관심과 활동의 중심지(이주센터, 청년 구직센터)를 먼 대륙, 심지어 유럽, 러시아 남부로부터 동북부로 옮겨야 합니다. (물론 그렇게 되면 언젠가는 동유럽에 대한 보호 감시에서도 손을 떼야만 될 것입니다. 마찬가지로 우리나라 주변의 소수 민족들을 강제적으로 묶어 둘 수 없을지도 모릅니다.)

외부가 아닌 내부의 개발

관심과 노력의 중심을 이렇게 옮기는 것이 지리적 의미만을 갖는 것은 아닙니다. 공간만 외부에서 내부로 옮기는 것이 아니라, 외부의 목표를 내부로 가져오는 것이죠. 즉 모든 것을 외부로부터 내부로 옮겨야 합니다. 사람들, 가족, 학교, 민족, 정신, 관습, 일터 등 모든 것의 겉모습이 아니라 진짜 모습을 옮겨야 합니다.

마지막, 경제부터 살펴봅시다. 역설적이어서 믿기 어려운 것이 있습니다. 대외정책은 아주 화려한 성공처럼 보이며 군사적으로 막강한 강국이지만 경제에서는 정체, 심지어 절망적이라는 것입니다. 우리가 얻은 모든 것은 능력으로 얻은 것이 아니라 숫자, 즉 막대한 인적 및 물적 비용을 치르고 얻은 것에 불과합니다. 만들어진 모든 것은 실제 그 가격보다 훨씬 비싸지만 국가에서는 그것을 비용으로 생각하지 않습니다. 우리의 '이데올로기적 경제'는 이미 전 세계의 웃음거리가 되어버렸고, 곧 전 세계가 식량 부족으로 힘들어할 때 더 큰 짐이 될 것입니다. 세계 곳곳에서 발생하고 있는 갈등은 인구과잉, 토지 부족, 식민지 해방 등으로 더 심해질 것입니다. 즉 더 이상 농산물을 생산하지 못한다는 것입니다. 우리 역시 충분히 식량을 생산하지 못하고 있고 1년 동안 가뭄(실제로는 7년 연속입니다)을 겪고 있습니다. 이 모두가 집단농장의 실수를 인정하고 싶지 않기 때문이죠. 1차 세계대전 직전까지 수 세기 동안 러시아는 매년 1,000에서 1,200만 톤의 빵을 수출했습니다. 새로운 체제 하에서 55년 동안, 유명 집단농장이 운영된 지 40년 동안 우리는 2,000만 톤을 수입해야 했습니다. 정말 부끄러워해야 하고 깨어나야 할 때입니다. 수십 년 동안 러시아를 지탱해왔던 농촌은 러시아의 가장 약점이 되었습니다. 기나긴 10년 동안 우리의 농촌은 완전히 힘이 빠져 처절한 절망에 빠져 있습니다. 농촌의 가치를 되돌리고 대가를 지불하기 시작했으나 이미 늦었습니다. 농촌에 대한 신뢰와 관심은 모두 소진된 지 오래니까요. 옛 속담에 관심을 잃으면 아무리 많은 돈을 주고도 되돌릴 수 없다는 말이 있습니다. 전 세계가 식량 부족의 위협 속에 있는 이때 우리가 배부른 국가가 되기 위한 하나의 방법은 강제적인 집단 농장을 거부하고 자발적으로 놔두는 것입니다. 우리의 동북부에서는 그와 같은 농업, 즉 곳곳에서 모여든 농민과 동원된 시민이 아닌 스스로의 경제적 노동으로 자족할 수 있는 농업을 시작할 수 있습니다(물론, 수많은 비용이 들 것입니다).

아마 당신들은 국가 경제, 말하자면 모든 국가 기관에서 사람들이 어떤 상태에 있는지 알고 있을 것(당신들의 명령으로 된 일이니까요)이라고 생각합니다. 그들은 정부 업무에 전혀 힘을 쓰지 않고 열정도 없습니다. 그러면서 그들은 할 수 있는 데까지 속이고 때로는 훔치며 근무 시간을 개인 일을 보는 데 쓰고 있습니다(그럴 수밖에 없을 겁니다. 현재 월급으로는 전혀 살아갈 힘도 나지 않으니까요). 모두가 더 많은 돈을 벌려고 하면서 일은 더 적게 합니다. 이러한 민족성으로 어느 세월에 국가를 구할 수 있겠습니까?

하지만 더욱 절망적인 것은 보드카입니다. 여러분도 잘 알겠죠, 이것도 당신들이 내린 명령이니까요. 그 명령이 무엇을 바꾸었습니까? 보드카가 중요한 국가 소득원인 이상 아무것도 바뀌지 않을 것입니다. 사람들의 속만 태울 뿐이죠. (유형생활 중 소비자협동조합에서 일한 적이 있어서 정확히 기억하는데 보드카가 전체 매출의 60~70퍼센트를 차지하고 있습니다.)

사람들의 생각, 마음의 상태, 상호 관계, 사회와의 관계와 비교하면 우리가 자랑스러워하는 물질적인 성취는 사소하고 보잘것없는 것입니다.

지리적으로는 동북부 개발, 경제적으로 안정적 경제를 만드는 것, 도시 건설, 교통, 사회 문제 등 우리의 모든 과제들은 도전적 과제라는 차원에서 깊이 생각해봐야 합니다. 신체적·정신적 건강이 이 모든 것과 각각의 단계, 모든 측면에서 목적이 되어야 합니다.

국가 절반 이상을 새로운 곳에 지으려면 산업, 도로, 도시 등 20세기의 치명적인 실수를 되풀이해서는 안 됩니다. 일상 속 일부 경제적 요구들만 해결하는 것이 아니라 자손들에게 깨끗한 공기와 물을 만들어주기 위해서는 독성 폐기물을 내뿜는 각종 산업들을 반대해야 합니다. 군사적으로 필요한 것이라고 말할 수도 있겠지요. 그러나 우리에게 필요한 군사력은 우리가 생각하는 것보다, 우리가 대서양과 인도양에서 이익을 취하려 열심히 만든 것의 10분의 1에도 미치지 않습니다. 향후 50년 동안 우리에게 필요한 군사력은 중국에 맞서기 위해 무장하는 것, 더 좋은 것은 중국과 전혀 싸우지 않는 것이지만, 그 정도일 뿐입니다. 동북부를 잘 건설한다면 중국에 맞서는 좋은 수단이 될 것입니다. 지구상의 누구도 우리를 위협하지 못할 것이며, 우리를 공격하지 못할 것입니다. 평화로운 시절을 위해 무장하는 것은 수 배나 낭비하는 것이며, 지금 만들고 있는 대량의 무기 또한 계속해서 새로운 것으로 교체해야 할 것입니다. 또한 이미 노쇠하여 전시에는 나서지 못할 군사들을 과도하게 훈련시키고 있는 것입니다.

중국을 제외한 모든 면에서 오랫동안 충분한 걱정 없이 살 수 있습니다. 그러므로 수년간 군사 훈련에 드는 비용을 크게 줄일 수 있고, 여유 비용을 경제나 생활에 필요한 기술에 사용할 수 있습니다. 사실 기술적인 재앙 또한 전쟁 못지않게 위험한 것입니다.

이제 러시아 청년들이 의무 군 복무에서 해방될 때가 왔습니다. 이것은 중국에도, 미국에도 그 어떤 강국에도 없는 것입니다. 그보다는 이들을 일반적인 일, 외교적 업무에 투입해야 합니다. 그동안은 군사적 외교적 목적 — 즉 자만심에서 비롯된 영예를 위해, 스스로 육체와 영혼을 구원하기 위해서는 반대해야 할 대외적 팽창 정책으로, 청년들을 수년간 군대에 보내는 것보다 국가에 이로운 교육은 없다는 거짓 환상으로 젊은이들을 군대에 가둬 놓았습니다. 만약 군대에 보내는 것 외에 국방을 지키는 방법이 없다고 한다면 군 복무 기간을 줄이거나 인간적으로 훈련을 시켜야 할 것입니다. 현재 상황에서는 군인들의 퍼레이드 같은 겉모습과 달리 내부적으로 잃고 있는 것이 훨씬 크다는 것을 알아야 합니다.

또한 무기를 대폭 삭감하고 전투기의 지겨운 굉음으로부터 우리의 하늘을 지켜야 합니다. 광대한 하늘 위로 밤낮 시도 때도 없이 날아다니며 끝없는 비행과 훈련이 이어지고 있습니다! 참을 수 없을 정도의 과도한 소리로 수많은 사람들의 일상과 휴식, 수면, 신경까지 모두 손상시키고 있습니다. (하지만 높은 사람들의 다차(Dacha)가 있는 곳은 비행 금지 구역이죠!) 이 모두가 수십 년간 지속되었지만 결코 나라를 구할 수 없는 무익한 낭비에 불과합니다. 우리에게 건강한 고요를 돌려주십시오, 그렇지 않으면 결코 건강한 국민이 될 수 없습니다.

이미 인구 절반의 운명을 맡고 있는 현재의 도시 생활은 전혀 자연스럽지 않습니다. 아마 모두가 여기에 동의할 것입니다. 그러니 모두가 저녁마다 도시를 빠져나가 외곽의 다차로 피난을 가는 것이 아니겠습니까, 여러분 모두가 자동차가 들어서기 전 예전의 도시 모습을 잘 기억하고 있을 겁니다. 사람, 말, 개, 그리고 트램이 있던 도시는 인간적이고, 다정하고, 편안했으며 공기도 깨끗했고, 겨울에는 눈이 많이 왔으며 봄에는 거리 쪽 마당을 통해 정원의 각종 냄새가 진동했습니다. 집집마다 정원이 있었고, 사람들이 살기에 딱 적당한 높이인 이층 건물 이상의 집은 거의 찾아보기 어려웠습니다. 주민들은 유목민이 아니었고 그러므로 지금처럼 불타오르는 지옥으로부터 아이들을 구하려 1년에 두 번 이상 마을을 떠날 필요도 없었습니다. 소형 경제, 그러나 첨단 기술을 갖고 있는 경제라면 인간에게 편안한 소규모 도시를 건설하는 것이 가능하고 또 필요합니다. 모든 입구마다 말이 지나다닐 수 있는 차단기와 독성 내연 엔진이 아닌 전기 축전 엔진을 설치할 수 있습니다. 그리고 도시는 교차로마다 노인, 아동, 아픈 사람들이 아닌 자동차들이 지하로 다니게 만들어야 합니다. 바로 그런 도시들이 동토인 동북부를 장식하도록 해야 합니다. 그러므로 우주 개발에 드는 어리석은 돈을 얼어붙은 도시를 녹게 하는 데 사용해야 합니다.

사실 러시아의 옛 도시들은 어떤 정신적인 특징을 갖고 있어 최고의 인텔리들은 자기가 사는 곳을 자랑스럽게 생각하여 700만이 사는 수도로 모여들지 않았습니다. 이르쿠츠크, 톰스크, 사라토프, 야로슬라블, 카잔뿐 아니라 많은 지방 도시들이 소중했고 독자적인 문화의 중심지였습니다. 그런데 지금 모스크바를 제외하고 어떤 도시가 독립적이고 독창적인 센터라고 할 수 있나요? 페테르부르크조차도 완전히 퇴색했습니다. 브이시니 발로쵸크 같은 곳에서도 독특하고 귀중한 책이 출판될 수 있었으나 지금의 이데올로기가 과연 이것을 허용할까요? 모든 정신적 활동이 한곳으로 모이는 것은 흉측하기 짝이 없으며 정신적 살인과 같습니다. 40~80여 개의 독창적인 도시가 없다면, 국가로서 러시아는 존재하지 않으며 도시들은 소리 없는 부속물에 불과합니다. 이처럼 곳곳에서 건강한 러시아의 건설을 방해하는 것이 바로 이데올로기입니다.

여러 관습은 사람들의 정신 상태와 밀접한 관계가 있습니다. 익숙하지 않은 트랙터나 대형 트럭을 몰고 풀밭이나 흙길을 다니며 트랙터나 화물차의 바퀴를 망가뜨리는 사람, 혹은 마을 전체를 깨울 것처럼 새벽부터 오토바이 시동 소리를 내는 전기톱을 휘두르는 자는 그야말로 잔인하고 냉정한 사람입니다. 주정뱅이와 건달 들은 저녁이나 명절에 길을 막고 여성이 지나가지 못하게 합니다. 그들에게는 경찰도 전혀 소용이 없습니다. 그러니 도덕을 대신하는 것 같은 이데올로기로는 그들을 막아낼 수 없습니다.

도시나 시골의 학교에서 꽤 일을 했기 때문에 우리 학교가 잘못 가르치고 어리석은 교육을 하고 있다는 것을 잘 압니다. 그저 젊은 시절과 영혼들을 낭비하고 부서뜨릴 뿐이죠. 그러므로 학생들은 교사들을 전혀 존중하지 않습니다. 학교는 선택받은 사람들과 소명이 있는 사람들이 교사가 될 때 비로소 올바른 길을 가게 됩니다. 그러나 그렇게 되기 위해서는 얼마나 많은 재화와 노력이 필요한가요! 교사들에게 정당한 노동의 대가를 주어야 하고 그들을 무시하며 잡아 두면 안 될 것입니다. 지금 사범대의 권위는 바닥에 떨어졌으며 그래서 성인 남성은 교사가 되는 것을 부끄러워합니다. 반대로 파리가 꿀로 날아들듯이 고등학교 졸업생들은 군 전자물품 분야로

몰리고 있습니다. 전혀 결실이 없는 그런 일을 위해 우리가 1,100년 동안 노력해왔을까요? 지금 우리의 미래 세대들은 필요한 것을 학교에서 얻지 못하고 가정에서조차 많은 것을 받지 못합니다. 여성의 인권과 유치원에 대해서는 크게 칭찬하면서도 실패한 가족에 대해서는 모두 숨기고 있습니다. 그러나 남녀의 동등한 인권이라는 것은 남성만큼 여성이 일자리나 지위를 똑같이 가지는 것이 아니라, 모든 진로나 자리를 여성이라는 이유로 막지 않는 것을 말합니다. 실제 남성의 월급은 2~4명의 자녀를 부양하고 여성이 따로 돈을 벌 필요가 없을 만큼, 가족을 부양하기 위해 자신의 능력 이상으로 일을 하거나 걱정할 필요가 없을 만큼 되어야 합니다. 지난 5년의 계획을 추진하는 동안 많은 일자리가 필요했지만 단 한 번도 남성들에게 그러한 돈을 준 일이 없습니다. 가족이 무너지고 파괴되는 것은 지난 5년 계획에 대한 무서운 대가입니다. 우리 여성들이 무거운 수레로 다리나 철도 건설용 돌을 옮기는 것을 볼 때마다 심장이 멈출 정도로 부끄럽고 슬프지 않습니까? 그런 모습을 보면서 무슨 말을 할 수 있을까요? 아직도 의심이 갑니까? 그러한 굴레로부터 이들을 해방시킬 수 있는 것은 무엇입니까? 남미 혁명가들에게 주는 재정 지원을 그만두어야 하지 않을까요?

자금, 노동력, 그리고 인내를 요구하는 모든 활동이 소홀히 여겨지고 있습니다. 여가 시간은 TV와 카드, 도미노를 하는 데 보내지고, 아니면 역시 보드카를 마시는 데나 사용될 뿐입니다. 독서를 한다는 사람을 봐도 스포츠나 탐정소설을 읽을 뿐이고 아니면 신문에 실린 이데올로기를 읽는 것에 불과합니다. 이것이 진정 사람들을 현혹하는 사회주의-공산주의 모습입니까, 고작 그것을 위해 6,000만~9,000만 명이 희생하고 죽어야 했단 말입니까?

내적 발전은 외부 세력을 확장하는 것과 비교할 수 없을 정도로 우리에게 중요합니다. 세계 역사는 제국을 세운 민족들이 항상 정신적 손실을 입었음을 보여줍니다. 위대한 제국의 목표와 국민들의 도덕적인 건강은 양립할 수 없습니다. 우리 국민이 그러한 도덕적 피폐 속에 있는 한, 그리고 우리가 스스로를 그 자손이라고 생각하는 한 국제적인 일을 발기하거나 그것을 위해 돈을 지불해서는 안 될 것입니다. 그럼에도 아직 지중해를 포기하지 않는 겁니까? 그러나 그것을 위해서는 무엇보다 이데올로기를 먼저 거부해야 합니다.

이데올로기

우리에게 계승된 이데올로기는 낡아 빠졌고 심각할 정도로 시대에 뒤졌을 뿐 아니라 가장 좋았던 10년간의 시절에 한 예측도 모두 틀렸습니다. 결코 과학이 아니었습니다.

원시적이고 피상적인 경제 이론은 공급자, 엔지니어, 교통,

판매 방식 등이 기여한 바를 전혀 보지 않고 오직 노동자만이 가치를 창출한다고 선언했습니다. 경제 이론은 프롤레타리아는 끝없이 억압당해 부르주아 민주주의에서는 절대로 아무것도 이루지 못할 것이라고 예언했으나, 그것은 틀렸습니다. 자본주의 하에서 노동자들이 누렸던 것처럼 프롤레타리아들을 충분히 먹이고 입히고 쉬게 했더라면 좋았겠지요! 또한 그 이데올로기는 유럽 국가들의 복지가 식민지에서 기인한다는 잘못된 오류에 빠져 있습니다. 오히려 식민지를 떠나보내면서 스스로 '경제 기적'을 만들어내기 시작했습니다. 사회주의자들은 무력 쿠데타가 아니면 결코 권력을 잡을 수 없다는 잘못된 주장을 펴기도 했습니다. 그러면서 이러한 전복 시도가 선진 공업 국가에서 시작한다고 했지만 모든 것은 정반대였습니다. 혁명이 빠른 속도로 전 세계를 사로잡아 국가들이 해체될 것이라는 것도 완전히 잘못된 생각이며 인간의 본성에 대한 무지를 드러내는 것입니다. 전쟁의 본질은 자본주의에만 내재되어 있어 자본주의와 함께 운명을 같이할 것이라는 것도 마찬가지입니다. 20세기에서 15년, 20년에 걸친 아주 오랜 전쟁을 보았습니다만 협상이나 휴전을 거부한 것은 자본주의가 아니었습니다. 제발 인류 역사상 가장 잔혹하고 잔인한 전쟁, 두 공산주의 초강국 간의 전쟁을 신이 허락하지 않기를 바랍니다. 민족주의도 이 이데올로기에 의해 1848년 잔재물이 되어 묻혔으나 오늘날 세계에서 가장 강력한 존재가 되지 않았습니까! 이 외에도 일일이 열거할 수 없을 정도로 그러한 일이 너무 많습니다.

마르크스주의는 정확하지도 않고, 과학도 아닐뿐더러 숫자, 수량, 속도, 장소 어느 것 하나 예측하지 못했습니다. 오늘날 전자 기계는 각종 사회 관련 예측을 수행하지만 마르크스주의는 그렇게 하지 못했습니다. 마르크스주의의 경제구조 이론은 너무나 조악하여 우리에게 충격을 주기도 했습니다. 어떻게 그런 이론으로 미묘한 인간이라는 존재와 수백만의 인간이 모여 구성된 복잡한 사회를 설명하겠습니까. 20세기의 이 잔인한 유머는 일부 사람들의 욕심, 또 다른 사람들의 무지와 다른 것을 믿고자 하는 열망으로밖에 설명할 수 없을 것입니다. 그렇지 않고서야 어찌 이 불명예스럽고 실패한 이념이 서방에서 그 많은 추종자들을 가질 수 있겠습니까! 러시아에서 이제 그들은 소수에 불과한데도 말이죠! 이미 그 이념을 경험한 우리는 다만 아무렇지 않은 척하고 있을 뿐입니다.

위에서 살펴본 바와 같이 맷돌처럼 위아래로 여러분을 내리누르는 것은 건강한 생각이 아닌 오래되고 낡아 빠진 소위 '선진 사상'이라는 것입니다. 구체적으로는 집단화, 그리고 소규모 공예품과 서비스의 국유화입니다(이로 인해 일반 시민의 삶은 극도로 어려워졌으나 당신들은 이것을 느끼지 못합니다. 도둑과 거짓말이 일상 생활 속에 팽배하지만 당신들은 무력하기만 합니다). 또 하나는 국제적 위협에 대비한다며 군사 증강을 부풀린 것입니다. 이로 인해 모든 내면은 무너져 내렸으며 시베리아는 55년간 개발할 시간도 갖지 못했습니다. 그리고 종교적 박해는 마르크스주의에 있어 매우 중요한 것이나 실질적인 국가 지도자에게 있어 매우 무의미하며 이롭지 않습니다. 한량들을 이용해 가장 순수한 노동자들에게 그들과 거리가 먼 기만과 도둑질을 하게 만들고 후에는 모두가 사기와 도둑질로 고통을 받게 했습니다. 신앙인에게 믿음은 가장 높은 가치이며 입으로 먹는 음식보다 귀한 것입니다. 훌륭한 수백만의 시민들의 안식처를 빼앗고 있다고 생각해본 적이 있습니까? 당신과 같은 국가 지도자들에게 이것은 해롭기만 한데도 당신은 이것을 기계처럼 자동으로 하고 있지요. 마르크스주의에 사로잡혀 있기 때문이죠. 최고 지도자인 당신이 얼마나 마르크스주의에 묶여 있는지는 멀리서 찾아온 지구 반대편의 미약한 공산당이자 러시아의 운명에 대해 가장 관심이 없는 손님에게 자신의 활약상을 설명하는 것만 봐도 알 수 있습니다. 마르크스주의 속에 커온 사람들에게, 익숙한 이데올로기 없이 갑자기 살아가는 것은 매우 두려운 일일 겁니다. 그러나 이제 선택은 없습니다. 여러분이 상황을 그렇게 만들 것입니다. 어쩌면 이미 늦었을지도 모릅니다. 만약 중국과 전쟁을 하게 된다면 러시아의 지도자들은 애국주의에 기대게 될 겁니다. 아니 온전히 기대게 되겠지요.

스탈린이 전쟁 중 그러한 혁명을 시작했을 때를 생각해봅시다. 어느 누구도 놀라지 않았고 누구도 마르크스 사상을 버렸다고 울지 않았습니다. 모두가 가장 자연스럽게 우리 러시아적인 것을 받아들였습니다! 막대한 위험을 앞에 두고는 세력을 재편성하는 것이 합리적입니다. 그리고 늦지 않게 미리 서둘러야 합니다.

사실 마르크스주의에 대한 거부가 본격적으로 이루어지고 있는 것은 아니지만 그것이 시작된 지는 오래되었습니다. 아니면 마르크스 사상과 애국주의가 대체 어떻게 결합할 수 있단 말입니까? 말도 안 되는 것이죠. 마르크스 사상과 애국주의는 공통의 염원에서만 결합이 가능할 뿐 구체적인 역사에 있어서는 언제나 항상 대립적이었습니다. 이것이 명확하게 드러난 것은 1915년 레닌의 "우리는 반 애국주의자다"라는 선언입니다. 그것은 사실이며 진심입니다. 1920년대 '애국자'라는 말은 '백군'과 정확히 같은 말이었습니다. 내가 지금 당신 앞에 놓아둔 편지도 다름 아닌 애국주의에서 비롯된 것입니다. 그러나 그것은 마르크스주의를 부정한다는 뜻입니다. 마르크스주의는 동북부를 버려두고 여성들에게 쇠막대기와 삽을 쥐어 주며 서둘러 세계 혁명을 수행하고 재정을 지원하라고 하죠. 소련-중국 국경에서 첫 번째 대포가 발사되려는 그 순간, 부족하고 불명확한 러시아의 이중적 국가 인식이 나타날 것을 두려워하십시오. 강한 미국이 작은 베트남에게 어떻게 패배했는지, 미국 사회와 젊은이들의 신경이 얼마나 쉽게 무너졌는지 생각해보십시오. 바로 미국의 민족적 자의식이 드러나지도 않을 정도로 약했기 때문입니다. 때를 놓치지 마십시오.

처음에는 어려워 보이지만 이 짐을 던져버리고 나면 실제로 모든 국정과 지도부의 활동이 상당히 쉽고 빠르다는 것을 느낄 겁니다. 정말 이 사상은 우리의 대외적 상황을 극도로 첨예한 갈등으로까지 몰고 갈 뿐 20년대, 30년대처럼 국내적으로는 전혀 도움이 되지 않은 지 오래입니다. 이미 오래전부터 국가 내 모든 것이 어떠한 사상적 발전이 아닌 물질적인 계산과 종속관계로만 유지되고 있다는 것을 잘 알고 있을 겁니다. 오늘날 이데올로기는 이미 약화되었고 당신을 구속하기만 할 뿐입니다. 마르크스 사상은 사회적 삶, 지적 활동, 라디오와 출판물을 망칠 뿐입니다. 모든 것이 거짓, 거짓, 거짓뿐입니다. 계속된 거짓이 아니라면 어떻게 죽은 자가 살아 있는 척을 한단 말입니까? 모든 것이 거짓 속에 훼손되고 있습니다. 모두가 그것을 알고 있어 사적인 대화에서는 공개적으로 비웃고 때로는 탄식합니다. 그러나 공식적인 자리에서는 위선적으로 '옳은 것'을 말하죠. 또한 위선적이지만 지루해하며 다른 사람의 책을 읽고 듣습니다.—이 얼마나 큰 에너지 낭비입니까? 그리고 신문을 읽고 TV를 보면서 당신은 과연 그 속에 진실이 있다고 생각합니까? 나는 이미 오래전부터 진실은 없다고 확신합니다. 당신의 생각이 다르다면 당신은 국민의 삶과 괴리되어 있다는 뜻입니다.

의무적이고 강제적인 거짓말은 러시아 국민들에게 가장 힘든 고통입니다. 물질적 궁핍보다, 모든 억압보다 더 나쁜 것입니다. 그리고 우리의 국가 안정에 필요하지 않은 모든 거짓들은 마치 세금처럼 이데올로기를 위해 이용됩니다. 현재 일어나고 흘러가고 있는 일들을 죽은 이데올로기와 끈질기게 연결 짓고 묶어버립니다. 우리 국가가 관습, 전통, 관성으로 거짓된 독트린과 거기에서 비롯된 망상들을 계속해서 붙잡고 있기 때문에 다른 생각을 하는 사람들을 감옥에 가두는 겁니다. 잘못된 이데올로기에는 무기와 철장 외에 어떤 것으로도 대응하거나 반박할 수밖에 없기 때문입니다.

이미 부서진 이데올로기에서 그만 놓아주십시오! 당신의 적에게 그 이데올로기를 넘겨주십시오. 그렇게 하지 않으면 이데올로기는 먹구름처럼, 전염병처럼 우리나라를 집어삼킬 것입니다. 우리가 아닌 다른 사람들이 돌보고 이해하도록 하십시오. 그 이데올로기로 인해 모든 삶을 거짓으로 채울 필요가 없습니다. 660만의 피와 땀이 묻은 더러운 셔츠로는 이미 숨쉬기조차 어렵습니다. 우리 모두에게서 그 셔츠를 벗겨주십시오. 지금까지의 모든 일의 책임은 전적으로 이데올로기에 있습니다. 과연 가능한 한 빨리 그것을 버리고 원하는 사람이 그것을 취할 수 있도록 당신을 설득할 수 있을까요.

나는 결코 마르크스주의를 추종하거나 금지하거나, 심지어 이에 맞서 논쟁하는 등의 극단적 선택을 제안하지 않습니다(아마 곧 모두가 게으름을 피우며 그런 논쟁을 하려 하지 않을 겁니다). 나는 그저 당신 자신과 당신의 국가, 당신의 사람들을 이데올로기로부터 구할 것을 제안합니다. 마르크스주의에 대한 강력한 국가 지원을 멈추고, 마르크스주의 자체의 힘으로, 자체의 발로서만 서게 하십시오. 그리고 원하는 사람만이 그것을 홍보하고, 지키고 시행하게 합시다. 다만 근무 시간이 아닌 자유 시간에, 정부 돈이 아닌 자금으로 그렇게 합시다. 각종 선전선동 시스템에 국민의 돈이 나가는 것을 중단해야 합니다. 그렇다고 해서 선전선동을 하는 수많은 사람들이 분노하거나 저항할 거라고 생각합니까? 오히려 새로운 상황으로 인해 그들은 사심에서 일을 한다는 모욕적인 채찍으로부터 자유로워질 겁니다. 그리고 처음으로 실제 스스로의 이데올로기적 당위성과 진실성을 확인할 기회를 맞을 것입니다. 그리고 그들은 이 두 가지 부담을 기뻐할 겁니다. 평일에, 주간에, 낮 동안 생산적인 노동을 하고, 실질적인 가치가 있는 뭔가를 하며(현재의 것을 대체하기 위해 선택되는 어떤 노동이라도 훨씬 생산적일 것입니다. 마이너스가 아니라고 해도 지금은 제로이기 때문입니다) 저녁이나 자유로운 휴일에, 자신이 좋아하는 이데올로기의 진리를 사심 없이 만끽하며 그것을 선전하는 일에 기여하는 것이죠. 예를 들어 박해를 받는 신앙인이 영적으로는 만족하는 삶을 사는 것과 같은 것입니다. 믿으라 강요하지 않고, 수십 년 동안 우리를 선동했던 이들의 진실성을 증명할 수 있는 아주 좋은 기회입니다.

해결 방안은 무엇인가

지금까지 말하면서, 나는 우리의 대화가 시작된 출발점인, 당신들이 극단적인 현실주의자(리얼리스트)라는 사실을 잠시도 잊지 않았습니다. 당신은 특별한 현실주의자로 권력을 놓치는 일은 없을 것이라고 생각합니다. 그렇기 때문에 당신들은 복수당, 혹은 다당주의라는 선한 의지를 허용하지 않을 겁니다. 선출되지 않을 수도 있는 선거를 허용하지도 않을 것입니다. 현실주의에 기초하여, 당신은 오랫동안 권좌에 있을 것입니다.

물론 당신의 권력이 오래가겠지만 그렇다고 영원한 것은 아닙니다. 리얼리즘에 기초해 대화하면서 나는 러시아 역사에서 모든 혁명과 무장된 변화를 반대하고 앞으로도 그럴 것이라는 것을 분명히 밝히고자 합니다. 당신들은 국제적으로나 국내적으로 무장 운동을 두려워하지요. 하지만 공부를 하면 할수록 대중 유혈 혁명은 언제나 사람들에게 파괴적이라는 것을 확신하게 됩니다. 현재 사회에서 나 홀로 그런 생각을 하는 것은 아닙니다. 조급히 현 지도부를 다른 사람들로 교체한다면 새로운 파괴적인 전쟁을 불러일으킬 것입니다. 어쩌면 지도부의 수준에 있어 매우 의구심이 드는 결과가 발생할 수도 있습니다.

그러한 상황에서 우리에게 무엇이 남아 있습니까? 허망한 꿈을 꾸며 위로를 받아야 합니까. 4년마다 있는 선거에서 정치인, 심지어 온 나라 전체가 대중의 입맛에 들기 위해 몰입합니다. 자신은 '방탕한 민주주의'의 팬이 아니라고 진지하게 토론합니다. 이렇게 하는 것은 국내뿐만 아니라 해외도 마찬가지입니다. 심지어 법원이 사회의 눈치를 보느라 전쟁이 끝날 때 전쟁 참전 용사 문서를 강탈하고 출판한 사람을 무죄로 선언하기도 했습니다. 심지어 민주주의가 잘 뿌리내린 사회에서도 두 개의 거대 정당 사이에 인기 없는 작은 정당이 순간적으로 우위를 점하여 다수의 의지가 전혀 표현되지 않은 국가의 가장 중요한 문제, 심지어는 세계 정치 문제조차 엉뚱하게 결정되는 사례들을 적지 않게 봅니다. 각종 전문가 그룹들이 민족이 무너지는 가장 중요한 순간에도 자기의 이익을 추구하는 예도 흔히 볼 수 있습니다. 그리고 가장 존경받는 민주주의 국가조차 소수의 테러리스트들 앞에서 무력한 모습을 보이기도 합니다.

예, 물론 자유는 도덕적입니다. 그러나 자유에는 어느 정도의 경계가 있습니다. 그 경계를 넘어서면 횡포와 전제로 변질됩니다. 러시아에서 민주주의는 1917년 2월부터 10월까지 단 8개월 동안만 존재했습니다. 입헌민주주의와 사회민주주의 이민자 그룹은 여전히 자신의 존재를 자랑스럽게 여기고 외부인들에 의해 민주주의가 파괴되었다고 말합니다. 그러나 실제로 그 민주주의는 정말 부끄러운 것이었습니다. 그들은 그렇게 야심 차게 소리치고 약속했지만, 풍자만화처럼 혼란스럽기만 했고, 무엇보다 그들 스스로가 준비되어 있지 않다는 것, 아니 그보다는 러시아가 민주주의에 대해 준비가 되어 있지 않다는 것을 보여주었을 뿐입니다. 지난 반세기 동안, 러시아에서 만주주의나 다당제를 맞이하려는 태도는 더 악화되기만 할 뿐이었습니다. 따라서 갑작스럽게 민주주의를 도입한다는 것은 1917년의 쓰라린 역사를 반복하는 일일 뿐입니다.

그보다는 스스로 민주주의 전통을 써야 하지 않을까요? 모스크바 루시 성당, 노브고로드보다 더 이전에는 카자크인, 작은 마을 공동체 등이 있었다는 기록으로 만족해야 할까요. 아니면 러시아가 1,000년 동안 권위주의 체제 속에 살았음에도 20세기 초반 국민의 육체적·정신적 건강을 유지했다는 사실로나마 위로를 해야 할까요.

그러나 여기에도 중요한 조건이 있었습니다. 권위주의 체제도 원시적부터는 보편적인 폭력의 이데올로기가 아닌 강력한 도덕적 토대를 가졌습니다. 그 기반은 비록 완벽한 것은 아니었으나 폭력의 이데올로기가 아닌 정교회에 기반한 것이었습니다. 세르게이 라도네즈스키와 닐 소르스키가 이끈 7세기에 걸친 정교회, 아직 니콘 주교에게 시달리지 않았고, 피터 대제로 인해 형식화되지 않았던 정교회가 있었습니다. 모스크바 시대가 끝나고 페테르부르크 시대가 들어서면서 훼손되고 약해졌습니다. 겉으로는 성공한 국가처럼 보이지만 권위주의 체제는 몰락의 길로 들어서면서 결국 종말을 맞이했습니다.

1세기 이상 동안 독재 체제에 맞서온 러시아 지식인들 또한 자신과 국민 모두에게 엄청난 손실을 입히면서 얻은 것이 무엇입니까? 오히려 정반대의 결과만 초래했습니다. 그러므로 러시아의 민주주의를 향한 길은 잘못되었거나 시기 상조였음을 인정해야 할지도 모릅니다. 어쩌면 가까운 미래에, 우리가 원하든 원치 않든, 우리가 그것을 지명하든 안 하든 러시아에게는 여전히 권위주의 체제가 운명인 것일까요? 아니면 현재 러시아에는 권위주의만 무르익은 걸까요?

모든 것은 우리를 기다리고 있는 권위주의 체제가 '어떤 것'인가에 달려 있습니다. 우리가 참을 수 없는 것은 권위주의 그 자체가 아니라 강요된 일상의 이데올로기 거짓말입니다. 권위주의만큼 참을 수 없는 것은 전횡과 무법, 무분별한 불법입니다. 모든 지방, 지역, 분야에서 한 사람의 권력자가 자신의 마음대로 모든 것을 결정할 때 무식하고 잔인함이 드러나는 경우를 자주 봅니다. 권위주의 체제라고 해서 법이 필요하지 않거나 종이에 불과하다는 것은 전혀 아닙니다. 또한 법이 사람들의 개념과 의지를 반영해서는 안 된다는 것을 의미하지도 않습니다. 권위주의 체제는 입법, 행정 및 사법부 어느 하나도 독립적이지 않고 심지어 권력도 갖고 있지 않으므로 유일한 권력으로부터 걸려온 전화 소리에 숨죽여야 한다는 말도 아닙니다. 1918년 7월 6일까지 존재했던 우리 시스템의 옛날 이름인 소비에트는 전혀 이데올로기에 의존하지 않았다는 것을 말하고 싶습니다. 이데올로기가 있고 없고와 관련 없이 이 소비에트는 모든 노동자의 회의를 지칭하는 이름이었습니다.

현실적인 소비에트라고 해도 다시 부활한다면 현실주의의 토양에 머물러야 할까요, 아니면 순간의 꿈이라고 해야 할까요? 1936년 이후 단 하루도 제대로 작동하지 않았던 우리 헌법에 대해서는 뭐라고 해야 할지 모르겠습니다. 그러나 어쩌면 헌법이 절망적인 것이 아닐 수도 있지 않을까요?

잔인한 현실주의의 틀에 갇혀 있는 당신에게 지도부를 바꾸라는 제안은 하지 않겠습니다. 그러나 위에서부터 아래까지 당신이 현재의 바람직한 리더로 여기는 모든 사람들을 소비에트 체제로 바꾸십시오. 이제부터는 국가의 어떤 직책도 지금처럼 당적과 직접 연결되지는 않을 것입니다. 사람들이 경력 때문에 당적을 갖는다는 비난을 당이 받지 않도록 하십시오. 열심히 일하는 노동자들에게 당적이 없어도 정부 기구에서 승진할 수 있는 기회를 주십시오. 그렇게 되면 좋은 일꾼들을 얻게 될 것이고, 당에도 사심 없는 사람들만 남게 될 것입니다. 물론 대중으로부터 당신의 사적 정보를 지켜줄 강력한 지지자들로 구성된 조직처럼 당을 유지하는 것도 필요합니다. 당신이 이데올로기와 헤어질 때만이 당신의 당은 세계 통치라는 가능하지도, 필요하지도 않은 목표에서 벗어나게 될 것입니다. 그리고 중국과의 전쟁이나 기술로 인한 파멸에서 우리를 구하는 민족적 과제를 수행할 수 있을 겁니다. 이 과제야말로 올바른 것이고 가능성 있는 것입니다.

우리는 정치적 거대주의를 생각해서도, 지구 반대편의 운명에 대해서 생각해서도 안 되며, 그렇게 생각하는 것을 영원히 거부해야 합니다. 이것은 분명히 파열될 것이고, 지구 반대편과 따뜻한 바다도 우리 없이 자신의 방식대로 발전할 것이므로, 모스크바의 어느 누구도 이를 통제하지 않을 것입니다. 1973년에는 아무도 예측하지 못했고, 1848년에 마르크스도 그렇게 예측하지 못했습니다. 우리나라를 다스릴 수 있는 것은 내부의 도덕적이며 건전한 국민의 발전, 쓰레기와 삽으로 대표되는 고된 노동으로부터의 여성 해방, 학교 및 아동 교육 개선, 토양, 물 등 모든 러시아 자연의 회복, 건강한 도시 복원, 동북 개발뿐입니다. 우주 개발이나 어떠한 역사적 전쟁이나 억지로 지어낸 국제적 과제는 결코 아닙니다. 다른 사람들이 우리보다 어리석은 것이 아니며 게다가 중국은 돈과 군을 갖고 있습니다. 한번 보시길 바랍니다.

스탈린이 우리를, 당신과 우리 모두에게 가르쳐준 것은 선한 마음에 '가장 큰 위험'이 있다는 것입니다. 즉 통치자의 선한 영혼이 가장 위험하다는 것입니다! 수백만의 사람을 파괴하려 했던 그에게는 필요했을지 모릅니다. 그러나 당신이 목표를 가지고 있지 않다면 그의 저주받은 계명을 부정합시다! 권위주의적 체제를 만드십시오, 그러나 사라지지 않는 '계급 증오'가 아닌 인간애에 기반한, 가까운 주변 사람이 아닌 진심으로 모든 사람을 위하는 인간애를 가진 그런 권위주의를 만드십시오. 이 길로 가는 첫 번째 이정표는 수감자에 대한 관용과 자비입니다. 과거를 돌아보고 두려워하십시오. 1918년부터 1954년까지 그리고 1958년부터 지금까지, 선한 마음으로 시작한 운동으로 투옥된 사람 중 단 한 사람도 자유를 찾지 못했습니다. 누군가가 가끔 풀려났다면, 뻔한 정치적 계산에 따른 것에 불과합니다: 정신적으로 이미 무너졌거나 세계 공동체가 더 이상 참을 수 없을 지경에 있습니다. 더욱이 정신적 폭력, 비밀스러운 법원, 범죄자와 미숙한 사람들을 넘어뜨려 결국 파괴하는 잔인하고 비도덕적인 집단 유형소는 영원히 반대해야 합니다.

국가와 국민을 질식시키지 않기 위해, 국민들이 발전할 기회를 갖고 각종 아이디어로 당신을 부유하게 만들기 원한다면 권력을 위한 것이 아닌 진리를 위한 공정한 경쟁이 이루어지도록 자연스럽게 놔두십시오. 마르크스주의가 국가적 특권을 상실하게 된다면 모든 이데올로기와 모든 도덕, 특히 모든 종교에 대해 누구도 박해하지 않을 겁니다. 그러니 지금처럼 억압하지 말고 정직하게 허용하십시오. 청년들의 정신적 조직(비정치적)을 허용하고, 아이들을 교육하고 자유로운 지역 종교 활동을 허용해주십시오. (개인적으로 오늘날 러시아의 영적 치유를 위해 받아들일 수 있는 살아 있는 영적 힘을 가진 종교는 기독교 외에는 보지 못했습니다. 그렇지만 나는 기독교를 위해 청탁을 하는 것이 아니고 특혜를 주라는 것도 아닙니다. 그저 억압하지 말라는 것뿐입니다.) 자유로운 예술, 문학, 자유로운 출판(비정치 서적, 제발! 선거 전단지가 아니라 철학적, 도덕적, 경제적, 사회 연구 서적)을 허용하십시오. 모든 것이 분명 풍성한 수확과 열매를 가져다줄 것입니다. 모두 러시아에 유익한 것입니다. 그렇게 된다면 당신도 아는 것처럼 최근 반세기에 걸쳐 서구의 언어로 된 새로운 아이디어를 번역해야 한다는 생각에서 벗어나게 될 것입니다.

무엇을 두려워합니까? 정말 그렇게 무서운가요? 정말 자신을 믿지 못합니까? 당신들에게는 확고한 군대와, 굳게 잠긴 당, 군대, 경찰, 산업, 교통, 통신, 육지, 대외 무역 독점, 강제 루블 환율이 있지 않습니까, 그러니 사람들이 숨 쉬고 생각하고 발전하게 하십시오! 당신이 진정으로 국민을 위한다면 절대로 당신을 대상으로 하는 소요는 일어나지 않을 겁니다!

그리고 정말 아직도 인간의 영혼은 과거에 대한 속죄가 필요할까요? 아마 나도 현실주의의 초기 플랫폼에 빠졌던 것 같습니다. 그렇지만 출발 전제는 아버지, 할아버지, 러시아 영토와 당신이 무관하지 않다는 것입니다. 이미 얘기했던 것이지만 지혜란 정말 필요한 충고에 귀를 기울이는 것입니다. 여러분은 어떤 외톨이 작가의 생각에 대해 화를 내거나 비웃을지 모르겠습니다. 그러나 나는 여러 가지 이유로, 다양한 시간에, 다양한 방식으로 여러분에게 매년 똑같이 끊임없이 바로 이러한 삶을 제안할 것입니다. 왜냐하면 이것은 조국과 민족을 구원할 수 있는 실현 가능한 매끄러운 길이기 때문입니다.

당신에게 위험한 시간이 다가오고 있어요. 당신은 전 세계 공산주의가 아닌 다시 우리 민족에게 호소할 것입니다. 심지어 당신의 운명, 그 운명조차! — 우리 손에 달리게 될 것입니다.

물론 당신에게 일주일 안에 결정을 내리라고 하는 것은 아닙니다만 당신에게는 전체 프로세스 중 적어도 3년, 5년, 아니면 10년 중 한 번 조용히 바꿀 수 있는 기회가 있습니다. 지금 시작하기만 하면, 이미 지금 결정되는 것입니다. 그렇게 되면 인생은 더 이상 미룰 수 없고 더 날카로운 요구를 하게 됩니다.

당신의 귀중한 소망이란 우리의 정치 체제와 이데올로기 시스템이 수 세기 동안 변화해서는 안 된다는 것이겠죠. 그러나 역사적으로 그러한 경우는 없습니다. 각 시스템은 스스로 발전 경로를 찾지 못하면 무너져버립니다. 긴급한 필요에 의해 러시아라는 나라를 이끌어갈 수는 없습니다. 1942년 사람들은 민족해방운동(우리 동맹국인 영국군의 군사적 노력을 단절시켰죠)을 구실로 네루를 비난했으나, 1956년에는 그를 칭송했습니다. 티토나 다른 많은 사람들도 똑같았습니다. 그러나 러시아를 이끌어 가기 위해서는 민족적 도움이 필요하고, 자신의 어깨에 있는 55년의 역사는, 1,100년 역사 중 5퍼센트에 불과하다는 것을 느껴야 할 겁니다.

당연히 이 편지가 어떤 개인적인 목표를 추구하기 위함이 아니라는 것을 알 것입니다. 당신이 허락하거나 금지한다 해도 내가 쓴 모든 것은 결국 세상에 나오게 될 것입니다. 지금껏 내가 한 말은 이미 과거에도 했던 말입니다. 나는 이미 55세이며, 물질적 가치를 중요하게 생각지 않고 나의 삶을 희생할 준비가 되어 있음을 여러 차례 증명해 보였다고 생각합니다. 당신에게 이런 유형의 삶은 흔하지 않겠으나 지금 그것을 보게 될 겁니다.

이 편지를 통해 나 역시 러시아의 역사 앞에 무거운 책임을 집니다. 그러나 스스로 출구를 찾지 않는다면 어떤 것도 해결되지 않을 것이고 오히려 책임은 훨씬 커집니다.

1973년 9월 5일

2부

어떻게 러시아를 재건할 것인가

실행 가능한 방법 - 가까운 미래

공산주의의 시계는 멈췄다. 그러나 공산주의의 콘크리트 건물은 아직 무너지지 않았다. 우리는 자유 대신 콘크리트 잔해에 깔리는 일이 없도록 해야 한다.

우리는 바로 그 언저리에 서 있다.

비록 거짓 통계로 가려져 있었다 한들 우리 중 우리가 맞닥뜨린 불행을 모르는 사람이 있을까? 70년간 맹목적이고 악랄한 마르크스-레닌 유토피아의 뒤꽁무니를 쫓느라 우리는 국민의 3분의 1을 희생시켰고, 무익하고, 심지어 자학적인 '조국' 전쟁으로 그들을 내몰았다. 우리는 과거의 풍요를 상실하고, 농민 계급과 그 촌락을 파괴했으며, 빵을 만들어야 한다는 생각은 잊은 채 농사를 중단하고는 그 땅에 바닷물과 연못물을 퍼부었다. 우리는 원시산업의 폐기물로 도시를 더럽히고 강, 호수, 물고기를 오염시키고, 이제는 마지막 남은 물과 공기와 토양을 파괴하고 있다. 여기에 죽음의 방사능 폐기물까지 서방으로부터 사들이고 있다. 우둔한 지도층 아래서 미래의 위대한 팽창이라는 어리석은 화를 자초하며, 후손들의 몫인 풍요로운 숲을 벌목하고, 귀중한 지하자원을 강탈해 해외로 팔아넘겼다. 여성들이 고물 줍는 일로 착취당했고 어머니를 빼앗긴 아이들은 병이 들어도 치료를 받지 못한 채 방치되었다. 아이들은 이처럼 방치 상태에 놓이거나 아니면 거짓 교육을 받아야 했다. 병든 사람이 많았지만 약이 없었고 사람들은 점차 건강한 음식이 무엇인지조차 잊어버렸으며 수많은 사람들이 집 없이 떠돌았다. 무력과 무법이 온 나라에 깊숙이 스며들어 그저 무절제한 술이 우리를 해치지 않기만을 바랄 뿐이다.

그러나 사람이란 무모함과 파괴적 행위가 우리 삶을 깨부술지라도 자신의 민족을 모욕하고 건드리면 참지 못하는 법이다. 그렇게 되는 순간 과거의 유순함이란 온데간데없고, 분노에 휩싸여 돌과 막대기, 작살, 총을 들고 달려들어 그들을 죽이고 집을 불태운다. 굶주림, 가난, 사망, 출산 하락… 이 모든 불행 중 그 어느 것도 민족의 자긍심보다 중요할 수는 없다.

바로 그렇기 때문에 국가의 회복과 재정비 방안을 찾을 때, 환부를 도려내거나 통증을 완화하는 것부터가 아니라 '민족 문제를 어떻게 할 것인가?', '어떤 지리적 국경 안에서 우리가 치료받거나 죽을 것인가?'라는 질문에 대한 답을 찾는 일부터 시작해야 한다. 치료는 그다음 문제이다.

그렇다면 러시아란 무엇인가

'러시아'는 이미 쇠약해질 대로 쇠약해졌는데도 여전히 온갖 곳에서 '러시아'라는 이름이 소환된다. 그리고 러시아가 아닌 소비에트라는 괴물이 아시아나 아프리카를 노리며 손길을 뻗칠 때도 전 세계는 여전히 이렇게 말한다.

"러시아가, 러시아인들이….."

도대체 무엇이 러시아인가? 오늘의 러시아는, 그리고 내일의 러시아는? (더 중요하다.) 오늘날 누가 미래의 러시아에 대해 생각하는가? 러시아인이 생각하는 러시아의 국경은 어디인가?

비록 75년간 쉬지 않고 외쳤던 슬로건이 '민족 간 사회주의적 우정'이었지만 공산주의 정권은 민족 간 문제를 방치했고, 우왕좌왕하거나 무관심한 태도를 보였다. 그 결과 민족 간 원만한 상생의 상태, 즉 혁명 발발 수십 년 동안 힘들게 이루었으나 이제는 희미하게만 느껴지는 시절, 민족에 대한 차별이 없던 시절로 돌아갈 수 있는 가망은 거의 없어 보인다. 그러나 아직은 이를 해결하고 바로잡을 수 있을지 모른다. 어쩌면 적어도 지금은 폭풍우 속 같은 시절이 아니라 더 평화롭고 개방된 시대일지 모른다. 각자의 삶을 위해 떠나려고 한다면 물론 떠날 수도 있다. 그러나 대규모 민족 대탈출이 일어난다 해도 자유로워지는 사람은 결코 많지 않을 것이다.

아, 러시아인이라면 코뮤날카(공동주택)에서 사는 것도 때때로 고통스럽다는 것을 알 것이다. 그와 같은 갈등 상황이 지금 민족 문제에서도 나타나고 있다. 이미 중앙의 힘은 변방의 공화국까지 닿지 않는다. 피를 부르는 폭력을 동원하지 않고는 도저히 멈출 수 없는 상황이다. 사실 그와 같은 희생을 치를 필요는 없다. 이미 톱니바퀴는 돌기 시작했고, 결국 '소비에트 사회주의'는 무너질 것이다. 지금 우리는 무언가를 선택할 것도, 생각할 것도 없다. 우리가 할 수 있는 것은 이 피할 수 없는 분열이 최소한의 고통만 남긴 채 빨리 지나가도록 하는 것뿐이다.

그러므로 발트 3국, 남캅카스 3개 공화국, 중앙아시아 4개 공화국, 몰도바가 루마니아로 가고자 한다면 몰도바까지 총 11개 국에 대해서 지체 없이, 명확하게 큰 소리로 분리를 선언해야 한다. 분명하게 결코 번복 없이 이뤄져야 한다. (독립 과정에 관해서는 몇 페이지 뒤에서 언급하겠다.)

카자흐스탄에 대해.

현재 카자흐스탄의 거대한 영토는 무지한 공산주의자들이 되는대로 나눈 것이다. 유목민이 1년에 한 번 지나간다면 그 땅은 카자흐스탄이라는 식이었다. 당시에는 곧 모든 민족이 하나가 될 테니 국경선을 어디 긋든 전혀 중요치 않다고 생각했다. 명민한 첫 번째 일리치(블라디미르 일리치 레닌)조차 국경 문제를 "가장 나중 문제"라고 했다. (그렇게 카라바흐를 잘라 아제르바이잔에 붙였는데, 그게 어디든 무슨 상관인가, 당시엔 소련의 친한 친구인 터키를 기쁘게 해야 했다.) 1936년까지 카자흐스탄은 러시아 소비에트 연방 사회주의 공화국 내의 자치 공화국이었다가 나중에 소비에트 연방 공화국으로 격상됐다. 카자흐스탄은 남시베리아, 우랄 남쪽 지역, 중부의 평야로 이루어졌고 그때부터 러시아인과 죄수, 추방 당한 민족에 의해 변화하고 재건됐다. 그리고 현재 그 넓은 땅에서 카자흐인은 절반이 훨씬 안 된다. 카자흐인들이 주로 모여 있는 주거지, 카자흐인이 오랫동안 뿌리내리고 살고 있는 영토는 동쪽 끝에서 시작해 서쪽 카스피해에 이르는 대형 포물선 모양의 남부 지역이다. 여기에서 카자흐인들은 분리되어 살고자, 즉 신과 함께 살고자 한다.

이 12개 공화국을 제외하고 나면, 그야말로 루시('러시아인'이란 단어는 수 세기 동안 소러시아인, 대러시아인, 벨라루스인을 포함했다), 혹은 러시아(18세기 이후의 명칭), 또는 지금으로서는 더 정확한 표현인 '러시아 연합'이라고 부를 수 있는 것만 남게 된다. 이들을 다 제외하고 나더라도 여전히 크고 작은 100개의 민족이 있다. 바로 여기서부터 우리가 가진 위대한 지혜와 선량함을 발휘해야 한다. 그리고 바로 이 순간부터 우리는 민족 간 우애, 문화 간 조화, 언어 보존을 위해 우리가 가진 모든 지혜와 진심을 쏟아부어야 한다.

대러시아인에게 한마디

위대한 국가적 지식인 S. E. 크리자노프스키는 이미 20세기 초에 "초기 러시아는 다른 지역을 동화시킬 수 있는 문화적, 도덕적 여력이 없다. 따라서 이것은 러시아의 민족적 힘을 소모할 뿐"이라고 예견했다.

이 말은 러시아가 부유하고 번영했던 시절, 그리고 의도적으로 러시아인을 겨냥해 이루어진 수백만의 희생이 있기도 전에 했던 말이다. 그래서 이 말은 오늘날 더 가슴에 와닿는다:

우리는 변방을 붙잡을 경제적 힘도, 도덕적 힘도 없다.

우리는 제국이 될 힘도 없다! 그럴 필요도 없고, 그런 생각 자체를 떨쳐버려야 한다. 제국이란 우리를 때려 부수고, 착취하고, 우리의 죽음을 앞당기는 것이다.

걱정스러운 것은, 러시아인의 민족적 자의식이 상당 부분 제국에 대해 집착하고 얽매어 있다는 것이다. 또한 한 번도 존재하지 않았던 '소비에트 애국주의'를 공산주의자로부터 이어받아, 위대한 소비에트 강국을 자랑스러워한다는 것이다. 당시 두 번째 일리치(레오니드 일리치 브레즈네프) 시절 10년 동안은 쓸모없는(지금은 헛되이 없어지고 있는) 무기 제작으로 국민들을 굶주림에 몰아넣었고, 러시아는 온 세상에 잔인하고, 탐욕스럽고, 끝을 모르는 침략자로 소개되는 불명예를 안았다. '우린 대국이니까 무슨 일에 대해서든 곳곳에서 우리를 지지할 것이다'라고 생각한다면 대단히 왜곡된 위험한 자의식이다. 이것은 마치 우리가 죽어가면서 맹목적으로 공산주의를 찬양하는 것과 같다. 일본도 국제적 사명과 정치적 도박의 유혹을 단념하자마자 번영의 길로 들어섰다.

　이제는 냉정하게 결단을 내려야 한다. 우리를 갉아먹는 제국으로의 회귀인가, 민족의 정신적·육체적 구원인가. 사망률이 늘어 출생률을 넘어서는 순간 우리는 곧 지구상에서 사라진다. 위대한 제국을 유지한다는 것은 결국 그 민족을 죽음으로 몰아넣는 일이다. 여러 얼룩이 뒤섞인 합금이 대체 왜 필요한 것인가? 러시아인 고유의 얼굴을 지우려 하는가? 우리가 추구해야 하는 것은 땅을 늘리는 것이 아니라 민족의 정신을 더욱 선명히 하는 것이다. 12개의 공화국을 분리하는 것이 손해라고 생각할 수도 있지만, 이것은 오히려 러시아가 더 자유롭게 발전하고, 스스로를 더 돌볼 수 있는 기회가 될 것이다.

　안타깝게도 굳세고 선량한 러시아 이주민들은 빈곤과 가난을 버티며 70년간 '완전한 단일성'이라는 허상을 좇아왔다. 1914년 '완전한 단일주의자'에게는 폴란드도 '우리 땅'이었고(자신의 후견이 폴란드를 기쁘게 할 것이라는 알렉산드르 1세의 터무니없는 생각), 누구에게도 폴란드를 넘길 수 없었다. 그러나 오늘날 누가 폴란드를 우리 땅이라고 할 수 있는가? 폴란드와 핀란드가 분리되었다고 해서 러시아가 초라해졌는가? 아니 오히려 바로 섰다. 러시아를 짓누르고 있는 알렉산드르 2세의 경솔한 '중앙아시아 중심'이라는 생각마저 떨쳐낸다면 러시아는 더 똑바로 서게 될 것이다. 알렉산드르

2세가 '중앙아시아 중심'에 들인 노력을 자신의 개혁이나 진정한 민족 자치를 탄생시키는 데 썼으면 더 좋았을 것이다.

20세기 철학가 I. A. 일린은 민족의 정신적 삶이 영토나 경제력보다 중요하다고 했다. 민족의 건강과 안녕은 그 어떤 화려한 대외적 목표보다 귀중하다. 변방 지역들은 이미 무너지고 있다. 머지않아 그곳으로부터 수백만의 이민자들이 쏟아져 들어올 것이다.

"러시아인인 것이 자랑스럽다", "광활한 조국은 우리의 자랑이다", "우리의 자랑은…". 앵무새처럼 반복해온 이 말을 이젠 멈춰야 한다. 그리고 깨달아야 한다. 우리가 마땅히 자랑스러워해야 했던 것들로 인해 우리 민족은 1917년(좀 더 넓게 본다면 1915~1932년)의 정신적 재앙 상태에 항복하여, 예전의 모습을 잃어버렸으며, 과거 러시아가 가졌던 국력과 대외적 위상을 회복할 방법 등의 미래에 대한 계획을 더이상 세울 수 없게 되었다. 우리의 할아버지와 아버지들은 격렬한 전쟁터에서 총을 버리고 탈영해 자기의 이웃집을 약탈했다. 이미 당시에 우리의 100년, 아니 200년을 결정할 수 있는 선택을 그렇게 한 것이다. 그런 일이 1세기 동안 두 번이나 반복되었다. 독소 전쟁을 결코 자랑스럽게 생각하지 않는다. 적군보다 10배는 많은 3,000만 명을 희생하고도, 우리가 폭군이라는 점만 확인되었을 뿐이다. 남의 삶에 우리 손을 뻗어서는 안 되며 우리 민족이 탈진 상태에 빠져 있다는 것을 인식하고, 신이 우리에게 회복과 지혜를 주길 기도해야 한다.

수십 년간 러시아가 공화국들에게 생명수를 준 것이 맞다면 경제적 손실을 입는 것이 아니라 오히려 힘을 아낄 수 있었을 것이다.

우크라이나인과 벨라루스인에게 한마디

나는 거의 절반은 우크라이나 사람이고, 어린 시절에는 우크라이나어를 들으며 자랐다. 벨라루스에서는 대부분의 군 생활을 했기 때문에 벨라루스의 비참한 가난에도 온순한 민족에게도 각별한 애정을 느꼈다.

우크라이나와 벨라루스 일은 남의 일이 아니라 나의 일이다.

우리 민족은 몽골 침략과 폴란드화 정책이라는 끔찍한 고통으로 인해 세 갈래로 갈라졌다. 이미 9세기부터 러시아어가 아닌 언어를 사용하는 우크라이나 민족만 존재할 뻔했다는 이야기는 최근에 꾸며낸 낭설이다. 우리는 모두 키예프로부터 시작되었고, 러시아의 땅도 그곳으로부터 생겨났으며, 네스토르의 연대기에 따르면 기독교가 시작된 곳도 바로 그곳이다. 우리는 같은 공후들의 통치를 받았다. 야로슬라프 무드리 대공은 키예프, 노브고로드, 그리고 체르니고프부터 랴잔, 무롬, 벨로제르스크에 이르는 지역을 아들들에게 배분했다. 블라디미르 모노마흐는 키예프의 대공이자 동시에 로스토프-수즈달의 대공이었다. 대주교도 동일했다. 키예프 루시 민족은 모스크바 공국을 만들었다. 리투아니아와 폴란드의 벨라루스인과 소러시아인들은 스스로를 러시아인이라 여겨 폴란드와 카톨릭에 맞서 싸웠다. 땅을 러시아로 반환한다는 것은 당시로는 재통일을 의미했다.

알렉산드르 2세 시절 공공장소에서 우크라이나어를 쓰지 못하도록 금지령을 내렸고(1863년), 나중엔 문학 작품에서까지 우크라이나어 사용을 금했다(1876년). 이 사실을 떠올리는 것은 고통스럽고 치욕스러운 일이다. 그러나 이것은 오래가지 못했을뿐더러 러시아의 국가 체계를 무너뜨린, 정치적으로나 종교적으로 슬프고 고통스러운 일이었다. 그러나 1917년 껍데기뿐인 사회주의 라다(Rada) 위원회는 민족 구성원의 투표가 아닌 정치인들의 합의로 구성됐다. 그리고 연방을 탈퇴하며 우크라이나가 러시아로부터 나가겠다고 선언할 때에도 라다는 민족의 의견을 묻지 않았다.

나는 "공산주의란 허상이고, 전 세계를 정복하려 하는 것은 공산주의자들이 아닌 러시아인들이다"라고 미국을 설득하는(그리고 미 상원 법에는 바로 이 '러시아인'들이 이미 중국과 티베트를 장악했다고 30년간 명시되어 있다) 우크라이나 민족주의 이민자들에게 대답해야 했다. 공산주의라는 허상은 1918년부터 체카의 고문실에서 러시아인, 우크라이나인들의 목에 칼을 겨누었고, 1921~22년 볼가강 유역의 낱 알까지 긁어모을 정도로 극심했던 가뭄과 기근으로 러시아의 29개 지역을 몰아넣었다. 그리고 1932~33년에는 우크라이나를 그 끔찍한 기근으로 몰아넣었다. 그런데도 우리는 공산주의자들이 부르짖는 집단화 속에서 끔찍한 고통을 함께 견디며 하나가 되지 않았단 말인가?

1848년까지만 하더라도 오스트리아의 갈리치아인들은 자신들의 민족 평의회를 '중앙 러시아 라다'라고 불렀다. 그러나 그 이후 떨어져 나간 갈리치아에서는 오스트리아의 부추김 하에 독일어와 폴란드 단어가 주입된 왜곡된 비정통적인 우크라이나어가 생겨났다. 또한 그곳의 카르파티아인들에게 러시아어를 가르치지 않으려는 유혹과 우크라이나 분리주의의 유혹이 피어났다. 이 우크라이나 분리주의는 현재 러시아를 벗어나려는 주동자들에 의해 블라디미르 대공이 우크라이나인이었다는 헛소문이나, '모스크바인이 멸망하게 마음껏 공산주의에 취하게 하라'와 같은 분별없는 신경질증으로 터져 나오고 있다.

물론 소비에트 시기 우크라이나가 겪은 죽음과 같은 고통을 전부 알 수는 없다. 그렇다고 한들 왜 우크라이나를 (그리고 유목민들의 '황야'인 노보러시아나 크림, 돈바스, 카스피해 연안 등 이전엔 단 한 번도 우크라이나의 땅이 아니었던 곳까지) 산 채로 잘라내야 하는 것인가. '민족 자결'을 말하는 것이라면, 민족이 자신의 운명을 스스로 정해야 하는 것이 맞다. 전국적 투표가 없다면, 그것은 결정될 수 없다.

오늘날 우크라이나를 분리한다는 것은 수백만의 사람들과 가족들을 찢어 놓는 것과 마찬가지다. 수많은 사람들이 서로 섞여 있다. 대부분의 우크라이나 지역은 러시아인의 비중이 더 높다. 국적을 선택하느라 어려움을 겪는 사람이 얼마나 많을 것인가. 양쪽의 피가 섞인 사람은 얼마나 될 것인가. 지금까지 '섞였다'고 생각한 사람은 아무도 없었겠지만, 러시아인과 우크라이나인 부부는 얼마나 많을 것인가. 대부분의 우크라이나인과 러시아인은 서로를 충분히 받아들이며 살고 있다.

형제여! 왜 이런 잔인한 이별을 해야 하는가! 이것은 공산주의의 시간이 낳은 불행한 유물일 뿐이다. 우리는 함께 소비에트 시기를 견뎠다. 함께 이 구덩이에 빠졌으니 나가는 것도 함께하자.

우리의 문화가 합쳐져 두 세기 만에 얼마나 많은 인물을 배출했는가. M. P. 드라고마노프의 말처럼 두 문화는 "나눌 수 없고 섞이지도 않는다". 그러니 우크라이나와 벨라루스뿐만 아니라 대러시아의 영토에서도 우크라이나와 벨라루스 문화에 대한 우정 어린 길을 활짝 열어야 한다. 강압적인 러시아화 정책은 (20년대 말 이후의 강압적인 우크라이나화 정책도 마찬가지로) 없어야 하고, 문화가 골고루 발전하는 것에 걸림돌이 있어서도 안 되며, 학교 수업은 두 언어로 모두 이루어져 부모가 언어를 선택할 수 있도록 해야 한다.

물론, 우크라이나 민족이 진정으로 분리를 원한다면 누구도 감히 제어할 수 없을 것이다. 단, 광활한 크기만큼 의견도 다양할 것이다. 그리고 오직 지역의 주민이 자신의 마을, 지역의 운명을 결정할 수 있다. 새롭게 만들어지는 지역 내 소수민족 역시 같은 자유를 가져야 한다.

무모한 분리주의가 격화하지 않았다는 것만 제외하고 이 모든 이야기는 벨라루스에도 해당된다. 한 가지 더. 소비에트 기회주의자와 우둔한 자들에 의해 빚어진 체르노빌 참사에 대해 우리는 벨라루스와 우크라이나에 머리 숙여야 한다. 그리고 할 수 있는 모든 방법을 동원하여 그것을 바로잡아야 한다.

소수민족과 기타 민족에게 한마디

우리가 다민족을 추구하는 것은 아니지만, 모두가 독립해 나간다 하더라도 우리나라는 여전히 다민족 국가일 수밖에 없다.

타타르인, 바시키르인, 우드무르트인, 코미인, 추바시인, 모르드바인, 마리인, 야쿠티아인과 같이 몸집이 큰 민족의 경우 사실상 선택의 여지가 없다. 사방이 러시아 영토로 둘러싸인 국가로 살아가는 것은 그다지 현명한 생각이 아니기 때문이다. 특정 민족으로 구성된 주의 경우 외부와 구분짓는 경계선이 생겨날 것이고 만약 그들이 분리를 원하게 된다면 이를 막을 방법은 없다. (그러나 자치 공화국이라고 해서 꼭 토착 민족이 대다수인 것도 아니다.) 그러나 민족의 문화적, 종교적, 경제적 고유성을 유지할 수 있다면 연합 내에 남는 것도 이들에게는 의미가 있다.

20세기 수많은 소형 국가들의 탄생은 기관, 정부, 군대의 과잉으로 이어져 큰 부담을 초래했고, 상업과 사회 활동의 발전을 차단했다. 혁명 전 러시아 황실에 남다른 충성심을 보여왔던 산악지대의 코카서스 민족들도 독립이 과연 이익인지 꼼꼼히 다시 따져볼 것이다. 광활한 영토를 가진 러시아 연합은 사실 주변의 소수 민족들을 흡수하는 데 그다지 관심이 없다. 이 문제에는 오히려 주변 소수민족들의 관심이 더 크다. 물론 그들이 우리와 함께하고자 한다면, 받아들일 준비는 되어 있다.

겉만 그럴싸한 소비에트의 국가 시스템에도 제대로 사용하기만 한다면 쓸 만한 것이 있다. 바로 가장 작은 민족 집단의 목소리까지 빼놓지 않고 들을 수 있는 민족 평의회이다. 그뿐만 아니라 '연합 공화국'-자치 공화국-자치주-민족지구로 이루어진 위계 구조도 알맞다. 민족 구성원의 수와 그 비중을 무시해서는 안 된다. 그것은 혼돈으로 가는 길이다. 유엔(UN)에서는 그것이 가능하지만, 생명력이 있는 국가는 아니다.

크림 타타르는 마땅히 크림으로 돌아갈 수 있게 해야 한다. 그러나 21세기 인구 측면에서 볼 때 크림반도에는 800만에서 1,000만의 인구가 살 수 있는데 10만여 명의 타타르 민족이 그 소유자라고 주장할 수는 없다.

그 밖에 네네츠인, 페르먀크인, 예벤키인, 만시인, 하카스인, 추코트인, 코랴크인 등 아주 작은 규모의 소수민족들이 세세히 다 나열하지 못할 만큼 많다. 이들은 모두 차르가 만든 '민족의 감옥'에서 잘 살던 사람들이다. 그들을 멸종으로 몰아넣은 것은 바로 우리, 공산주의 소비에트 연합이다. 저주받을 행정기관과 약탈적이고 무분별한 계획 사업이 그들의 땅에 죽음과 독극물을 퍼뜨리고, 특히 그 수가 너무나도 적어 생존을 위해 싸울 여력도 없는 자들의 최후 삶의 기반까지 파괴하며 얼마나 많은 죄악을 저질렀는가. 그들이 쓰러지지 않도록 지탱하고, 회생시켜 구해내야 한다! 아직 늦지 않았다.

모든, 가장 작은 민족들은 신의 계획의 한 단면이다. 블라디미르 솔로비예프는 그리스도의 가르침을 옮기며 이렇게 말했다. "모든 민족을 내 민족처럼 사랑하라."

20세기는 윤리 의식이라고는 찾아볼 수 없는 정치 세태로 인해 타락하며 몸서리치고 있다. 모든 선량한 사람들에게 요구되는 것이 정부와 정치인에게는 결여되어 있다. 이제는 이기적이기만 한 국가가 아닌 공감의 능력이 있는 새로운 차원의 국가를 찾아야 할 마지막 기회이다.

독립의 과정

이제 이 열두 개 공화국에 독립에 관한 확실한 권리가 있음을 즉각적이고 단호하게 선언해야 한다. 만약 그중에 독립을 망설이는 공화국이 있다면? 우리는 그들로부터 우리가 독립할 것임을 또한 확실히 선언해야 한다. 우리는 그 이후 남은 사람들이다. 독립의 작업은 이미 오래전에 했어야 하는 일이고, 이제 돌이킬 수 없는 흐름이다. 결국엔 여기저기서 독립의 목소리가 터져 나올 것이다. 함께할 수 없다는 것을 알면서 계속해서 서로에게 부담이 될 필요는 없다.

이 힘든 과정의 초기 단계는 우리 모두에게, 그리고 발전의 과정에 있어서도 큰 시련이 될 것이다. 지금도 부족한 재원이 앞으로 엄청나게 더 필요할 것이다. 그러나 이 시기를 극복해야만 우리가 나아갈 길이 뚜렷해진다.

그러나 실제 독립 과정은 몇 마디 선언으로 끝날 수 없다. 단호한 일방적 조치는 수많은 사람의 삶을 망가뜨리고, 양쪽의 경제를 모두 무너뜨린다. 우리는 혼란과 수년간의 내전만 남겨놓고 앙골라에서 도망친 포르투갈처럼 독립해서는 안 된다. 이제 모든 공화국의 전문가가 참여하는 위원회를 가동해야 한다. 소비에트가 그동안 국경 문제를 얼마나 무책임하게 내팽개쳐 두었는지도 잊지 말아야 한다. 어떤 지역에서는 실제 인구 분포에 따른 정확한 경계가 필요할 수 있고, 어떤 지역에서는 공정한 감시 하에 지역 주민의 투표로 경계를 정할 수도 있을 것이다. 물론 여기엔 몇 년의 시간이 걸릴 수 있다.

그리고 수백만 명의 사람들이 아주 어려운 결정을 내려야 할 것이다. 이곳에 남을 것인가, 아니면 떠날 것인가? 이 결정으로 인해 사람들의 삶과 일상이 완전히 뒤바뀔 수도 있고, 상당한 도움을 요청해야 할 수도 있다(변방 지역의 러시아인뿐만 아니라 지금 러시아에 살고 있는 변방 지역 출신들도 마찬가지다). 어디로 갈 것인가? 어디에 새로운 보금자리를 꾸릴 것인가? 새로운 일자리를 찾기 전까지 어떻게 살 것인가? 이 모든 것이 개인의 고통이 되어서는 안 된다. 이 문제들은 전문가 위원회와 국가의 보상정책 차원에서 챙겨야 한다. 그리고 새로 형성된 모든 국가들은 소수의 권리를 확실히 보장해야 한다.

이보다 어려운 문제는 독립 이후 고통 없이 경제를 분리하고, 교역 및 산업협력 관계를 형성하는 것이다. 이 같은 일련의 과정을 통해서만, 어쩌면 이 과정이 모두 끝나고 나서야 예민한 '민족 간 문제'가 아닌 각국의 진정한 문제들을 다루게 될 것이다.

전혀 예상치 못한 충격적인 일이 현재 벌어지고 있다. 조지아는 너무나도 애타게 민족 독립을 갈망하고 있다(참고로 조지아를 강제로 차지한 것은 러시아가 아니고 1921년 레닌이다). 그런데 압하지아인과 오세티아인을 박해하고 스탈린이 강제 이주시킨 메스케티아인의 귀향을 막고 있다. 이것이 진정 바라왔던 민족의 자유란 말인가?

현대 정치에서 우리가 무슨 일을 하든, 어떤 생각을 하든, 우리가 신의 정의와 도덕심을 잃고 우리의 이익만 맹목적으로 좇는 한 우리에겐 그 어떤 호의도 없을 것이다.

미룰수없는조치

지난 75년간 우리가 겪은 곤궁과 수치, 피로와 절망으로 인해 수많은 사람들이 무기력하게 하늘의 구원만을 기다리는 지경에 이르렀다.

하지만 기적을 찾지 않는 사람에게 기적은 일어나지 않는다. 우리 아이들의 운명, 삶에 대한 우리의 의지와 1,000년의 역사, 우리 안에 남아 있는 조상들의 영혼이 이 모든 것을 극복할 힘을 찾게 해줄 것이다.

우리에게 최적의 발전 방안과 적절한 정책을 고안할 시간은 없다. 원초적인 결핍들이 앞다투어 우리를 짓누르는 상황에서도 우리는 부딪치고 헤매며 부족함을 채워야만 할 것이다. 우리는 냉철하고 현명하게 첫걸음을 준비해야 한다.

나 혼자 그 방법들을 늘어놓는 것은 옳지 않다. 모든 건전하고 실용적인 생각들이 모여 상호 조언하고 협력해야 한다. 그것이야말로 최고의 에너지이다. 어디 한군데 성한 곳 없는 우리 경제는 그 탈출구를 찾지 않는 한 살아남을 수 없다. 조금이라도 더 빨리 사람들에게 노동의 의미를 일깨워야 한다. 지난 반세기 동안은 사람들이 딱히 일을 할 생각이 없었기 때문에 빵을 만드는 사람도, 가축을 기르는 사람도 없었다. 수백만의 사람들이 집이라고 할 수도 없는 곳에서 살거나 쓰러져가는 기숙사에서 20년째 살고 있다. 노인과 장애인들은 걸식을 한다. 한때는 아름다웠던 우리의 땅은 산업 쓰레기장으로 오염되고, 도로가 아닌 곳곳이 마구잡이로 파헤쳐져 있다. 함부로 환경을 파괴한 대가가 우리에게 되돌아오고 있으며 체르노빌뿐 아니라 여러 곳에서 방사능 오염물질이 흘러나오고 있다.

여기에 이제는 삶의 터전을 잃은 동포들까지 이주를 준비하고 있다. 그렇다, 이것은 피할 수 없다.

그렇다면 돈은 어디서 구해야 하는가?

우리가 세계 곳곳에 심어 놓은 이 횡포한 체제, 이 밑 빠진 독을 우리는 언제까지 유지할 것인가? 쿠바, 베트남, 에티오피아, 앙골라, 북한까지 들쑤시지 않은 곳이 없고 이마저도 아직 끝이 아니다. 수천 명의 '러시아의 참모'들이 없는 곳이 없다. 아프가니스탄에서 그렇게 많은 피를 흘렸으면서 이 나라에서 손을 떼는 것이 그렇게 아쉬운가? 거기로 돈을 또 쏟아부어야 하는 것인가? 그 돈만 해도 매년 수백억이다. 누구든 이를 단칼에 거절한다면 바로 그 사람이 제대로 된 정치인이고 애국자다.

도대체 언제까지 그리고 어째서 우리는 매번 새로운 공격 무기를 만들어야 하나? 대양을 지키는 해군? 지구 정복? 그 비용이 수천억에 이른다. 이제 모두 중단해야 한다. 우주 개발도 얼마든지 기다릴 수 있다.

그리고 또 하나. 동유럽에 우리의 애꿎은 자원을 쏟는 것도 멈춰야 한다. 함께 '사회주의 진영'으로 살았던 것으로 충분하다. 동유럽 국가들이 잘 되면 우리 역시 기쁘나 이제는 그들이 자유롭게 살고 번영하도록, 그리고 무엇을 하든 응당 내야 할 값을 내도록 하자.

아직 부족한가? 그렇다면 이미 회생 불가능한 산업에 의미 없이 돈을 쏟아붓는 일을 멈추어야 한다. 가장 중요한 것은 소련 공산당의 천문학적 재산이다. 이에 대해선 이미 말이 많다. 그들은 70년간 나랏돈을 훔쳐 제 것인 양 사용해왔다. 이미 탕진하거나 착복한 돈은 어쩔 수 없지만 건물, 휴양지, 특수 농장, 출판사 등 남아 있는 것이라도 돌려놓아야 할 것이다. 그리고 그간 납입했던 자신의 당원 연금으로 살면 된다. (정당 경력에 대한 연금도 국가 돈이 아닌 당의 돈으로 지불해야 할 것이다.)

마지막으로 모든 특권층 관료주의, 사람들의 삶을 경직되게 만드는 기생충 같은 수백만의 기관을 먹여 살리는 것을 그만두어야 한다. 일다운 일을 하면서 얼마든지 벌게 하면 된다. 새로운 세상에서는 기존의 다섯 개 기관 중 네 개가 사라지게 될 것이다.

그렇게 하면 우리가 필요한 돈은 만들 수 있다. 그런데 5년, 이제 6년 전의 그 떠들썩한 '페레스트로이카'는 어디로 갔는가? 중앙위 내에서 자리를 바꿔 앉은 것인가? 아니면 공산당의 권력 유지를 위해 짜인 억지스러운 선거 시스템으로 바뀐 것인가? 그것도 아니면 혼란스럽고 모호한 엉터리 법으로 변해버린 것인가?

공산주의 레닌당이 단순히 헌법 조항만 양보하는 것이 아니라, 경제와 국정 전반에 그 어떠한 영향도 미치지 않고, 우리, 나아가서는 우리 삶을 관리하는 일에서 완전히 손을 떼고 떠나야 한다. 그렇게 하지 않는 한 긴급 조치도, 의미 있는 성과도 없을 것이다. 그리고 그들이 떠나는 것이 우리의 압박에 의한 것이 아니라, 그들의 자발적이고 공개적 반성에 의한 것이길 바란다. 범죄, 잔인함, 무의미의 나락으로 나라를 몰아넣고 거기서 벗어나는 법은 몰랐다는 것에 대한 반성이다. 이제 그 반성의 시간이 왔다. 우리는 수치스러운 과거를 되풀이하는 러시아 공산당을 또다시 만들지 말고, 러시아가 뒤집

어쓴 오명을 받아들이고, 역사를 바꿔 나가야 한다. 공산당이 자신의 잘못과 범죄와 무능력에 대해 공개적으로 인정한다면 우리의 정신을 짓누르던 공기도 한결 가벼워질 것이다.

우리 머리 위로 우뚝 솟아 있는 공고한 KGB 역시 미래로 향하는 길을 막고 있다. 지금이야말로 국제 첩보 활동을 위해 자신들이 필요하다는 KGB의 말은 속이 너무 빤히 보이는 평계다. 사실은 정반대라는 걸 누구나 안다. KGB의 목표란 스스로를 위해 존재하고, 사람들의 움직임을 통제하는 것이다. 70년간 피로 얼룩진 악행을 저지른 KGB에게 더 이상 어떠한 변명도, 존재의 권리도 남아 있지 않다.

토지

어떤 이유인지 땅에는 생산을 할 수 있는 놀라운 축복이 주어졌다. 그런데 그 축복을 이해하지 못하는 사람들이 많다. 인간에게 있어 땅은 단순한 경제적 수단이 아니라 정신적 대상이다. 이것은 글렙 우스펜스키, 도스토옙스키 등 이미 여러 사람들이 강조했던 점이다. 땅에 대한 애착이 약해질수록 민족성은 크게 위협을 받는다. 지금 우리 민족이 갖고 있는 농부의 마음도 너무 짓밟혀 어쩌면 다시 소생시키기엔 늦었는지도 모른다.

오늘날 토지 임대는 어떻게 이루어지는가? 거기엔 기만과 조롱만 가득하여 임대에 관심을 갖는 사람들의 의욕을 오히려 꺾어 놓는다. 집단농장과 국영농장의 관리자들은 임차인들을 좌지우지할 수 있으므로 얼마든지 불법을 저지를 수 있다. 임대로 나오는 땅은 척박하고 황폐하기 일쑤고, 임차인은 더 비싼 값에 땅과 비품을 빌려 더 싼값에 농산품을 팔아야 한다. 약속한 말먹이를 주지 않고, 동물을 비육하려면 뇌물을 주어야 하니 일할 힘도, 돈도 다 사라진다. 게다가 '농기계'사가 갑자기 계약을 위반할 수도 있다. 그렇다, 농지는 아직 농부의 자유가 아니다. 농부가 자유롭게 농지를 가꾸기 위해서는 자유로운 시장, 이용하기 쉬운 교통수단, 대출, 장비 수리, 건축 자재가 필요하다.

하지만 우리가 하는 개혁이라는 것이 다 그렇듯, 여기서도 모든 게 엉망이다. 오히려 상황을 악화시키고, 국가의 약속에 대한 사람들의 마지막 신뢰마저 깎아 먹고 있다.

집단농장과 비교했을 때 (지자체가 아닌) 개인을 통한 임대야말로 우리 농업을 개선할 수 있는 방법이다. (토지대장 상의) 지역에 다음과 같은 규정을 만드는 것이다. 상속 제한이 있는 평생 임대, 임차인 가족의 병으로 인한 경우를 제외하고 임차인이 토지 관리를 소홀히 할 시 토지 몰수, 임차인이 자발적으로 토지를 반환할 수 있는 권리 보장—이 경우 임대인은 임차인이 토지에 투자한 금액과 새로 지은 시설물에 대한 금액을 임차인에게 지불해야 한다. (이를 위해 임차인에 대한 특수 행정 기구를 만들 필요는 없다. 이런 경우가 많지도 않을 것이고, 지역 젬스트보가 이를 관리할 것이다.)

그러나 사람들이 땅을 활용할 줄 모르는 상황에서 (그리고 이미 여러 번의 거짓말로 국가에 대한 신뢰가 땅에 떨어진 상황에서) 토지 임대는 그다지 매력적이지 않을 수 있다. 게다가 토지 임대는 장기간에 걸쳐 내 땅을 일굴 수 있는, 그래서 서방 수준의 농업 발전을 기대할 수 있는 개인의 토지 소유와 비교했을 때에도 경쟁력이 크게 떨어진다.

삶의 모든 영역에서 자기 주도성을 기대하고, 요구하면서 왜 토지에는 그것이 적용되지 않는가? 농촌에서 개인 소유를 막는 것은 농촌을 영원히 폐쇄하는 것이나 마찬가지다.

하지만 이 작업은 아주 조심스레 이루어져야 한다. 스톨리핀 총리 시절에 대규모 투기꾼들이나 '주식회사' 뒤에 이름을 숨긴 자들이 아닌 진짜 농민들에게 토지가 돌아가도록 하기 위해 엄격한 제한 조치가 이루어졌었다. 그런데 지금은 농촌 계급이 소멸했고, 이미 기초 자본을 축적한 지하경제의 익명의 투기꾼들은 더 교묘해졌으며, 행정기관은 얼마든지 매수가 가능하여 엄격한 통제를 할 수 없다. '주식회사', '기관', '협동조합'의 이름으로 대토지를 사들인 뒤 자신들의 임차인을 둘 수도 있다(외국인의 토지 매입은 말할 것도 없다).

이러한 매입 활동은 어떠한 경우라도 허용돼선 안 된다. 만약 거대한 소유주가 토지를 독차지하면 남은 사람들의 삶은 그만큼 제한된다. (더욱이 수많은 사람들이 이주를 앞둔 이 시기엔 더욱 허용할 수 없다.)

토지 매입 시 수년간의 할부 혜택과 세금 혜택이 주어져야 한다. (해당 토지에 맞는) 토지 한계 면적 설정은 노동의 의미와 노동의 자유를 결코 억제하지 않는다. 오히려 땅 주인들이 토지 면적을 넓히기보다 경작 방법을 개선하는 데 집중하게 할 것이다. 터무니없는 콜호스 정책 하에서 우리 국민들이 작은 텃밭을 일구어 온 나라를 먹여 살렸듯, 여기서도 그리고 권력의 악랄한 압박 속에서도 기적을 만들어 낼 수 있다.

면적을 제한하면 소규모 농지 배분을 위한 땅도 확보할 수 있다. 이 땅은 직접 채소를 재배하고 싶은 근로자나 일상의 탈출구를 찾는 도시인들에게 분배되는 땅이다. 그리고 이것은 (경작을 하는 경우에만!) 무료로 분배되어야 한다.

토지를 구입하는 농부에게도 그만큼의 땅은 무료로 주어질 수 있을 것이다.

그렇게 땅은 모두에게 주어져야 한다.

경제

스톨리핀 총리는 독립적인 시민 없이 법치국가를 만들 수는 없다고 말했다. 사회질서는 그 어떤 정책보다 우선된다. 그런데 사유 재산 없는 독립 시민이란 존재하지 않는다.

지난 70년간 우리의 뇌는 재산을 두려워하고 고용 노동을 불순한 것으로 여겨 회피하도록 세뇌되었다. 이것은 이데올로기가 우리의 인간 본성에 심어놓은 큰 성과라고 할 수 있다. (우리 머릿속에 서양 국가의 모습이 우스꽝스럽고 기괴하게 그려지는 것도 마찬가지다.)

그러나 남들과 비슷한 정도의 적당한 재산을 소유한다는 것은 개인이라는 개념에도 부합하고 마음의 평온도 가져다준다. 성실한 노동과 그에 대한 정당한 대가는 사람들 간 상호부조의 형태이고, 더 나아가 우호관계로 이어진다.

그런데도 온 나라를 가난으로 몰고 간 무능력하고, 사상적으로 통제되는 중앙집권적 경제에 매달려야 하는 이유는 무엇인가? 무위도식하는 기관들을 먹여 살리기 위해서인가? 그렇지 않으면 그들이 존재할 이유가 사라지기 때문인가?

물론 시장경제로의 전환 과정에서 미처 준비되지 않은 수백만의 사람이 겪을 충격은 최소화해야 한다. 다행히도 (불행히도!) 앞서 나열했던 여기저기로 줄줄 세는 돈들을 이 충격 예방에 사용할 수 있다.

이제 6년이 다 되어가는데 떠들썩했던 '페레스트로이카'(역주: 개혁)는 아직 농업에서도, 산업 분야에서도 이렇다 할 변화를 만들지 못했다. 질질 끌면 끌수록 사람들이 앓아야 할 고통의 시간이 길어진다.

그러나 다른 나라에서 수 세기에 걸쳐 단계적으로 형성되어온 경제 형태를 무작정 모방하는 것은 또 다른 파멸을 자초하는 길이다. 나는 경제 분야에 대해 문외한이고 그렇기 때문에 여기서 가급적 구체적 제안을 하진 않겠다. 어떤 절차를 거쳐 국영기업을 사기업 또는 협동기업으로 전환할 수 있는가? 재정 관련 규정은 어떻게 되어야 하는가? 교통, 선박, 산림, 해양, 토지, 매장 자원 등 현재 국유 재산 중 어떤 것이 국가 소유로 남으며, 중앙정부가 지방에 관할권을 얼마나 이양해야 하는가? 사회 보장, 교육, 주택 건설에는 누구의 예산을 사용해야 하는가? 새로운 노동법은 어떻게 되어야 하는가? 이에 대해서 서로 치열하게 싸우고 있는 것은, 경제학자들이 이미 여러 구체적 방안을 마련해두었기 때문이다.

한 가지 확실한 것은 민간의 자유롭고 건전한 의견 제시를 보장하고, 지역 성장의 기반이 될 모든 영세 기업을 지원하고 보호해야 한다는 것이다. 그러나 자본의 지나친 집중이나 기업의 독점 또는 타기업에 대한 통제는 법으로 강력히 제한해야 한다. 독점은 상품의 질을 저하시킬 위험이 있다. 수요가 지속적으로 발생하도록 내구성이 낮은 제품을 판매하려 할 수 있기 때문이다. 수백 년간 제품의 내구성이 기업과 사용자의 자랑이었는데, 지금은 (서양에서는) 눈을 현혹하는 신상품이 끊임없이 밀려 나오고, 고쳐 쓴다는 건전한 상식이 사라지고 있다. 조금만 고장이 나도 버리고 새것을 산다. 이것은 자기 절제 의식에 정면으로 반하는 방탕함 그 자체다.

게다가 가격 상승에 대한 심리적 전염병도 빼놓을 수 없다. 선진국이라는 곳에서는 노동 생산성이 향상되면 가격이 내려가는 것이 아니라 오른다! 이것은 발전이 아니라 게걸스러운 경제적 화염이다(옛 러시아에서는 오랫동안 물가가 일정했다).

재산과 탐욕의 정도가 건강한 사회를 붕괴시키는 사회적 재앙 수준이 되어서는 안 된다. 반독점법으로 모든 분야에서 강력한 증세 조치를 통해 과도한 성장을 막아야 한다. 은행은 금융 활동의 운영 기관으로서 필요하지만, 고리대금업자가 되어 사람들을 삶을 좌지우지해서는 안 된다.

또 한 가지 명확한 것은, 공산주의에서 벗어나는 대가로 우리의 매장 자원, 땅, 특히 산림을 외국 자본가들에게 퍼주어서는 안 된다는 것이다. 우리 내부의 혼란으로 망가진 것을 외국 자본을 통해 되살려보려는 것은 아주 위험한 생각이다. 외국 자본은 이익이 될 만한 것을 좇아 우리 땅으로 흘러들어올 것이다. 그러나 '와서 얼마든지 가져가라'는 식의, 그들에겐 유리하고 우리에게는 굴욕적인 조건으로 서양의 자본을 끌어들이려 해서는 안 된다. 그렇게 팔아버린 것은 결코 되돌릴 수 없고, 결국 우리는 식민지의 길로 들어서게 될 것이다. (하긴 소비에트 75년이 식민지와 무엇이 다를까?) 외국 자본 유치는 엄격하게 이루어져야 한다. 외국 자본이 경제 회생 효과보다 더 많은 이익을 가져가거나 자연을 더 많이 훼손하지 않도록 해야 한다. 그렇게 된다면 우리는 좀 더 빠르게 선진국과 질적으로 동등한 위치에 서게 될 것이다.

그러나 우리 국민의 노동 정신이 완전히 사라진 것은 아니다. 우리는 일본 경제가 외국 자본 유입 없이 국민들의 노력만으로 추락을 멈추고 다시 날아오르는 모습을 목격했다. 우리도 개개인의 활동에 대한 국가의 억압이 사라지고 정당한 임금이 보장되는 즉시 노동의 질이 향상되고 도처에 유능한 인재들이 빛을 발하게 될 것이다. 우리 제품이 바로 해외로 진출할 정도가 되지는 못한다고 해도 우리의 영토와 경제 수준을 고려했을 때 국내 시장으로도 한동안 버틸 수 있을 것이다.

그러나 아무리 정상적인 경제라고 해도 노예와 다를 바 없는 지금의 '거주지 등록 제도'와는 공존할 수 없다.

우리는 건강하고, 정직하고, 지혜로운 민간의 경제 활동을 존중하는 (그리고 이것을 착복, 뇌물, 경영 무능과 구분하는) 법을 배워야 한다. 이러한 경제 활동은 사회를 살리고 견고히 하므로, 우리에게 꼭 필요하다.

나는 금융, 재정, 세금 문제에 대해 결코 어떠한 제안도 하지 않을 것이다. 그러나 분명한 것은, 엄격한 환경 관리·감독 활동과 환경 오염에 대한 강력한 처벌 이외에도 환경 보호를 위한 노력과 전통 수공업 부활을 위한 모든 활동은 재정적 지원을 받아야 한다는 것이다.

지방

우리가 선진 국가가 될 수 있을까? 그 답은 모스크바, 페트로그라드, 키예프, 민스크가 아닌 바로 지방 도시에 의해 결정될 것이다. 국가의 생명력과 문화의 융성이라는 목표를 위해서는 우선 주요 도시로부터 지방 도시를 해방해야 한다. 그리고 비정상적으로 과도한 규모와 기능으로부터 이 병든 거인을 해방해야 한다. 이것은 주요 도시 시민들의 정상적인 삶을 빼앗는다. 60년간 지방 도시들이 배고픔과 무시와 멸시를 겪게 한 주요 도시들은 국가 부활의 주역이 될 만한 도덕적 기준마저 잃어버렸다.

모든 지방 도시, 러시아 연합의 모든 공간들은 강력한 (그리고 갈수록 그 중요성이 더 커지는) 자치권 이외에도 경제적·문화적 역량을 자유롭게 펼칠 수 있는 기회를 보장받아야 한다. 우리 조국의 가치를 충분히 발현하기 위해서는 여기저기 분산되어 있는, 예를 들어 마흔 개 지역의 삶과 빛의 중심지, 즉 경제, 문화, 교육, 독립적인 도서관, 출판사가 더 견고해져야 한다. 이를 통해 지방의 주민들이 충분한 문화생활을 즐기고, 지방의 청년들이 주요 대도시와 동등한 수준의 교육을 통해 성장하도록 해야 한다. 그래야만 이 커다란 나라가 균일하게 발전할 수 있다.

마흔 개 도시에서는 각 지역의 고유성이 깨어날 것이다.

세기말의 러시아 문제

바로 이런 분산 상태에서 망가졌던 삶이 다시 회복되고, 지역엔 새로운 도로와 마을, 소도시가 생겨날 것이다.

이것은 특히 5개년 계획의 등장과 함께 무자비하게 파헤쳐진, 무한하고 위대한 시베리아 지역에 중요하다. 그리고 여기서도 마찬가지로, 치료는 아래에서부터 시작된다.

가정과 학교

죽음의 원인을 밝히는 것도 시급하지만, 장기간 성장을 위한 기반을 만드는 것이 더 시급하다. 뒤처진 것을 메우기 위한 이 촉박한 추격의 시간 동안 우리 아이들에겐 무엇을 가르칠 것인가? 아동 의료, 초기 양육부터 교육에 이르는 문제들을 지금 당장 바로잡지 않는 한 우리에게 미래는 없다.

우리나라 여성들의 비참한 상황에 대해서는 더 말할 것도, 더 이상 증명할 것도 없다. 출산율 하락, 유아 사망, 병약한 신생아, 그리고 조산원과 유아원, 유치원의 끔찍한 상태에 대해서도 마찬가지이다.

정상적 가정은 거의 사라지고 있다. 가정이 병들면 국가도 병든다. 오늘날 가정은 우리 미래를 구원할 중요한 연결 고리이다. 여성은 아이의 양육을 위해 집으로 돌아올 수 있어야 한다. 그리고 그것을 가능하게 할 만큼의 임금이 남성에게 보장되어야 한다(비록 예상되는 초기 실업률을 보면 그 정도의 임금 수준이 바로 실현되기는 힘들 것이다. 어떤 가정에서는 여자가 아직 일자리를 유지할 수 있다는 것에 기뻐할 것이다).

그리고 또 하나의 시급한 문제는 바로 학교이다. 지난 70년간 학교가 우리를 얼마나 바보로 만들었는가? 드물지만 몇몇 해에는 학교가 지식인을 배출하기는 했으나 그 비율을 보면 전부 대도시의 유명한 학교뿐이다. 지방 출신, 아니 시골 출신의 로모노소프 같은 인물은 이제 탄생할 수 없다. 그런 학생에게는 (벌써 '거주지 등록 제도'에서부터) 길이 없다. 학교 개선은 대도시의 좋은 학교뿐만 아니라 가장 낮은 곳에서부터 모든 지역에 이르기까지 꾸준히 이루어져야 한다. 이것은 그 어떤 경제 문제보다 우선한다. 이미 오래전부터 우리나라의 학교에서 좋은 교육이란 찾아볼 수 없다. 교육자에게 요구되는 학습 부담을 경감시킴으로써 교육자가 임금도 받지 못하는 추가적인 부담을 떠안지 않도록 해야 한다. 현재의 인문학 교육 과정과 교과서는 버리거나, 완전히 개정해야 한다. 그리고 무신론적 주입식 교육도 당장 중단해야 한다.

변화의 시작은 아이들이 아닌 교사들이 되어야 한다. 그간 우리는 교사의 존재를 무시하고 그들을 가난하게 했다. 남자 교사들 중 떠날 수 있는 사람들은 교직을 떠나 더 나은 임금을 주는 곳으로 갔다. 사실 학교 선생님이야말로 가장 선별된 사람들이어야 하고, 국가의 미래를 책임진다는 소명 의식을 가져야 한다(그런데 지금 이데올로기의 잔재를 가르치는 곳이 어디인가? 진리를 구하고, 바꾸는 일은 교육 과정에서부터 시작해야 한다).

머지않은 미래에 학교 시스템을 전반적으로 발전시킬 사립학교가 나타나 특정 과목이나 교육을 더욱 강화할 것이다. 그러나 사립학교의 교육 과정이 무책임하고 자의적이어서는 안 되며, 지역 교육 기관의 관리 감독 하에 있어야 한다.

가족과 학교의 보살핌을 받지 못한 우리의 청년들은 범죄의 길로 빠지거나 야만스러운 외부의 유혹에 빠져 생각 없이 그것을 흉내 내는 데 심취한다. 철의 장막은 시민의 자유, 개인에 대한 존중, 개인 활동의 다양성, 보편적 복지, 자선 운동과 같이 서방이 갖고 있는 장점으로부터 우리를 완전히 차단했지만, 아주 낮은 곳까지는 닿지 못하여 그 틈새로 대중의 가장 저속한 유행과 소비문화인 타락한 '대중문화'의 오물이 스며들었고, 굶주린 우리의 청년들은 그 오물을 게걸스레 먹어 치웠다. 배가 부른 서양의 젊은이들이 하는 바보짓을 가난한 우리 젊은이들이 따라 하고 있다. 그리고 텔레비전은 아주 친절하게도 그 불순한 문화를 전국으로 실어 나른다. (이것을 반대하면 세상 물정 모르는 보수주의자라고 비난하지만, 비슷한 현상에 대해 이스라엘에서는 "이스라엘의 문화 혁명은 미국 문화 제국주의와 그 부산물에 종속되기 위한 것이 아니었다", "이것은 서방의 지적 쓰레기"라며 우려한다는 점을 알려주고 싶다.)

도서관 서고는 썩고 있고, 열람실은 텅 비었으며, 박물관은 방치됐다. 이것은 이미 수많은 사람들이 알고 있고, 언급했던 바이다.

극장, 영화관, 미술 전시회와 마찬가지로 도서관도, 박물관도 매표소 수입만으로는 유지될 수 없다. 국가의 도움이 필요하다. (세계적으로 인기 있는 스포츠는 정부의 재정 지원을 받아서는 안 된다. 그 정도야 얼마든지 스스로 모을 수 있을 것이다. 일반 체조·육상 종목은 이미 학교에서 가르치고 있다.)

모든 것이 정부 조직에 달려 있는가

20세기는 우리의 처절한 패배였다는 점을 인정하지 않을 수 없다. 승리의 나팔 소리는 모두 거짓이었다. 우리는 번영의 길에서 야만의 세계로 던져졌다. 우리는 모래성 위에 앉아 있다.

오늘날 우리에게 가장 뜨거운 화두는 앞으로 우리에게 가장 적합한 국가 조직은 무엇이고, 그렇지 않은 것은 무엇이냐는 것이다. 그 답만 찾으면 모든 것이 해결될 거라고들 한다. 또 하나의 화두는 어떠한 강력한 신당이, 또는 '전선'이 우리를 성공으로 이끌 것이냐는 문제다.

그러나 우리에게 가장 편리한 국가 조직을 찾아 훌륭한 헌법 1절, 45절을 만드는 것이 우리를 다시 일으키는 것은 아니다. 그다지 성공적이지 못했던 1917년의 우리 아버지, 할아버지보다 더 신중해야 하고, 2월의 혼란을 반복하지 말아야 하며, 또다시 거짓 구호와 목쉰 연설자의 장난감이 되어서도, 제 발로 치욕의 상황으로 걸어 들어가서도 안 된다.

과감한 정권 교체에는 책임감과 숙고의 자세가 필요하다. 새롭다고 반드시 좋은 것은 아니다. 1916년 국가 체계를 날카롭게 비판했던 세기의 비평가들도 몇 개월 뒤인 1917년 정권을 잡고 난 뒤엔 어찌할 줄을 모르고 허둥대다 모든 걸 망쳐 놓고 말았다. 이 사례를 본다면 새로운 지도부도 처음부터 냉철하고 명민하진 않을 것이다.

집회와 정당의 홍수 속에서 사람들은 우리가 2월 혁명을 재현하고 있다고 믿지만, 사실은 광대처럼 그것을 흉내 내기만 할 뿐이다. 그러나 어떤 사람들은 이것이 또 다른 2월 혁명의 도래라고 믿고 완전히 심취하여 "새로운 2월 혁명이다!"라고 부르짖는다. (더 똑같은 재현을 위해 무정부주의자의 검은 깃발도 슬쩍 흔들어 보인다.)

75년간의 잔혹한 시대를 통해 우리가 그렇게 비싼 대가를 치렀다면, 그리고 아직까지는 중앙의 권력이 강하게 미치는 영역 안에 있다면, 경솔하게 무정부 상태라는 혼란 속으로 뛰어들어서는 안 된다. 무정부 상태는, 1917년의 경험이 우리에게 가르쳐주었듯, 죽음의 시작이다.

　우리가 혁명을 갈망하지 않는 한, 국가는 안정적으로 계승되고 지속될 수밖에 없다. 그리고 잠재적으로 강력한 대통령의 지위는 상당한 시간 동안 우리에게 유용할 것이다. 이미 많은 어려움이 산적한 데다 여기에 변방 공화국의 독립 문제로 더욱 복잡해지고 있는 상황에서 토지, 식량, 주택, 재산, 재정, 군대, 그리고 국가 시스템에 관한 결정을 곧바로 내릴 수는 없다. 현재 국가 시스템의 어떤 부분은 그저 이미 존재하고 있다는 이유로 받아들여야만 할 수도 있다.

　물론, 우리는 단계적으로 국가의 조직을 재구성해나갈 것이다. 이것은 동시다발적이 아니라, 가장자리에서부터 시작되어야 한다. 그리고 반드시 아래서부터, 그리고 지방에서부터 시작되어야 한다. 강력한 중앙 권력 하에서 인내심을 갖고 꾸준히 지방의 권리를 확대해 나가야 한다.

　우리는 어떠한 일정한 정치 형태를 점진적으로 받아들일 것이다. 정치적 경험이 전무한 우리의 경우 이러한 정치 형태가 곧바로 효과를 발휘하거나 우리의 필요에 완벽히 부합할 수는 없을 것이다. 우리는 우리의 길을 찾아야 한다. 지금 우리는 스스로의 길을 찾기 위해 고민하기보다는 서둘러 "서방 국가에서 하는 대로" 따라 하면 된다고 자기 암시를 하고 있다.

　그러나 서방에서도 그 형태가 얼마나 다양한지 모른다!

각 국가에는 자신의 전통이 있다. 선조들의 지혜에 귀 기울이거나, 그것을 되짚을 필요가 없는 것은 우리뿐이다.

말하자면 이렇다. 국가 조직이란 인간관계에 종속된 부산물이다. 아량이 넓은 인간 사회에서는 모든 훌륭한 구조가 허용되고, 적의와 이기주의가 가득한 곳에선 가장 보편적인 민주주의도 참아내지 못한다. 사람들에게 정의와 정직함이 없다면 이것은 어떠한 구조에서든 드러나게 되어 있다.

정치 참여는 인간의 삶에서 가장 중요한 부분이 아니고, 정치도 대부분의 사람들이 원치 않는 일이다. 정치가 인간의 삶을 휘저을수록 사람들의 정신은 피로해진다. 정치가 사람들의 영혼의 힘과 창조적 휴식을 갉아먹어서는 안 된다.

권리도 필요하지만 사람에겐 이성과 감정의 삶을 위해 자신의 마음을 보호하는 시간도 필요하다.

우리 자신은 어떠한가

사회의 활력 또는 무기력의 근원 중 첫째는 정신적 삶의 수준이고 그다음이 산업 발전 수준이다. 시장경제는, 심지어 사회의 전반적 풍요로움조차도 인류에게 화관을 씌울 수 없다. 사회적 관계의 순수성이야말로 풍요보다 더 근원적인 것이다. 썩어 구멍이 난 나무가 쓰러질 수밖에 없듯이 영혼의 힘을 잃은 민족은 아무리 좋은 국가 구조도, 아무리 발전된 산업도 구원할 수 없다. 모든 형태의 자유 중 최고로 칠 수 있는 것은 어쨌든 몰염치의 자유이다. 몰염치함은 금지할 수도, 법으로 규정할 수도 없으니 말이다.

아아, 법률로 보면 순수한 사회란 만들 수 없는 것이다. 75년간 이어진 우리 영혼의 파괴는 그야말로 가장 무서운 일이다. 변질된 수백만의 특권 지배 계층이 자기 것이 아닌 특권 중 무엇 하나 스스로 내려놓지 못했다는 것이 무서운 일이다. 그들은 수십 년간 몰염치하게 민족의 등골을 빼먹고 살았고 계속 그렇게 살고자 했다.

과거의 학살자와 압제자 중 누구 하나라도 자리에서 물러난 사람이 있는가? 받을 자격 없는 연금 수입을 내놓은 자가 있는가? 우리는 몰로토바가 죽을 때까지 그를 돌봤다. 또 카가노비치와 그 밖에 얼마나 많은 자들을 보살폈는가? 독일에서는 이러한 자들, 심지어 이들보다 죄가 가벼운 사람도 심판대에 올렸지만, 우리나라에서는 정반대로 그들이 심판을 운운하며 큰소리를 치고, 잔인한 체키스트(역주: 소련 비밀정보기관 요원)였던 베르진 같은 자에게 기념비를 세워주고 있다. 이 모든 게 지금 일어나고 있는 일이다. 그렇다면 국가적 사범은 어디서 처벌을 해야 하는가? 그들에게는 최소한의 후회도 기대할 수 없다. 적어도 대중의 도덕적 심판이라도 받으면 다행이다. 그러나, 아마 이대로 흘러갈 것이다.

그런데 글라스노스트(역주: 개방)와 페레스트로이카(역

주: 개혁)의 영광스러운 물결은 어디로 흘러갔는가? 이 유행어들 속에 정화라는 단어는 없다. 그 결과 글라스노스트의 새로운 물결에는 수십 년간 전체주의를 말해왔던 온갖 더러운 입들이 끼어들고 있다. 오늘날 글라스노스트의 음유 시인 4명 중 3명은 얼마 전까지 브레즈네프의 비위를 맞추는 아첨꾼들이었는데, 그들 중 누구라도 '정체'에 대한 비난 대신 후회라는 단어를 꺼낸 자가 있는가? 대학교 인문학부에서 수십 년간 학생들의 의식을 흐려 놓았던 자들이 여전히 자신감 넘치는 예언을 하고 있다. 수만 명의 우리 지식인들은 위선에 물들고, 자기의 신념을 잃었다. 그러면 우리는 누구의 반성도 듣지 못하고, 우리가 갖고 있는 이 영혼의 고름을 후대에도 넘겨줄 것인가? 마음을 타락시키는 이 가혹 행위를 우리의 아이들이 겪게 할 것인가? 이것이 어느 후대에서 사라지기는 할 것인가?

우리에게 이미 만연해 있는 서로에 대한 적대감을 어떻게 해야 하는가? 무고한 사람에게 이유 없이 느끼는 적대감 말이다. 공정함이 통하지 않던 시절에 청년기를 보낸 사람들에게서 형사 범죄가 폭발적으로 증가하는 것이 놀라운 일은 아니지 않은가?

과거 러시아 상인들에게는 상인의 언어(당시에는 계약서 없이 거래를 했으므로), 기독교 정신, 그리고 역사적으로도 잘 알려진 박애 정신이 있었다. 음울한 소련의 공기에서 자라난 사기꾼들에게 우리가 이런 것을 기대하는 것인가?

경제 부흥 시기가 도래하기 전 서독은 후회와 반성의 분위기가 가득했다. 우리는 반성을 시작하지도 않았다. 우리 러시아에서는 글라스노스트라는 무대 위에서 아름다운 화환으로 과거의 탐욕스러운 거짓을 가리고, 마치 그것을 눈치채지 못한 척한다. 우리는 비뚤어진 방향으로 발전하게 될 것이다.

교회의 은혜로운 가능성으로 조금이나마 기운을 내보고 싶다. 아아, 온 나라가 꿈틀대는 지금, 아직 정교회의 성직자들은 용기를 내지 못하고 있다. (온 나라가 가난할 때에도 성직자는 권력자가 제안하는 재물의 유혹을 거절해야 한다.) 교회는 국가의 압제에서 벗어나 1917년 혁명이 절정기에 이르렀을 때 티혼과 베니아민 주교의 선거를 치렀다. 당시 보여주었던 것과 같은 민족 정서와의 연결성을 회복해야만 우리 사회가 회복하는 데 힘을 보탤 수 있을 것이다. 그리스도의 가르침처럼 이제는 국가에도, 사회에도, 뜨거운 고통에도, 그리고 자기 자신에게도 담대함을 보여야 한다. 여기서도 다른 곳과 마찬가지로 부활의 움직임은 아래에서부터, 일반 성직자로부터, 단결된 교구로부터, 헌신적인 신도들로부터 시작될 것이고 이미 시작되고 있다.

자기 절제

요즘 최고의 유행어는 바로 '인권'이다. (비록 각자 이해하는 것은 다르지만 말이다. 중앙의 인텔리는 이것을 표현의 자유, 출판의 자유, 집회와 이주의 자유로 받아들이지만, 단순 노동자들처럼 이것을 밥을 주는 곳에서 살고 일할 수 있는 권리로 이해한다면 수백만이 대도시로 몰려들 것을 우려한 많은 사람들이 분개하여 이 '권리'를 금지하라고 요구할 것이다.)

'인간의 권리'란 매우 좋은 것이다. 그러나 타인의 권리를 희생하여 나의 권리를 확대하지 않으려면 우리 스스로가 어떻게 해야 할까? 권리에 제한이 없는 사회는 시련을 견딜 수 없다. 강압적인 통제를 받기 싫다면, 우리 스스로 제어해야 한다. 어떠한 헌법도, 법률도, 투표도 그 자체만으로 사회의 균형을 보장할 수 없다. 자신의 이익을 좇는 것이 인간의 본성이기 때문이다. 더 많이 가질 수 있고 남의 것도 빼앗을 수 있는 권력이 주어진다면, 대부분의 사람들은 그렇게 한다 (그리고 이것이 역사적으로 모든 지배 계층과 집단을 망쳤다). 안정적인 사회는 저항의 평등이 아니라 의식적 자기 절제, 즉 도덕적 정의를 항상 우선시하는 자세에서 실현되는 것이다.

자기 절제가 이루어져야만 끝없이 증식하는 인류도 계속

존재할 수 있다. 인류가 오랜 시간 동안 발전할 수 있었던 것은 자기 절제의 정신이 있었기 때문이다. 닥치는 대로 잡아먹어 치울 수 있는 자유는 짐승에게나 있는 것이다.

인간의 자유라는 것은 남을 위해 스스로를 기꺼이 절제할 줄 아는 것이다. 그렇기에 우리의 의무는 주어진 자유보다 더 많아야 한다. 스스로가 자기 절제의 자세를 익히는 것도 중요하지만 더 중요한 것은, 그것을 우리의 아이들에게 전달하는 것이다. 자기 절제의 정신은 그 무엇보다도 인간 스스로를 위해, 우리 마음의 균형과 평화를 위해 필요하다.

자기 절제에는 내면을 들여다볼 기회가 많다. 예를 들어, 우리는 오랜 시간 동안 귀머거리처럼 살아왔기 때문에 우리에게 도대체 무슨 일이 있었던 것인지, 그 진실에 대한 갈증이 자연스럽게 생겨나기 마련이다. 그러나 이미 몇몇은 눈치 챘고, 다른 사람들도 곧 눈치채겠지만, 그 위에는 온갖 잡다한 것까지 전하는 과잉 정보의 힘겨운 물결이 우리의 정신을 갉아먹고 있다. 우린 일정한 선에서 이 물결로부터 빠져나와야 한다. 갈수록 많은 신문이 생겨나고, 나날이 몸집을 불리며 우리를 향해 앞다투어 오고 있다. 갈수록 방송 프로그램이 많아져 낮에도 방송을 한다(그런데 아이슬란드에서는 일주일에 최소 한 번은 텔레비전을 전혀 보지 않는다). 선정성, 상업성, 오락성 라디오 프로그램도 갈수록 많아진다(거리 위의 확성기까지 시끄럽게 떠들며 사람들을 피곤하게 하고 있다).

우리의 귀가 쉴 권리, 우리의 눈이 내면을 향할 권리는 도대체 어떻게 보호해야 하는가? 러시아가 이 불행의 선을 차근차근 빠져나오는 것은, 어쩌면 이제는 나오지 못할 수도 있지만, 타타르의 지배로부터 해방되는 것보다 어려운 일이다. 당시에는 민족의 중심이 견고했고, 기독교적 믿음도 남아 있었기 때문이다.

1754년 엘리자베타 여제 시절, 표트르 이바노비치 슈발로프가 제안한 놀라운 계획이 있다. 다름 아닌 민족 보존 계획이다. 이것이 괴짜의 생각에 불과한가? 이것이야말로 국가의 지혜이다.

조금 더 나아가기

지금 이 암울한 시간만 지나가면 우리가 모여 앉아 미래에 대한 계획을 세울 수 있는 '평온한' 시간이 올 것이라는 기대는 금물이다. 역사의 흐름은 끊임없이 이어지므로, 그 누구도 우리에게 '나중에' 재정비를 할 수 있는 시간을 따로 주지 않는다. 러시아 헌법 제정 회의에서 '앉아서 생각할 시간'을 주지 않았던 것처럼 말이다. 그러므로 아무리 현재가 힘들어도 우리의 미래를 어떻게 구축할 것인지에 대한 것은 미리 생각해야 한다. (나이 때문에 그 논의에 참여할 수 있을지 모르겠다.)

혁명 전에는 대다수의 사람이 정치에 관심이 없었고, 이후 70년간 선전 활동을 통해 우리 머릿속에 심어 넣은 것들은 우리를 바보로 만들었다. 이제 우리는 우리의 삶 속 정치의 영역을 발전시키기 위한 한 걸음을 내디뎠고, 미래 정권의 형태에 대한 논의도 이미 이루어지고 있다. 이것은 미래의 실수를 줄이고, 여러 용어의 정의를 확립하는 데 매우 좋은 것이다.

국가의 형태

오스발트 슈펭글러가 정확히 지적했듯, 문화가 다르면 국가의 의미 자체도 다를 수 있기 때문에 위대한 한 문화권에서 다른 문화권으로 전파해야 할 정도의 완벽한 국가 형태라는 것도 존재하지 않는다. 몽테스키외는 영토 크기별로 적합한 통치 형태가 있기 때문에, 그 크기를 고려하지 않은 통치 형태는 반드시 고통을 동반한다고 말했다.

각국의 국민은 그 지리, 역사, 전통 그리고 정서적 특징을 생각하여, 국가를 파멸이 아닌 부흥의 길로 이끌 수 있는 체계를 선택해야 한다. 국가의 구조를 선택할 때에는 반드시 그 전통을 고려해야 한다. "여호와께서 이와 같이 말씀하시되 너희는 길에 서서 보며 옛적 길 곧 선한 길이 어디인지 알아보고 그리로 가라."(예레미야 6:16)

국민은 권력에 대한 절대적 권리를 가지고 있지만, 인민이 원하는 것은 권력이 아닌 (권력을 갈망하는 사람은 겨우 2퍼센트 정도다) 안정적 질서이다. 심지어 기독교 사회주의자 G. P. 페도토프도 1917년을 경험한 이후, 권력은 매우 강력해야 한다고 주장했으며, 심지어 자신의 저서에서 권력자는 입법회에 연연하지 말고, 충분한 시간이 지난 뒤 그저 보고하면 된다고 말하기도 했다. (그러나 이것은 지나친 것 같다.)

오랫동안 받아들여질 만한 자유의 질서를 선택하는 것은 아래에서부터 이루어져야 한다. 그 과정에서 지금의 중앙 권력의 형태는 일시적으로 유지될 것이다. 이 일은 여러 해가 걸릴 것이고, 그 이후에 국가의 건강한 규칙에 관해 근본적으로 논의하는 시간이 또 필요할 것이다.

오늘날 미래에 대한 논의는 대략적일 수밖에 없다. 다가올 경험과 새로운 생각을 채울 자리를 남겨두어야 하기 때문이다. 최종적인 국가 형태는 (만약 최종적 형태라는 것이 존재한다면) 수많은 시행착오를 거치며 조금씩 다듬어나가야 한다.

플라톤과 아리스토텔레스는 국가 체제를 세 개로 구분했다. 한 사람에게 권력이 주어지는 왕정, 뛰어난 소수에게 권력이 주어지는 귀족정, 그리고 작은 폴리스(국가)에서 모두가 참여하는 민중 권력인 (지금은 민주주의라고 하는) 인민

정이다. 플라톤과 아리스토텔레스는 이 체제들이 타락하면 각
각 참주정, 과두정, 그리고 (지금은 중우정치라고 하는) 민주
정과 떼법이 된다고 경고했다. 공공의 선을 추구한다면 세 가
지 체제 모두 좋은 것이나, 개인의 이익을 좇기 시작하면 세 가
지 모두 변질되고 만다.

　그 이후로 이 분류에 추가될 만한 새로운 체제는 만들어지
지 않았고, 다만 헌법의 형태만 조금 더 다양화된 것 같다. 만
약 우리가 완전한 무권력의 상태(무정부 상태, 약자에 대한 강
자의 지배)를 피하고, 20세기에 등장한 전체주의의 덫에 또다
시 빠지지 않으려면 사실 우리 앞에 남은 선택지는 별로 없다.
대세에 따라 우리도 분명 민주주의를 택할 것이다.

　그러나 민주주의를 선택할 때, 우리가 선택한 것이 무엇이
고 그 대가는 무엇인지를 분명히 이해해야 한다. 그리고 민주
주의가 우리의 목적이 아닌 수단임을 알아야 한다. 현대의 철
학자 칼 포퍼는 민주주의를 선택하는 이유는 민주주의가 선해
서가 아니라, 참주정을 피해기 위해서라고 말했다. 우리는 민
주주의의 단점을 인식하고, 그것을 극복할 수 있는 방법을 고
심하며 민주주의를 선택하는 것이다.

　이제 막 민주주의의 길로 들어선 현대의 많은 신생 국가들
이 몰락을 겪었음에도 불구하고 우리 시대에서 민주주의는 인
류 생존의 보편적 원칙, 숭배의 대상처럼 떠받들어지고 있다.

　민주주의라는 용어의 정확한 의미를 더 알아보자.

무엇이 민주주의이고 무엇이 아닌가

알렉시스 드 토크빌은 민주주의와 자유는 대립되는 개념이라고 보았다. 그는 열렬한 자유의 신봉자였지만, 민주주의자는 결코 아니었다. J. S. 밀은 무제한적 민주주의에서 '다수의 폭정'의 위험성을 보았다. 개인의 입장에서는 폭군이 한 명이거나 여러 명이라는 것 이외에는 차이가 없는 것이다.

G. 페도토프는 인류에게서 우두머리를 앗아간 19세기 무신론적 물질주의가 민주주의를 변질시켰다고 했다. 20세기 오스트리아의 정치가 조지프 슘페터는 민주주의를 '종교를 빼앗긴 지성인들이 찾은 믿음의 대용물'이라 칭하며 외국의 민주주의와 그 도입 시기를 참고해서는 안 된다고 경고했다.

러시아 철학자 S. A. 레비츠키는 민주주의 정신(즉 1.개인의 자유 2.법치국가)과 부차적이고 선택적인 민주주의의 특징(즉 1.의회 조직 2.보통 선거권)을 구별하자고 제안했다. 마지막의 두 가지 원칙은 명백한 것이 아니다. 개인에 대한 존중은 민주주의보다 더 광범위한 원칙이므로 반드시 고수되어야 하지만, 그 형태가 반드시 의회주의일 필요는 없다.

그러나 개인의 권리도 사회의 권리를 압도할 정도로 지나치게 높아서는 안 된다. 교황 요한 바오로 2세는 (1981년 필리핀에서 한 연설에서) "국가의 안보와 인권이 부딪혔을 때 국가 안보, 즉 공동 조직의 온전함이 우선시되어야 한다. 이것이 없다면 개인의 삶도 망가질 수밖에 없다"라고 말했다.

한편 로널드 레이건 대통령은 (1988년 모스크바대학교에서 한 연설에서) 민주주의를 이렇게 표현했다. "민주주의란 통치의 방식이라기보다는 가정과 신앙이 인간에게 주는 중요한 가치의 발전을 정부가 방해하지 않도록 그것을 제어하는 방식이다."

지금 "민주주의"는 최고의 유행어다. 너도나도 민주주에 대해 한마디씩 한다(그리고 그것을 이용하기도 한다). 그러나 우리가 그 단어의 정확한 의미에 대해 제대로 이해하고 있는지는 잘 모르겠다.

민주주의라고 생각했던 진흙탕 속으로 우리가 맹렬히 고꾸라졌던 1917년의 쓰라린 경험 이후 위대한 입헌민주당의 당수 V. A. 마클라코프는 "민주주의를 위해서는 인민들의 일정한 정치적 규율이 필요하다"라고 고백했다. 그것이 1917년의 우리에겐 없었고, 지금도 있는 것 같지는 않다.

보통-평등-직접-비밀

1937년 스탈린이 껍데기뿐인 '선거' 제도를 도입했을 때, 그도 이 제도에 보통-평등-직접-비밀 투표('네 개의 꼬리')의 형식을 부여해야 했다. 현대 사회에서 이 원칙은 마치 보편적 자연의 법칙처럼 여겨진다. 사실 1차 프랑스 혁명이

(1791년 헌법) 일어난 이후에도 투표는 자격에 따라 제한되었고, 불평등했다. 1848년 혁명 때에서야 보편적 선거권이라는 개념이 프랑스에서 일반적으로 받아들여지기 시작했다. 영국에서는 소수에 대한 다수의 억압 금지, 의회 내 사회 각 계층의 다양성 대표, 국가에 대한 책임감을 가진 덕망 있는 사람들로 구성된 의회를 보장하는 헌법 질서를 위한 투쟁이 19세기 내내 계속됐다. 이것은 국가의 성장 기반을 지탱하기 위한 과제였다. 그리고 1918년부터 영국도 보통 선거의 길로 들어섰다.

도스토옙스키는 보통-평등 선거 방식이 "19세기 최악의 발명"이라고 생각했다. 어쨌든 이건 뉴턴의 법칙이 아니니 그 성질에 대해 의혹을 제기할 수 있을 것이다. '보통 및 공평'이라 함은 개인, 개인의 능력과 사회 기여도, 나이, 삶의 경험, 해당 국가 또는 지역 내 거주 기간이 천차만별인 상황에서 투표권이 모두에게, 그리고 공평하게 보장된다는 것인가? 이것은 다시 말해, 질보다 양을 선택하는 것이다. 또한 이러한 투표('전 국민적' 투표)는 그 민족이 조직화되지 않았다는 것을 전제로 한다. 즉 그 민족을 살아 있는 하나의 유기체가 아닌 분산된 개체들의 단순 총합으로 보는 것이다.

'비밀 선거'의 원칙도 장식은 아니다. 비밀 선거는 자신의 선택에 대한 가책이나 공포를 경감시킨다. 그런데 세상에는 아직도 공개 투표를 하는 곳이 있다.

'직접 선거'는 (즉 급의 높낮이와 상관없이 모든 의원이 일반 유권자에 의해 직접 선출되는 것) 우리처럼 영토가 큰 나라에서는 특히 논쟁의 여지가 있다. 이것은 유권자들이 자신의 대표자를 제대로 알지 못하게 하여, 언변이 화려하거나 뒤에 강력한 지지 세력이 있는 사람만이 이익을 본다.

러시아에서는 1917년 봄과 여름에 걸쳐 위원회와 당원위가 선거 시스템과 결산 방법의 특징을 세세하게 논의하느라 러시아 헌법 제정 회의의 시간을 또 허비하고 말았다. 민주주의 정당들은 4단계, 3단계, 아니 심지어 2단계 투표 방식까지 반대했는데, 이러한 투표 시스템 하에서는 후보자 개인의 인지도가 결과에 영향을 미치고, 출신 지역의 끈끈한 '지연'이 있는 사람들이 당선되기 때문에 중앙 정당들이 자신의 후보를 낼 수 없다는 이유였다. 입헌민주당의 대표 P. N. 밀류코프는 오직 대도시 지역만을 대상으로 한 직접 선거가 현명하고 정치적으로 준비된 대표의 선출을 보장할 것이라고 주장했다. 사람들에게 꼭 맞는 인물을 말이다.

투표 방법

보통 선거의 목적은 민중들이 진정 원하는 것, 민중의 진정한 의사를 표현하는 것이다. 그런데 민족의 단일한 의사라는 것이 과연 존재하는가, 그렇다면 그것은 어떤 것인가? 아무도 모른다. 그러나 놀라운 것은 투표 결산 방식에 따라 그 의지가 다르게, 때로는 정반대로 해석되기도 한다는 것이다. 우리 중 대부분은 투표 시스템이 그다지 중요하지 않다고 생각하지만, 사실 투표 시스템의 영향력은 상당하다.

세계에는 최소한 세 개의 투표 결산 시스템이 경쟁을 벌이고 있다. 비례 대표제, 다수 대표제, 절대다수 대표제이다. 비례 대표제는 대부분 명부(말하자면 정당 명부)에 따라 이루어진다. 각 지역별로 정당은 후보자 명부(여러 명의 후보자를 한꺼번에 적은 명부, 그래야 홍보와 관리가 더 편리하기 때문이다)를 작성한다. 여기서 이미 후보 개개인은 유권자가 아닌 정당의 영향을 더 받게 된다. 마찬가지로 유권자는 자기가 신뢰하는 특정한 개별 후보에 대한 선택권을 박탈당한다. (비례 대표제는 두 개의 하위 시스템으로 나뉜다. 그중 첫 번째는 유권자가 명부의 후보자 순위를 바꿀 수 없고, 정당이 순위를 결정하는 '고정 명부식'인데, 문해율이 낮은 경우 많이 적용된다. 두 번째는 유권자가 명부 내 후보자들에 대한 선호도를 나타낼 수 있고, 심지어 자기가 명단을 제안할 수도 있는 '자유 명부식'으로, 이 경우 결산 과정이 매우 복잡해진다. 그 외에도 세 번째 방법이 있는데, 선거구를 몇 개의 하위 선거구로 나눈 뒤 각 하위 선거구에 후보자를 한 명씩 배치하는 것이다. 그러나 어쨌든 해당 지역 선관위는 정당별로 표를 결산하고, 그 비율에 따라 의석을 후보자가 아닌 정당에게 배분한다. 어떤 경우든 기본적으로 표는 정당에 간다.)

1917년에는 입헌민주당, 볼셰비키 할 것 없이 모든 당이 이 방법을 선호했고 후보자가 많은 지역에서도 그랬다. 당시 아주 영향력 있는 인물이었던 입헌민주당 I. V. 게센도 이 방법에 적극적으로 찬성했는데, 조직 구성이나 실행이 아주 간편한 데다 '인물별 선거 시스템에서는 관리자로서의 당의 역할이 약화되기 때문'이었다. 그 유명한 V. I. 울리아노프-레닌 역시 이 방법에 찬성했다. 레닌은 '개별 인물이 아닌 당의 대리인'을 뽑는 이 시스템이야말로 가장 선진적 투표 방법이라고 했다. 이 방법이 괜히 레닌의 마음에 든 건 아닌 것 같다. 명부에 따라 선출되는 비례 대표제는 후보자 명단을 작성하는 정당의 권력을 지나치게 강화하고, 조직화된 대형 정당에 유리하다. 이 시스템은 중앙에서 활동하는 사람들이 연고가 없는 지방에서도 당선이 될 수 있도록 정당이 여기저기 꽂아줄 수 있다는 점에서 특히 정당에게 유리하다. 1917년 여름 입헌민주당 당 대회에서는 후보자가 반드시 그 지역구 출신일 필요가 없음을 특히 강력히 주장했다. 그래야 '당 중앙위가 선거 진행을 중앙집권화할 수' 있었기 때문이다. 다른 당들도 마찬가지였다. 이른바 중앙집권화된 민주주의인 것이다.

비례 대표제에서 소수는 대표 회의를 통해서만 목소리를 낼 수 있는데, 의회 내 수많은 분파가 생기면서 그 힘은 반목과 갈등으로 소진되고 있다. 이것은 정당들이 오직 표를 얻어 정권을 잡기 위해 신념 없는 연대를 통해 입장을 수정하거나 심지어 자기의 정책을 망가뜨리게 한다. 이미 이러한 국가의 나약함과 기나긴 통치 위기를 적나라하게 보여주는 예들이 있다.

다수 대표제에서도 마찬가지로 정당 간 부자연스러운 타협을 보는 경우가 있지만, 이것이 선거 캠프 단계부터 시작된다는 점이 다르다. 이 시스템 하에서 상대방을 근소하게 앞지르는 정당(또는 캠프)은 압도적으로 많은 의석을 차지하고, 근소하게 밀린 정당은 완전한 빈손이 된다. 심지어 49퍼센트의 표를 얻었음에도 한 자리도 차지하지 못하는 경우도 있다. 선거구가 정확히 획정되지 않으면 소수 표가 승리할 수도 있다. 예를 들어 1893년, 1898년, 1902년 프랑스에서 그런 경우가 있었는데, 당선된 후보자가 받은 표가 낙선 후보자보다 적었다. 마지막 두 해의 경우 53퍼센트의 유권자가 선택한 대표가 의회에 입성하지 못했다. 대신 이 시스템 하에서는 안정적인 정부가 구성된다.

지금 우리가 도입하고 있는 절대다수 대표제(필요한 경우 2차 투표를 할 수도 있다) 역시 군소 정당을 밀어내는 시스템이지만, 1차 및 2차 투표 사이에 표를 거래할 수 있는 가능성이 있다.

미국 같은 양당 체제에서는 무소속 후보는 힘이 없고, 유권자들은 두 정당(두 정당 모두 강력한 조직이 있고 거액의 후원을 받는다) 중 한쪽에 표를 던진다. 양당 체제에서 때때로 사회적 불만은 여당만 치워버리면 다 해결될 것처럼 다른 한쪽에 표를 던지지만, 새로운 여당이 다르다는 보장도 없는 이러한 여당 심판은 부정적 결과를 낳을 뿐이다.

즉, 투표 결산 방식만으로도 정부의 구성, 그리고 민중의 의지를 대변할 정책이 놀라울 정도로 달라질 수 있다. 그러나 그 어떤 투표도, 결산 방식과 상관없이, 진정한 민의를 찾는 방법은 아니다. 투표란 결국엔 숫자와, 단순 셈법과, 다수에 의한 소수의 흡수로 귀결될 수밖에 없다. 또 이것은 매우 위험하다. 사회적으로 소수의 의견은 다수의 의견 못지않게 중요한데, 다수는 착각에 빠질 수 있기 때문이다. '다수를 따라 악을 행하지 말며 송사에 다수를 따라 부당한 증언을 하지 말라.'(출애굽기 23:2)

더욱이 불특정 다수의 유권자들을 대상으로 하는 대규모 선거의 경우, 선거 운동이 부산하거나 요란하고 대중 매체에 지나치게 자주 노출이 되어 오히려 사람들을 등 돌리게 하기도 한다. 텔레비전이 후보자의 외모와 행동거지는 보여줄 수 있지만, 국정 운영 능력은 보여주지 못한다. 이런 선거 운동 속에서 국가의 생각은 저속해진다. 성공적인 국정 운영을 위해서는 능력과 창의력이 필요하다. 드넓은 영토에서 이루어지는 보통 선거로 이런 사람들을 뽑을 수 있을까? 이 시스템 하에서 정치가는 자신의 정치적 이익 이상의 일을 할 필요가 없다. 도덕적 원칙을 가진 사람일수록 오히려 패배하기 쉽다.

A. 토크빌은 19세기 미국에서 공부하던 시절, 민주주의는 범인(凡人)들에 의한 지배라는 결론에 도달했다(비록 국가 비상 상황에서는 비범인들이 힘을 갖지만 말이다).

국민의 대표

당선이 되고 나면 후보자는 국민의 대표가 된다. 아테네 민주주의는 과두 정치를 거부했듯, 모든 형태의 '대의 민주주의'를 거부했다. 그러나 이것이 가능했던 것은 아테네가 작았기 때문이다.

반대로 1789년 가까스로 소집된 프랑스의 삼부회에서는 이제부터 각 의원은 그저 국민의 의사를 대표하는 이 집단 회의의 한 구성원이라는 내용의 법을 집행했다. 이것은 의원들을 유권자, 그리고 유권자에 대한 책임 의식으로부터 멀리 떨어뜨려 놓았다.

지금까지 우리 국가 두마(Duma)는 러시아의 깊이와 규모를 제대로 반영하지 못했고, 오직 몇몇 도시의 소수 계층만 대변했다. 대부분의 사람들은 선거에서, 그리고 정당에게 사실상 고려의 대상이 되지 못했다. 뛰어난 두마 의원이었던 V. 마클라코프는 민주주의 체제에서도 의회 다수의 결정이 받아들여질 뿐 '국민의 의지'라는 것은 소설에 불과하다고 고백했다.

의원이 앞으로 무슨 일을 하든지 국민이 그들을 제대로 심판하는 것은 불가능하다. 또한 현재의 당선자가 선거에서의 유불리, 정당 연합 등을 떠나 자신 또는 당의 손해를 무릅쓰고 국가에 진정 도움이 될 만한 일에 헌신하도록 할 요인도 없다. 결국 사람들에게 독이 될 일이라도 당장 유권자들의 환심을 살 수 있다면 그 일을 할 뿐이다. 우리나라처럼 영토가 큰 나라에서는 당선자를 검증할 기회가 적고, 그만큼 직권 남용의 가능성이 커진다. 의원들에 대한 통제 시스템이 없어, 할 수 있는 것이라고는 다음 선거에서 표를 주지 않는 방법뿐이다. 대부분의 사람에겐 국정 운영 과정에 영향을 미칠 방법이 없는 것이다. (실제로 시민사회나 재계, 그 밖에 어느 곳에서도 신임을 받은 자가 신임을 한 자보다 더 많은 권리를 가질 수 없다. 그리고 자신의 일을 불성실하게 할 경우, 신임장을 박탈당한다.)

참 모순적인 것은, 정부가 의회 다수를 기반으로 형성되면, 이 다수의 의원들은 정부를 견제하는 독립적인 대표자로서의 역할을 그만둔다. 최선을 다해 정부의 시중을 들고, 어떤 대가를 들여서라도 정부가 유지되도록 애쓴다. 즉 입법부가 행정부에 복속되는 것이다. (게다가 입법, 행정, 사법의 완전한 분리 원칙 역시 의문을 갖게 된다. 이것은 살아 있는 유기체로서의 국가를 찢어놓는 것 아닌가? 분리된 세 권력은 하나의 통일된 통제 장치, 형식적인 장치가 아니라면 윤리적인 통제 장치에 의해서라도 조절되어야 한다.)

그리고 선거 출마를 위해서 요구되는 자질과 국가 운영에 요구되는 자질은 전혀 다르다. 두 개의 자질을 다 갖춘 사람이 드물뿐더러, 만약 그렇다 하더라도 후자의 자질이 선거 승리의 걸림돌이 될 것이다.

한편 '대표하기'가 거의 평생 직업이 되어가는 것 같다. 정치가 생계의 수단인 사람을 이르는 '직업 정치인'이라는 말까지 나오고 있다. 그들은 정당 연합을 통해 끊임없이 자신의 입장을 바꾸는데, 여기에 무슨 '민중의 의사'가 있을 것인가.

또 대부분의 의회 내 법률가와 변호사의 비중은 놀라울 정도로 크다. '법률주의'이다(법령이 많을 뿐만 아니라, 그 시스템과 절차가 너무 복잡해 일반 사람들은 법 앞에서 스스로를 보호하지 못하거나, 매번 고액 수임료를 감당해야 한다).

무엇으로 돌아오는가

물론 민주주의는 공직자의 행동을 철저히 감시할 수 있는 가능성을 제공한다. 비록 현대 민주주의는 관료주의로 물들었지만 말이다.

하지만 보통 선거로 자기의 의사를 드러내는 사람은 아주

적다. 투표 참여율이 보잘것없이 낮은 경우가 부지기수다. 많은 서방 국가에서 절반, 심지어는 3분의 2 정도의 유권자들이 때때로 투표를 하지 않고, 이것은 모든 절차를 무의미하게 만든다. 그래서 때로는 아주 소수의 표의 행방에 따라 우세가 결정되기도 한다. 결국 이 소수의 표가 국가의 운명과 그 정책 기조를 결정하는 셈이다.

이 역시 S. L. 프랑크가 이미 오래전 예견했던 것이다. 그는 민주주의도 결국 소수의 지배라고 했다. V. V. 로자노프도 "민주주의는 잘 조직된 소수가 무질서한 다수를 관리하는 방법"이라고 말했다.

실제로 유연하게 잘 만들어진 민주주의는 일반 대중의 목소리와 저항력을 앗아간다. 불공정은 민주주의 하에서도 생겨나고, 약삭빠른 사람들은 자신의 책임에서 벗어날 줄 안다. 이것이 각 기관의 민주적 관료주의로 퍼져 나가 도저히 막을 수가 없다. 세계에서 가장 오래된 민주주의 전통을 가진 스위스에서도 중요한 결정은 국민의 손이 닿지 않는 막후에서 소수의 사람들이 내린다는 우려 섞인 경고의 목소리가 나오고 있다.

법적으로는 평등하더라도 부자와 가난한 자, 즉 강자와 약자 사이의 물리적 불평등은 여전히 남아 있다. (비록 서양에서 말하는 '가난'의 수준은 우리가 상상하는 것보다는 훨씬 풍족한 상태이지만 말이다.) 정치가 B. N. 치체린은 이미 19

세기 귀족정의 형태 중 민주주의에서도 살아남는 한 가지는 재정 귀족정이라고 말한 바 있다. 민주주의에서 돈이 실질적 권력이고, 돈을 가진 자에게 필연적으로 권력이 집중된다는 사실을 어떻게 부정할 수 있을까. 부패한 사회주의 시절에도 이러한 자들이 '암시장'을 중심으로 점점 늘어나, 유력 관료와 유착하고 '페레스트로이카'의 무법 혼란 속에서 부를 더욱 축적하더니 이제는 양지로 뛰어오를 준비를 하고 있다. 그러므로 이제는 모든 형태의 독점을 처음부터 강력하게 억제하여 그들이 권력 위에 올라서지 못하도록 하는 것이 더 중요하다.

더 가슴 아픈 것은, 경쟁적인 현대의 개방성과 함께 등장하기 시작한 사이비 엘리트들이 선과 악이라는 절대적 개념을 조롱하고, 이에 대한 무관심을 '사상과 행동의 다원성'으로 포장하고 있다는 것이다.

최초의 유럽 민주주의는 기독교적 책임감과 자기 규율의 정신으로 가득 차 있었다. 그러나 이 정신적 기반이 갈수록 흔들리고 있다. 독립적 정신은 저속함과 유행, 집단 이익의 독재 하에 짓눌려 죽어가고 있다. 지금 우리가 향해 가는 민주주의가 가장 건강한 민주주의의 모습은 아니다.

정당

이제 우리는 가족 없는 개인의 삶을 떠올릴 수 없듯 정당 없는 정치적 영역을 생각할 수 없다.

10월 혁명이 일어나기 한 달 전, 트로츠키는 외쳤다. "정당이란 무엇인가? 이것은 자신의 정책을 시행할 기회를 갖기 위해 권력을 쟁취하는 사람들의 모임이다. 권력을 원치 않는 정당은 정당이라 부를 수 없다."

물론 볼셰비키당은 독특한 케이스다. 그러나 정당이란 이미 오래되고 명료한 현상으로, 이미 그 시절에 티투스 리비우스가 "국민에게 있어 정당 간의 싸움은 현재에도 미래에도 전쟁, 기아, 역병, 그리고 그 어떤 신의 분노보다 더 나쁜 최악의 불행일 것이다"라고 했다.

'정당(Party)'은 부분을 의미한다. 즉 'Party'로 나눈다는 것은 여러 부분으로 나눈다는 말이다. 국민의 한 부분으로서 정당은 무엇에 대항하는가? 자신을 지지하지 않는 사람들이다. 각 정당은 국민 전체가 아니라 먼저 자기와 자기의 사람들을 위해 움직인다. '재선을 위해 우리 당에 가장 필요한 것은 무엇인가', '국가와 국민에 이로운 것이라도 그것이 상대당의 제안이라면 반대해도 좋다'는 정당의 목적으로 인해 국익은 뒷전이 된다. 정당의 이해관계와 그 존재 자체 역시 유권자의 이해관계와 전혀 들어맞지 않는다. S. 크리자놉스키는 의회 조직의 결점이자 나아가 그 붕괴의 시작은 국민의 단일성과 조국의 개념을 부정하는 정당일 것이라고 생각했다. 지혜를 탐구해야 할 자리에 정당의 위신과 행정 권력의 부스러기를 뺏기 위한 싸움만 계속되고 있다. 정당의 우두머리는 과두정의 귀족이 된다. 그 어떤 헌법에도 명시된 바 없는 기관인 중앙위원회 이외에 누구에게 보고를 하겠는가?

정당 간의 경쟁은 국민의 의사를 왜곡한다. 당론 원칙은 개인과 개인의 역할을 압도하여 개인을 단순화하고 경직시킨다. 사람에게는 견해가 있지만 정당에는 이데올로기가 있다. 이 상황에서 미래 러시아 연합을 위해 무엇이 필요할까?

국가 운명을 결정하는 모든 결단은 정당의 것이 아니고 정당에 주어져서도 안 된다. 정당의 무질서가 계속된다면 지방은 사라지고, 결국 농촌도 기만당할 것이다. '직업 정치인'들이 국민의 목소리를 바꿔치기하도록 내버려두면 안 된다. 모든 전문 지식을 위해서 국가 공무원 조직이 있는 것이다.

협회나 연합과 마찬가지로 모든 정당은 자유롭게 존재하고, 어떤 의견이든 표현하고 존중하며, 자신의 비용으로 출판을 할 수도 있다. 그러나 공개적이어야 하고, 자기의 정책을 갖는 정당으로서 등록되어야 한다. (반대로 비밀 조직은 반사회적 모의와 같은 형사 사범으로 추적해야 한다.) 그러나 정당이 생산, 업무, 교육 과정에 개입하는 것은 용인될 수 없다. 이것은 모두 정치 밖의 일이다.

모든 국가 선거에서 정당은 다른 독립 조직들과 마찬가지로 후보를 내고 그 후보를 홍보할 수 있는 권리를 갖지만 정당 명부를 금지하여 정당이 아닌 개별 인물에 표를 던지도록 해야 한다. 당선된 후보는, 만약 정당 소속이라면, 임기 동안 탈당하여 모든 유권자에 대한 개인적 책임감을 갖고 활동해야 한다. 권력은 숭고한 헌신이므로 정당 싸움의 대상이 될 수 없다.

결론을 말하자면, 정부 조직 가장 낮은 곳부터 꼭대기까지 모든 단계에서 정당의 조직을 금지해야 한다. 그리고 '여당'이라는 개념을 없애야 한다.

작은 공간의 민주주의

지금까지 현대 민주주의에 대해 여러 가지를 비판했지만, 그렇다고 러시아 연합에 민주주의가 필요하지 않다는 것은 아니다. 이것은 우리에게 매우 필요하나 우리 국민들은 아직 복잡한 민주주의 시스템을 받아들일 준비가 충분히 되지 않았다. 때문에 민주주의는 위에서 요란하고 신속하게, 전면적으로 끌고 갈 것이 아니라 아래서부터 단계적으로, 꾸준히, 견고하게 정착시켜야 한다.

앞서 언급된 문제점들은 소도시, 부락, 촌, 읍(마을이 모인 것), 그리고 최대 현(도) 정도 크기의 소규모 지역 민주주의에는 해당되지 않는다. 이 정도의 규모에서만 사람들이 후보자의 업무 능력과 덕성을 제대로 알고 올바른 사람을 선출할 수 있다. 이곳에서는 거짓 명성이 통하지 않고, 거짓 미화나 정당의 추천도 소용이 없다.

바로 이것이 새로운 러시아 민주주의가 성장하고, 강화하고, 스스로를 인식할 수 있는 규모이다. 그리고 바로 이것이 우리에게 가장 중요하고, 옳은 것이다. 우리 지역의 깨끗한 물과 공기, 집, 아파트, 병원, 유치원, 학교, 가게, 지역 공급소를 지키고, 나아가 지역의 자유로운 경제 발전을 위해 협력할 수 있는 방법이기 때문이다.

제대로 된 지방 자치제 없이는 만족스러운 삶도 있을 수 없고, '국민의 자유'도 그 의미를 잃는다.

작은 공간에서의 민주주의가 강한 이유는 그것이 직접적이기 때문이다. 민주주의가 진정 효율적으로 작동하는 곳은 대표자 회의가 아니라 국민 회의가 작동하는 곳이다. 이것은 이미 아테네, 심지어 그 이전부터 이루어졌던 것이다. 이 시스템은 오늘날 미국에서도 효과적으로 작동하며 지역 사회로 퍼져나가고 있다. 운 좋게도 나는 이것을 스위스의 아펜첼이라는 도시에서 직접 목격하기도 했다. 그때의 경험을 이미 다른 곳에도 적은 바 있지만, 참지 못하고 여기 다시 한번 짧게 적는다. 도시의 광장에는 유권자들(아리스토텔레스가 말했던 '무기를 들 수 있는 사람들')이 빼곡히 모여 있었다. 투표는 거수 방식으로 공개적으로 이루어졌다. 사람들은 깊은 애정으로 자신들의 시장을 기꺼이 재선출했다. 그러나 곧이어 그가 제안한 법안 중 세 건에 대해서는 반대표를 던졌다. 당신을 신뢰한다! 우리를 통치해도 반대하지 않는다, 그러나 이 법은 안 된다!

레이몬드 브로거 시장은 정책 연설에서 이렇게 말했다. "이미 500년 넘는 시간 동안 우리 공동체는 스스로를 통치하는 이 방식을 거의 변함없이 유지하고 있습니다. 우리를 이끄는 힘은 자유가 우리의 의무, 그리고 자기 절제와 연결되어 있다는 확신입니다. 규칙과 진실함이 없다면 개인에게도, 국가에도 자유는 있을 수 없습니다. 국민은 모든 중요한 문제를 결정하는 판사이지만, 늘 국가 운영에 참여할 수 없습니다. 그렇기 때문에 국가 운영에는 필연적으로 귀족 정치나 왕정의 요소가 남아 있을 수밖에 없습니다. (아리스토텔레스도 했던 말이다.)" 브로거 시장은 말을 이어나갔다. "정부는 재집권을 위해 언제 어떻게 변할지 모르는 국민 투표에 매달려서는 안 되고 유권자에게 간청해도 안 되며, 그저 그 흐름을 뚫고 나아가야 합니다. 정부가 할 일이란, 현명한 다수의 국민이 모든 것을 세세하게 살폈다면 어떻게 행동했을지를 고민하고 그것을 실행하는 것입니다. 그런데 정부가 해야 할 일이 계속 늘어나면서 이것을 실현하기가 점점 어려워지고 있습니다. 민주주의 시스템 자체가 국가를 분명한 방향으로 이끌어줄 수 있는 강한 리더를 요구하고 있는 것입니다."

소규모 민주주의는 러시아에도 수백 년간 존재했다. 수 세기에 걸쳐 러시아 마을 단위의 미르(농촌 공동체)가 있었고, 다른 시기에는 도시 민회, 카자흐 자치 제도가 있었다. 19세기 말부터 또 하나의 형태가 꽤 오랫동안 이어지고 성장했는데, 이것이 바로 젬스트보이다. 안타깝게도 주나 현 단위의 젬스트보뿐이고, 읍 단위로 뿌리내리지도, 전국적으로 확대되지도 못했다. 10월 혁명이 모든 젬스트보를 강제로 파괴하고 그것을 중앙위에 의해 초기부터 짓밟힌 소비에트라는 평의회로 대체했다. 1918년 이후로 지금까지 이 평의회는 완전히 누더기가 됐다. 평의회는 어디서도 실질적인 자치 기구의 역할을 전혀 하지 못했다. 지금 도입되는 어쭙잖은 선거 개혁도 지역 전체의 이익을 보장하지 못하는 평의회를 구원하진 못한다. 나는 아래서부터 한 걸음씩 '평의회'를 젬스트보 시스템으로 교체해야 한다고 생각한다.

나는 수년간 혁명 전 러시아의 역사를 공부한 뒤, 내 최선의 결론과 역사상 가장 뛰어난 활동가와 현인의 경험을 결합했다. 물론 삶의 기반마저 뒤틀린 이 너덜너덜해진 현재의 러시아에 이 경험을 그대로 적용할 수는 없겠지만, 이것이 없다면 우리는 건강한 방향으로 발전할 수 없을 것이다.

말이 더 길어지지 않도록 혁명 전 러시아의 생각과 표현을 빌려 쓰고자 한다. 어떤 사람들은 삶을 바꾸고, 어떤 사람들은 순응한다.

젬스트보

젬스트보를 다음의 네 단계로 구분하겠다.

- 지역 젬스트보 (소도시, 소도시의 작은 지역, 부락, 읍)
- 도 젬스트보 (현재의 도, 대도시)
- 주 젬스트보 (주, 자치 공화국)
- 전국 (연합 전체의) 젬스트보

진정한 자치라는 개념이 낯선 우리는 가장 아래에서부터 이것을 한 단계씩 익혀야 한다. 어디선가 나타난 낯선 정치인으로부터 우리를 지키려면 더 많은 일반 사람들이 정치 숙련도를 높여야 한다.

투표는 개별 인물에 대해서만 이루어질 수 있다. 지역 젬스트보 정도의 규모에서는 후보자 개개인에 대해 유권자들도 잘 알 것이다. 선거 운동도 자신의 공약과 삶, 신념에 대한 실무적 보고 형식으로 소박하고 간결하게 이루어지는 것이 좋다. 이 절차에는 국가 재정이 단 한 푼도 사용되어서는 안 되고, 오직 지역의 재정으로, 지역의 뜻에 맞게 이루어져야 한다. 또한 세부 절차 역시 지역 스스로 결정해야 각 지역의 실정에 맞는 다양한 방법을 찾을 수 있다. 그러나 공통으로 적용되어야 하는 사항도 있다.

1) 연령 요건. 국가의 운명을 결정하는 유권자가 될 수 있는 나이는 몇 살인가? 요즘 청소년들은 가정에서도 학교에서도 제대로 된 양육을 받지 못하고, 표면적 지식만을 학습하고, 때로는 매우 무책임한 영향력에 휘둘린다. 문턱을 20세로 높여야 하지 않을까? (지역 또는 민족 자치주들의 판단에 따라 이 연령은 더 높게 설정될 수도 있다.) 당선자의 경우는 30세 이상이어야 하는가? 혹은 28세여야 하는가?

2) 거주 기간 요건. 유권자도, 그리고 피선거인이라면 더더욱 해당 지역에 거주하고, 지역의 이익과 밀접한 관계를 가지며, 지역을 잘 이해해야 한다. 최근에 새로 온 사람이나 연고조차 없는 사람은 책임감 있는 판단을 내릴 수 없다. 유권자의 경우 거주 기간은 큰 공백 기간 없이 만 3년 이상이어야 한다. (각 지역별로 자신의 요건을 더 높게 정할 수 있다.) 피선거권자의 경우 최소 5년 연속으로 거주해야 한다. (또는, 예를 들면, 이전 거주 기간 5년에 최근 3년은 공백 없이 거주.)

지역 젬스트보에 일정한 수의 입법자가 선출된다('글라스니'라는 지방 자치 의원). 의원들은 자신의 의사를 만족시킬 수 있는 책임감 있는 행정가를 승인한다. 읍이나 작은 부락에서는 이 행정가가 1명일 수 있다. 도에서는 이 역할을 젬스트보 행정부가 하는데, 젬스트보 행정부는 파견된 젬스트보 의원 일부나 외부 전문가들로 구성된다.

새로운 지방 자치 기구인 젬스트보는 기존의 평의회로부터 권력을 승계 받고, 평의회는 사라진다.

지역 젬스트보 선거는 오직 투표로만 이루어져야 하고, 도 젬스트보의 선거는 도의 크기와 후보자들의 인지도 여부에 따라 달라진다. 규모가 크고 인구가 많은 경우라면 2단계 선거를 적용하는 것이 더 좋다. 지역 젬스트보는 즉시 지역의 평의회를 대체하고, 자신의 임기 중 절반을 끝낸 뒤, 내부 논의를 거쳐 젬스트보 중 일정 비율을 도 단위의 젬스트보로 보내 남은 임기, 즉 다음 선거 전까지 일하게 하는 것이다. (이 절반의 기간 동안 기존의 도 단위의 평의회와 집행위는 남아 있는다.)

첫 번째 임기 동안 (2년?) 도 이상의 단계에서는 선거가 이루어지지 않는다. 아직 정치적으로 미숙한 지역 및 도 젬스트보는 자신의 지역을 실질적으로 관리하는 경험을 통해 관리 능력을 학습하게 될 것이고, 이 과정에서 더 넓은 지역을 관리할 수 있는 인물들이 생겨나기 시작할 것이다. 최근의 광부 파업 위원회나 '노동자 연합'이 이러한 인식과 조직력을 보여준 좋은 예이다.

권력의 전달 단계

우리나라의 광활한 영토와 생활 환경 하에서 전국 단위의 국회 총선은 유용하지 않을 수 있다. 3~4단계의 선출 방법을 통해서만 실제로 지역에 거주하는 검증된 후보를 거를 수 있다. 이것은 선거운동 차 들른 먼 곳의 낯선 사람을 뽑는 것이 아닌 여러 해에 걸친 경험과 신뢰에 기반한 선거이다.

첫 임기가 (혹은 두 번째 임기가) 끝나갈 때 3단계, 즉 주 젬스트보 의회의 선거가 진행된다. 주 젬스트보 의회는 도 젬스트보 의회들로 (그리고 주도의 젬스트보 의회) 이루어진다. 각 의회는 자체적 평가를 거쳐 자신에게 할당된 수의 의원들을 다음 전체 임기 동안 주 젬스트보 의회로 파견한다. 이후 도 젬스트보는 재선거를 갖는다.

이렇게 구성된 주 젬스트보 의회는 주 평의회의 역할을 대체하고, 주 행정위를 대신할 주 젬스트보 행정부를 조직한다. 주 젬스트보 의원들은 임기 동안 정기 총회 때만 모이고, 그 외에는 자신의 도에 머무른다(이 시스템이 자리 잡고 난 뒤에는 임기가 늘어날 수도 있다).

'선거 중 우연히 발생할 수 있는 실수를 바로잡기 위해 각 의회는 전체의 5분의 1을 넘지 않는 의석 수에 한해 투표가 아닌 전체 동의의 방식으로 지역에 꼭 필요한 저명한 인물을 기용할 수 있다.' 뛰어난 젬스트보 의원이었던 D. N. 실로프의 이 같은 조언을 흘려들어서는 안 될 것이다. 앞으로의 상황에서 이 방법은 구와 주 평의회, 최고 평의회에서 성공적으로 활동했던 인물들에게도 새로운 권력 시스템에 순조롭게 정착할 수 있는 기회를 제공할 것이다.

주 젬스트보의 권위가 높아질수록 민족 자치 공화국과 민족 자치주의 독립성 및 자기 부양 능력도 더 강해질 것이다. 여기서 현재 러시아 연방, 우크라이나, 벨라루스의 최고 평의회의 역할과 위치를 예견하기보다는 주 젬스트보 의회들이도 젬스트보 의회에서 재선출된 것과 같은 방법으로 다음 임기 말에 (최고 평의회를 대체할) 전국 젬스트보 의회의 (연합평의회를 대체할) 연합 의회에 자신의 의원들을 파견할 것을 제안하는 바이다.

허례허식과 속임수 없이 작동되기만 한다면, 연합 평의회와 민족 평의회가 동등한 현재의 시스템은 그리 나쁘지 않다. 민족 평의회의 경우, 각 민족에게 할당된 자리에 대해서는 민족 스스로가 대리인 선출 방법(총선 또는 임명)과 그 기한을 정할 수 있도록 한다면 현재와 동일하게 전국 젬스트보 의회에 남을 수 있을 것이다.

현재의 연합 평의회는 모호하고 혼합된 원칙에 따라 구성되어 있다. 일부는 전국 투표로, 일부는 공산당 및 기관의 대리인으로 이루어져 있는 것이다. 이것은 (4년? 6년 정도의?) 과도기에도 허용될 수 없는 것으로 어떻게든 바로잡아야 한다. 입법 활동을 배가하고 더 복잡하게 만드는 당대회 역시 연합 평의회를 더욱 둔하게 하고 있다.

전국 젬스트보 의회를 필두로 하는 젬스트보 시스템의 성공적 구축을 위해서는 현과 주의 의회가 일하고, 경험을 쌓아야 하며, 각 주의 경험이 전국적 의회 활동에 활용되고 제시될 수 있도록 주민들이 전국 젬스트보 회의에 대표들을 (임기 내내 또는 교대로) 보낼 수 있어야 한다. 의회는 '중앙화'될 수 없다. 그것은 실제와 맞지 않는 것이다. 의회는 실질적이고 권위 있는 각 주의 대표들로 구성되어야 한다. 또한 의원들은 반드시 한 해 중 대부분을 자신의 지역에서 보내야 하며, 그렇지 않을 경우 그 지역을 대표할 권리를 박탈당해야 한다. (미국도 그렇게 하고 있다.)

결합된 통치 시스템

결합된 통치 시스템이란 중앙 관료 시스템과 사회적 힘이 적절히 결합된 형태를 의미한다.

이러한 결합 시스템은 모스크바 루시 시대에 이미 존재했었다. 당시 지방 자치 단체들은 지역의 일뿐만 아니라 전국 단위의 일부 사안도 담당했는데, 이에 관해서는 중앙 권력의 감시를 받았다.

1899년 S. Y. 비테는 전제 정치와 폭넓은 지방 자치는 상생할 수 없을 것이라는 잘못된 판단으로 니콜라이 2세가 젬스트보의 권한을 확대하는 것을 저지했다. (얼마 뒤 왕정주의자가 된 '인민의 의지' 조직원 L. 티호미로프가 이 판단에 대해 반박했지만, 듣지 않았다.)

중앙 관료 체제는 관성적으로 지방 자치를 억압하려고 한다. 이것은 관료 체제 자체를 위한 억압이지, 국민이나 정부를 위한 것이 아니다. 건강한 시기에는 지방의 힘이 계속 활동을 하고자 하므로, 충분히 넓은 가능성을 열어주어야 한다. 티호미로프가 말했듯 사회적 힘 스스로가 공통의 규칙을 유지할 수 있는 곳에서는 정부 기관의 활동이 단순히 불필요한 것이 아니라 해롭기까지 하다. 공연히 민족의 자립 능력만 약화시키기 때문이다. 지방 자치의 형태로든 아니면 또 다른 사회적 협의회나 연합의 형태로든 국민의 힘이 직접적으로 작용할 수 있는 모든 곳에서는 국민에게 그러한 작용이 보장되어야 한다.

이러한 사회적 버팀목은 국가 관료 시스템을 제어하는 최고의 방법이고, 모든 관료들이 정직하고 민첩하게 봉사할 수 있도록 한다. 이러한 결합 시스템, 정부와 지방 자치의 협업을 슈포프는 국가-젬스트보 구조라고 명명했다.

그러나 구체적인 상호 균형의 형태는 지금의, 어쩌면 그리 짧지 않을 수도 있는, 과도기에 형성될 것이다. 사회적 힘이 아래에서부터 조금씩 자라고, 국가의 경험을 축적하며, 인재를 길러내는 동안 절대적 권력에 익숙해진 현재의 관료주의는 자신의 권리를 붙잡고 절대로 양보하지 않을 것이다. 그러나 국내에 경제적 자립이 확대되면서 그들의 권리는 크게 줄어들 수밖에 없다. 현재 새로 구성된 과도기 평의회도 사회적 자립을 확대하는 데 건설적인 역할을 한다.

중앙 권력에 대한 상상

우리나라의 광활한 면적과 산적한 문제를 봤을 때 대통령제란 결코 과도한 것이 아니다. 그러나 국가 원수의 모든 권리는, 그리고 모든 갈등 가능성은 법률로 엄격히 정해져야 하며, 대통령 선출 절차는 더더욱 그러하다. 대통령이 진정한 권위를 누리기 위해서는 (임기 5년? 혹은 7년?) 전국 단위의 선거를 거쳐야만 한다. 그러나 이 선거를 위해 몇 주, 심지어 경쟁자를 비방하는 것이 주 목적이라는 몇 달 동안 계속되는 시끄럽고 편파적인 선거 운동에 국민의 힘을 조금도 낭비해서는 안 된다. 전국 젬스트보 회의는 최근 7~10년간 국내에서 지속적으로 거주한 국민 중 몇 명을 후보로 제안하고 논의하는 것으로 충분하다. 논의 이후 전국 젬스트보 회의는 각 후보자의 선정 사유와 해당 후보에 대해 제기된 반대 의견을 동일한 분량으로 1회에 걸쳐 공개한다. 그리고 난 뒤 격렬하고 소모적인 선거 운동 없이 투표가 (1~2차에 걸쳐, 절대다수 대표 방식으로) 이루어질 수 있을 것이다. (미국처럼 부통령 직책을 만드는 것 역시 현명한 방법이다. 대통령 후보가 자신의 부통령 후보를 지명하고, 그들은 함께 선출되거나 혹은 낙마한다.)

대통령 임기 중 전국 젬스트보 의회 각 기관의 4분의 3 이상이 대통령이 주어진 의무를 제대로 수행하지 못하고 있다고 판단할 경우, 전국 젬스트보 의회는 이를 뒷받침하는 사유를 공포하고, 이 사유는 새로운 예비 대통령 후보 명단과 함께 국민 투표에 부쳐진다. 반대로, 대통령의 임기가 끝난 뒤 전국 젬스트보 의회 각 기관의 3분의 2 이상이 현 대통령에게서 사임해야 할 특별한 사유를 발견하지 못한다면 대통령은 새로운 국민 투표 없이 연임한다. 만약 두 번째 임기 중 대통령이 사망한다면 부통령이 남은 임기 동안 대통령직을 대신하고, 대통령이 첫 번째 임기 중 사망한다면 전국 단위의 총 선거를 새로 치른다.

대통령은 자신의 뜻대로 장관을 임명하는데, 공무원 자격 경쟁을 통해 전문가들로 구성하는 것이 더 좋은 방법이고, 입법부의 구성원을 데려오는 것은 바람직하지 않다. 장관들은 대통령에게 보고하듯 국회 양원에도 보고하지만, 국회에 의해 교체되지는 않는다. (P. A. 스톨리핀이 생전에 제안한 정책 중 활용해야 할 것이 있다. 우수한 성적으로 대학을 졸업하고, 공개적이고 합리적인 사회적·개인적 추천장이 있는 유능한 인재들을 모아 국가 고위 관료를 양성하기 위한 2~3년제 아카데미를 만드는 것이다. 아카데미에는 부처별 학과가 있는데, 지방 자치의 발전을 위해 스톨리핀은 지방 자치부를 특히 강조했다.)

법률가 V. V. 레온토비치의 정의에 따르면 정부와 행정 기관(관료주의)을 구분하는 방법은, 정부는 새로운 과제를 해결하지만 행정 기관은 오래되고 이미 정립된 문제를 해결한다는 것이다. 따라서 장관에게는 그만큼 높은 자격이 요구된다. 정부가 관료주의에 물들면 나라를 운영할 능력을 잃는다.

그러나 행정부 시스템 하에서의 일도 표창이나 특권이 되어서는 안 되고 그 어떠한 개인적인 편의를 가져와서도 안 된다. '오직 자신의 의무에 집중하는 정부만이 쓸모 있는 정부'라고 M. N. 카트코프는 말했다. 우리가 지나온 시간 동안 권력은 국민에게 피할 수 없는 빚을 졌다. 그동안 무너진 것들을 바로잡고 다시 따라잡기 위해서는 정부는 갖고 있는 모든 권력을 돌려주고, 가능하다면, 더 많이 일해야 한다.

우리는 어떤 점에서든 스위스를 닮을 순 없다. 크기도 다를 뿐더러 스위스는 독립적 도시의 연합으로 이루어져 있기 때문이다. 그러나 스위스에서 배울 수 있는 것도 분명히 있다. 어떤 법안에 대해 수천 개의 서명 중 일정 숫자 이상이 충족되면 해당 법안을 의회가 의무적으로 검토해야 하고, 그 이상의 숫자일 경우(우리나라의 경우 수백만 이상) 제기된 문제에 대한 국민 투표를 실시해야 한다. 이런 입법적 제안이 국가 활동에 상당한 유연성을 더하고 있다. 이러한 국민 투표와 드물게 실시되는 대통령 선거 이외의 전국 단위 투표는 불필요하다.

심의 기구

이번 장은 현시점에는 적절하지 않지만, 머나먼 국가의 미래를 위해서는 매우 중요한 내용이다.

두마에서의 풍부한 경험을 떠올리며 V. 마클라코프는 민주주의의 가장 견고한 성공은 소수에 대한 다수의 우위가 아니라 소수와 다수 간 합의에 의해 달성된다고 지적했다. 심지어 그는 정치적 경험이 부족한 국가는 노련하고 교양 있는 소수들로 이루어진 세 번째 의회 기구를 만들 것을 제안했다. 이러한 장벽을 만드는 것은 민주주의가 거침없이 확산되는 것을 방해하지만, 통제되지 않는 다수의 권력보다 덜 위험하다.

여기서 한 걸음 더 나간다면, 단순한 기계적 투표보다 더 높은 형태의 국가 의사 결정 형식을 찾아야 한다. 뭐든지 다수결 투표에 부치는 것은 소수에 대한 독재이자 발전의 밑거름인 특수한 의견에 대해 절대권을 행사한다는 의미이다.

모든 국가 권력의 활동이 높은 수준에 도달하기 위해서는 권력에 대한 윤리적 통제가 필수적이다. 이것은 심의권이 있는 최고 윤리 기관이 맡을 수 있을 것이다. 이 기관에서 투표는 거의 이루어지지 않고, 하나의 의견과 반대 의견이 서로 깊은 논의를 하는 곳으로서, 국가의 가장 권위 있는 목소리를 내는 곳이다.

우리 역사 속에도 이와 비슷한 역할을 하는 곳이 있었다. 모스크바 루시 시대의 젬스트보 총회다. D. 슈포프가 말했듯, 젬스트보 총회가 소집되면 왕과 총회 간의 싸움은 없었고, 왕이 총회의 의견에 반대한 경우도 없다. 총회를 등지면 왕의 권위만 약해지기 때문이다. 총회란 신뢰 체계이다. 이것은 윤리적 단일성이 실현 가능하고, 도달 가능하다는 생각에 기초한다.

이런 측면에 완벽하게 부합하는 것이 두마(두마 총회? 국가 두마?)이다. 두마는 높은 덕성, 지혜, 풍부한 삶의 경험을 가진 권위 있는 사람들로 구성되고, 민족의 양심이 모인 기구이다. 그러나 그렇게 훌륭한 사람들을 가려낼 수 있는 완벽한 방법이란 없다.

잘 알려진 대안으로 사회적 계층과 직업별로 구성된, 즉 신분에 따라 구성된 두마가 있다. (달리에 따르면, 신분이라는 단어의 첫 번째 뜻은 같은 일을 하며 같은 권리를 갖는 사람이고, 두 번째 뜻이 형태, 서열, 카스트를 의미한다.)

같은 땅에 살거나, 같은 일을 하는 것. 이 두 가지가 인간이 협력하는 가장 기본적인 원칙이다. 우리는 누구나 자기의 직업과 전문 분야를 갖고 있고, 이를 통해 사회 구조 속에서 일정한 위치를 차지한다. 모든 인간의 모습이 완벽하게 평등하다면 그것은 엔트로피, 죽음을 향해 가는 길이다. 사회의 생명은 바로 다양성이다. 국가를 책임지는 것은 생각하고, 일하고, 국가의 존립에 필요한 모든 것을 만드는 사람들이다. 국민이 사회적 집단으로 잘 조직되어 있을수록, 국민의 창의력이 더욱 선명하게 발현된다(L. 티호미로프).

우리 사회가 완전히 개방되면서 점차 카스트적 의미가 아닌 직업과 종사하는 분야에 따른 여러 신분이 활발하게 생겨나고 단결할 것이다. 너무 오랫동안 아무것도 모르는 사람들이 모든 일을 지배하고 관리해왔다. 이제는 문제를 제대로 이해하는 사람에게 일을 맡겨야 한다. 그리고 각각의 일에 대한 조언을 누구보다 잘 해줄 수 있는 사람은 바로 그 분야의 전문가들이다. (즉 같은 직업을 가진 사람들의 정신적, 업무적 창조력을 기반으로 한 신분으로, 절대 노동조합과 혼동해서는 안 된다. 신분이란 자신의 직업에 따라 자연스레 그 일원이 되는 것이지만, 노동조합은 임금과 물질적 이익을 위해 싸우는 조직으로, 누구나 들어가는 곳도, 누구나 받아주는 곳도 아니다.)

젬스트보와 정부 이외에도 신분 대표부라는 것이 등장해 활동할 수 있을 것이다. (그렇게 된다면 정당에서 비생산적으로 소비되는 에너지의 일부가 건설적인 신분 활동에 활용될 것이다.)

두마 총회에 보낼 자신의 대리인들을 선출(혹은 임명)하는 절차도 각 신분이 스스로 결정할 것이다. 이들은 정치적 대리인이 아닌, 또한 자신의 정치적 이익을 지키기 위한 목적이 아닌, 자신의 신분 집단이 신뢰하는 유능하고 훌륭한 대표자로서 보내지는 것이다(주요 신분의 경우 2명씩).

두마가 보다 효율적으로 일할 수 있도록 두마의 구성원 수는 200~250명을 넘지 말아야 한다. (신분이 더 많아질 수도 있으나, 비슷한 계통의 소규모 신분들은 그룹을 만들어 1명의 대표자만 내보낼 수 있다.)

투표 없는 의사 결정은 전혀 새로운 것이 아니다. 예를 들어, 산악 민족인 코카서스 민족은 오랜 기간 동안 전체 투표가 아닌 '현자의 질문'이라는 방법을 유지해왔다.

정당한 이유가 있고, 두마의 절반 이상이 대통령이나 각료회의, 의회 양원 중 한 곳, 또는 대법원에 청원한 모든 의견, 판단 혹은 요구 사항은 대중에 공개된다. 그리고 이러한 의견이나, 판단, 요구의 대상인 기관은 이것을 받아들이거나, 이것을 받아들일 수 없는 이유를 2주간 게시해야 한다(군사 기밀은 예외로서 비공개로 이루어진다. 그러나 이 경우 두마 구성원들은 대통령, 정부, 입법부 또는 사법부로부터 필요한 모든 정보를 제공받을 권리가 있다.).

마찬가지로 두마의 절반 이상이 찬성하면 대통령 후보로 출마할 수 있다. 만약 두마 총회의 결정이 반대표 없이 받아들여졌다면, 그것이 어떤 법이든, 어떤 기관의 어떤 처분이든 상관없이 두마의 결정에 따라 금지되고, 해당 법이나 기관의 처분은 개정되어야 한다. 마찬가지 방법으로 대통령 후보자에 대한 거부도 가능하다.

전문성을 띤 심의 기구인 두마 총회가 설립된다면 모든 권력 기관에 정신적, 도덕적 영향을 미칠 것이다. 하나의 정치 수단으로 사회를 개선할 수 있는 기회는 많지 않다.

"공동 숙소의 목적은 사람들 간에 도덕적 질서를 세우는 것"(M. M. 스페란스키). "자유와 준법성을 강화하려면, 그것이 국민의 내면적 인식에 기초해야 한다"(A. K. 톨스토이). "정치라는 성벽은 도덕성 위에서만 견고하다"(V. O. 클류쳅스키).

권리란 인간에게 요구되는 최소한의 도덕으로, 그 이하로 내려가면 사회에 해가 된다. "대부분의 경우 권리로서 주어진 것이 윤리적으로는 금지된다. 윤리는 인간에게 더 높고 엄격한 계율을 요구하기 때문이다"(P. I. 노브고로드체프).

도덕은 법률보다 높은 곳에서부터 시작되어야 하고, 정의란 법률이 아닌 도덕적 규칙에 상응하는 것이다.

함께 찾아보자

최대한 압축해 말하려고 하다 보니 군대, 경찰, 사법 체계, 입법 문제 대부분, 경제, 그리고 노동조합에 대해서는 이야기할 기회가 없었다. 내 일은 최종적인 답을 내놓는 것이 아니라 몇 가지 생각을 제안함으로써 토론을 위한 토양을 만드는 것이다.

합리적이고 정의로운 정부 시스템을 구축하는 것은 크나큰 노력이 필요한 일이고, 매우 점진적으로, 끝없는 수정과 개선을 거쳐 완성되는 것이다. 이것은 발전된 서방 국가에서도 아직 완성하지 못한 과제다. 따라서 그들을 단지 선망의 눈으로 볼 것이 아니라 열린 마음으로 바라봐야 한다. 그러나 국가는 비참히 몰락하고, 사람들은 거기에 완전히 익숙해진 상태에서 시작하는, 우리에겐 이것이 훨씬 더 아프고 격렬할 것이다.

훌륭한 미래 계획을 세우는 것은 힘든 일이다. 그리고 이 계획에는 아마 장점보다는 실수가 더 많을 것이고, 현실에 겨우겨우 맞춰가게 될 것이다. 그렇다고 시도마저 포기해선 안 된다.

나의 제안은 여러 시대의 러시아 활동가들의 생각을 기반으로 한 것이다. 그 지혜의 합이 결실의 싹을 틔우길 바란다.

1990년 7월

3부

세기말의 러시아 문제

지금 짧게, 최대한 짧게 뭔가 읽고 싶다면, 오늘날과 관련된 것이 읽고 싶다. 그러나 오늘을 포함한 우리 역사의 매 순간은 고작 역사의 축 위의 한 점일 뿐이다. 오늘날의 험난한 역경에서 벗어나기 위한 실현 가능하고 올바른 탈출구를 찾고자 한다면, 우리를 현 상황으로 몰아넣은 과거의 역사에 기록된 수많은 과오를 잊지 말아야 한다.

이 글에서 제안한 방안들이 구체적이고 실질적이지도 않거니와, 머지않아 조국으로 귀환하기 전까지 내 스스로가 그러한 방안들을 제시할 자격이 있다고도 생각지 않는다.

격동의 러시아

역사를 되돌아보지 않고는, 아니 심지어 더 멀리서부터 돌아보지 않고는 문제를 해결할 수 없다. 여기에서는 우리 역사 속에서 국내 정세와 대외적인 노력이라는 두 노선이 어떻게 연관되어 왔는지에 대해서만 살펴보겠다.

루시가 그리스 정교를 수용한 초창기인 11, 12세기는 공후들 간의 내분으로 침울한 숨결이 느껴진다. 이따금 정교회 성직자들이 이러한 공후들의 야욕의 소용돌이를 멈추기도 했으나 유혈 사태의 희생자는 농노들이었다.

때문에 카람진이 "러시아가 만일 군주제였다면, 타타르의 멍에로부터 살아남았을 것"이라고 한 것은 꽤나 그럴듯하다.

1225년 칼카강 전투에서의 패배도 공후 간 반목이 초래한 암담한 결과였다.

그 이후에도 몽골 타타르의 루시 침공이 두 세기 넘게 끈덕지게 이어졌다. 여기에 크림-타타르의 침략, 서구의 폴란드 왕국-리투아니아 대공국의 공격 등 서구의 침략도 더해졌다.

모스크바 공국이 성립되는 과정 자체도 트베리 공국과의 갈등, 노브고로드 공국과 프스코프 공국과의 전쟁, 뱌트카 정복 등으로 러시아 민족의 힘을 더욱 갉아먹는 것이었다.

15~16세기 노브고로드에서 발달한 민주주의 신화는 루시가 놓친 또 하나의 빛나는 기회로 평가되지만 역사학자 세르게이 플라토노프는 이를 반박한다. 플라토노프에 따르면 노브고로드 민주주의는 소수 부유한 집안들의 과두(寡頭) 정치이며, 노브고로드 귀족들의 권세가 정치적 독재 수준에 범접할 정도로 커졌다. 그러나 이들은 좀처럼 타협점을 찾지 못하고 적대적 대립 관계를 이어갔으며 그 과정에서 거의 무정부 상태라 할 수 있을 정도로 민중을 이용했다. 따라서 노브고로드는 빠르게 발전하였으나 사회·정치 질서는 모스크바 공국이 노브고로드를 점령하기 이전에 이미 부패했다.

그러나 농민들이 노브고로드로부터 독립하면서부터 자유로운 농민들로 구성된 민주주의 청정 지역이 백해 포모리예 지방에 만들어졌다. (모스크바 공국은 북쪽에 적이 없다고 보았기에 포모리예 지방에 영주들을 배치하지 않았다.) 포모리예 지방은 모스크바 공국의 압박도 받지 않았고 자포리자 코사크인에서 시작되어 루시 전체에 만연해진 약탈도 없었다. 때문에 포모리예 지방에서는 러시아의 성격이 자유롭게 발전할 수 있었다. (로모노소프의 빛이 포모리예 지방으로부터 온 것은 우연이 아니다.)

루시가 완전히 몰락하고 정신적으로 타락하자, 포모리예 지방을 기점으로 한 러시아 북부는 처음에는 스코핀-슈이스키 부대의 든든한 후방 지역이 되었고, 그 이후에는 루시에게 최종적인 해방과 화해를 안겨준 포자르스키 민병대의 든든한 배후가 되었다.

17세기의 혼란으로 러시아는 거의 붕괴될 정도로 흔들렸고, 러시아 민족은 크게 쇠약해졌다. 그러나 그러한 순간에도 러시아에서는 국가 활동을 복구하고 심지어 향후 수십 년 동안 사회·종교 활동을 활발히 재개할 수 있는 건실한 세력이 등장했다. 자치권의 뿌리도 짓밟히지 않았다. 미하일 표도로비치 시절 폴란드 왕국이 재차 침공했음에도 불구하고 루시의 복원과 소생을 위한 국가사업이 꾸준히 이어졌다.

그리고 플라토노프는 고통스럽고 정신적으로 황폐한 고통의 시간이 러시아인의 정치의식에 긍정적인 변화를 가져왔다고 말했다. 즉, 루시는 더 이상 황제의 '세습 영지'가 아니고 국민들도 황제의 '하인'이나 노예가 아니다. 국가는 황제가 없다고 해서 사라져서는 안 되며 스스로 국가를 구하고 건설해야 한다. 방방곡곡 지방 귀족의 세력이 커졌고, 지방 '미르'의 법규들이 생겨났으며, 전령들과 소식들이 도시에서 도시로 퍼져 나갔다. 도시에서는 전 사회 계층을 아우르는 평의회들이 생겨났다. 평의회는 '전국 의회'로 통합되었다. (트로이츠카야 대성당(16개월 동안)과 스몰렌스크 성당(20개월 동안)이 이와 유사한 자주적 역할을 담당했다.) 이 모두가 우리와 우리의 후손들에게 러시아 민족의 조직성을 잘 보여주는 예다.

그리고 일반적인 '국정'과 더불어 '위대한 지방 자치(젬스키)'도 생겨났다. 미하일 표도로비치는 초기 단계에서부터 '젬스키 사보르(국민회의)'에 도움을 청했으며, 젬스키 사보르는 흔쾌히 황제를 돕는다. 황제의 권력에는 공식적인 제한이 없었으나, 황제와 '전국의회'는 긴밀한 관계를 유지했다. 그리고 미하일 표도로비치의 재위 첫 10년 동안 젬스키 사보르는 중단 없이 회의를 열었고, 나중에는 정기적으로 회의를 진행했다. (이러한 러시아 국가 체제는 서구의 영향을 전혀 받지 않았고, 그 누구도 모방한 것이 아니다.)

류리크 왕조의 마지막 통치 기간을 차치하고, 강력한 차르와 더불어 지방 자치 행정 기관(법의식이 가장 희미한 시절이었지만)과 선출 권력, 즉 '구브노이 스타로스타(민사 형사 업무)', '젬스카야 이즈바(조세 부과, 토지 분배, 도시 상공인

구제)' 등이 있었다. 사실 지주 농민들은 이러한 기관에 영향력을 거의 미치지 못했다(농민들에게 공동체장과 촌장이 있었음에도 불구하고). 이처럼 동란 시기에 절대적 역할을 한 지방 자치가 아무런 이유 없이 자라난 것이 아니다. 그러나 국가가 점점 더 많은 농민들을 군인으로 뽑아가자, 농민들은 자유를 찾아 사람이 살지 않는 변방으로 이주했다. 이에 중앙 정부에는 인력과 노동력이 부족해졌으며, 변방 지역에서는 탈주 농민들의 폭동이 거세져갔고, 이러저러한 파멸의 움직임이 생겨났다.

그러나 러시아 민족에게는 활기와 역동적인 힘, 용기, 기지, 진취성이 놀라울 정도로 남아 있었다. 이로부터 돈스코이 코사크 연대(이후 쿠반스키, 테르스키 코사크)가 형성되었고, 우랄산맥과 우랄산맥 너머에서 주도적인 운동이 전개되었다. 17세기와 18세기에는 매우 활발히 시베리아 지역으로 진출하였고, 이후 베링해를 넘어 알래스카, 심지어 캘리포니아까지 세력을 확장했다.

하지만 그 세력도 불멸의 별칭을 갖게 된 차르 알렉세이 미하일로비치 시대에 이르러 빠르게 막을 내리게 된다. 국정 운영에 있어 '프리카스 노예(관청 사무원)'가 '젬스키'보다 우위를 점하기 시작했으며, 건전한 젬스키 세력 대신 제대로 조직되지 못한 관료주의가 자리 잡게 되고, 이는 300년간 지속된다. 알렉세이 미하일로비치의 통치기는 지방 장관과 프리카스 통치를 반대하는 민족 시위 성격을 띤 폭동이 잦았다. 1649년에 편찬한 울로제니예 법전은 농노제를 전과 같이 유지했고, 심지어 더 강화했다. (이에 스테판 라진의 폭동으로 마무리되는 연쇄 폭동이 일어나게 된다.) 알렉세이 미하일로비치의 전쟁은 폴란드가 점령한 러시아 영토를 탈환한 것이기에 필요한 것이고 정당한 것이었다. 그러나 알렉세이 치세에 이미 국가는 제국으로 전환될 움직임을 보였다. (표트르 대제 시대에 급격하게 진행된다.) 그 대가로 러시아 민족과 종교적 전통은 억압을 받게 되고, 건강했던 러시아 군대는 쇠진해갔다.

군사적 충돌로 알렉세이 미하일로비치는 서방 국가들에 비해 러시아가 얼마나 낙후되었는지를 일깨웠고, 서방으로부터 지식과 기술을 받아들여야 할 절박한 필요성과 서방 세력에게 그 어느 것에서도 뒤처지면 안 된다는 것을 깨닫게 했다. 그 결과 심지어 종교 서적까지도 개정할 정도로 변화를 서두르게 되었다.

그러나 그로 인해 알렉세이 미하일로비치는 자신의 국민을 파문시키는 잔혹한 죄를 짓게 되며 국민들을 대상으로 '니콘의 교회 개혁' 전쟁을 일으키게 된다. (이미 니콘 스스로가 '그리스 프로젝트'로부터 손을 뗀 이후이다.) 러시아 민족이 어렵게 견뎌낸 동란이 끝난 지 40년이 되도록 계속된 교회의 분열로 아직 복구되지 못한 나라 전체, 가장 근본적인 정신적 삶의 근간과 러시아의 자의식까지 흔들렸다. 이것은 이후 300년 이상 지속되었다. 루시의 정교회는 500년 넘는 동안 러시아 국민들의 정신을 지탱하던 강한 생명력을 되찾지 못했다. 교회의 분열은 20세기에도 우리의 약점으로 남아 있다.

서구화 개혁의 바람

그런데 아직 충격에서 헤어나지 못한 러시아 국민들과 회복하지 못한 러시아에 표트르 대제의 격렬한 회오리바람이 날아들었다.

'진보의 역군'인 표트르 대제는 야만적이면서도 지극히 평범한 머리를 가졌다. 그러므로 표트르 대제는 서방의 문명과 문화를 자리 잡게 한 바로 그 정신적인 면과 서방의 개별적인 문명과 문화의 성과를 보급하는 것이 불가능하다는 것을 이해하지 못했다. 사실, 러시아는 서구의 기술력을 쫓고 바다, 특히 흑해로의 출구를 열어야 했다. (흑해에서의 표트르 대제는 그 누구보다 무능했고, 프루트강에 포위된 군대를 되찾으려 외교관 샤피로프에게 터키를 통해 스웨덴에 프스코프를 선물로 내어줄 것을 명령했다. 이반 솔로네비치는 표트르 대제의 영군술을 비판적으로 보고 있다.) 러시아는 역사적 정신과 대중의 믿음, 정신, 관습을 짓밟지 않는 선에서 산업

구조 개발과 군사력 확대를 가속화하기 위해 (완전한 볼셰비키 노선과 과격한 극단주의로) 기술을 개발해야 했다. (현 인류의 경험에 따르면, 그 어떠한 물질적, 경제적 '약진'도 정신적 피해를 보상하지 못한다.) 표트르 대제는 젬스키 사보르도 폐지했으며, 심지어 클류체프스키는 '이에 대한 기억까지도 지웠다'고 기록하고 있다. 또한 정교회를 복종시켜 그 중심을 무너뜨렸다. 조세와 부역은 국민의 지불 능력과 상관없이 늘어났다. 전 지역에 훌륭한 장인들과 농부들이 동원으로 인해 거의 남지 않았고, 팽개쳐진 들판은 숲처럼 변했고, 길도 새로 놓이지 않았고, 소도시는 왕래가 끊겼으며, 북부의 땅은 황폐해져 오랫동안 러시아 농업은 정체되었다. 그러나 표트르 대제는 농민들의 빈곤을 인지하지 못했다. 1649년 제정된 울로제니예 법전에 따르면 농민들은 영지를 떠나지 못하는 대신 재산, 상속, 개인의 자유, 재산 계약의 권리를 갖고 있었으나 1714년 귀족 장자상속법이 제정되면서 농민들은 귀족들의 소유물로 전락했다. 혈연이 아닌 세계관을 중심으로 지도층을 구성하여 향후 200년 동안 이어지게 되는 지배층이 비러시아 민족으로 대체되는 결과를 초래했다. 그뿐만 아니라 수도(뽑아서 옮길 수 없는 것을)를 둘로 나누어 미지의 늪으로 수도를 옮겼다. 그 위에 천국을 세운다는 무모한 생각으로 인해 비현실적인 궁전과 운하, 조선소 건설 현장에서 휴식이 필요한 대규모 민중을 구타하고 사지로 몰아넣어

전 유럽을 놀라게 했다. 오직 1719년부터 1727년까지 러시아 인구는 사망과 도주 등으로 100만 명이 감소했는데, 이는 거의 인구 전체의 10분의 1에 해당하는 수치였다! 군중들 사이에서 표트르 대제가 사기꾼이자 적그리스도라는 전설이 꾸준하게 나오는 것은 결코 우연이 아니다. 그의 통치 내내 폭동들이 떠들썩했다. 표트르 대제의 모든 사업은 그 경중에 관계없이 민중의 에너지와 민중의 피땀을 무분별하게 낭비하며 실행되었다. 표트르 대제에게 개혁가라는 칭호를 계속 붙이는 것은 곤란하다. 개혁가란, 과거를 염두에 두며 미래를 대비하고 이를 통해 부드러운 전환을 이끌어내는 사람이다. 클류체프스키는 개혁에 있어서 '표트르 대제가 가장 많은 실패를 겪었다'라고 기술하고 있다. 표트르 대제로부터 물려받은 실패와 실수들은 '훗날 위대한 개혁가의 성스러운 유산으로 인정될 것이고', 대제 말년의 명령들은 장황하고 흐리터분한 잔소리로 여겨질 것이다. 클류체프스키는 표트르 대제의 시민에 대한 행동에 대해 치명적인 판결을 내린다. "표트르 대제는 개혁가가 아닌 혁명가였다." (그러나 그 혁명들은 대부분 필요하지 않은 것이었다.)

그리고 표트르 대제 이후 남은 18세기도 훌쩍 흘러갔고, 표트르 대제 시절 이상으로 민족의 힘이 허비된다. (친아들을 죽인 표트르 대제의 변덕으로 인해 후계자가 끊어지게 된다.) 클류체프스키에 따르면, 표트르 대제의 광란의 통치 이후는 '끝없는 나락', '민중의 과도한 노동으로 국력이 극도로 고갈된' 시기가 이어진다. 최고 추밀원의 귀족들이 안나 이바노브나에게 제시한 '즉위 조건들'이 러시아의 자유화를 향한 발걸음이었다는 일반적인 견해에는 동의하지 않을 수 없다. 그러나 이러한 극히 작은 일로는 결코 민중의 심층부까지 도달할 수 없었다. 이미 안나 이바노브나 치세에 독일의 영향력이 급증하여, 러시아 정신에 대한 지배와 유린의 정도가 극심해졌고, 귀족들의 토지 소유 제도와 공장법(건설 중인 공장들은 토지를 소유하지 않은 농민들을 살 수 있었다)을 포함한 농노법이 강화되었으며, 민중들은 과도한 세금 납부에 내몰리거나 꼴사나운 전쟁에 목숨을 내놓아야 했다.

암울한 시기

안나 이바노브나의 통치 시절은 전쟁에서의 패배와 어리석은 대외 정치가 특징이다. 표트르 대제 역시 경솔하게도 프로이센 왕국이 포메라니아와 슈체친 지역을 차지하게 놔두었다. 그리고 그 후계자들은 덴마크를 위해 슐레스비히를 차지하려 했다. 뮈니히는 오직 프랑스 정부의 보조금을 받으려고 5만 명의 러시아 병력을 준비했다. 안나 이바노브나 정부는 폴란드 통제 하에 희생된 수많은 러시아, 백러시아, 소러시아 인구에 대해서는 걱정하지 않으면서도, 어떻게 작센 선제후를 폴란드 왕좌에 앉힐 것인가에는 매우 관심이 많았다. 1731년, 크림 칸국이 '러시아는 채찍으로도 쓸어버릴 수 있다'며 위협했을 때 (이미 루시와 소러시아가 남쪽에서 타타르의 침공을 경험한 바 있지만, 이러한 일은 언제든 다시 일어날 수 있다), 1732년, 러시아가 멀리 떨어진 페르시아 전쟁에서 간신히 두 다리를 폈을 때, 러시아는 표트르 대제가 다른 누군가에게 의존하지 않고, 자신의 세력을 고려하지 않고 쳐들어갔던 바쿠뿐 아니라 데르벤트까지 주 전체를 내주었고, 스뱌토이 크레스트(현 부됴놉스크)도 내주었다. 러시아 내에 기근이 만연했을 1733년~1734년과 바시키르 봉기가 일어났던 1735년, 바로 이 시기에 안나 이바노브나는 폴란드 왕좌에 작센 선제후를 앉히기 위한 폴란드와의 전쟁을 시작했다 (1733~1734년). (이러한 안나 이바노브나의 계획이 동란의 시기 폴란드의 러시아 침공과 지기스문트가 모스크바 왕좌를 차지하려는 계획보다 나은 것이 무엇일까?) 세르게이 솔로비요프는 "폴란드 전쟁은 러시아인들에게 전혀 이해할 수 없는 것이었다"고 말한다. 그리고 러시아의 이러한 개입으로 인해 프랑스, 스웨덴, 터키, 타타르로 구성된 반러시아 전선이 형성되었지만, 러시아엔 그다지 믿음직스럽지 못한 동맹국 오스트리아 하나뿐이었다. 곧이어 1734년에 타타르군이 러시아 국경을 공격해오기 시작했다. 한편, 러시아는 (예카테리나 1세 통치기에 체결된 조약에 따라) 오스트리아 지원을 위해 2

만 명의 군대를 실레시아로 파견해야만 했다.

1735년부터 터키와의 치열한 전쟁이 불가피하게 발발했다. 러시아가 흑해와 아조프해와 맞닿는 출구가 없어 질식하던 중이었기에 전략적으로는 오직 터키만이 러시아의 국익에 부합하는 국가였다. 그러나 어떻게 되었는가! 러시아군을 이끄는 뮈니히는 전술적으로 무능했고, 병사들은 당황하며 극도로 피로해했다. 뮈니히는 터키군을 대적하기도 전에 벌써 수하의 병사 중 절반을 크림 타타르군에게 잃고 만다. 뮈니히는 서툴게도 가장 어렵고 형세가 좋지 못한 측면에서 (쉽게 건널 수 있는 방향을 놓치고) 오차코프 요새로 돌격해 탈환에 성공했지만 막대한 피해를 입었다(1737년). 그러나 이후에 오스트리아군을 돕기 위해 요새를 포기하고 남서쪽으로 방향을 전환했다. 여기서 뮈니히는 성공적으로 전투를 치르지만, 오스트리아가 돌연 터키군과 단독 강화를 맺고 러시아를 배신하자, 러시아는 손에 넣은 모든 요새(오차코프, 페레코프, 타간로그, 아조프)를 폭파하여 전쟁을 끝낼 수밖에 없었다. 가장 심각한 피해를 본 지역의 사망자는 1,100만명에 달했다. (100년 전의 알렉세이 미하일로비치 통치기보다 적은 수치이며, 표트르 대제가 그렇게 속아냈다!) 당시 병사들의 운명을 상상해보자. 병사들의 복무 기간이란 존재하지 않았고, 사실상 평생 동안 복역해야 했다. 이들이 전쟁에서 벗어나는 방법은 죽음 또는 탈영뿐이었다.

세르게이 솔로비요프는 안나 이바노브나 시절 러시아인들의 영혼의 상태에 대해 다음과 같이 결론지은 바 있다. '가장 낮은 곳의 백성들은 빈곤에 낙담해 있고, 마을에서 사제는 힘겨운 밭일로 인해 설교 능력을 발휘할 기회를 얻지 못했다.' 이러한 성직자들의 정신적 상태는 '대중에게 있어 처참한 도덕적 폐해의 원인이었다'.

세르게이 솔로비요프는 외국인들이 무분별하게 통치한 시기라 하여 안나 이바노브나 치세를 가장 암울한 시기라 부른다. 엘리자베타 치세에 이르러서야 이 외국인들의 탄압으로부터 러시아 민족의 영혼이 해방되기 시작했다. (그러나 러시아인의 정서, 뿌리, 러시아인의 신앙에 대한 멸시가 18세기 지배 계급에 스며들었다.) 그러나 여기서 우리의 흥미를 끄는 것은 다른 사건들과 엘리자베타의 지배 노선이다.

즉위하기 전 엘리자베타는 페테르부르크에서 프랑스와 스웨덴 외교관들과 매우 아슬아슬하고 도덕적으로 의심스러운 놀이를 했다. 프랑스는 엘리자베타 시대에 러시아식 통치가 이루어질 것이고, 엘리자베타가 수도를 모스크바로 변경하고, 해군과 서방 문제에 대해 더 이상 관심을 두지 않을 것이며, 그렇게 유럽의 극장으로부터 러시아를 떨어뜨릴 것이라고 기대했다. 엘리자베타는 스웨덴이 러시아에 전쟁을 선포하고 (1741년 7월 발발) 표트르 왕조 계통 복원을 요구하도록 스웨덴과 위태로운 대화를 나누었다. (스웨덴인들은 되려 엘리자베타가 가보지 않은 표트르 대제의 모든 점령지를 돌려달라고 요구했다.) 그러나 엘리자베타는 프랑스와 스웨덴의 도움 없이 페테르부르크에서 쿠데타를 일으켰고, 새로운 여제로 손쉽게 황제의 자리에 올랐다.

사실, 엘리자베타 여제에게는 활기찬 러시아 민족 정서가 있었고 정교회를 겉치레로 대하지 않았다(훗날 예카테리나 2세와 마찬가지로). 엘리자베타는 즉위 이전에 신께 기도하며 그 누구도 처형하지 않겠다고 맹세했으며, 실제로 통치 기간 내내 단 한 번의 사형 선고도 이루어지지 않았다. 이는 당시 유럽 전역에서 전혀 이례적인 현상이었다. 여제는 다른 범죄에 따른 처벌도 완화시켰다. 1752년에는 표트르 대제 서거 이후 25년 동안의 체납금을 면제해주었다. 엘리자베타 여제는 '외국인의 장기 득세 이후 모욕을 당한 러시아 민족 정서를 위로해주었고', '러시아는 안정을 찾았다'. 엘리자베타는 1744년, 1749년, 1753년에 수도를 다시 모스크바로 이전하기 위해 여러 차례 시도했고, 몇 년에 걸쳐 궁전 전체를 옮겼으며, 크렘린 복원을 진행했다. 러시아의 정신이 엘리자베타에게 이를 요구했고, 딸로서는 아버지(표트르 대제)의 아이디어를 훼손하지 말아야 했다. 하지만 엘리자베타는 민족의 운명을 개선하는 것에는 깊이 관여하지 않았다. 엘리자베타 치세에도 무의식적이고 무자비한 구교도 (스스로를 화형에 처했다) 박해가 계속되었고 이는 러시아의 근본을 훼손하는 것이었다. 농민들은 새로이 부과된 조세에 지쳐만 갔고, 바트카인들은 깊은 숲으로 숨었으며, 중앙 주의 사람들도 힘들고 천대받고 산다는 것을 알면서도 폴란드 국경을 넘어 도주했다. 구교도들도 자신의 신앙을 지키려 드네스트르강을 건넜다. 이렇게 도주한 인원의 수는 백만 가까이 되었다.

여기저기서 일손 부족 현상이 나타났고 중앙정부는 더욱 철저히 돈강 유역으로부터 도주자들을 송환하려고 했다. 탐보프, 코즐로프, 샤츠크 지역에서 농민 봉기가 일어났고, 여러 마을이 통째로 자유를 찾아 볼가강 하류로 도주했다. 수도원 농민들의 봉기도 다수 기록되어 있다(어찌하여 수도원에서마저 농민들의 노동력을 착취했을까). 1754년 표트르 슈발로프가 '민족 보존 정책'을 제안한 것은 우연이 아니다. (인두세를 납부하는 자는 징병 면제, 흉년일 때 곡물 창고를 열어 마을 사람들을 구제하고 반대로 풍년일 때는 마을 사람들이 손해를 보지 않도록 곡물 가격을 인상함, 특별 위원을 배치하여 지주와 농민 간의 분쟁을 중재함, 관리들의 뇌물 수수를 근절하고 봉급을 인상함, 마을 사람들을 약탈과 박해로부터 보호함(러시아 군대로부터의 보호 포함, 군인들은 어린 자녀들을 부양하고 교육함, '국가에 유리한 자유 여론 파악')). 그러나 엘리자베타는 귀족 근위대의 힘으로 왕좌에 올라 여전히 귀족에 의존하고 있었기에 클류체프스키의 말대로, '귀족 통치'를 더욱 강화하고 있었다. (실제 1758년 지주들은 자신의 농노들을 감시할 수 있는 권한을, 1760년에는 농노들을 시베리아로 추방할 수 있는 권한을 부여받는다. 귀족 또한 안나 이바노브나 시절과 마찬가지로 많은 특전을 받았다.)

국가가 극히 어렵고, 민중의 피로가 이미 오래 지속되고 있는 상황에서 정신적으로 불안정한 엘리자베타는 '민족을 보호'하는 대신 경솔하게도 '유럽의 균형을 위협하는 것들'을 염려했으며, 터무니없게도 남이나 다름없는 유럽의 불화와 도박을 해결하는 데 러시아 민족의 힘을 쏟아부었다. 엘리자베타는 스웨덴 전쟁에서 신속하고 강렬한 승리를 거둔 후, 덴마크 왕자 중 한 명을 스웨덴의 후계자로 임명하려는 어처구니없는 계획에 몰두한다. (하긴 당시 왕조 간의 결혼과 이해관계에 집중하지 않았던 왕이 어디 있단 말인가?) 이에 1743년 스웨덴으로부터 독립한 핀란드를 다시 스웨덴에 넘겨주게 된다. (핀란드의 자유로운 발전은 러시아에 이익이 될 수 있었고, 핀란드는 이미 17세기부터 독자적인 의회를 가진 국가였다.) 이것이 다가 아니었다. 스웨덴을 덴마크로부터 보호하기 위해 러시아 함대를 파견했고, 스톡홀름에는 러시아 보병을 파견한다. 정말 유감스럽지 않은가…. (그 이후로도 20년 동안 러시아 정부는 스웨덴 내정 간섭으로 분주했고 허울뿐인 스웨덴과의 '동맹'을 유지하느라 보조금을 써버렸으며, 스웨덴 의원들을 매수했고, 러시아 외교관들은 스웨덴의 힘을 약화시키고자 온 힘을 다해 '전제 정권의 부활'을 막으려 했다. 러시아는 덴마크와도 믿을 만한 동맹을 맺기를 갈망했지만, 그러한 동맹 관계는 차르 후계자인 표트르 표도로비치(표트르 3세)의 독일 홀슈타인 출신이라는 긍지에 반하는 것이었다. 엘리자베타는 무모하게도 지금까지 어떤 신세나 도움을 받지 못했던 영국을 위해 러시아에게는 부담이 될 뿐 전혀 도움이 안 되는 약속까지 해줬다. 영국과 직접적인 동맹 관계를 맺어, 러시아가 유럽 대륙에서 영국의 국익을 위해 행동한다는 것이 1741년과 1743년에 맺어진 약속이다. (고민해보았는데 홀슈타인-스웨덴 왕자가 영국 여왕과 결혼을 하니, 바로 그 명분으로 연합을 만들자! 1745년 명석한 카우니츠 오스트리아 총리는 마리아 테레지아에게 '러시아의 정책은 러시아의 실질적인 이익을 위한 것이 아니라, 개인적 관계에 달려 있다'고 보고한 바 있다.) 그리고 1751년 러시아는 독일 서부에 위치한 하노버 공국에서 영국 국왕의 사유 재산을 보호할 것을 비밀리에 약속했다. 세상은 좁은데! 어리석은 일이다!

러시아 옆에는 내부적으로 귀족 간의 반목으로 인해 점점 힘이 약화되고 있는 폴란드가 위치해 있었다. 폴란드는 지난 몇 세기 동안 다수의 정교회 신자들을 장악해 억압하곤 했지만, 엘리자베타는 그들을 구원하고자 노력하지 않았다. 오히려 힘이 약해진 폴란드의 통일성을 어떻게 보호할지에 대해

궁리했고(폴란드 국왕이 우리가 사랑하는 작센 선제후니까),
물론 이와 동시에 항상 작센 선제후국 보호에도 꾸준히 관심
을 가졌다. (왜 이 모든 것을 우리가 걱정해야 하는 것일까?)
통치 초기에 엘리자베타는 오스트리아와의 동맹이 러시아
에 결코 이익이 될 수 없다는 사실을 잘 알고 있었다. 그러나
프로이센 왕국의 호전적이고 진취적인 프리드리히 2세가 오
스트리아의 실레시아를 점령했고, 엘리자베타는 오스트리아
를 용서했으며(자기 자신에 대한 음모를) 1746년 오스트리
아와의 오래된 동맹 조약을 무려 25년이나 갱신했다! 그리
고 오스트리아와 작센을 프리드리히로부터 보호하면서 독립
한 폴란드 영토를 통과해 러시아 군대를 파견했다! 글쎄, 프
리드리히는 난폭하고 공격적으로 행동했지만, 러시아에 전혀
위협이 될 만한 수준은 아니었다. 폴란드를 점령했다고 할지
라도, 정말로 감히 프리드리히가 광활한 러시아의 영토에 침
입할 수 있었을까? 당시 러시아의 재정 상태는 모조리 바닥
났으며, 보충병은 적었고, 징병도 불충분했다. 그럼에도 불
구하고 러시아는 프리드리히에 맞설 군대를 파견한다(우리
길과 강에는 수비대도 없이, 육로와 해로 모두 위험하게도 강
도에 직접적으로 노출된 채). 한편 프리드리히는 오스트리아
로부터 원했던 것을 손에 넣고 평화 협정을 체결한다. 그럼
병력을 보낼 필요가 없지 않을까? 아니다. 1747년, 러시아는
불필요하게 프랑스와 다투면서까지 오스트리아를 돕기 위해

3만 명의 병력을 라인강 너머 네덜란드 지역으로 파견한다. (그리고 병사와 자국민의 불평불만은 듣지 못한다. 대체 누가 이러한 파견을 이해할 수 있을까?)

이 모든 상황이 러시아 속담 '폐도세브나 아주머니는 낯선 이들에게는 자비롭지만, 아주머니 집 사람들은 굶고 있다'와 딱 맞아떨어진다.

그 덕에 유럽에는 전반적인 화해 분위기가 조성된다. (비록 아헨 의회에서 러시아를 부르지 않았고, 러시아도 아무것도 받지 못했지만.) 그 대신에, 감사하게도 역사학자들은 러시아의 개입으로 인해 폴란드와 오스트리아 왕위 계승을 둘러싼 전쟁이 막을 내렸고, 난폭한 프리드리히도 멈추었다고 기술하고 있다.

그러나 프리드리히는 머지않아 다시 움직이기 시작했고, 계속 유럽 전역을 들쑤시며 장악해나갔다. 그리고 1756년 러시아는 오스트리아에 함께 서둘러 프로이센을 공격할 것을 끈질기게 요구했다(영국과 프랑스가 미국에서 대치하던 당시). 한편, 솔로비요프에 따르면 러시아에는 '단 한 명의 제대로 된 장군도 없었다'. 안나 이바노브나 치세에 러시아 장군들을 양성하지 않았고 모든 것이 독일 용병의 손에 달려 있었기 때문이다. 오스트리아가 꾸물대는 동안 프리드리히는 번개처럼 재빠르게 작센을 점령한다. 러시아 군대는 국경을 넘어 7년 전쟁에 나선다. (오스트리아와 폴란드에 무엇인

가를 되찾아 주기 위해서였을 뿐 러시아에 돌아올 것은 없었
다.) 엘리자베타는 동맹국들과 유럽 전체가 그들에게 주어
진 안전이 엘리자베타 덕분이라고 인정하길 갈망해, 퇴역을
앞둔 무능한 러시아 육군 장성 넷을 다그쳤다. (무능한 4명
의 육군 장성들을 보냈다. 그러나 당시 페테르부르크에서 그
들보다 상황을 더 잘 아는 군인은 없었다.) 전쟁의 양상은 다
음과 같았다. (매년 그런 것은 아니지만) 여름에는 군사 행동
을 하고, 이른 가을이면 일찌감치 적으로부터 떨어진 고요한
겨울 숙영지로 떠났다. (러시아 군대는 프로이센 주민들에게
입힌 손해를 매번 배상해주었다.)

　전쟁을 통해 러시아 군대의 훈련 수준과 상태에서 많은 결
점이 드러나게 되었다. 러시아 장군들은 (초른도르프 전투에
서) 태양빛과 모래바람이 병사들의 얼굴을 때리게끔 자신의
병력을 전투에 배치할 줄 알았다. 프리드리히는 모든 주요 전
투에서 선제공격을 했으나, 러시아 군대는 버텨내거나 승리
했고, 1757년부터는 프로이센을 공격하기 시작했다. 1759
년 8월 쿠너스도르프 전투 이후 프리드리히는 작전에서만 패
배한 것이 아니라 인생 전체에서도 패배했다고 생각하며 퇴
각한다. 1760년 러시아 군대는 베를린에 입성하지만 이틀
만에 밀려난다. 이제 엘리자베타는 프로이센 영토 일부를 얻
어내려 했는데, 그냥 받는 것이 아니라 폴란드의 쿠를란트와
교환하고자 했다(그러나 오스트리아도, 프랑스도 이에 극심

하게 반대했고 훼방을 놓았다). 그러나 이 기간 동안 크림 칸 국은 러시아와 전쟁을 시작할 것을 터키에 촉구했다(영국도 터키를 선동했다. 어찌 러시아가 이를 견딜 수 있었겠는가?). 터키는 주저했지만 쿠너스도르프 전투 이후 거절했다. 7년 전쟁 중이었던 1761년에도 전쟁은 더욱 꾸물대며 한산한 양 상을 띠었다(특히 오스트리아). 그리고 러시아군의 힘과 물 자는 점점 부족해졌다. 영국에 프리드리히와의 평화를 중재 해줄 것을 요청했는데, 프리드리히 역시 힘이 고갈되었으나, 이러한 정황을 알고 있었기에 그 어떠한 양보도 하지 않았다. 그리고 이 시기에 엘리자베타가 사망했다.

민족의 고통 속에서 이뤄진 러시아의 부흥

엘리자베타의 조카 미치광이 표트르 3세가 러시아 황제에 즉위했다. 표트르 3세는 별 볼 일 없고, 머리가 좋지 않아, 지 능이 아이 수준에 머물러 있었으며 홀슈타인 정신 교육을 받 은 사람이었다. 1762년 표트르 3세는 '귀족 자유에 관한' 명 령을 통해 '귀족 통치'를 더욱 견고히 했고, 이후 100년 동 안 러시아에는 국가적으로 무의미한 농노제가 짙게 자리 잡 았다. 이 명령은 철저히 러시아 민족을 귀족과 농민으로 갈라 놓았다. (이 명령으로부터 특히 많은 장교들이 군에서 해임 되어, 외국인 용병으로 대체해야 하는 상황에 이르렀다.) 표트르 3세는 그가 '몹시 경멸해왔던 우리의 종교를 고치려 했고', 사원에서 성상들을 전부 치우고, 사제들은 턱수염을 깎고 외국인 목사와 같이 의복을 입을 것을 명령했다. (반대로 긍정적인 면으로는 구교도, 회교도, 우상 숭배자 억압을 금지하는 명령이었다.) 그러나 표트르 3세는 즉위 후 6개월 만에 매우 갑작스럽고도 민감한 외교적 결정을 내린다. 전쟁에서 패배하여 동프로이센을 넘겨줄 준비를 하고 있던 프리드리히 2세에게 표트르 3세는 프로이센에 유리한 조약문을 작성하고, 러시아가 점령한 땅을 반환하고, 프로이센-러시아의 즉각적인 동맹을 맺어 오스트리아에 대항해 프로이센을 돕겠다고 제안했다. (이를 위해 체르니쇼프 장군이 이끄는 1만 6,000명의 군대를 프리드리히에게 넘겨주었다.) 그리고 포메라니아에 주둔하던 러시아군은 표트르 3세의 조국인 홀슈타인을 위해 덴마크군에 맞서 슐레스비히를 탈환하기 위해 파견되었다. (근위대는 이제는 더 이상 덴마크에 맞서고 싶지 않아 했고, 이는 예카테리나의 쿠데타를 앞당기게 되는 계기가 된다.) '표트르 3세가 행한 것들은 러시아인들에게 깊은 모욕감을 주었고, 전투에서 흘린 러시아인의 피를 조롱했다'. 표트르는 자신 주위에 홀슈타인인들과 독일인들을 앉혔을 뿐 아니라, 프로이센 출신의 사신 골츠로 하여금 러시아의 외교 전반을 맡게 했다. 러시아인들은 '절망감에 휩싸인 채 무능한 외국인들과 타국 장관들의 손아귀에 든 조국의 미래를 바라봐야 했다'.

예카테리나의 쿠데타(구국적인 목적보다는 왕좌를 차지해 자신의 총신들과 더 큰 자유를 누리고자 하는 개인적인 목적을 위해 예카테리나가 일으킨 쿠데타)는 엘리자베타의 쿠데타와 달리 러시아 민족정신을 분출하지는 않았다. 이후 울로제니예(법전)를 완성하려는 예카테리나의 열정은 (1767년 예카테리나의 '나카즈(칙령)'는 혁명 이전의 프랑스에서 금지되었던 권리들에 대해 대담하게 말했으며, 그러한 대담함으로 예카테리나는 당대 '유럽의 씨를 뿌렸다') 그녀가 민족의 처지를 개선하고 억압받은 수백만 러시아인의 권리를 보호하기 위해 많은 것을 할 것이라고 기대하게 했다. 하지만 구교도에 대한 박해를 줄이고, 농민 봉기를 지나치게 잔혹하게 진압하지 말 것 등 미미한 지시뿐이었다. (예카테리나는 자신이 불러 모은 독일 이주민들을 관대하게 대했다. 광활한 토지를 분배함은 물론 그들을 위한 집을 지어주었으며, 30년 동안 조세 및 부역을 면제해주고, 무이자로 돈을 빌려주었다.) 예카테리나는 '불쌍한 지주들이 궁핍해지지 않게 하기 위해' '자유에 관한 명령'에도 충분히 만족하지 못하고 있는 귀족의 권리를 점점 더 확대시켰다. 모든 지주는 재판관에게 추방의 이유를 대지 않고도 자신의 농노를 시베리아로 (이후에는 강제노동으로도) 추방할 수 있는 권리를 갖게 되었다. (지주에게 유리한 방식이었다.) '지주들은 농노들을 살아 있는 상품처럼 거래했고, 땅이 없는 농노를 파는 것뿐 아니라, 그들을 가족과 떼어놓기도 했다'. 공장으로 보내진 무방비 농노들의 상태는 더 나쁘지 않았을까. 주거지와 공장 간의 거리가 먼 경우가 빈번했고, 자기가 먹고살 돈을 벌 수 있는 날은 1년에 며칠 되지 않았다. 이 모든 것들 외에도 예카테리나는 자신의 총신들 또는 포상을 받는 자들에게 자유민에서 농노로 전락한 100만 명의 농민을 농노로 하사했고, 아직 농민의 이동의 자유가 남아 있던 소러시아의 농노제를 더욱 강화했다. 울로제니예 입법위원회는 귀족들에게 농민에 대한 무한한 권력을 주고자 했고 (사실 그러한 권력이 이미 행정상으로 존재했다) 지주에 대한 농노와 하인들의 청원을 받지 않았다. 1767년 볼가강 유역을 여행하던 중 예카테리나는 농민들로부터 수많은 청원문을 받고는 '앞으로 청원을 올리지 말라'고 명령한다. 여제의 지시에 따라 상원은 '농민들과 하인들은 결코 자신의 지주에 대해 하소연할 수 없으며, 이를 거스르는 자는 태형에 처한다'는 결정을 내렸다. 공장 노동자들과 농민들은 '잔인한 처벌의 두려움에 떨며 침묵으로 순종할 수밖에 없었다'. 그리고 여제는 도주한 농민들을 다시 끌고 오기 위해 폴란드 국경 너머로 군대를 파견했다. 솔로비요프의 상세한 저서 『역사』에는 수많은 강탈의 장면들이 펼쳐진다. 예카테리나가 소집한 의원들은 '누군가를 부릴 수 있다는 것은 그 사람을 파멸시킬 수도 있다는 것'이라고 선언했다. 이 모든 것이 과연 예카테리나 혼자 생각해낸 것일까? 지나친 아첨과 거짓말이 예카테리나 여제의 눈과 귀를 막아 민중의 가혹한 삶을 볼 수 없게 한 것이다(1764년 예카테리나는 단명한 황제 이반 알렉세이비치의 증손자이자 왕권에 도전할 가능성이 있는 이반 안토노비치를 실리셀부르크 요새에서 살해하며 왕권을 더욱 강화한다).

세 황제를 거치면서 국가의 요직을 맡아 가까이에서 궁중의 삶을 관찰한 우리의 영광스러운 시인 제르자빈은 '예카테리나의 정신은 전쟁의 영광과 정치적 구상에 더욱 몰두해 있었다. 여제는 국정 운영과 재판을 거룩한 진리보다는 정치적으로, 자신의 견해대로 진행했다. 예카테리나는 자신의 이익을 생각하여, 귀족들에게는 지나치게 관대히 하는 정치를 펼쳤다'고 묘사하고 있다. (억압받는 대수도원으로부터 강탈한 토지를 그 고관들에게 하사했다. 물질적 탐욕 외에도 예카테리나는 러시아 땅에서 수백 개의 작은 농촌 수도원들을 없앰으로써 이웃 농민들과의 지속적인 영적 연결성을 끊어놓았다. 그렇게 함으로써 러시아 정교회 정신을 억압했다.)

더욱이 예카테리나는 푸가초프의 난(1773~1775년)으로 인해 더욱 격분했다. 위협적인 푸가초프의 난은 페테르부르크 왕조가 안락하고 자유로운 귀족들과 농노제에 매여 멸시받는 농민 사이에 파 놓은 그 심연에서부터 자라났다. 푸가초프의 난의 불씨가 1917년의 러시아로 옮겨간 것이라 해도 과언이 아닐 것이다. '러시아의 폭동은 무의미하고 무자비하다'는 푸시킨 공식(우연히 등장한 말이지만 지금까지도 걷잡을 수 없이 사람들 입에, 특히 오늘날의 인텔리들의 입에 올라 다 낡아진 공식)에 대해 이반 솔로네비치는 합당한 질문을 던진다. 그것이 왜 '무의미한' 것인가? 귀족 자유에 관한 명령 (참으로 국가적으로 무의미한) 이후 11년이 지났고 예카테리나의 억압이 점점 심해지는 상황에서 정말 아무런 이유 없이 봉기가 일어났을까? 다음은 푸가초프의 선언문 일부이다. '(귀족을) 잡아라, 목을 베어 매달고, 마음에 기독교 정신을 품지 않은 귀족들이 자신의 농민들에게 하는 것과 똑같이 행동하라. 반대자들과 악당들, 귀족들을 소탕하면서 그 누구든 평온함과 조용한 삶을 느낄 수 있을 것이고, 이는 영원히 계속될 것이다.' 푸가초프 스스로도 그렇게 믿었을까? 푸가초프는 조직적이고 정돈된 자유의 개념을 알지 못한 채, 다수의 집단 전횡으로 '의지'를 제시했다(S. 레비츠키). 그렇지만 '마음에 기독교 정신을 품지 않은'이라는 표현은 정말이지 딱 들어맞는 표현이다! 바로 여기서 러시아 파멸이 시작된 것이다.

뿐만 아니라, 푸가초프의 난은 동란 시기의 다른 모든 폭동과 마찬가지로 민중들은 결코 무정부 상태를 갈망하지 않았으며, 합법적인 군주의 이익을 위해 움직인다는 속임수(이후에 등장하는 데카브리스트들과 같이)에 빠져 있었다. 푸가초프가 심지어 자신을 종소리로 맞아준 사라토프, 사마라를 포함한 여러 도시들을 자유롭게 점령한 것과 그에게 이르기스 구교도들이 합세한 것은 바로 이 때문이 아닐까. (한편 폭동 지역에서 근무하던 제르자빈은 푸가초프의 난을 진압한 귀족들의 오만, 어리석음, 교활함을 지적한다.)

그러나 자신을 선진 유럽인이라 생각했던 예카테리나는 유럽 문제에 더욱더 깊게 관심을 가졌다. 아직 왕권이 견고하지 않았기에 예카테리나는 표트르 3세가 프로이센과 체결한 수치스러운 평화조약을 받아들여야 했지만, 뒤이어(1764년) 그녀 자신도 프로이센과 함께 러시아에 불리한 동맹을 맺고 프리드리히의 정책과 방향을 맞추었다. 예카테리나와 프리드리히는 폴란드 왕위에 포니아토프스키를 앉혔다. (쓸데없는 노력이었다. 클류체프스키에 따르면 폴란드 헌법의 특성상 러시아에 우호적인 폴란드 국왕은 무익하고, 적대적인 국왕이 안전하다. 간신히 선출된 포니아토프스키는 비호 국가에 등을 돌리고 프랑스 국왕과 친교를 맺기 시작했다.) 니키타 파닌은 수년 동안 예카테리나에게 영국에만 유리한 프로젝트인 '북쪽 동맹'에 가입할 것을 설득했다. (동맹은 만들어지지 않았고, 러시아는 영국, 스웨덴, 덴마크로부터 어떠한 도움도 받지 않았다. 1775년 영국이 뻔뻔하게도 러시아에 2만 병력을 캐나다로 파견하라고 요구했지만, 예카테리나는 이를 거절했다.)

비록 내부적 혼란으로 쇠약해진 18세기의 폴란드에 대한 러시아의 영향력이 상당하기는 했으나, 예카테리나는 폴란드의 정교회 신자들이 '권리와 정의'를 박탈당하고 강제적으로 폴란드화한 것(표트르 대제의 전적인 실수이나 그 실행은 표트르 대제가 아니라 엘리자베타가 했다)에 대해 크게 우려했다. 이에 그들이 빼앗긴 권리와 정의를 회복시켰다. 예카테리나는 이보다 더 큰 권리가 보장되면 러시아인들이 폴란드로 더 많이 빠져나갈 것을 우려하면서도 정교회 신자들을 비호해냈다. (폴란드에게 이렇게 양보를 한 대가로 폴란드 관리들과 합동 동방 가톨릭 성직자들이 제멋대로 우크라이나의 정교회 신자들을 박해하기 시작했고, 1768년 많은 수많은 희생자를 낳은 '하이다마키' 봉기가 일어났다. 하이다마키 봉기의 구호는 '믿음을 위하여!'였다. 그러나 이 봉기는 예카테리나의 편지를 갖고 있다는 가짜 소문을 퍼트린 군주에 의해 진압됐다.) 터키에 주둔하고 있는 러시아 부대는 곳곳에서 연합군 부대와 충돌했고, 이로 인해 당시 폴란드와 국경을 맞대고 있던 터키에서 긴장이 고조되었다. 발타 인근 타타르 마을에서 발생한 하이다마키 한 부대의 공격이 직접적인 도화선이 되어 1768년 9월 터키(영국과 프랑스에 의해 강력히 추진된)가 러시아에 전쟁을 선포했다(러시아가 준비가 안 된 것을 알고 있었다). 전쟁이 선포된 지 얼마 안 되어 크림 칸국의 기레이 칸은 7만 명의 병력으로 엘리자베트그라드를 약탈

하고 불태웠다(러시아 역사상 마지막 타타르의 침공, 1769
년). 폴란드는 터키의 러시아 공격을 열렬히 환영했고, 그 결
과 정교회 농민들과 키예프 지역이 터키 손에 넘어갔다.

그리고 여기서 예카테리나는 외교적으로 중요한 실수를
저지른다. 예카테리나는 프로이센을 동맹국이라 여겼고, 오
스트리아가 이슬람 국가인 터키 앞에서 기독교 국가인 러시
아에 호혜를 베풀기를 바랐다. 그리고 러시아가 절실하게 필
요로 했던 흑해로 진출하는 목적이 아닌 '터키의 모든 영토를
불태우고' 폐허가 된 터키 위에 비잔틴 제국을 재건하겠다는
비현실적인 '그리스 프로젝트'(볼테르도 예카테리나에게 이
러한 조언을 했다. 당시 여제는 손자인 콘스탄틴 파블로비치
를 비잔틴 왕위 계승자로 지명했다)를 계획하고 있었다. 그
리고 유럽 대륙을 빙 돌아 그리스로 함대를 파견했고 발칸반
도의 기독교인들에게 사람들을 보내 봉기를 선동했다. 이것
은 전혀 이행될 수 없는 황당한 계획이었으며, 이를 위해 그
리스인들을 모으고 궐기시키는 것도 불가능했다. 그러나 처
음으로 러시아의 발칸반도 간섭에 대한 혹독한 그림자가 유
럽에 드리워지기 시작했다.

참으로 이 거짓되고 속이 빈 광적인 생각은 러시아 통치자
들을 서두르게 했으며, 이후 19세기 내내 러시아 사회를 내
몰았고, 자연스럽게도 전 유럽 국가들, 특히 발칸 국가들과
인접한 오스트리아를 러시아와 대치하게 만들었다. 바로 이

렇게 1차 세계대전의 발판이 마련되었던 것이다.

러시아의 군사적 행동은 대단히 성공적이었다. 아조프, 타간로크를 점령했고, 1769년 여름 부쿠레슈티가, 1770년 이즈마일을 손에 넣었다. 포크샤니, 카굴강, 체슈메 해전에서 대승을 거두었고, 해전을 통해 베이루트를 점령했다. 1771년 여름 러시아 군대는 크림반도에서도 케르치를 점령하기에 이른다. 하지만 계속되는 러시아군의 승전보에도 불구하고 이렇다 할 결과는 나오지 않았다. 러시아가 얻어낸 승리는 외교적으로 훼손되었다. 러시아에 있어 유럽의 외교는 예측할 수 없거나 수수께끼와 같았다. 러시아의 '동맹'인 프리드리히는 7년 전쟁에서의 참담한 교훈을 잊지 못하고 있었고 이제는 러시아에 이익이 되는 평화를 어떻게 찢어버릴지 찾고 있었다. 프로이센과 오스트리아는 러시아 - 투르크 전쟁을 통해 훨씬 더 가까운 사이가 되었다. 오스트리아는 몰다비아공화국과 왈라키아공화국의 독립(터키와 타타르 사이의 육로를 차단함으로써 터키의 세력을 약화하기 위해 러시아가 바라왔던 바이다)을 용인하고 싶지 않았으나, 스스로를 위해 흔쾌히 두 국가를 내놓았다. 러시아가 성공적으로 콘스탄티노플에 진출했을 때를 대비하여 오스트리아는 러시아의 등에 칼을 꽂을 준비를 했다(이와 비슷한 사건은 19세기에 다시 발생한다). 그동안, 러시아는 자원 고갈을 겪고 있었다. 뿐만 아니라, 터키 지방에서 러시아군은 흑사병에 전염되었고, 흑사병은 모스크바로 순식간에 번져갔다. 이로 인해 모스크바는 폐허가 되었는데, 이는 모스크바 주민들이 검역 요구 사항을 잘 이해하지 못하고 경시했기 때문이다. 1772년 터키와의 평화 협상이 시작되었지만, 평화는 여전히 존재하지 않았다(터키가 주저했다). 평화 조약(쿠축-카이나르지 조약)은 새로운 술탄이 즉위한 1774년이 되어서야 체결되었고, 출세 가도를 달리던 수보로프는 새로운 승리를 거머쥐었다. 전 세계적으로 크림 타타르인들은 독립을 유지했지만, 터키의 정평 난 정신적 예속 관계에 남아 있었다. 러시아는 스텝 초원을 받았는데, 처음에는 드네스트르강까지, 이후에는 부크강, 아조프해 기슭, 따만, 케르치 지역의 땅까지만 받았다. 몰다비아공화국과 왈라키아공화국, 자부지예는 터키의 땅으로 남았다. 그뿐만 아니라 러시아는 오스만 제국 전역에서 정교회 신자들의 권리를 보호할 권한을 얻었다. (당시에는 이것이 진정 종교적 의미로 받아들여졌지만, 이미 무시무시한 정치적 그림자를 드리우고 있었다. 한때 소아시아로 십자군 원정을 보냈던 유럽의 열강들은 이후 기독교 러시아로부터 터키를 보호하는 데 매달렸다.) 그럼에도 불구하고 전쟁은 끝나지 않았다. 유럽이 자신을 지지하는 것을 아는 터키는 조약 이행을 주저했고, 1779년 러시아는 한 발 더 물러나 타만과 크림반도를 떠났다.

한편, 총명한 프리드리히는 피투성이의 러시아-터키 전쟁이 진행되는 중에 폴란드를 분할하기가 매우 편리하다는 점을 깨닫는다. (프리드리히는 이전부터 이러한 생각을 했었다. 마리아 테레지아를 기리기 위해 짚고 넘어갈 점은, 마리아 테레지아가 폴란드 분할이 기독교적 양심과 상반된다는 점을 발견하고 오랫동안 자신의 후계자인 아들 요셉과 논쟁을 벌였다는 것이다. 이후 오스트리아도 분할의 불공평함을 줄이기 위해 분할에 참여해야 하는 것을 의무로 여겼다.) 그러나 오스트리아가 가장 큰 폴란드 땅덩어리를 받았으며, 이에 더해 북부코비나의 땅덩어리도 터키로부터 넘겨받았다. (터키 역시 분할에 참여하는 것을 반대하지 않았다.) '적루시(갈리치아와 자카르파트 지역)'와 키예프 루시(키예프 공국)의 인구 역시 오스트리아에 편입되었다. 러시아는 1772년에 진행된 첫 번째 분할에서 오직 자신의 땅이었던 백러시아만을 수복하는 데 그쳤지만, 프리드리히는 실질적으로 폴란드의 땅을 차지했다. 그러나 폴란드 왕국은 축소되었음에도 여전히 보존되었다.

과오의 사슬

1787년부터 1790년까지 터키와 또 한 차례의 전쟁이 발발한다. 러시아는 또 한 차례 뜻밖의 휴전 협정을 체결한 오스트리아와 믿음직스럽지 못한 동맹 관계에 있었다. 이 전쟁에서 러시아군은 좀처럼 공략하기 쉽지 않던 오차코프, 벤더, 아케르만에서 또다시 큰 승리를 거두었으며, 특히 수보로프 장군은 결정적으로 이즈마일 점령에 성공한다. 연이은 승리 속에서 러시아는 유럽 열강들이 러시아가 승리의 결실들을 누리게 내버려두지 않을 것임을 다시금 느꼈다. 영국은 터키 국경을 변경시키는 것을 용납하지 않을 것이라 선언했다. (당시 터키의 국경은 부크강과 드네프르강 하류에 위치해 있었다!) 전쟁을 준비하면서 프로이센은 터키와 밀약을 체결했다. 열강들은 1790년 라이헨바흐에서 의회를 소집했고, 이 의회가 러시아와 터키 사이의 평화를 위해 전개된 유일한 움직임이었다. (네덜란드와 스페인, 시칠리아도 이 일에 도움을 주었다.) 그러나 역설적으로 프랑스 혁명이 이를 방해하게 된다. 프랑스 혁명은 유럽 전역에 큰 충격을 안겨주었으며, 한편 러시아에는 1791년 이아시에서 평화 협정을 체결할 기회를 제공하게 된다. (클류체프스키는 만약 유럽의 개입이 없었더라면 이전의 터키 전쟁도 이를 통해 끝이 났어야 한다고 말한다.)

따라서 러시아는 자신의 남쪽 국경을 통해 크림반도를 포함한 흑해와 드네스트르강으로 나아갈 출구를 얻게 된다. (이미 북극해와 태평양으로의 출구는 갖고 있었기에.) 그리고 18세기 동안 네 차례나 발발한 러시아-터키 전쟁 이후 이제는 멈추어야 한다는 사실을 깨달았어야 했다. 아아, 러시아는 다음 19세기에도 터키와 네 차례의 전쟁을 벌였는데, 더 이상 민족적 의미와 국가적 이익을 위한 것으로 정당화되지 않았다.

바로 그 프랑스 혁명의 홍염이 지나간 뒤로 약해진 폴란드는 1792년과 1795년에 두 차례 더 분할되었다. 러시아는 볼히니아와 포돌리아, 백러시아의 서쪽 지역을 획득했다. (이로써 갈리치아 지역을 제외하고 동슬라브, 또는 당시 받아들여진 바와 같이 키예프 루시의 유산인 러시아 부족의 통합이 막을 내리게 된다.) '러시아는 예부터 폴란드의 영토였던 땅을 가로채지 않았고 리투아니아 일부를 비롯한 자신의 옛 영토를 되찾는다'. 프로이센은 바르샤바를 포함한 본래의 폴란드 지역을 차지한다.

이에 카우니츠 오스트리아 총리는 예카테리나가 서방에 대한 영향력을 행사하고 남의 일에 간섭하는 데 미쳐 있다고 지적했다. (클류체프스키가 '가장 어수선한' 조약이라고 평가한 1782년 오스트리아와의 조약을 예로 들 수 있다. 조약은 몰다비아, 왈라키아, 베사라비아로부터 존재하지 않는 '다키아' 건설, 세르비아와 보스니아의 오스트리아 반환, 모레아, 크레타 섬, 키프로스의 베네치아 반환을 내용으로 했다.) 제르자빈은 예카테리나가 말년에 새로운 왕국을 정복하는 것에만 골몰했다고 기록하고 있다. 예카테리나가 프랑스-오스트리아 갈등에 간섭한 것은 쓸데없을 뿐 아니라 해롭기까지

한 생각이었다. 예카테리나는 여섯 차례 전쟁(러시아 역사에서 가장 피를 많이 흘린 통치기다)을 하였고 죽기 전에도 프랑스 혁명에 대항해 일곱 번째 전쟁을 준비했었다.

불행하게도 파벨 황제가 이 전쟁을 인계받는다. 러시아인들을(스위스인들도, 오늘날까지도) 그렇게 즐겁게 해준 수보로프 장군의 이탈리아와 스위스에서의 영웅적인 행보는 사실상 러시아에 완전히 필요 없는 것이었고, 러시아인의 피와 힘, 재정의 낭비일 뿐이었다. 마치 도약을 위한 일보 후퇴인 것처럼 나폴레옹과 연합하여 영국과 싸우기 위해 돈 코사크족을 인도에 보낸다는 망상도 마찬가지였다. (제르자빈에 따르면 이에 600만 루블이 낭비되었으며, 파벨 황제를 제거하기 위한 음모가 영국에서부터 시도된 것이라는 의심도 충분히 근거가 있다.)

파벨 황제의 짧은 통치기와 그의 성품에 대해서는 상반되는 평가가 양립하고 있다. 클류체프스키는 파벨을 '반 귀족적 황제'로 부르고, 트레필로프 교수는 파벨이 '농노와 농민의 요구를 마음에 가까이 새겼다'고 기록하고 있다. 1797년 자신의 즉위식 날에 파벨 황제가 부역을 주 3일로 제한했고 '일요일에는 노동을 강제하지 말 것'을 명령한 것은 평가하지 않을 수 없다. 게다가 1798년에는 토지를 소유하지 않은 농노의 판매를 금지했고, 이는 농노제에 있어 하향 곡선을 그리게 되는 중요한 전환점이 된다. 파벨은 지주에 대한 농민들의 청원을 금지하던 예카테리나의 명령을 폐지하고 청원함을 배치하기도 했다. 그러나 파벨 황제를 가까이서 지켜본 (파벨 황제에게 개인적인 원한은 없었다) 제르자빈은 황제가 변덕스럽고 국정을 돌보는 데 대체로 무관심했으며(양측의 의견이 다른 사안에 대해 황제는 그저 '그렇게 합시다'라고 결정한다), 파벨의 통치기에 들어 표트르 대제와 예카테리나 여제의 제도들은 쓸모가 없어졌고, 많은 이들이 '중상모략으로 불행한 일을 겪었으며', 대관식에서 '아무에게나 궁중의 관노'를 흥청망청 나누어 주고서는, 그들에게서 가장 좋은 국유지를, '심지어 경작지와 텃밭도' 빼앗았다는 점을 지적하고 있다. 제르자빈에 따르면, 파벨 황제의 주변에는 '그 누구도 조국의 공동선과 관계된 것에 대해 근심하지 않았고, 오직 자신의 개인적인 이익과 사치에만 눈독을 들였다'고 한다. (이것은 다양한 국가와 다양한 시대의 여러 귀족들도 마찬가지이며, 비단 군주제에서뿐 아니라 상당한 수준의 민주적인 사회에서도, 오늘날 가장 현대적인 시스템에서도 마찬가지이다.)

18세기를 마무리하면서, 러시아 통치자들이 끊임없이 저질러 온 과오의 사슬과 그들의 지향점이 민중의 삶에 본질적으로 필요한 것이 아니었다는 점에 실로 놀라지 않을 수 없다. 로모노소프는 '서유럽과의 전쟁은 오직 방어전이어야 한다'라고 경고한 바 있다. 17세기 말부터 이미 민중에게는 긴

휴식이 필요했지만 18세기 내내 민중을 지치게 만들었다. 이제 보아하니 모든 대외적 국가 과제가 해결된 것 같은가? 이렇게 멈추고 완전히 내부 체제로 시선을 돌릴까? 아니다! 러시아 통치자들의 대외적인 팽창이 끝나려면 아직 멀었다.

만약 알렉산드르의 실수가 없었더라면

아마도, 솔로비요프의 표현을 빌리자면, 러시아의 광활함은 '러시아 민족에게 발전을 허락하지 않았을 뿐 아니라 타인에 대한 욕심도 허용하지 않았다'. (민족은 그렇다고 치고, 그럼 통치자들은 어떠했는가?) '타민족에 대한 무관심은 스스로에 대한 무관심으로 이어질 수 있다'. (실제로도 그랬다….) 파스마닉도 이와 비슷한 점을 발견했다. 광활한 영토 덕분에 러시아 민족은 수평 방향으로 쉽게 발전해왔으나, 같은 이유로 수직 방향으로는 발전하지 못했다. '정열적인 머리'와 '비판적 성격'은 코사크의 몫이 되었다. (당시 서유럽에서는 도시들에 밀집하여 문화를 만들어냈다.) 러시아 통치자들은 식민지를 갈망했지만, 끈질기게 집중하지 못했다.

슬프게도, 19세기에도 이러한 경향이 똑같이 오랫동안 이어졌다. 그리고 우리 러시아의 18세기와 19세기는 페테르부르크의 시기라는 점에서 그 궤를 같이한다.

알렉산드르 1세의 성격에 대한 현대인들과 사가들의 평가는 일치한다. 낭만적인 공상가이고 멋진 아이디어를 사랑했으며, 이후 이에 싫증을 내는, '빠르게 식어버리는 의지'를 갖고 있었고, 일관성, 결단력, 확신이 없었으며 또 다양한 면모를 지닌 황제였다. (아버지의 죽음의 장면이 그의 마음에 아무 흔적을 남기지 않은 것은 아니다. 그가 아버지 죽음에 공조한 자였다면….) 스위스 출신의 계몽주의자인 가정교사 라하르프의 영향을 받아 알렉산드르는 '통치 형태'에 막대한 중요성을 부여했고(클류체프스키에 따르면), 민중 절반이 농노에 속해 있던 러시아 사회를 위한 자유주의 헌법에 대해 자진해 숙고했고 그 제정 과정에 참여했다. 이후 폴란드 황제에게 헌법을 러시아보다 100년 앞서 선물했다. 알렉산드르는 사제들을 체벌로부터 해방시켰고(터무니없게 아직도 남아 있었다니!), 농민들이 지주의 뜻과 관계없이 결혼할 수 있도록 허락했으며, 뚜렷한 기준 없이 농민들을 해방시키는 것에 동의했으나, 이는 토지가 없는 농민에 한해서였다(데카브리스트처럼). 그러나 또한 1803년의 자유 농민법 제정 이외엔 달리 아무것도 하지 않았다. 자유 농민법은 지주의 자발적인 동의 하에 농노를 해방시킬 수 있도록 허용했고, 국유지 농민을 새로 지주에게 배정해주는 것을 금지했다. 어릴 적부터 스스로 치명적 음모의 공범이었던 알렉산드르는 비밀 사회활동에 대한 의지를 내비치지 않았다. 제르자빈은 '파벨 황제의 통치를 닥치는 대로 비난하며 알렉산드르는 파벨 황제의 행적 모두를 제대로 판단하지 않고 왜곡하기 시작했다'고 기록하고 있다. 알렉산드르 황제의 주변 인물들은 프랑스와 폴란드의 헌법 정신으로 가득 차 있었고, 한편 조국의 원수들은 젊은 귀족들을 나태와 풍족함, 독선에 빠지게 함으로써 국가 방위를 위태롭게 했다. 제르자빈은 1812년 고관들이 '국가를 비참한 처지로 이끌었다'고 증언한다. 알렉산드르 1세 치세에 관료제는 더 깊게 뿌리내리게 된다.

그렇다. 서유럽은 이 기간에 비틀거리며 무너져 내리고 있었고, 나폴레옹은 국가를 파괴하고 만들기를 반복하고 있었다. 그러나 이는 러시아와는 상관이 없는 것이었다. 지리적으로도 떨어져 있고, 침략자들을 아연실색하게 하는 광활한 영토가 있으며, 평온한 삶과 합리적이고 자신을 돌봐 주는 국가를 갈망하는 국민들이 있기 때문이었다. 러시아가 무엇 때문에 유럽의 일에 개입해야 한단 말인가? 그러나 알렉산드르 1세는 자신의 국민들은 까맣게 잊고 즉시 이에 개입한다. (서구 사상에 사로잡혀 알렉산드르는 예카테리나 여제를 완전히 닮아가고 있었다.) 프랑스 사가들은 알렉산드르 1세가 친영 세력의 보좌관들에 둘러싸여 있었으며 영국에 떠밀려 굳이 하지 않아도 되는 전쟁을 나폴레옹을 상대로 벌였으며, 1805년에 오스트리아와, 1806년에 프로이센과 연합하게 된다고 기록하고 있다. 이 필요 없는 전투들에서 얼마나 많은 손해를 보았으며, 프랑스인들이 알지 못했던 러시아 군인들의 필사적인 용기를 쏟아부었는가. 아우스테를리치에서의 참패 이후 나폴레옹에 대한 알렉산드르 1세의 적개심은 더욱 강해졌고, 그는 프랑스에 대항할 새로운 군대를 모집한다. 터키와의 전쟁, 그리고 페르시아와의 전쟁이 부담이 되었지만, 알렉산드르는 나폴레옹을 라인강 너머로 격퇴하기 위한 장기 계획을 세웠다. 이에 나폴레옹의 대리인은 술탄에게 러시아 차르에 전쟁을 선포할 것을 권유한다.

그때 영국의 무관심에 화가 난 알렉산드르는 나폴레옹과의 우호 증진에 뛰어들었고 1807년 틸지트 조약을 체결한다. 틸지트 조약 체결이 그 당시 러시아에 가장 유익한 선택이었다는 것은 인정하지 않을 수 없다. 그리고 페테르부르크 상류층(영국과 음모를 또다시 계획할 능력이 있기는 하지만)과 대륙봉쇄령으로 인해 곡물 수출선을 잃은 지주들의 불평불만을 무시하고 중립-우호 관계 정책을 견지한 것도 마찬가지이다. 그러나 알렉산드르는 여기서 잠자코 있을 생각이 전혀 없었다. 아니, 틸지트 조약과 터키 전쟁은 알렉산드르에게 충분치 않았다. 같은 해인 1807년에 알렉산드르는 영국에 전쟁을 선포한다. 나폴레옹은 핀란드를 스웨덴으로부터 빼내올 것을 제안했고, 알렉산드르는 1808년에 핀란드에 들어가 핀란드를 스웨덴으로부터 빼앗았다. 왜 그랬을까? 러시아의 어깨에는 무거운 짐 하나가 더 있었다.

알렉산드르는 몰다비아와 왈라키아에서 철군하는 대가로

터키와 휴전하는 것은 원치 않았고, 다시 러시아 군대를 부쿠레슈티에 배치한다. (나폴레옹은 러시아에 몰다비아와 왈라키아, 여기에다 터키를 프랑스와 공동으로 분할하고, 인도로 가는 길을 열어줄 것을 '제안'한다.) 그리고 콘스탄티노플에서의 혁명 이후 더욱 격렬하게 오스만 제국 공격에 열을 올리기 시작했다. 그러나 이러한 불타오르는 침략들이 없었다면, 어떻게 러시아에 그토록 유리한 틸지트 조약을 유지하고, 유럽의 전투로부터 평온함을 지키고, 견고해지고 내부적으로 튼튼할 수 있었을까? 나폴레옹이 아무리 유럽에서 세력을 확장했다 해도(스페인에서 늪에 빠지긴 했으나) 감히 러시아를 공격할 생각을 하진 못했고(이제 막 그 성가신 동맹으로 끌어들였으니), 나폴레옹은 1811년이 오기 전까지 러시아와의 충돌을 피하고자 했다.

조국 전쟁은 일어나지 않을 수도 있었다! 만약 알렉산드르의 실수가 없었다면 조국 전쟁의 모든 영광도, 모든 희생자도 없던 것일 수 있었다. (우리에게 알렉산드르가 뿌려 놓은 이 모든 것들은, 아아, 톨스토이의『전쟁과 평화』의 장면 같지도 않았고, 그렇게 느껴지지도 않았다.) 1809년에 끝낼 수 있었으나 알렉산드르가 세르비아의 독립을 요구함에 따라 끝내지 못한 터키와의 전쟁에서 (범슬라브주의가 이미 불타오르기 시작했던 것이다!) 쿠투조프 장군의 노력 덕분에 1812년, 나폴레옹 침입 한 달 전에 우리는 기적적으로 빠져나올 수 있었지만, 페르시아와의 전쟁에서는 그러지 못했고 그렇게 또 1년을 더 끌었다….

극도의 긴장 상태와 불타버린 모스크바(보로디노 전투에서 부상당한 러시아 군인 1만 5,000명이 모스크바의 병원들에서 불태워졌다는 사실을 아는 사람은 별로 없다), 그러한 상황에서 우리는 조국 전쟁을 승리로 이끌었다. 그렇다면 이제 국경에서 멈출 것인가(이러한 목소리가 장군들 사이에서 들려왔다)? 아니, 러시아는 유럽에 질서를 세우는 것을 도와야 한다. (그리고 미래에 자신과 대적할 두 개의 강력한 제국, 오스트리아와 독일을 만들어야 한다.) 뤼첸 전투 이후 '알렉산드르는 별도의 조약을 통해 나폴레옹으로부터 모든 것을 얻어낼 수 있었다'. 그러나 '스스로에게 부과한 세계 중재 임무에 몰두한 나머지 러시아의 국익에 대한 생각은 까맣게 잊었고', 결국 우리는 뤼첸, 바우첸, 드레스덴, 라이프치히, 그 외 다른 전장에서 전군을 잃고, 수억을 빚지고, 루블의 가치를 25코페이카 은화까지 떨어뜨렸으며, 향후 수십 년의 발전을 안갯속으로 빠트렸다. (그리고 이후 '백일천하' 동안 22만 5,000명의 군인을 아낌없이 파견했으며, 분노에 사로잡힌 알렉산드르는 '마지막 군인과 마지막 루블까지' 동원해 전쟁을 벌일 준비를 마쳤다.)

알렉산드르가 부르봉 왕정복고라는 왕정주의적 판단에서 러시아군을 파리로 몰았는가? 아니다. 알렉산드르는 마지막 순간까지 이를 주저했고(이는 탈레랑이 주도했다), 부르봉가에게 헌법에 대한 선서를 할 것을 강요했으며, 루이 18세에게도 자유주의적 분위기에 대해 알렸다. 알렉산드르가 그토록 피비린내 났던 승전 이후 러시아를 위한 영토 보상을 청구했는가? 그렇지 않다. 알렉산드르는 1813년 오스트리아와 프로이센에 자신의 원조에 대한 그 어떤 전제 조건도 달지 않았다. 그가 할 수 있었던 단 하나의 옳은 일은 동슬라브의 통합에 마침표를 찍으며 갈리치아를 러시아 소유로 돌려놓는 것이었다. (얼마나 수많은 파괴적인 문제들로부터 우리 미래의 역사를 구원할 수 있었을 것인가!) 당시 오스트리아는 갈리치아보다는 실레시아를 회복하고 아드리아해부터 흑해까지 뻗어 있는 베오그라드, 몰다비아, 왈라키아를 병합하는 것이 더 시급했다. 그러나 알렉산드르는 그토록 실질적인 기회를 활용하지 않았다. 아니, '아름다운 사상들'에 뿌리 깊게 전염된 알렉산드르는, 오스트리아의 예에서도 마찬가지로, 국가의 주류 민족에게 다민족 제국이 얼마나 해로운지를 보지 못한 채 분할되고 있는 폴란드의 중부 지역인 바르샤바 공국을 러시아에 합병시킬 것을 요구했다. 이는 바르샤바를 러시아의 한 지역으로 추가하면서, 황제의 개인적인 은혜로운 후견과 선구적인 헌법을 통해 바르샤바 공국을 행복하게 하기 위함이었다. 이로써 알렉산드르는 러시아에 앞으로의 100년 동안 독이 되는 또 하나의 선물을 받았고, 또 하나의 봉기의 둥지를 품게 되며, 러시아의 어깨에 또 하나의 짐을 올리게 되고, 러시아를 향한 폴란드의 증오에 또 하나의 이유를 더해 주게 된다.

그러나 페르시아와의 전쟁은 이미 오래 지속되고 있었고, 전쟁의 주된 목적은 조지아를 수호하는 것이었다. 조지아 수호는 조지아 황제 알렉산드르가 보리스 고두노프의 팔을 잡고 애원하면서부터 시작되었다. 캅카스산맥 반대편에 억눌려 있는 기독교 민족을 돕는 것은 종교적인 판단에서 반드시 필요하고 당연한 것으로 여겨졌기에, 러시아 민족과 국가의 이익은 후순위로 밀리게 된다. 1783년에 조지아 황제 이라클리가 똑같은 애원을 해오게 된다. 예카테리나 여제는 자신의 말년에 4만 3,000명의 군대를 아제르바이잔에 파견했지만, 파벨 황제가 다시 군을 철수시켰다. 알렉산드르 황제 치세에 이르러 다시금 군사 행위가 재개되었고 다게스탄을 점령하게 된다. 도대체 러시아에 무슨 필요가 있기에 점령한 것일까? 사방이 막힌 카스피해에서 수영이라도 하려는 것일까? 틸지트 이전까지 페르시아에 조지아를 정복하라고 꼬드긴 것은 나폴레옹이었고, 틸지트 이후에는 영국이었다. 1813년 전 세계는 조지아 전역과 다게스탄을 러시아 영토로 인정한다. 항상 새롭고 러시아에 필요하지 않은 함정으로 위험한 진입을 하게 된 것이다.

알렉산드르 1세는 통치기 후반에 보수주의에 빠지게 된

다. 신성 동맹의 영혼이었던 그는 1817년 남미 식민지 궐기를 진압을 위해 원군을 요청한 스페인 국왕의 요청을 들어주어야 한다고 주장하기까지 한다. 남미는 러시아 군대에 아직 익숙지 않은 곳인데! (메테르니히가 그만두게 했다.) 1822년 알렉산드르는 스페인 내에서 혁명을 진압하라고 따끔히 말한다. 그러나 알렉산드르는 터키인에 대한 기독교인(그리스인)의 봉기에 러시아군을 지원할 용의가 있었고, 영국과 합동 작전을 위한 회의를 진행했는데 여기서 그는 서거하게 된다.

니콜라이 1세는 자신이 러시아의 황제임을 잊지 않았고 러시아의 국익을 유럽 군주들의 공통된 관심사보다 더 중요시했기에 신성 동맹으로부터 멀어지게 되었다. 그러나 혁명이라는 완강한 적을 니콜라이는 참지 못했다. 1830년 니콜라이는 이미 독일 황제와 합의를 마친 후 독일과 함께 프랑스 7월 혁명과 그 후 벨기에(폴란드 쪽동이 일어났다)에서 폭동을 진압할 준비가 되어 있었다. 또한 1848년에 니콜라이는 프로이센 왕에게 러시아 군대를 보내 베를린 혁명을 진압할 것을 제안했고, 1848~1849년에 합스부르크를 헝가리 혁명에서 보호한다는 다른 국가의 위험한 일을 위해 많은 러시아 군대를 파견했다. 그리고 1850년에 한 번 더 합스부르크를 지원했다. 이것이 러시아에는 도대체 무슨 이득이 된다는 말인가? 설명이 불가능하다. 자세한 내용을 알면 알수록 러시아가 오스트리아를 끊임없이 구해주는 것이 더욱더 황당하게 들릴 것이다. (이에 대한 감사의 표시로 니콜라이는 오스트리아로부터 크림 전쟁에서 뒤통수를 맞는다.) 1848년 니콜라이는 몰다비아와 왈라키아로 군대를 보내 터키와 공동으로 그곳의 소동, 기독교인에 적대적인 행위들을 진압하게 한다. 모든 남의 일은 이렇듯 우리 일이었다. 오랜 기간의 네셀로데의 러시아 외교는 무능했고 근시안적이었으며 러시아 국익 자체에 도움이 되지 못했다.

19세기 내내 이어져 온 니콜라이 1세를 향한 러시아 자유주의 사회의 다각적이고 집요한 비난은 볼셰비키 지배 아래에서도 여러 차례 등장했는데, 그 주요 원인은 니콜라이가 데카브리스트 당원들의 난을 진압했기 때문이다. (푸시킨의 죽음도 당연히 이에 한몫했다). 데카브리스트 난의 몇몇 특징으로 인해 이제 러시아가 혁명적 폭정으로부터 벗어날 수 없게 되었다는 것은 누구나 예상할 수 있을 것이다. 어떤 데카브리스트 당원들은 조사 과정에서 자유란 오직 피로써 얻을 수 있다고 주장하기도 했다. (놓치지 말아야 할 세부 사항도 있다. 니콜라이는 겨울 궁전에서 나와 흥분한 군중에게 다가갔다. 군중들은 니콜라이와 그의 형 미하일에게 총을 쏘았고, 결국 밀로라도비치 장군을 사살했지만 니콜라이는 발포를 하여 그들을 해산시키라는 명령을 내리지 않았다. 소비에트의 경험을 갖고 있는 우리가 평가해 볼 필요가 있다고 생각

된다. 모든 하위 관리들은 4일 후에 죄를 면제받았다. 구속된 121명의 장교들을 심문하는 과정에서 그 어떤 압력과 왜곡도 없었다. 사형 선고를 받은 36명 중 니콜라이는 31명을 사면했다. 그리고 남은 5명의 사형 집행 당일 유죄를 선고받은 자들의 친족에 대한 성명이 공포된다. '친족 연맹은 선조들이 쌓아온 행적의 영광을 후대에 물려주되, 개인적인 흠과 죄의 불명예로 슬픔을 주지 아니한다. 그 누구도 혈연관계를 이유로 감히 다른 이를 비난을 할 수 없다'. (우리 소비에트 시절이었다면 이와 정반대였을 것이다.) 폴란드 의회가 자신의 법을 근거로 폴란드 데카브리스트 당원들을 용서했을 때, 니콜라이는 격노했지만 법을 존중하며 이를 승인했다.)

제3자의 입장에서 19세기 프랑스 사가들은 니콜라이에 대해 다음과 같이 서술하고 있다. '부지런하고 빈틈이 없으며 근면하고… 신중했다.' (마지막 '신중함'은 표트르 대제와 예카테리나 여제를 제외하면 우리 러시아 선대 황제들에겐 매우 부족한 성격이었다.) 니콜라이가 많은 선대 황제들과 다른 점은 끈질기게 국가의 의미를 탐구하고 러시아 국익을 추구한다는 것이었다. 그러나 드넓은 제국의 황제로서 누린 다년간의 무한한 권력은 얼마든지 자기 뜻대로 할 수 있다는 생각을 더 강화시켰고, 이로 인해 융통성 없고 고지식했던 니콜라이는 더욱 완고해졌다. 이러한 니콜라이의 성격은 통치기 마지막에 어려움을 야기했다.

한편, 표트르 3세부터 벌써 70년간 유지되고 있는 농노제
는 모든 국가적 의미를 잃어버린 채로 잔혹함과 어리석음만
남았다고 클류체프스키는 지적한다. 농업의 발전도 둔화되
었고, 국가 전체의 생산성도 마찬가지였으며 사회 및 정신의
발달에도 제동이 걸렸다. '새로운 황제는 통치 초기부터 농민
문제를 다룰 용기를 갖고 있었다', '농민 해방에 관한 생각이
통치 초기에 황제를 사로잡고 있었다', 그러나 '변화들은 신
중하고 말없이 숙고되었고', '사회로부터 비밀리에 진행되었
다'(사실은 강력한 귀족들의 저항이 두려웠기에). 물론 '각자
그 자체로 어려운 이러한 개혁들이 한데 더해져 그 어떤 세대
에도 적용하기 어려운 혁명을 이뤄냈다'. 황제는 주위의 경고
에 머뭇거렸다. 그러나 '너무 더딘 개혁은 성공을 위한 많은
조건들을 잃는 법이다'. 니콜라이는 '이 중요한 일을 해낼 수
있을 만한 사람들을 주의 깊게 물색했고', 황제의 시선은 당
시 가장 훌륭한 행정관이었던 키셀료프 백작을 향했다. 키셀
료프(그는 가장 교양 있는 자만 끌어모았다)는 국유지 농민
관리를 담당하게 되었다. 국유지 농민의 수는 1,700~1,800
만 명 정도로 추산되었다(러시아 총인구 5,200만 명, 사농노
2,500만 명 중). 키셀료프는 지주로부터 농민을 사들일 수
있는 권리와 가혹한 취급에서 농민들을 탈취할 수 있는 권리
를 받았으며, 열정적으로 일에 매달렸다. 그 이후 1841년에
농민의 소매 판매 금지법, 1843년에 토지가 없는 귀족들의

농민 획득 금지법, 그리고 1842년과 1847년에 부동산 매입 및 취득에 있어 농민의 삶에 부담을 덜어주는 다른 법들이 제정되었다. 이러한 법들의 총체는 '농노가 단순한 사적 재산이 아니라 우선적으로 국가의 백성'이며, '농민 개인의 자유는 돈으로 사야 하는 것이 아니라 원래 주어지는 것' 등으로 농노를 보는 시각을 근본적으로 바꾸어 놓았을 것이다.

그러나, 귀족들이 자신의 훌륭한 영지 안에서 그토록 편안하게 활용했고, 수백만 농민들이 이미 정신으로 종속된 러시아의 광적인 농노법은 이후로도 15년 더 러시아를 지배하게 된다.

강력한 전제주의 시대

니콜라이 1세는 터키에 맞서 봉기한 그리스인을 지원하는 알렉산드르 1세의 행보를 이어가며 즉위 직후인 1826년에 터키에 최후통첩을 날렸고, 같은 해인 1826년에 발발한 페르시아와의 전쟁에도 불구하고 이러한 노선을 견지했으며, 1826년에 체결된 아케르만 조약에 따라 러시아인들의 권리를 강화하고 터키 항구에서 러시아 무역을 시작했으며 세르비아를 위한 약속을 받아냈다. (우리의 '발칸 구상'이 강화된 것이다… 니콜라이 1세의 경솔함이 많은 실패를 낳았다.) 영국과 프랑스가 1827년 나바리노 해전에서 러시아에 협력한 이후, 두 국가를 포함한 유럽 전체는 '러시아는 영원히 휘어잡을 수 없는 이슬람의 적이며, 오스만 제국(1826년에 예니체리 친위병을 잃고 세력이 매우 약화됨)을 붕괴시킬 계략을 꾸미고 있다'는 술탄의 호소에 귀를 기울였다. 그러면 러시아 황제는 정신을 차리고 그만두었어야 했다. 그러나 무색한 변명들을 늘어놓으며 몰다비아, 왈라키아, 세르비아에서 '러시아의 이익'이라는 선언문으로 유럽으로부터 반감을 산 니콜라이는 1828년 터키와의 전쟁을 시작했다. 캅카스 해안(아나파에서 포티까지)과 남캅카스(아할치혜, 카라, 에르주름, 이미 터키의 고유 영토였던 트레브존에 거의 이르기까지) 지역에서 큰 승리를 거두지만, 발칸반도에서 패배를 겪게 된다. (몰트케 고문은 이 전쟁을 분석하면서 녹초가 된 러시아군을 매우 칭찬하긴 했지만, 전투 능력보다는 감시 능력이 뛰어났고, 국가 재정이 바닥나 강선 총포도 없었으며, 탐사도 부실했다.) 사실, 1829년에 이미 불가리아(슬라브인인 우리가 놀랄 정도로, 불가리아인들은 전혀 우호적이지 않았다)를 지나 아드리아노폴을 점령했고(터키는 충격을 받았다), 여기서 군대는 힘이 다 빠지게 된다. 그리스는 독립했고, 세르비아는 터키에 대한 종속국 지위를 얻는 등 이번에도 온통 다른 국가들의 이익만 남았다. 러시아가 얻은 것이라고는 보스포루스 해협을 통과하는 무해통항권이 전부였다. 이번 러시아-터키 전쟁에서(심지어 6차 전쟁이다!) 러시아는 대외적으로 가장 큰 성과를 거두었지만, 스스로에게는 눈에 띌 만한 것이 없었다.

뿐만 아니라, 니콜라이는 4년 후 성공적으로 궐기를 일으킨 이집트 총독으로부터 터키를 구하기 위해 나섰다. 러시아 함대는 콘스탄티노플로 술탄을 구원하러 길을 재촉했다. 이번에도 러시아의 이익은….

한편 페르시아 전쟁을 통해 아르메니아가 해방을 맞이한다.

그러나 조지아와 아르메니아에 대한 책임으로 인해 러시아는 수많은 피해를 야기하게 될 기나긴 (무려 60년간의!) 전쟁인 캅카스 정복 전쟁에 또다시 나서게 된다. 만일 러시아가 남의 땅인 남캅카스를 전혀 건드리지 않았더라면, 캅카스 정복 또한 필요하지 않았을 것이다. 캅카스산맥 앞의 북쪽 산기슭에서 코사크 산적의 숱한 노략질로부터 코사크 전선을 굳게 방위하는 것이 전부였을 것이다. 캅카스는 단일 국가가 아닌 서로 전혀 다른 다수의 부족들로 구성되어 있었다. 그리고 특히 터키의 세력 약화 이후 캅카스 그 자체는 러시아에 국가의 위협이 되지 않았다. (물론 니콜라이가 샤밀의 국가를 인정하려 했는데 캅카스의 정신을 지닌 샤밀이 모스크바와 페테르부르크까지 진출할 것이라 선언했던 적도 있었다.) 그러나 19세기에도 러시아는 다른 국가의 일에 대가를 지불하는 일을 계속 반복했다…. 혁명 전까지 캅카스와 남캅카스를 유지하며 얻는 수익보다 비용이 더 컸다. 러시아 제국은 이 지역을 갖는 데에서 오는 행복에 대한 비용을 지불한 것이다. 그리고 클류체프스키에 따르면 러시아는 그 어디에서도 '다른 국가의 관습을 파괴하지 않았다'.

그러나 러시아가 남캅카스, 이후 중앙아시아까지 영토를 확장하며 지불한 가장 큰 대가는 러시아 민족의식, 전통, 민족의 성격이 침식되어버린 것이었다. (물론 러시아의 민족적 자의식을 무엇보다도 국가 조직으로부터 수호하려 했던 슬라브주의 철학의 시도는 국가의 박해와 탄압을 받았다.)

1930~1940년대에 러시아 남쪽 국경으로 꾸준하게 습격을 감행하던 히바 및 부하라와의 관계에서도 유사한 문제를 겪고 있었다. 저 멀리 사막 깊은 곳 자리하던 두 강국은 볼가강 하류까지 오고 가던 투르크멘인과 '키르기스인(카자흐인)'들의 노략질로 붙잡힌 러시아인 포로와 그 외 여러 포로들을 노예로 사고파는 일을 하는 국가였다. 이렇게 붙잡힌 자들은 히바와 부하라의 노예 시장에서 거래되었다. 이러한 노략질에 대비해 강력한 방위 전선을 구축하거나, 정복에 나서야 했다. (인도로 향하는 길이 아른거렸던 것일까? 그리고 영국과의 충돌도?) 1839년부터 1840년 동안 페롭스키 장군은 1,000베르스타(1,067킬로미터)의 사막을 지나 침략을 위해 원정길에 올랐으나 실패로 돌아가게 된다.

1831년과 1863년 러시아 알렉산드르 1세는 폴란드를 러시아의 '보호' 아래 잡아 놓으려는 비현실적이고 무리한 계획을 세웠고, 결국 이로 인해 두 차례 대가를 치르게 된다. 폴란드 민족만큼 선진적이고 문화적이며 강렬한 민족을 러시아의 속국으로 잡아 놓기까지 얼마나 많은 시간, 세월을 감내해야 했을까! (두 차례에 걸친 폴란드의 봉기는 서유럽에 큰 공감을 불러일으켰고, 러시아에 대한 또 다른 원한과 고립을 남겼다.)

니콜라이 시대의 네셀로데식 외교는 수십 년 동안 무질서하게 갈팡질팡하는 양상을 보였다. 1883년에 오스트리아, 프로이센과 혁명 운동에 대한 투쟁 협정이 체결되었고, 1883년에 터키와 방위 동맹을 맺어 국내외적 위험으로부터 터키를 보호하기로 했다. (이는 서유럽 열강들을 격분케 만들었고, 추후 발발하게 되는 크림 전쟁의 첫 번째 촉매제가 된다.) 1840년에는 영국과 밀약을 체결하여 오직 유럽으로부터 위임받은 권한에 따라서만 터키와 관계된 행동을 할 수 있게 된다. (무엇 때문에 이러한 족쇄를 스스로 채웠는가?) 1841년에 러시아는 서유럽 열강들 앞에서 오스만 제국의 통일성과 독립 보장을 단념했고, 1851년에는 팔레스타인 성지에 대한 우선권을 둘러싼 가톨릭과 정교회 사이의 표면적인 분쟁(니콜라이 1세와 나폴레옹 3세의 개인적인 다툼에서 점화되었다)에 적극적으로 간섭했으며, 분쟁은 순식간에 전 유럽의 정치 분쟁으로 번지게 된다. 영국의 사절에게 니콜라이는 '터키는 환자'나 다름없기 때문에 어느 날 갑자기 죽어도 이상할 것이 없으며, 터키 분할 시 이집트와 크레타 섬은 영국이 갖도록 하고, 이미 광활한 러시아 제국을 더 확장하는 것은 위험한 만큼 몰다비아와 왈라키아, 세르비아, 불가리아는 러시아의 보호 아래 독립하도록 해야 한다고 말했다. (범정교회적, 범슬라브적 사상이 다른 방식의 팽창으로 니콜라이를 파멸로 떠밀었다.) 러시아 사절은 콘스탄티노플에서 성지에 관한 문제를 해결할 것과 오스만 제국의 전 정교회 신자에 대한 보호권을 러시아에 위임하라고 요구한다. 콘스탄티노플에서 영국의 사절이 성지 문제를 모두를 만족시키는 방향으로 능숙하게 처리하기 시작했을 때, 러시아 사절은 정교회 신자 보호에 관한 '5일간의 확실한 보증'을 요구하지만, 곧이어 위협을 받아 콘스탄티노플을 떠나게 된다.

1814년의 승리 이후 부상한 러시아를 견제하며 영국은 이후 100년간 러시아의 적이 되었으나, 당시 러시아 정부는 이것을 제대로 알지 못했다. 이제 러시아는 전 유럽에 맞서고 있었다. 한편 터키는 러시아에 해협 무해통항권을 1829년부터 보장하고 있었는데, 무엇을 더 바라겠는가? (그러나 유럽전쟁이 터지면 누구든지 밖에서 다르다넬스해협을 봉인해버릴 수 있었다.) 이미 반세기 동안 흑해에 대한 접근권을 가졌으면서도 러시아는 좀처럼 흑해에 강력한 현대식 함대(부분적으로 암륜선 함대라도)를 배치하지 못했고, 범선을 배치한 것이 전부였다. (러시아는 흑해 연안 땅을 농업에 활용할 줄 몰랐을뿐더러 작물 경작도 부족했다. 광활한 러시아 전역에 산적한 복잡한 문제, 아직 시작되지도 않은 내정 문제들로 신음했다.) 니콜라이 1세는 러시아 군대가 기술적, 전술적으로 낙후되었다는 것을 인식하지도 못했다. 산개 대형도, 참호 훈련도 습득하지 못했으며 기병대는 오직 승마 훈련만 받았을 뿐, 공격용이 아니었다. 게다가 니콜라이 행정부에 대한 당시 러시아 사회의 분노는 묵살되었다. (이로 인해 러시아 정부의 패배를 바라는 목소리가 처음으로 들려오기 시작했다.) 그러나 니콜라이는 오스트리아와 프로이센의 지원을 의심치 않았다…. (한편, 오스트리아는 이미 3면에 걸쳐 러시아에 둘러싸이기 시작했고, 영국은 시르다리야강에 대한 러시아의 승인에 더욱 놀라게 된다. 나폴레옹 3세는 새로 즉위한 황제로서 자신의 능력을 발휘할 방법을 모색했고, 비토리오 에마누엘레 2세는 유럽 열강들 사이에서 사르데냐를 끌어올릴 방안을 모색했다. 터키에서는 애국심이 고취되었고, 이집트와 튀니스는 이를 지지했다. 그리고 프로이센은 사실상 연합의 요구에 가담했다.) 그런데 니콜라이는 자신의 목을 올가미에 넣으려고 기를 썼다. 이 무슨 교만한 자만심이란 말인가! 니콜라이는 회담 제의를 몇 차례 기각했다. (사실 이미 1790년부터 전 유럽 열강들이 러시아에 맞서고 있는 이러한 가장 위험천만한 판세를 알아챘어야 했다.)

전쟁의 전개 과정은 잘 알려져 있다. 러시아가 터키와의 시노프 해전을 대규모 승리로 장식한 후 영국과 프랑스 함대가 흑해로 들어왔다. 우리는 동맹국들의 에우파토리아 상륙을 방해하려는 시도조차도 하지 않았고(영국 언론이 이미 예측했음에도 불구하고), 세바스토폴 포위 전까지(육지상 포위는 아니다) 우리가 가진 기병대와 총검대에서의 커다란 우위를 활용하지 못했으며, 프랑스군의 빗발치는 저격 아래에서 대대별로 종대 행진을 하기도 했다. (그렇기는 하나, '러시아군은 좀처럼 찾아보기 힘든 군사적 특성을 가진 군대이다. 두려움이 없고 강하며 우울함에 빠지지도 않는다. 오히려 반대로 매번 패배를 겪고서도 기운을 회복하고 또다시 전투에 뛰어드는 군대였다'는 것이 프랑스군의 러시아군에 대한 평가이다.) 오스트리아의 위협으로 인해 러시아 군사령부는 왈라키아와 몰다비아를 포함한 발칸반도에서 점령한 모든 지역을 비우고 떠나야 했다. 토틀레빈 장군이 버티는 세바스토폴은 스스로 굳건해졌고 1855년 8월까지 11개월 동안 지속된 포위 상태를 견뎠다.

그러나 그로부터 6개월 전인 1855년 2월에 니콜라에 1세가 (의문스러운) 죽음을 맞게 된다. 정권 교체는 항상 정책의 전환점이며 보좌관들의 급격한 교체를 의미한다. 그리고 알렉산드르 2세는 초르나야 레치카(페테르부르크의 검은 강)에서의 납득되지 않는 전투(러시아군의 사상자가 4배 더 많았다)를 치른 후 항복하라는 맥 빠지는 조언에 굴복하게 된다.

자기 확신에 찬 어리석음이 크림 전쟁의 발발로 이어졌음을 역사가 확실히 보여주고 있다. 그러나 2년 동안의 전쟁과 굳건했던 세바스토폴, 쓰러져간 수많은 희생자를 본 후 그렇게 긴장을 풀었어야 했을까? 세바스토폴 수비대는 완벽한 질서 속에서 강화된 북쪽 요새를 지켰다. 비록 수적으로는 연합군에 열세였으나, 오랜 시간 동안 포위를 견디며 무시무시하게 단련되어 있었다. 크림 군대는 탄약도, 군량도 충분했고 (매일 병사 한 명당 1파운드(0.41킬로그램)의 고기가 보급되었다), 러시아 본토와 떨어져 있지도 않았으며, 2차 겨울 작전도 버틸 수 있었다. 러시아로부터 길이 잘 뚫려 있지는 않았지만, 오히려 그 덕분에 (연합군의 해상로가 4,000킬로미터에 달하는 상황에서) 연합군이 육로로 공격하기도 어려웠다. 게다가 '국가의 자존심'으로 인해 세 개의 군대에는 공통 지휘부가 없었으며, 각각의 총참모부가 매 작전 때마다 모여 외교관처럼 의견을 조율했다. 1855년 봄 무렵, '장기간 안락함에 젖어 있던 영국군은 혹독한 기후에 완전히 무방비 상태였고 정열과 기력을 잃었다…. 영국군 사이에서 죽음의 공포가 만연했다. 영국에서 파견된 5만 3,000명의 병력 중, 전투가 가능한 병력은 1만 2,000명에 불과했다'. 러시아군이 발칸반도에서 퇴각한 후, 오스트리아로부터 더 이상 전진의 위협은 없었다. 대규모 러시아군이 오스트리아 국경에도, 폴란드에도, 캅카스에도, 핀란드만에도 진을 치고 있었다. (그리고 발트 함대는 연합군 함대의 공격을 성공적으로 격퇴했다.) 1856년 봄, 러시아군은 190만 명에 달했고, 이는 전쟁을 시작할 당시보다 더 큰 규모였다. 솔로비요프는(1851년에 솔로비요프는 러시아 역사에 관한 공개 강의를 금지당했다), '러시아 황제들이 프루트강 이후로 마무리 짓지 않은 끔찍한 평화(표트르의 굴욕적 평화)'라고 평가했다. 솔로비요프는 "연합군이 전쟁을 끝내도록 하기 위해서는 바로 그때 '전쟁은 이제 시작이다'라고 선언해야만 했다"라고 말한다. 러시아 땅을 위한 투쟁은 (만일 연합군에게 여전히 내륙으로 진출할 수 있는 여력이 남아 있었다면) 러시아인들에게 1812년의 정신을 부활시킬 수 있었고, 연합군의 정신을 추락시켰을 것이다.

이 성급한 평화조약(1856년 이에 따라 러시아는 흑해와 다뉴브강 삼각주에 군함을 정박할 수 있는 권리를 상실한다)은 알렉산드르 2세에겐 성공적이지 못한 시작이었으나, 여론에게는 첫 번째 승리였다. (러시아의 자유주의자들은 러시아군의 성공이 정부에 더 큰 힘과 자신감을 불어넣기 때문에 이를 두려워했고, 세바스토폴 함락 이후 한시름 놓게 된다.) 이 모든 것이 1904년의 확실하고도 파멸적인 전조였다. (이후 알렉산드르 2세는 "나는 그 당시 평화로 향하는 비겁한 짓을 했다"고 말한다.)

소외된 농민

여기서 한 세기가 넘게 러시아 대외 정책을 뒤돌아보았고,
잠시 쉬면서 결론을 내려야겠다. 페테르부르크 시대의 로마
노프 왕조는 눈앞에 닥친 위협을 놓쳤고, 이는 러시아의 파멸
을 앞당겼다.

알렉산드르 2세는 귀족의 저항에 맞서기 위해 자신의 무
한한 전제 권력에 의지하여 평소 자신의 성격과는 달리(자
신의 주의 깊은 의심성을 발휘하며) 농민 개혁을 단행했다.
1857년부터 농민과 관련된 일을 다루는 비밀위원회가 가동
되었으나, 처음에는 현 상황에 관한 정보도 해방시키며 토지
를 나누어 줄 것인지, 말 것인지에 대한 계획도 갖고 있지 못
했다. 1858년 여름에 국유지 농민과 경작 농민들로부터 소
작료가 면제되었으며, 이에 따라 그들은 농업의 자유를 얻게
되었고, 개인의 자유도 되찾았다. 법전편찬위원회에서는 개
혁과 관련하여 누구에게 토지를 제공할 것이며, 농민 공동체
를 유지할 것인지 등에 대해 오랜 논쟁이 이어졌다. 마침내
알렉산드르는 자신의 즉위 6주년을 맞아 선언문을 준비하라
고 했다. 그리하여 1861년에 결정적인 조치가 취해졌지만,
의심의 여지가 없는 명확한 실수들도 있었다. 30년이 지난

후에도 클류체프스키는 '새로운 삶의 시작점들이 나타났다. 우리는 이 시작점들을 알지만… 그 여파는 모른다'고 규정했다. 그리고 실제로 모든 여파는 20세기에 와서야 우리에게 넘겨졌다.

농민들의 사유재산으로 남은 것은 겨우 각 농가의 택지였다(스탈린 집단화의 기미가 슬슬 보이기 시작한다). 토지는 지주들의 저항으로 인해 일부는 지주들에게 남겨졌고, 일부는 농민 공동체로 이전되었다(슬라브주의 철학적 믿음에 따라…). 농민에게 분여되는 토지는(지방마다 다르다) 충분치 못했으며, 상환 금액은 부담스러웠다. 농민들은 '귀족'의 토지에(정작 농민들은 이를 인식하지도 못했다) 매취 부금(농노 해방 후에 토지 대금으로 농민이 지불한 연부금)을 지불해야 했다. 농민들에겐 이 돈을 마련할 방도가 없었고, 여태까지 그들은 자신의 노동 또는 수확물로 이 모든 비용을 지불했다. 게다가 부과된 부금은 곳곳에서 토지의 수익성을 훨씬 초과했으며 힘에 겨운 액수였다. 이제 국가는 부금 납부를 위해 농민들에게 분할 납부가 가능한 대부금(필요 금액의 5분의 4만큼)을 제공해주었지만, 이자가 6퍼센트에 달했고, 이러한 이자는 매년 누적되어 조세에 더해졌다. (49년간 쌓인 이 빚과 계산서는 20세기 초 혁명에 이르러서야 갈기갈기 찢어졌다.) 곳곳에서는 아직도 농민이 노동을 해야 한다는 한시적인 의무가 남아 있었다. 여러 지역에서 농민들은 해방과 동시에 숲과 목장에 대한 권리를 상실했다. 2월 19일 선언문은 농민들에게 개인의 자유를 부여했지만, 러시아 농민에게는 토지 소유와 토지에서 나는 자원들이 개인의 자유보다 더욱더 중요했다. 선언문을 읽은 농민들 사이에서 의혹이 터져 나왔고, 여기저기서 소요가 일어났으며, 뒤이어 더욱 관대한 선언문을 기다렸다. (그러나 서방 사가들은 비교를 해가며 다음과 같이 논평한다. "이러한 모든 제한 사항에도 불구하고 러시아의 개혁은 이웃 국가들과 프로이센, 오스트리아에서 일어난 유사한 개혁과 비교해보면 상당히 관대한 편이었다. 다른 국가에서는 농노에게 작은 땅덩어리 하나 없이 '완전한 알몸'의 자유만이 주어졌다.")

공동체 구조 때문에 개혁은 사실상 농민의 완전한 개인의 자유를 보장해주지 못했고, 모든 농민 신분은 다른 신분으로부터 소외되어 있었다. (공동의 법원 제도도, 공동의 법도 없었다.) 개혁을 실질적으로 촉진시키기 위해 지방 귀족으로 구성된 조정관 제도가 일시적으로 도입되었으나, 이는 충분치 않았다. 삶이 완전히 뒤바뀜에 따라 농민들이 겪을 심리적 어려움을 개선하고, 농민들이 새로운 삶의 방식에 적응할 수 있도록 도와줄 또 하나의 행정적 보호 체계가 필요했으나, 그러한 계획은 개혁 과정에 없었다. 망연자실한 농민이 시장으로 나가는 경우는 드물었는데, 그 이유는 아직 농민의 두 손이 공동체에 묶여 있었기 때문이다. 농민들에게는 국가의 조세라는 주된 어려움도 남아 있었지만, 돈을 마련할 방법이 없었기에 파렴치한 수매인이나 고리대금업자의 손에 들어가게 되었다. 도스토옙스키가 까닭 없이 개혁 이후의 시기에 대해 '우리는 아마도 러시아 민족의 전 역사 중 가장 과도기의, 가장 불운한 순간을 살아가고 있다'는 근심 어린 글을 쓴 것이 아니다. (지금의 이 1990년대도 여기에 충분히 포함시킬 수 있다.) 도스토옙스키는 '1861년의 개혁은 최고의 신중함을 요구했다. 그러나 러시아 민족을 맞이한 것은 상류층과 선술집 주인 사이의 괴리였다'고 기록했다. 게다가 '노예제, 분열, 냉소주의, 물질만능주의와 같은 이전 질서의 우울한 도덕적 측면은 더욱 심화되었고, 이전 세상의 좋은 도덕적 측면 중에서 남은 것은 아무것도 없다'.

심히 과소평가된 진실한 작가 글렙 우스펜스키는 개혁 이후 농민의 생활 양식의 세심한 관찰자로서 우리에게 바로 그 장면을 묘사해준다(『대지의 힘』, 『농민과 농민의 노동』, 1880년대 작품). 우스펜스키는 1861년 이후 '대중에 대한 관심이 없고', '농민 생활 단체가 없으며', 착취는 이미 농촌에 극심하게 뿌리박았기에 바로잡기엔 늦었을지도 모른다고 생각한다. 행정 관료제의 거짓 역시 사라지지 않고 농민들을 압박하고 있다(제9장 「거짓의 사슬」). 우스펜스키는 러시아 민족이 간직하고 있는 신비로운 힘에 관한 게르첸의 묘사를 길게 인용한다. 그러나 게르첸은 언어로 표현하고자 하지 않았고, 우스펜스키가 다음과 같이 묘사한다. '이는 대지의 힘이다, 대지가 우리 국민에게 인내와 온유, 힘, 젊음을 주었다. 민족으로부터 대지를 빼앗아 보라, 그 민족도 사라질 것이며 민족의 세계관도 사라지고 영혼의 공허가 도래할 것이다. 200년의 타타르의 멍에 시기와 300년의 농노제 시기 동안 민족은 자신의 농업의 형식을 유지했다는 이유만으로 고통받았다. 대지의 힘은 농민을 복종하게끔 두었으며, 그들 안에 엄격한 가족 및 사회의 규율을 형성했고, 그들을 타락한 이단으로부터 보호했다. 농부를 사랑하는 어머니 대지의 절대적 힘은 노동을 인생 전체의 흥미로 만들어주며 노동을 편하게 해주었다'. '그러나 이 신비롭고 기적적인 힘은 루블 쇼크로부터 민족을 지켜내지 못했다'. (그리고 글렙 우스펜스키는 자신의 혁명 민주주의적 의식, 심지어 소속 정당에 반하는 것임에도 참지 못하고 자신의 진실된 견해를 말한다. 그는 '농노제 당시 우리 농민들은 오늘날보다 더욱더 올바른 태도로 대지에 놓여 있었다'고 말했다.) 지주의 농민들에게는 오늘날보다 두 배 더 큰 토지가 있었고, 지주는 자신의 농민들을 농부로 만드는 모든 것을 지원해야 했다. 심지어 병역 의무도 농노제 시절이 옳았다. 제일 먼저 대가족에서 군대에 갔고, 그보다 더 전에는 쓸모없거나 술고래인 사람들이 갔다. 그래서 농촌에는 프롤레타리아가 없었고, 남자가 농민이 되는 것을 방해하지도 않았다. 조세 측면으로도 예전의 경제 시스템이 정직했다. 부자들이 가난한 이들보다 더욱 많이 지불했다. '우리 조상들은 자신의 민족을 알았고, 선한 것만 주고자 했다. 그리고 가장 좋은 것인 기독교를 주었고, 그 이전까지는 인류는 고통 속에서 수 세기를 살아왔다. 그러나 지금 우리는 어떠한 낡은 민족과 유럽의 잡동사니, 쓰레기통 속에서 무언가를 뒤적이고 있다'. 그렇게 '교회 소속의 민족 학교에서는 이기적인 마음을 모든 것을 가엽게 여기는 마음으로 바꾸는 것이 기초가 되었다. 마음을 단련하는 것은 끊임없는 일이다. 그것을 익히는 것은 고통스럽지만, 이익이나 불필요한 지식이 아닌, 스스로와 이웃에 대한 엄격성을 가르쳤다'.

그리고 그때 '루블 쇼크' 시대가 닥쳐왔다. 생각하는 것이라고는 이익, 그저 이익뿐! 전통 기독교적인 우리 농민들은 개혁의 온갖 불공정함에 더해 불어닥친 이러한 급격한 변화를 견디지 못했다. 혁명 이후 시대의 많은 작가는 이러한 영혼의 구속과 낙심, 과음, 사악한 장난질, 윗사람에 대한 무례함 등을 묘사해서 우리에게 남겨주었다. (1908년 3월 16일, 50인의 국가 두마 의원들과 농민들은 한목소리로 "원한다면 보드카를 도시로 가져가게 두라, 농촌에서는 보드카가 결국 우리의 젊은이들을 파멸시킬 것"이라고 선언했다.) 여기에 정교회 성직자의 모욕감과 정교회 신앙의 몰락이 더해졌다. (그러나 구교도들은 신앙을 간직하고 있었을까? 만일 니콘의 개혁이 없었더라면 우리는 어떤 모습이었을까? 레스코프의

『수도원의 사람들』에서는 심지어 19세기 구교도와의 투쟁의 거친 방법에 대해서도 서술하고 있다. 1905년과 1917년에 이러한 모든 성질들이 유기적으로 얽혀 폭동과 혁명성으로 변이되었다.)

누구도 민족을 지원해주지 않는다

19세기 말에 농민은 노동에 좌절했다. 가용한 숲은 점점 줄어들었고, 짚과 거름을 땔감으로 쓰게 되어 농업에 손해를 가져왔다. (사가들은 당시 러시아에서 농업 교육에 들어가던 비용이 라틴어와 고대 그리스어 교육에 투입된 수준보다 적다고 기록하고 있다.) 1883년 인두세가 폐지되었지만, 젬스트보 세금이 확대되었다. 20세기 초에 중부 러시아의 농업 활동이 쇠퇴될 기미가 보였다. (쟁기와 써레, 키부터 삽까지 대부분 목제였고, 종자는 질이 나빴으며, 삼포식 농업이 실시되었다. 농경지는 공동체 사람들의 경지가 강제적으로 빽빽하게 뒤섞인 형태였다. 노동의 산물은 싼값에 수매인과 중개인에게 돌아갔으며, 말을 갖지 못한 농장이 늘어났고, 체납금은 쌓여만 갔다.) 이 기간 동안 '중심부의 빈곤화'라는 근심 어린 표현이 생겨났다. (설사 다른 뜻으로 쓰였다 하더라도, 이 표현은 플라토노프가 17세기 동란 시대 이전의 시기를 빗대어 사용한 것이 아마 확실할 것이다….) 끝을 맺지 못한 알렉산드르의 토지 개혁은 보수파, 입헌 민주당원, 사회당원, 열악한 농촌 노동자들의 단합된 저항에 시달린 스톨리핀식의 개혁을 필요로 했고, 추후에 같은 혁명으로 덮이게 된다.

혁명 이후 러시아에 남겨진 위태로운 계급의 분열은 불완전한 사법 개혁에도 영향을 미쳤다. 농민들을 위한(원고와 피고가 모두 농민일 경우에 한정한다) 농촌의 관습법을 따르는 하부 법원인 볼로스트 법정이 설립되었고, 상부 조직으로 민사 소송과 간단한 형사 사건을 재판하는 조정 재판관 판사가 배치되었다. 이후에 사법 개혁에서 잘 알려진, 전적으로 서구의 경험을 바탕으로 한 배심원과 독립적 변호사 조직이 배석한 법정에서 판사의 교체 없이 진행되는 변론에 기초한 법정 심리 과정이 도입되었다. 배심원 재판 그 자체의 기능은 의심을 자아냈는데, 이는 재판의 전문성을 해친다는 이유 때문이었고(이는 모든 전문성에 대한 현대적 가치와 모순된다), 때때로 역설적으로 무능력한 모습을 보여주기도 했다(현재의 영국 법정에서도 상당히 오래되긴 했지만 그 예를 찾을 수 있다). 혁명 이후 러시아는 사회적으로 도취된 상황이었으며, 법정에서는 변호사들의 발언(검열 없이 발행되곤 했다)은 항상 논쟁거리가 되고, 때로는 희비극적인 판결로 막을 내리곤 했다(도스토옙스키는 '변호사의 훌륭한 입증은 어찌 된 영문인지 슬프다'라며 이를 명확하게 지적한다. 테러리스트 베라 자술리치의 악의에 찬 변명을 기억하지 못하는

가. 애타게 갈망해온 혁명의 핑크빛 단면이다). 변호사들의 이 같은 발언으로 인해 범죄자 개인에서 '저주받은 러시아의 현실'로 책임의 대상이 전가되는 편리한 전통이 생겨났다.

알렉산드르 2세의 젬스트보 개혁은 가장 성과가 있었다. 상설 기구인 젬스트보 기구는 광범위한 행정 기능을 담당하며 기능 측면에서 심지어 프랑스 지방 자치단체를 능가했다. 그러나 젬스트보 기구는 민족 자치행정의 하위 단계인 볼로스트 젬스트보까지 망라하지는 못했다(이는 뼈아프게도 20세기와 제1차 세계대전에 영향을 끼친다). 군 단위의 젬스트보에서 지방 관리의 영향력 하에 농민 의원 선거가 진행되었다. (도스토옙스키는 이에 대해 "민중은 스스로의 힘으로 살아가며 그 누구도 민중을 지원해주지 않는다. 젬스트보가 있긴 하지만 '관청'일 뿐이다. 민중은 자신을 대리할 의원을 뽑는 선거에서도 또 어떤 관청 소속의 '일원'이 배석한 가운데 투표를 한다. 그렇기에 선거에 관한 우스개 소리들이 나오게 되는 것이다"라고 했다.) 게다가 젬스트보의 국가 보조금이 충분치 않았기에 젬스트보 세금을 인상하곤 했고, 이는 농민들이 마치 또 하나의 자신의 피를 빨아먹는 기생충에 반항하게 되는 계기가 된다.

이후 알렉산드르 3세는 자신의 아버지가 혁명 과정에서 놓친 행정적 고리가 무엇일까 알아내기 위해 노력하며 1889년에 '민중과 가까운 강력한 권력'이라 불리는 지방관리관 제도(젬스키 나찰니크)를 도입한다. 지방관리관은 (너무 늦은 감이 있지만) 농민들이 이전의 전통으로부터 새로운 질서에 더욱더 쉽게 적응하는 것을 돕고, 업무와 사업의 정비를 더욱 원활하게 해줄 수 있는 기존과 동일한 농민 생활의 보호자였다. 그러나 할 일이 없는 귀족들로 구성된 (그럼 어떤 집단에서 뽑아야 했을까?) 지방관리관들은 빈번히 자신의 과제에 전혀 충실하지 않은 태도를 보였고, 미완성의 개혁 이후 30년이 지나 그들은 그저 또 하나의 농민 착취 계층으로 남아 있기 일쑤였다. (그리하여 농민 선거 법원은 타락해 있었으며, 지방관리관 독단으로 법정을 통제했다.) 알렉산드르 3세의 심각한 실수는 1883년에 매취부금을 전부 납부한 농민들에게 공동체에서 나갈 수 있는 권리를 부여하는 1861년 선언문의 조항을 폐지한 것이다. 황제부터 황제 암살을 도모하는 '인민의 의지파' 구성원에 이르기까지 러시아의 의식을 구속해온 공동체의 우상을 위해 가장 활기차고 건강하며 노동력이 있는 일부 농민을 위한 자유로운 발전의 길이 가로막혔다.

40년 동안 우리 대외정치 역사를 혼란에 빠뜨린 네셀로데의 후임인 고르차코프는 1856년 매우 냉철하게도 "러시아는 '힘을 축적하기' 위해서 스스로에게 집중해야 한다"라고 말했다. 예전부터 우리가 이를 이해하고 이행했으면 좋았을 텐데. 그러나 이 슬로건은 1년도 채 가지 못했다. 러시아는 또다시 유럽 외교 게임에 빠져들게 된다. 나폴레옹 3세와의 전쟁으로 흘렸던 피가 채 마르지도 않았던 1857년, 알렉산드르 2세는 돌연 이를 따뜻한 우정으로 바꿔버린다. 1859년, 러시아는 고르차코프의 조치로 독일 연방이 이탈리아 전쟁에서 오스트리아를 지원하는 것을 저지했고, 프랑스는 러시아가, 이게 우리에게 얼마나 중요한 일인지는 모르겠지만, 몰다비아와 왈라키아(오래지 않아 루마니아로 병합된다)에서 오스트리아에 빼앗겼던 지역을 수복하고 발칸반도에 대한 영향력을 강화하는 것을 도왔다. 그러나 1863년 일어난 폴란드 봉기로 인해 프랑스는 러시아의 적으로 돌아섰고, 영국, 오스트리아와 함께(크림 전쟁 연합의 재결성인가?) 반란군의 편에 섰으며, 다시금 전쟁의 발발 가능성이 보이는 듯했다. 이때 프로이센이 러시아에 공조의 손길을 내밀었고, 그 대신 러시아로부터 중립을 약속받는다. 이를 바탕으로 비스마르크는 덴마크로부터 슈레스비히 홀슈타인을 빼앗고(1864년), 충격적이게도 오스트리아까지 진격한다(1866년). 그리고 아직 이러한 프로이센의 강대화에 놀라지 않은 러시아는 1870~1871년에 자신의 우호적 중립으로 비스마르크가 프랑스까지 파멸시키도록 했다. (이후 1878년 베를린 의회에서 비스마르크로부터 교활한 보복을 당한다. 비스마르크는 터키 전쟁에서 얻은 승리의 열매들을 러시아로부터 빼앗기 위해 유럽의 단결에 가담했다.) 알렉산드르 2세의 러시아 대외정책은 근시안적이고 패배적인 모습을 계속 보여주었다. 1874년 출간된 도스토옙스키의 소설『미성년』제3장에서 '러시아가 자신이 아닌 오직 유럽을 위해 결단력을 보여준 것이 벌써 100년이 되어 간다'는 그의 절규를 확인할 수 있다. (더 정확히 말하자면, 당시에는 50년 정도였다.) 그런데 유럽만을 위해서라고? 1863년 러시아는 미국 동부에 맞서는 미국 북부에 함대를 지원하는 것도 잊지 않았다. 도대체 왜 우리가 거기까지 신경을 써야 하는 것인가(그저 영국에 복수하기 위해서)?

'남캅카스의 기독교인들을 돕고 구원할 것인가, 발칸반도의 정교회 신도들을 돕고 구원할 것인가'의 두 난처한 사상이 러시아 역대 황제들을 끈덕지게 괴롭히고 이끌었다. 두 도덕적 원칙의 깊은 뜻을 인정하더라도, 국가의 의의가 완전히 손해를 입지 않으며, 러시아 자신과 기독교, 민족의 필요를 완전히 무시하지 않는 선이어야 할 것이다. 불가리아인과 세르비아인, 몬테네그로인을 구원하기 위한 그 모든 일들을 바로 백러시아인과 우크라이나인에 대해 먼저 했더라면 좋았을 것이다. 우리는 그들을 손바닥 위에 올려놓고 그들의 문화와 정신의 전통적 발전을 가로막으며 13세기부터 17세기 사이에 이미 사라지고 있던 우리만의 차별성을 없애고자 했다. 러시아 지도자들과 오피니언 리더들이 메시아 사상과 러시아 예외주의(exceptinalism)에 대한 믿음을 두고 비난한 적도 있다. 그러나 비할 바 없이 비범한 혜안을 가진 도스토옙스키도 그 영향에서 자유롭지 못했다. 콘스탄티노플에 대한 꿈이며 '동방 세계가 서방에 승리할 것'이라는 말, 심지어 유럽에 대한 그의 경멸에 찬 글을 읽다 보면 얼굴이 화끈거린다. 1869년 출판 당시엔 주목을 받지 못했지만 1888년부터 러시아 사회에 큰 반향을 일으킨 니콜라이의 다닐렙스키의 책 『러시아와 유럽』(그 자체로 흥미 있는 부분이 많다) 중 불쾌감을 자아내는 '범슬라브'와 '차리그라드'에 대한 그의 연구는 또 어떤가?

3세기에 걸쳐 축적된 국민들의 피로, 국내의 사회·경제적 혼란, '중심부의 빈곤화', 효율성을 저해하고 국민의 자주성을 억압하는 관료제의 위협적 확산('러시아의 자아도 말라여위었고, 용기와 다재다능함은 점점 더 찾아보기 힘들어졌다'고 기록되어 있다. 실제 19세기 러시아 문학에서 위 특성들을 많이 볼 수 있는가?). 이러한 상황에서 발칸반도의 기독교인을 위해 끊임없이 전쟁을 반복한다는 것은 러시아 민족에 대한 죄를 짓는 것이었다. 범게르만주의로부터 발칸 슬라브인들을 구하는 것은 우리의 임무가 아니었다. 점점 더 많은 슬라브인들을 강제로 오스트리아에 끌어들인 행위는 잡종이 된 오스트리아 제국과 반러시아적 태도를 약화시킬 뿐이었다.

발칸반도를 위한 다음 전쟁은 1877~1878년에 있었던 터키와의 힘겨운 전쟁이었다. 러시아는 동맹이나 믿음직한 친구를 포섭할 생각도 않은 채, 터키의 잔혹함에 맥없이 항의만 해대는 유럽 열강들을 제치고 터키로 성급하게 돌진했다(디즈레일리가 연기를 하고 비스마르크가 유혹했다). 전투를 놓고 보면 전쟁은 유럽 전역에 강렬한 인상을 심어 주어 여러 성공을 거두었고, 겨울에 발칸산맥을 넘는 등 (수많은 희생자를 낳았으며 병사들은 고통받았다) 센세이션을 일으켰다. 이전까지 정권과 강하게 반목했던 러시아 사회가 이제는 정부와 함께 애국심 고취로 하나가 되었다는 것은 독특한 점이었다(범슬라브주의 열풍이 사회를 휩쓸었다). 그러나 러시아의 진격이 이번에는 콘스탄티노플까지 닿지 못했으며 자발적으로 중단되었다. 산스테파노 조약에 따라 세르비아와 몬테네그로의 독립(확장된 영토에서)과 루마니아, 불가리아의 확장, 보스니아 헤르체고비나의 자치권, 터키의 지배 하에 있던 모든 기독교인들을 위한 구호 활동 등 발칸반도를 위해 원했던 모든 것을 달성한 것으로 보인다. 100년 묵은 꿈의 기쁨과 승리라고 보는가? 이제는 영국은 전쟁을 운운하며(프렌스 섬의 함대) 직접적으로 위협을 가하고, 오스트리아도 군사 동원으로 행동을 취하며 모든 유럽 열강들이 러시아가 얻은 것을 빼앗고 스스로 이득을 보려 회의를 가질 것을 요구하고 있었다. 상황은 그렇게 흘러갔다. 베를린 의회에서 영국이 아무런 까닭도 없이 키프로스를 얻었으며, 오스트리아는 보스니아 헤르체고비나를 점령할 권리를 받았다. 그러나 러시아는 크림 전쟁 이후 잃었던 베사라비아 지역을 수복하는 데 그쳤다. (고르차코프는 베를린 의회 내내 별 의지가 없는 것처럼 보였고, 영국은 디즈레일리를 개선식을 치르며 맞아주었다.)

이러한 '승전'은 '패전'과 같은 값을 하며, 전쟁을 애초에 시작하지 않는 편이 더 싸게 먹혔을 것이다. 러시아의 군사력과 재정이 크게 약화되었고 대중의 분위기는 억압되어 있었다. 마침 이러한 배경에서 혁명과 테러의 시대가 시작되어 가속화되었고, 머지않아 알렉산드르 2세의 암살로 이어지게 된다.

어긋난 대외정책

러시아는 3세기 동안 아까운 시간을 허비하고 또 허비했다. (알렉산드르 2세의 개혁은 지극히 표면적이고 허술했다.) 러시아 민족 전체가 세계의 시간에 뒤처지고 있었다.

언제 러시아 민족에게 자신의 운명을 스스로 선택할 수 있는 자유가 있긴 했던가?

러시아 황제들의 150년 역사를 놓고 보면, 자신의 아버지처럼 우유부단하지 않았던 알렉산드르 3세는 러시아가 제3자의 이익을 위해 봉사하고 침략하는 것이 치명적 문제점이

라는 것을 이해하고, 민족의 내면적 건강에 최우선적 관심을
가진 최초의 황제일 것이다. ('러시아의 의무는 무엇보다도
자기 자신을 돌보는 것이다', 1881년 3월 4일 선언문.) 스스
로 터키 전쟁을 진두지휘했던 알렉산드르 3세는 즉위 이래
단 한 차례의 전쟁도 치르지 않았다. (아프가니스탄 국경 지
역에서 메르브를 평화적으로 점령함으로써 아버지의 중앙아
시아 정복 사업을 끝낸 것이 전부인데, 영국과 거의 충돌할
뻔했다.) 전쟁이 없었던 바로 이 통치 기간 동안 러시아 외교
의 중요성은 더욱 강화되었다. 알렉산드르 3세는 불가리아의
배은망덕함에 쓴맛을 보았다. 교양 있는 불가리아인들은 전
쟁이 끝나자마자 자신을 위해 러시아인들이 치른 막대한 희
생은 거들떠보지도 않은 채 그저 하루빨리 러시아의 영향력
과 간섭에서 해방되기만을 바랐다. 비스마르크의 배신으로도
쓴맛을 보았기에, 1881년 독일과는 매우 균형 있고 합리적
인 '상호보장협정'을 체결했다. 빌헬름 황제가 몇 년 후에 파
기하지만 않았어도, 20세기 초 러시아와 독일의 전쟁은 발발
하지 않았을 것이다. 협정이 파기된 이후 알렉산드르 3세는
조심스럽게 기다려 프랑스와의 친교를 계속 이어가는 것 외
엔 할 수 있는 것이 없었다.

　여기서 다시 한번 상황을 둘러보자. 1890년대부터(20세
기 초에는 더욱 급격하게) 비약적으로 성장한 러시아의 교육
을 받은 계층은 (공포정치 시대를 예고했던 잡계급 지식인들

은 이미 그전부터) 처음에는 단지 제국의 정부와 정교회 계급 제도에 대한 거부감으로 시작했으나, 이후에는 점차 '루스키'와 '정교도'의 정의 자체, 특히 이러한 자질에 대한 개인의 완강함에 대해 더 신랄한 조롱과 적개심을 드러냈다. (이는 볼셰비키 이데올로기가 쉽게 물려받게 되며, 이미 개념이나 논의의 범위에서 벗어나 실제 행동으로 이어지게 된다.)

　'인민의 의지파' 성원들의 성공적인 테러 이후 알렉산드르 3세는 국내 정치에서 모든 양보의 길을 닫아버렸다. 이제 더 물러서는 것은 항복처럼 보일 것이기 때문이었다. 알렉산드르 3세의 확고한 성격을 감안할 때, 3월 1일에 벌어진 그의 아버지 암살 사건은 이미 러시아가 머지않아 강건한 보수적 조치와 심지어 '경비 강화 태세'를 취할 것(1882년)임을 암시했다. 얼마 후 조직된 각료 회의는 그의 재위 기간 중 거의 변하지 않았으나, 국가의 긴축을 목적으로 궁중 내 필요 없는 직제를 폐지하였으며, '캅카스 총독부'가 전부 폐지되었다. 농민의 세금은 줄어들었고 매취 부금에 대한 유예가 가능해졌다. 러시아가 곡물 수출을 시작하면서 곡물 가격이 상승했으며, 이는 농민들에게 유리하게 작용했다. 앞서 언급한 대로, 알렉산드르 3세는 지방관리관 제도(젬스키 나찰니크)를 도입했지만(양날의 검이었다), 젬스트보에서 농민의 역할을 축소했으며(크나큰 실수였다) 젬스트보에 대한 국가의 통제를 강화했다. 몇 해가 흘러 국가의 상태가 안정되었고, 이제

는 명확히 극단적인 억제 정책 대신 이미 오래전부터 시기적
으로 무르익은 농민을 위한 법 체제 확대 정책 등의 적극적인
발전을 위한 다각적인 정책을 제안해야 할 필요가 있었다. 그
러나 황제 스스로도, 그의 가까운 보좌관들도 그러한 계획을
제안하지 않았는데, 이는 그들이 걷잡을 수 없는 세기의 흐름
(리듬)을 느끼지 못했다는 것을 의미했다. 그렇기에 알렉산
드르 3세는 페테르부르크 시대 전체에 걸쳐 약화된 정교회에
서 걱정스러울 정도의 소멸 기운을 감지하지 못했고, 교회 조
직의 소생을 위한 자극을 주지 않았으며, 천대받은 농촌 성직
자들의 비참한 상황에 도움의 손길을 뻗지 않은 채 교회를 그
대로 방치했다. 이에 따라 당시에는 명백하게 드러나지는 않
았지만, 민족 정교회도 힘든 위기에 빠져들고 있었다. 이슬람
교도들의 경우 러시아에서 '동일한 종교적 관용성을 누리고
있었으며 (…) 러시아는 캅카스의 이슬람 공민들에 대해 확
신을 갖고 있었다'. (그리고 1차 세계대전에서 캅카스 의용군
의 정예 부대인 '투젬나야 디비지야'는 이를 훌륭하게 증명해
보인다.)

그러나 알렉산드르 3세의 통치기는 다른 황제들에 비해
훨씬 짧았으며, 신체적·정신적으로 최고조였던 나이에 비극
적으로 끝을 맞이하게 된다. 러시아가 곧 마주할 고난의 시기
를 알렉산드르 3세는 어떻게 헤쳐나갔을지, 아니면 그러한
시기의 도래 자체를 미리 막았을지는 더 이상 알 수 없게 되

었다.

니콜라이 2세의 치세에 제국의 관료주의에 찌든 고위 계층은 편안한 잠에 빠진 듯 위험의 깊이를 여전히 깨닫지 못하고 있었다. 이는 황제가 일본과의 전쟁을 쉽게 받아들이고 무모한 세계대전에 참전하게 되는 계기가 된다.

티호미로프에 따르면 니콜라이는 2세는 '첫날부터 그저 일말의 의심도 품지 않고 자신의 아버지의 사업의 기초와 모든 것을 완전히 무너뜨렸다'. 19세기 말 러시아 제국은 스스로 계획했던, 또는 당시 이야기하던 것처럼 자연 지형을 경계선으로 하는 '자연스러운'(보호받지 않는 대규모 평원) 넓이의 영토를 달성한다. 그러나 참으로 기이한 제국이었다. 당시 유명했던 다른 여러 제국에서는 본토가 식민지들로부터 과도한 이익을 챙기고 있었고, 그 어디에도 식민지 주민이 본토의 주민보다 더 많은 권리와 특권을 갖는 질서 따위는 없었다. 그러나 러시아에서는 마침 딱 그 반대의 양상이 나타나고 있었다. 훨씬 더 자유주의적인 헌법과 삶의 체계가 잡혀 있던 폴란드는 말할 것도 없고(어쨌든 이것이 식민지의 상황을 행복하게 해준 것은 아니다), 가장 광범위한 혜택을 받은 핀란드도 빼놓을 수 없다. 알렉산드르 1세 치세부터 핀란드인은 스웨덴 통치 시절에 누리던 것보다 더 많은 권리를 갖고 있었다. 19세기 말까지 국민의 수입은 6~7배 증가했고, 핀란드는 번영했다. 이는 상당 부분 핀란드가 전 국가적인 지출에 대한 자신의 분담금을 지불하지 않았다는 데에 기인한다. 또한 핀란드에서의 신병 모집도 러시아 평균의 절반 수준이었고, '이빨까지 전부 무장한 유럽에서 핀란드는 스위스보다 방위를 위해 덜 힘썼다'. (그러나 니콜라이 2세 치세에는 모병으로부터 완전히 해방되게 되는데, 이는 세계대전이 아직 부담으로 작용하지 않았기 때문이다.) 이후 '러시아의 고등 정부 기관들은 핀란드 사람들로 넘쳐났지만, 러시아인들은 핀란드에서 적당한 직무만 차지할 수 있었으며, 핀란드로 국적을 변경한다는 조건 하에서만 부동산 취득이 가능하였다'. '자신의 수도에서 몇 킬로미터 떨어진 핀란드 세관에서 러시아인들은 검사를 받아야 했으며 (…) 러시아어로 말하기를 결코 원치 않아 하는 핀란드 관리들 앞에서 핀란드어로 설명해야 했다', 그렇다면 무엇 때문에 핀란드를 제국 안에 두고 있어야 했을까? (매혹적인 치외법권, 그리고 페테르부르크와 인접한 지리적 특성으로 핀란드는 사회혁명당원부터 레닌주의 볼셰비키까지 모든 러시아 혁명가들에게 귀중한 피난처이자 정화조가 되어주었다. 이는 러시아 내 테러 및 비합법 활동에 많은 기여를 했을 뿐 아니라, 1905년과 1917년 혁명의 고삐를 풀어주게 된다.

그렇게 놀랄 만한 형식은 아니지만, 러시아 내 아시아 민족 지역들도 중앙으로부터 막대한 재정적 지원을 받았고, 국가에 안겨 주던 수익보다 더 큰 지출을 한다. 그리고 변방 지

역의 많은 인원('키르기스인' 즉, 카자흐 및 중앙아시아인)이
병역 의무를 면제받았는데, 이는 군세로 대체를 한 것도 아니
었다. (혁명적 선전은 1916년 투르가이-세미레치에 반란에
도 영향을 미쳤다. 반란은 심지어 세계대전 중에 일어났는데,
그 이유는 고작 토착 주민들의 노동력 동원에 대한 반발이었
다.) 그러나 인위적으로 자금이 중앙에서 외곽으로 유출되면
서 '중심부의 빈곤화' 현상은 더욱더 심화되어 간다. 러시아
를 세우고 유지해 온 인구는 점점 약해져 갔다. 유럽 국가들
중 그 어느 나라에서도 유사한 현상을 찾아볼 수 없다. 멘델
레예프는 『러시아의 인식』이라는 자신의 저서에서 러시아가
토착 민족들에게 얼마나 많은 것을 해주었는지 지적하고, 이
제는 러시아 민족을 위해 세심한 배려를 기울여야 할 때라고
말한다. 그러나 이러한 멘델레예프의 호소가 지배층에게 받
아들여진다고 해도, 우리에겐 이미 이를 위한 역사적 시간이
남아 있지 않았을 것이다.

이러한 상황은 독특하게 러시아에 굳게 자리 잡은 외국인
산업가들에 의해 보완되었다. (레나강 금광의 영국인들, 남
부 제철 산업의 벨기에인들, 외국인 백금 노동조합, 바쿠 석
유산업의 노벨, 크림반도 소금 산업의 프랑스인들, 무르만 연
안 수산업의 노르웨이인들, 캄차트카와 아무르강 하구의 일
본인들 등, 그 외에도 많은 외국인들이 있었다. 그리고 바로
페테르부르크의 공장주의 3분의 2가 외국인들이었다. 그리

고 이들의 외국 성, 즉 공장들이 1917년 혁명 연대기에 이름을 많이 올리게 된다.) 그러나 세메노프-탄-샨스키의 '우리 조국의 지리적 기록'의 군별 조사 대상 토지 소유자 목록에서는 외국 성들을 많이 쓰지 않고 있다.

외국 산업가들과 자본가들의 대량 유입은 특히 다음과 같은 사실로 설명이 가능하다. 놀랍게도 러시아에서는 20세기 초까지 소득세 제도가 엄격히 시행되지 않았다. 막대한 이익을 얻었어도, 세금이 이익에 비례하지 않았기 때문에 러시아의 부유층, 손해가 적은 방법으로 자본을 해외로 유출하던 외국인들이 이를 이용했다. 이는 러시아 재정 상황에 가장 잔혹한 구멍을 남겼고, 범접할 수 없는 부국인 러시아가 틈만 나면 끊임없이 외국 차관을 간청하곤 했다(종종 대놓고 거절을 받기도 했다). 1888년부터 러시아는 프랑스 차관에 의해 계속 빚더미에 앉게 되며, 이로써 러시아는 외교적으로 프랑스에 종속되게 된다. 결국 이는 1914년에 벌어질 비운의 사건에 영향을 미치게 된다.

통치 초기에 황제 자리에 익숙하지 않아 적응하는 데까지 오랜 시간이 걸렸던 온화한 니콜라이 2세의 치세에 러시아는 재정적으로도, 도덕적으로 감당할 수 없을 정도로 국경을 확장했다. 1895년 극동 지역에서 유럽 국가들과 공동으로 행동하기 시작한 후 1900년 러시아 정부는 참지 못하고 수치스럽게도 중국 봉기를 진압하는 데 동참하겠다고 사절을 보냈다. 중국은 이미 10년간 매우 약해져 있었고, 붕괴되는 중이었으며, 탐욕적인 모든 열강들은 앞다투어 이를 이용했다. 1898년 러시아는 중국에 여순항과 다롄(대련)을 임대할 것을 강요했고, 만주를 통과하는 철도에 대한 이권은 이 지역의 대부분을 러시아 영향력 하에 놓이게 했다(1896년).

1898년 러일 의정서에 의해 한국의 독립이 인정되었다. 그러나 일본이 남쪽에서 한국으로 침투함에 따라 타산적인 보좌관들이 러시아가 북쪽에서 한국으로 침투해 들어가야 한다고 설득했다. 바로 여기서 일본과 러시아의 이해관계도 극도로 충돌했다. 일본의 제안에 따라 러시아가 북만주의 영향력을 제한하는 타협의 길도 있었지만, 이전에 많은 나라를 침략한 경험으로 오만해진 러시아에겐 일본이라는 적이 그리 대수롭지 않게 여겨졌다. 니콜라이 2세는 정부와 사회의 반목, 혁명 운동 외에도 국내외적으로 산적해 있는 어수선하고 미숙한 러시아의 약점들을 전부 느끼지 못했다. 그렇게 일본과의 전쟁이 시작되었고, 우리가 이제 막 위대한 시베리아 횡단철도 부설을 마친 후였기에 전쟁은 치명적이었다. 발칸을 둘러싼 오스트리아와의 경쟁도 계속되고 있었기에 러시아는 서쪽 국경에서 최정예 군대를 철수시키지 못했고, 극동 지역으로 한 등급 아래의 군대와 예비군을 보내게 된다. 1904년 일본에서는 대학생들뿐 아니라 청소년들도 군에 입대하기 위해 애썼으나, 우리의 페테르부르크 학생들은 일본

천황에게 (일본의) 승전을 염원하는 전보를 보냈다…. 러시아 사회는 러시아의 패전으로 인한 정치적 성공을 진실되게 기대하면서 먼 곳에서 치러지고 관심도도 떨어지는, 심지어 이해할 수도 없는 이 전쟁에서 러시아가 패배하길 갈망했고, 그 갈망은 크림 전쟁 때보다 더 세게 불타올랐다. 1905년 가을, 혁명이 가장 작열하던 시기에 니콜라이 2세의 통치기는 정확히 절반이 끝났다. 그리고 이 11년 동안 니콜라이는 이미 사실상 모든 권력을 손에서 내려놓았다. 그러나 이번에는 스톨리핀이 그 권력을 황제에게 다시 돌려준다. (그 후로부터 11년이 지난 후엔 이미 돌려줄 수 있는 사람이 없었다.)

　대외정책에서의 실수가 그 이후로도 이어졌다. 심지어 니콜라이 2세의 (극동에서의 전투를 축복했고, 우호 중립을 통해 도움을 주었던) 진정한 친구의 역할극을 벌인 빌헬름 2세는 1905년 말에 비요르쾨에서 니콜라이 2세에게 '프랑스는 추후에 합류하는' 3국 우호 조약에 둘이 서명하자는 교활한 제안을 한다. 그리고 니콜라이는 이에 서명한다(각료회의에 알리지 않고 서명했고, 나중에는 서명을 철회한다). 물론 이는 프랑스를 조연으로 밀어 놓으려는 독일의 계략이었다. 게다가 1904년 러시아에 고압적인 통상 조약을 강요한 바 있는 독일을 러시아의 친구라고 여기기는 어려웠을 것이다. 그러나 프로이센과 프랑스와의 공고한 연합 체제는 표트르 대제의 검증된 체제인 데다, (게다가) 비요르쾨 조약의 칼끝은 영국을 향한 것이었다. 영국은 이미 90년 동안 끊임없이 집요하게 러시아에 적의를 품었던 국가로서 항상 러시아에 해를 끼치기 위한 방법을 모색했고, 그 방법은 훌륭히 먹히곤 했다. 그리고 당시의 일본 전쟁에서도 영국은 일본의 동맹국이었다. 빌헬름은 영국과의 치열한 전쟁을 각오했지만, 그럼에도 불구하고 육로로 인접한 국가이자, 대규모 군대를 가진 러시아와는 가급적 싸우지 않기 위한 방법을 찾았던 것이다. 그랬다면 1914년 피비린내 나는 살육전을 겪지 않아도 되었을 텐데(1917년 혁명도 피할 수 있었을 것이다)! 어찌 되었든 니콜라이 2세가 수차례 수없이 많은 장소에서 서로의 이해가 충돌했던 증오의 대상과 연합을 형성하는 것을 택했다는 것은 불가능하고 이해할 수 없는 것처럼 여겨진다. 그러나 니콜라이는 바로 그러한 선택을 했고 1907년 영국과 러시아 동맹이 체결된다. 이로부터 제1차 세계대전의 대독 연합인 삼국협상이 완성되며, 제1차 세계대전에서의 세력 배치가 숙명적으로 결정된다.

곧 이에 대한 대응으로 1909년 오스트리아는 보스니아 헤르체고비나를 합병했고, 빌헬름은 침략이 합법적임을 인정하라는 굴욕적인 최후통첩을 러시아에 보냈다. 사실, 이 침략은 이미 1878년 베를린 의회에서 사전에 결정된 것이었으나 러시아 정부와 사회는 1909년에야 이를 뼈아프게 인정했다. 범슬라브주의에 도취되어 즉각적으로 전쟁에 나설 뻔했다(스톨리핀이 있는 한 불가능하며, 영국에 매우 유리할 전쟁). 물론, 범슬라브주의로 불타고 있던 우리는 1914년에 오스트리아가 세르비아에 한 무례한 최후통첩을 견딜 수 없었다. (그리고 여기에는 독일과 오스트리아의 계산이 들어 있었다.) 1904년부터 러시아군을 무시했기 때문에 1914년 그렇게 용감하게 러시아를 공격한 것이다. 그리고 프로이센 동부에 배치되어 있던 우리 군대는 파리를 구하기 위해 성급한 희생양으로 던져졌다.

여기까지 우리는 내부적 발전의 기회들을 놓치고 러시아에 필요하지 않은 외부적 목표에 대중의 힘을 무자비하게 낭비한 300년 동안의 러시아 역사를 단면적으로 추적해보았다. 자신의 대중보다 유럽의 '이익'에 관심을 더 기울였던 것이다.

독립적으로 존재할 권리를 갖고 있는가

그러나 이러한 모든 것에도 불구하고, 러시아 민족의 넘치는 에너지에 감탄하지 않을 수 없을 것이다. 포모리예 또는 돈강에 대해서는 더 말할 필요도 없고, 시베리아에서도 그 이유를 찾을 수 있다. ('시베리아 정복'은 정확하지는 않지만 서시베리아의 에르마크와 토볼 타타르를 정복한 쿠춤 칸의 전투 일화부터 1573년에 솔리캄스크 지역을 습격한 에르마크까지 확장된다. 시베리아의 17세기는 몽골족과 투르크족의 침략으로 점철되었던 대륙의 역사나 마야족, 서아메리칸 인디언족, 파타고니아족, 타스마니아족에 대한 야만적 섬멸과 비교했을 때 심각한 무력 충돌이 기록되어 있지 않다. 오히려 러시아인이 시베리아에 도착하면서 야쿠트족과 부랴트족, 추코트족, 유카기르족의 수많은 내분이 끝나게 된다. 야쿠트족은 러시아인이 오기 전의 시간을 '피비린내 나는 전투의 시간'이라 불렀다. 더욱이, 러시아인들은 토착 민족들의 내부 조직을 파괴하지 않았으며, 오직 아무르강 상류에서 러시아인의 진출을 막은 만주족과 몽골족과의 대규모 충돌이 있었을 뿐이었다.) 17세기 동안 적은 수의 진취적인 러시아인들이 오호츠크해와, 야나강과 인디기르카강 하류, 베링해협(데즈뇨프곶)에 이르기까지 광활한 시베리아 대륙을 개척했다. 그리고 (소수의 지역들을 제외하고) 그 누구도 알지 못했던 경작의 기초를 광활한 땅 위에 마련했다. 이미 17세기 말에 시베리아 전역에서 호밀을 주식으로 했다. 경작지는 북쪽으로 펠림강, 나름스크, 야쿠츠크까지 퍼져갔고 18세기 초에 이미 캄차트카까지 확장되었다. 그리고 토착 원주민들과 러시아인들은 여기저기서 농업과 수렵의 경험을 공유하곤 했다. 1701년 시베리아 전역에 400제곱킬로미터 꼴로 러시아인 2만 5,000가구가 살고 있었으며, 동시베리아에는 농장 한두 개가 있는 마을들이 있었다. (1719년 시베리아 인구 조사에 따르면, 7만 2,000명의 토착민과 16만 9,000명의 러시아인들이 있었으며, 80년대엔 그 수가 100만이 넘었다.) 18세기의 시베리아에서는 그렇게 인구 밀도가 낮은 가운데에도 불구하고 (자발적 이주자, 우랄산맥 너머로 탈주하여 돌아오지 않는 농민들, 추방된 이주자) 외부 과제가 아닌 내부를 위한 평화적인 민족의 노력의 결과로 러시아 노동과 수공업, 주요 공장과 철강 생산, 러시아 무역이 우랄산맥부터 시베리아를 횡단하여 캬흐타, 추코트카 반도, 알류산 열도, 알래스카에 이르는 거대한 규모로 발전했다는 사실에 놀랄 수밖에 없다. (1787년 소시민 쉘리호프는 '미국 무역 회사'를 설립한다.) 시베리아에는 18세기에 이미 측지학, 항해법, 광업, 의학을 위한 학교가 설립되어 있었고 도서관, 인쇄소가 생겨났으며, 북극해와 태평양 해안의 세밀한 지도가 작성되었다.

바로 이것이 러시아 민족의 넘치는 에너지이다. 농노제가 폐지된 이후 40년이 지나 러시아는 급속한 산업 발전(산업 생산량 세계 5위)과 철도 건설의 시대로 진입하며, 세계 최고의 곡물 및 버터 수출국이 된다. 러시아에는 민간 경제 활동의 완전한 자유(우리가 오늘날 달성하거나 누군가로부터 모방하려고 시도하는 '시장'이 있었다)와 직업과 거주지를 선택할 수 있는 자유가 있었다(제정 러시아의 유대인 거주 지역은 예외이며, 이는 이후 폐지되었다). 대규모 관료주의 기구도 있었으나, 민족적으로도(기구 내 요직에 다양한 민족 출신의 대표들을 찾아볼 수 있다), 사회적으로도(보조 기관사 출신의 힐코프, 농민 출신의 루흘로프, 역장 출신의 비테, 변호사 조수 출신의 크리보쉐이가 장관이 되었으며, 알렉세예프 장군과 코르닐로프 장군은 가장 밑바닥에서부터 군 수뇌부까지 올라갔다) 폐쇄적이지 않았다. 러시아의 마지막 국무장관 세르게이 크리자노프스키의 증언에 따르면, 개인의 상승이라는 측면에서 러시아는 고위 관리가 상류층 출신으로 이루어지지 않은 매우 민주적인 나라였다고 한다. 철도부 장관 크리게르 보이놉스키의 증언에 따르면, 20세기에는 이미 농민의 특수한 경우를 제외하고는 계급 간 칸막이가 남아 있지 않았으며, '권리는 교육과 직급, 직종에 의해 결정되었다'고 한다. 법원의 독립성과 개방성, 수사의 엄격한 합법성, 그리고 사전 검열이 없는 언론의 자유는 1860년대부터 확립되었고, 1906년부터 진정한 의회와 다당제(1990년에 가장 새로운 성과로 알려진 바 있다)가 도입되었다. 또한 국민을 위한 양질의 무상 의료 서비스가 지방 자치 차원에서 제공되었다. 노동 보험도 도입되었다. 러시아는 유럽에서 가장 높은 인구 증가율을 기록했으며, 유럽에서 가장 먼저 여성의 고등 교육이 이루어진 국가 중 하나였다.

그러나 이 모든 것은 1917년 이후로 붕괴되었고, 오늘까지도 전 세계에 대단히 왜곡되어 소개되고 있다.

그러나 1906년부터 1913년까지의 이러한 순조로운 짧은 시기에도 통찰력을 가진 사람들은 방치되어 있는 국가의 병과 사회와 정부의 위험한 분열, 러시아 국민의식의 쇠퇴를 목도했다. 과거에 가장 유명한 '인민의 의지파' 성원이자, 이후 국가 통제주의 이론가이자 애국자였던 레프 티호미로프는 1909년부터 1910년까의 자신의 일기에 '현대 러시아에서 아무것도 할 수 없으며, 할 수 있는 것이 없다. 우리는 아마도 새로운 혁명을 향해 나아가고 있으며, 이는 필연이라고 여겨진다…. 모든 것들이, 심지어 정부의 모든 개별적인 정책들도 마치 혁명으로 향하도록 일부러 고른 것 같다', '나는 러시아를 전혀 이해할 수가 없다. 나는 요새 위에 서 있고, 깃발을 내리지 않고, 총을 발사한다…. 그러나 조국의 군대는 점점 더 멀어져 간다. 그리고 이성적으로 생각할 때 군대에 기대한다는 것은 말도 안 되는 일이다…'라고 쓰고 있다. 또한 젊은이들에 대해서는 '그들은 이미 우리의 후손이 아니라 새로운 무언가이다', '러시아 민족이여! 이미 과거의 정신과 과거의 감각을 상실했구나…'라고 서술하고 있다. 여기서 티호미로프는 정교회와 국민의식의 상실, '민족 전체의 정신적, 도덕적 타락'에 대해 이야기하고 있다.

티호미로프는 위기의 정신적 본질을 올바르게 지적했다. 1909년에 러시아 국민의식에 관한 문제가 자유주의 언론의 토론의 화두로 떠올랐다. '주권을 갖지 못한 민족들이 자신의 운명을 결정하기 시작했을 때, 러시아인에게도 자결의 필요성이 생겨났다'. '불과 얼마 전부터 러시아 진보 언론에 믿을 수 없는 일이 일어나고 있다. 대러시아 민족주의에 관한 문제가 논의되고', '자기보존의 본능과 현재 민족들이 겪는 위협에 대한 새로운 의식이 깨어나고 있는 것이다'. "'진정한 루스키'라는 뜻이 되어버린 '루스키'라는 단어 자체의 모욕은 농담이 아니다. '러시아화'를 원하지 않는 사람들을 '러시아화' 할 필요가 없는 것과 똑같이 우리들 자신 역시 스스로 다민족 러시아에서 침몰하고 개성을 잃거나, '탈러시아화'할 필요가 없다"라고 스트루베는 말하고 있다. "러시아 전체를 대러시아화하려는 시도는… 제국의 주권을 갖지 못한 모든 민족들의 살아 있는 민족적 특성뿐 아니라 무엇보다도 대러시아 민족의 특성을 파괴한다…. 대러시아 민족에게 내륙의 집약적인 발전과 정상적인 혈액 순환만이 이로울 뿐이다." 지난 몇 년간 러시아 사회는 '거짓 반민족 정책뿐 아니라, 진정한 민족주의를 부끄러워했으며, 진정한 민족주의 없이는 민족의 창의성을 상상할 수도 없다. 민족은 자신의 얼굴을 가져야 한다'. 300년 전과 마찬가지로, 혹독한 시련의 시대에 '과연 우리는 독자적 민족으로서 독립적으로 존재할 권리를 갖고 있는가?'라는 질문을 던지며 역사는 우리에게 답을 요구하고 있다….

그러나 현대에도 마치 가장 현대적으로 읽히는, 현 시대에도 교훈을 주는 이 토론은 1차 세계대전 전까지 남겨진 칸막이 안에서 더 이상 생산적으로 발전할 수 없었다. 역동적인 시대는 무사태평한 러시아를 앞질러 갔다. 러시아 민족의식의 부흥은 러시아 사회에서 일어나지 않았다. 1911년에 로자노프는 '영혼이 울고 있는데 러시아인들은 전부 어디로 사라졌는가…? 러시아 민족이라는 것은 죽어가고, 러시아적인 모든 것은 짓밟히므로 나는 처참하게 울고 있다'고 표현했다.

1905년 무렵 정교회 사회가 정교회 회의를 통해 공의회와 총 대주교 선출로 나아가고자 했던 시도는 황제의 지시로 저지되었다. 러시아 정교회 교회는 이미 시든 채 남겨진 역사적 기간 내내 변함없이 자리를 지켰다. 베르댜예프는 인텔리겐치아, 민족주의자, 사회주의자를 향해 '당신들은 교회를 증오했고 짓밟았다. 당신들은 민족이 영적 기반과 성물 없이 존재할 수 있다고 생각했고, 물질적 필요와 깨달음이 충분하다고 여겼다'며 정당한 질책을 날린다. 그리고 그 질책의 무거운 다른 한쪽 끝은 졸고 있는 정부의 수뇌부를 향하고 있다. 정교회 교회는 전혀 준비되지 않은 상태로 1917년 혁명을 맞이하고 크게 당황했다. 1918년이 되어서야 볼셰비키들의 격렬한 추적 하에서 사원을 보호하려는 민중의 폭동이 일어났고, 그들은 고대의 초기 기독교인들의 결의를 갖고 수용소로 끌려갔으며, 수만 명의 성직자들은 죽음을 맞이했다. (그러나 볼셰비키들의 계산은 틀림이 없었다. 저항으로 실제 파괴된 것은 물질적으로 보상하였다.)

과거의, 과거의, 과거의 모든 러시아의 전쟁으로부터 러시아 민족은 언제나 보상을 받지 못했고, 이로부터 해소되지 않고 쌓인 민중의 피로는 제1차 세계대전에 여러 영향을 미쳤다. 여기에 설상가상으로 세대와 세대를 거듭하며 누적된 지배층에 대한 불신이 더해졌다. 결국 페트로그라드의 쿠데타와 갑작스러운 황제의 순순한 퇴위, 볼셰비키들의 구미가 당기는 슬로건에 관한 소식이 2,000베르스타(2,134킬로미터)에 이르는 전선의 병사들 귀에 들어갔을 때 이 모든 것들이 한꺼번에 터져 나왔다.

과오의 대가

1917년부터 우리는 과거 역사의 모든 과오에 대한 값을 또다시 크게 치르기 시작했다. 2월 혁명 이전의 역사와 2월 혁명 자체, 혁명의 가차 없는 여파에 대해서 나는 이미『붉은 수레바퀴』에서 아주 충분하게 서술한 바 있기에 여기서는 일절 다루지 않기로 한다. 볼셰비키 혁명은 경솔한 2월 혁명의 논리적이고 불가피한 마침표였다.

1917년 이전까지 몇 세기 동안 러시아가 러시아인의 국가라는 것이 당연하게 받아들여지던 것도 이제 끝이 났다. 심지어 다양한 민족들로 구성된 제국적 기구였음에도 불구하고(민족 구성의 주요 층은 독일인과 발트 독일인이며, 그 이외에 기타 민족들이 있다), 국가가 러시아 민족으로 인해 유지되고 흘러간다고 당연하게 이해되고 받아들여졌었다. 그러나 2월 혁명으로부터 이러한 견해가 희미해지기 시작했고, 아스팔트 롤러 같은 레닌의 체제 아래에서 러시아 민족은 이미 러시아가 자신의 것이라고 여길 수 있는 근거를 영원히 상실했으며, 국가는 코민테른(제3 인터내셔널)을 방해하는 괴물로 여겨지게 되었다. 레닌과 그의 측근들은 '대러시아 민족을 억압하고 러시아 중심부의 자원을 변방 민족 공화국들의 발전과 강화를 위해 사용하면서 국가를 발전시키고 강화한다'는 것을 수차례 선언하고 이행했다. 그러나 이데올로기와 문화 측면에서 이는 더욱더 충격적으로 나타났다. 1920년도에 러시아 문화와 인문과학은 직접적인 대혼란의 시기를 맞이한다. 그 이후로 새로운 국가와 러시아 민족의 운명은 나뉘게 된다.

이전의 역사를 소개하면서 러시아의 욕심도 없고 의미도 없는 유럽 문제에 대한 개입을 많이 다루었으니, 이제 러시아 내전에서의 서방 연합군의 역할에 대해 간단히 언급하는 것이 적당할 것이다. 독일이 아직 저항하고 있는 동안, 연합군은 당연하게도 체코슬로바키아 군대를 추후에 독일에 맞서게 하기 위해 시베리아를 통해 그들을 구하고, 아르한겔스크와 무르만스크에 상륙하여 독일인들의 진출을 막기 위해 노력했다. 그러나 세계대전이 막을 내리며, 연합군은 지나간 전쟁에서 자신의 직접적이고 개인적인 동맹자였던 러시아 백군에 대한 흥미를 잃게 된다. 북쪽에서는 영국인들이 오직 백군이 쓰지 못하게 하기 위해 탄약과 군 보급품을 바다에 내던진다. 연합군은 백군 정부는 인정하지 않으면서(브랑겔의 백군은 사실상 인정을 해주었는데, 그마저도 브랑겔이 폴란드 상황을 완화시킬 수 있었던 짧은 기간 동안뿐이었다), 러시아로부터 떨어져 나간 모든 민족의 독립은 지체 없이 인정했다(그리고 로이드 조지도 콜차크에게 같은 것을 요구했다). 러시아의 원료와 곡물, 황금, 부채 상환에 관한 확증이 군수품으로 요구되었다. 프랑스인들은 (1914년 동프로이센에서의 러시아 군대의 희생으로 파리를 구한 적이 있다) 크라스노프 장군에게 러시아 내 혼란으로 인해 러시아에서 활동하는 프랑스 기업들에게 발생한 손실 전액과 1914년부터 잃어버린 수익을 이자와 함께 배상하라고 요구했다. 1920년 4월에 연합군은 데니킨과 브랑겔 장군에게 최후통첩을 보내 레닌이 특사를 약속했으니 전쟁을 멈출 것을 요구했고, 프랑스는 크림반도 철수 지원 대가로 러시아의 군용선과 상선들을 가져갔으며, 갈리폴리에서 철수한 브랑겔 군에게서 식량 값으로 군용 속옷에 이르기까지 다양한 군용품을 가져갔다. 볼셰비키로부터 러시아가 패배한 것은 연합국에게 매우 이득이었다. 전쟁의 몫을 나눌 필요가 없었기 때문이다. 이것이

바로 국제 관계의 실질적인 언어였다.

앞선 수십 년 동안 계속된 법의식, 민족의식, 퇴색한 종교적 기반의 근원적 미숙함으로 인해 러시아 민족은 최고의 볼셰비키 당원이자 얼마든지 마음대로 주무를 수 있는 실험 물질이 되었다.

이러한 사상을 가진 국제주의자들은 러시아 토지와 자원을 무분별하게 탕진하는 것으로 시작했다. 브레스트 회담에서 국제주의자들은 자신이 권력을 유지할 수만 있다면 러시아의 그 어떤 토지라도 기꺼이 넘겨줄 준비가 되어 있다고 밝혔다. 미국의 외교관 윌리엄 벌릿의 일기에서는 1919년 레닌이 미국 사절단에 제시한 더 큰 액수에 관한 기록을 찾을 수 있다. 레닌은 소비에트 정부가 벨라루스 서부와 우크라이나의 절반, 캅카스 전부, 크림반도, 우랄 전부, 시베리아, 무르만스크를 포기할 준비가 되어 있다고 했다. 레닌은 모스크바와 이에 인접한 지역, 그리고 오늘날의 레닌그라드까지로 공산주의 정부를 제한할 것을 제안했다. (어떻게 볼셰비키가 '강대국을 재건했는지'에 오늘날에도 여전히 감동을 느끼는 모든 이에겐 레닌의 이러한 외침을 이해하는 것이 중요하다.) 레닌은 연합군이 동맹인 러시아 제국을 구원하고 폭도무리를 진압하기 위해 출정할지도 모른다는 생각에 전전긍긍하여 이런 제안을 내놓았던 것이다. 그러나 곧 그런 위협은 없을 거라는 것을 깨닫고, 말했던 것보다 작은 규모의 영토만 양도한다. 1920년 2월, 소비에트 정부를 국제적으로 최초로 인정함으로써 소비에트가 고립에서 벗어나도록 해준 것에 대한 대가로 레닌은 에스토니아에 이반고로드와 나르바의 주민들과 페초리와 이즈보르스크의 '성물'을 내어 준다. 이후 곧바로 라트비아에도 다수의 러시아 주민들을 내어 준다. 국제주의적 구상에 따라 (1920년 12월 아르메니아를 거의 점령한) 터키와의 우호를 모색하며, 소비에트 정부는 1920년 겨울부터 1921년 초까지, 파멸된 자국의 내전으로부터 스스로 간신히 일어서고 있다고 생각하여 모든 종류의 무기를 동원하여 터키에 폭넓은 원조를 시작했고, 1,300만 루블 규모의 금을 '무상으로 지원'한다(1922년에 350만 루블을 더 지원한다).

이러한 예는 나열하고 또 나열할 수 있다. 볼셰비키 패거리들이 직접적으로 도적질한 러시아 다이아몬드 기금의 보물들과 그들이 약탈한 모든 국가, 황실, 개인의 재산들을 설마 누가 계산하는 일은 없을 것이며, 그저 회고록에서나 마치 크렘린 창고에서 고작 몇 움큼 훔친 것처럼 적어 놓은 글을 가끔 찾을 수 있을 것이다. 악당들과 사기꾼들은 다음에 있을 해외에서의 코민테른 작전을 위해 끝없이 보물들을 수집했다. (이로 인해 국영 박물관의 보물들이 암암리에 다 팔려버렸다.) 러시아 영토에서의 탐욕스러운 이권 다툼에 대해 쓴다면 아마 책 한 권이 나올 수 있을 것이다. 밴더리프와 50

년 동안 연해주와 캄차트카 주의 유전과 탄광, 어장을 인계한다는 협상을 했으며, 악명 높은 '반 소비에트 활동가' 레슬리 우르카르트에게는 그의 이전 유색 금속 및 석탄 채굴 기업들 (키시팀, 리데르, 에키바스투즈)에 대한 장기 이권을 위한 협상을, 영국인들에게는 25년 동안(1945년까지!) 바쿠와 그로즈니에서의 석유 이권을 주었으며, 비즈니스 세계의 코흘리개 신인 아르만드 하머에게는 알라파예프 석면 광산의 이권을 넘겨주었다. (그 이후로 그와의 진실된 상호 협조와 우정은 그가 죽은 고르바초프 시대까지 지속되었다.) 당시 계획 중이던 모든 이권 계약들이 성사되지는 못했는데, 정권을 차지한 레닌 무리의 확언이 서방 국가의 시선에서는 깨지기 쉬워 보였기 때문이다.

공산주의가 남긴 것들

자발적이든 매수에 의한 결과든 그렇게 많은 음유시인으로부터 찬양을 받은, 민족의 삶의 유기적 흐름을 파괴한 소비에트의 70년 공산주의 통치의 역사는 오늘날에 와서야 많은 사람들에게 자신의 추함과 불쾌함을 드러내고 있다. 이 시대에 관한 문서 보관실이 열림과 동시에 (만일 열린다면, 그러나 이미 많은 문서들은 잽싸게 파기되었을 것이다) 지난 70년 역사에 대한 수많은 책들이 쏟아질 테니 이 논설에서는 이에 대해 지면을 할애하지 않고, 가장 전반적인 평가와 의견들만 소개하도록 하겠다.

17세기의 동란의 시대부터 돌아본 지난 300년간 우리 민족이 겪은 모든 손해는 공산주의 70년간의 손해와 추락에 비하면 아무것도 아니다. 무자비한 볼셰비키의 아스팔트 롤러는 처음에는 국가 기술 현대화라는 이름으로, 이후에는 나치의 침략으로부터 보호한다는 이유로 그토록 수많은 러시아 민중을 희생시켰다. 이성적으로도 받아들일 수 없는 것이었고, 심지어 그렇게 참을성이 많은 러시아 민족도 이를 견딜 재간이 없었다.

그 악행의 첫 번째는 물리적 민족 학살이다. 다양한 통계들로 간접 계산을 해보면, 소비에트 정부가 자신의 민족, 소비에트 국민을 상대로 벌인 계속된 내전으로 인해 사망한 사람의 수는 4만 5,000만~5,000만 명 이상이다. 게다가 이러한 학살 정책의 특수한 점은 죽여야 할 사람을 연속적으로 죽이거나 개별적인 지역을 대상으로 한 것이 아니라 항의나 저항, 비판적 사고를 하거나 주변인들 사이에서 재능 또는 권위로 눈 밖에 난 사람들을 선택적으로 죽였다는 것이다. 이러한 미운털 뽑기식 말살 정책으로 인해 도덕적으로 또는 지적으로 가장 귀중한 사람들이 떨어져 나갔다. 이로 인해 살아남은 사람들의 평균적 수준은 만회할 수 없을 정도로 떨어졌으며, 러시아 민족 전체가 멸시를 받았다. 스탈린 시대 막바지에는 이미 민중 속에서 분별하는 것은 불가능했다. 혁명으로 체포된 이들은 다른 얼굴과 다른 성격과 다른 관습과 사고를 갖고 있었다.

스탈린이 독소 전쟁에서 승리의 길 위에 붉은 군대의 시체를 무모하고 무자비하며 무분별하게 쌓아 올린 것을 물리적 민족 말살이 아니면 뭐라고 불러야 하는가? (박해를 받는 보병이 지뢰가 매설된 들판을 맨다리로 걸어 다니며 '지뢰 제거'를 하는 것조차도 이를 제대로 보여주지 못한다.) '700만 명'이 희생된 스탈린 시대와 '2,000만 명'이 희생된 흐루쇼프 시대 이후, 마침내 러시아 언론에 3,100만 명이라는 실질적인 희생자의 수치가 게재되었다. 인구 전체의 5분의 1이라니, 참으로 기절초풍할 만한 수치이다! 도대체 이렇게 많은 사람이 전쟁터에서 쓰러진 역사를 가진 민족이 있는가? 1945년의 우리 '승리'는 스탈린의 독재가 강화되고 농촌에서는 사람이 완전히 사라지는 형태로 구체화되었다. 국가는 죽은 듯 누워 있었고, 수백만의 독신 여성들은 민중의 삶을 이어갈 수 없었다.

그러나 물리적 대량 학살 또한 공산주의 정권의 최고 업적은 아니다. 죽음을 모면한 사람들은 수십 년 동안 마음을 타락시키고 정신을 우둔하게 만드는 선전으로 세뇌 당했고, 끊임없이 복종의 표시를 내보여야 했다. (정권에 순응하는 인텔리겐치아에게는 이 선전물을 정밀하게 다듬는 일이 맡겨졌다.) 이 우레와 같이 의기양양한 이데올로기적 가공은 민족의 도덕적, 지적 수준을 낮추고 또 낮추었다. (자신의 노동을 헐값에 제공하고도 11월 7일에 색 리본이 매인 비스킷 500그램을 받은 것이 전부인 시절을 행복과 평안의 시대로 회상하는 오늘날의 노인들과 중년들은 오직 그런 교육만 받을 수 있었다.)

그러나 외교 정책에서, 오! 공산주의자들은 이 논설에서 이미 여러 번 언급한 황제 시절의 외교 정책의 동일한 과오와 실수를 단 한 번도 되풀이하지 않았다. 공산주의 지도자들은 그들에게 필요한 것이 무엇인지 항상 정확히 알고 있었고, 모든 행동들은 항상 오직 유익한 목표를 향해 있었으며, 단 한 번도 너그럽거나 사욕 없는 행동을 하지 않았다. 그리고 적에 대한 평가는 매번 냉소주의, 잔혹함, 통찰력과 함께 올바르게 파악되었다. 긴 러시아 역사의 흐름 속에 처음으로 소비에트 외교가 기지 있고, 물러서지 않으며, 예리하고, 비양심적이었으며, 항상 서양의 외교를 능가해 무찔렀다. (바로 그 발칸반도도 공산주의자들이 더 큰 노력을 들이지 않고 점령했으며, 별다른 저항 없이 중앙아메리카, 남아프리카, 남아시아로 침투해 들어갔다.) 게다가 소비에트 외교는 매력적인 이데올로기의 깃털로 치장하고 있었고, 이는 서양의 선진 사회에서도 열렬한 공감을 이끌어 냈으며, 이로 인해 서양의 외교관들은 간신히 논쟁을 이어가며 고개를 들지 못했다. (그러나 참고

로, 소비에트 외교도 자기 민족의 이익이 아닌, '세계적 혁명'
이라는 다른 이의 이익을 좇았다.)

그리고 이러한 눈부신 성공들은 민족성은 찾아볼 수 없는
소비에트 애국심이란 발명품으로 사람들의 둔해진 머리를
속이고 또 속였다. (위대한 소비에트 연맹의 오늘날의 나이
든 열성분자와 볼셰비키들은 이렇게 교육받았다.) 단순한 삶
을 위한 생기 없는 경제, 쓸모없는 저질 상품의 기형적인 생
산, 광활한 자연 공간의 훼손, 지나친 천연자원 고갈로 평가
되는, 이제는 이미 널리 알려진 소비에트의 '산업적 성공'을
여기서 다시 언급하지 않겠다.

그러나 인구로부터 생명 즙을 착즙하는 모든 과정에서도
소비에트 시스템은 균등하지 않았다. 레닌주의 사상에 따르
면 규모가 크고 강한 공화국들, 즉 슬라브 공화국, 특히 '대
러시아 쓰레기(레닌의 표현을 빌리면)'에 주된 탄압을 가해
야 했고, 주된 세금을 '쓰레기'로부터, 게다가 처음에는 소수
민족과 연방 공화국, 자치 공화국에 의지하여 징수해야 했다
(그리고 실제로 그렇게 했다). 러시아 공화국(러시아 소비에
트 연방 사회주의 공화국, RSFSR)은 소비에트 경제 시스템
의 주된 부담을 짊어졌고, 러시아 공화국의 예산에서 불균등
하게 큰 공제액이 차감되었으며, 가장 적은 투자액을 받았고,
그곳의 농민들이 자신의 노동력의 산물을 조지아산(産)보다
20배 싸게(감자와 귤의 가격 차이) 팔았다는 사실은 오늘날

이미 잘 알려진 사실이며 수차례 발표된 바 있다. 바로 러시아 민족을 단절시키고 민족의 힘을 고갈시키는 것은 레닌의 노골적인 과제 중 하나였다. 그리고 스탈린은 심지어 그 유명한 '러시아 민족'에 대한 감상적인 건배사를 외칠 때에도 이러한 정책을 계속 고수했다. 마치 러시아의 이름을 복원시키려는 듯한 전후 스탈린주의 제스처들은 피상적이었고(심지어 가소로웠다), 이제는 소비에트 공산주의 이데올로기의 딱지를 뗄 수도, 러시아 공화국을 민족 공화국들을 위한 공여자로 착취하는 국가 경제 전략을 변경할 수도 없었다.

스탈린 이후의 시기에도 여기서 바뀐 것은 하나도 없었다. 브레즈네프 시대(정제 설비가 다 마모될 때까지 해외 원유 수출에 계속 기생한 시기)에 '중심부의 빈곤화'를 악화하고 중부 러시아를 파괴하는 또 한 차례의 돌이킬 수 없는 끔찍한 조치가 취해졌다. 수천, 수천 개의 '전망이 없는 농촌'을 '폐쇄(많은 편의 시설과 경작지, 목초지를 포기하는 것)'하는 조치였다. 이것은 아직 목숨이 붙어 있는 러시아 농촌에 날리는 참혹한 마지막 타격이자 러시아 땅의 윤곽 전체를 왜곡하는 것이나 다름없었다. 그리고 러시아의 숨통을 끊는 끔찍한 일격이자 노망 난 소비에트공산당 중앙위원회의 얼빠진 헛소리인 '러시아 강들의 역류' 정책은 낭떠러지 가장자리에서 최후의 순간에 다행스럽게도, 소수의 용기 있는 러시아 학자와 작가 집단에 의해 면할 수 있었다.

공산당이 집권 첫 주부터 민족 전 계층에 대해 눈을 부릅
뜨고 조직적으로 시행한 '미운털 뽑기식 말살 정책(카운터
셀렉션)'은 체카(반혁명 방해 공작 대처를 위한 국가특수위
원회) 첫날부터 싹이 보이는 민족을 예견하고 저항을 무력화
시켰다. 초창기에 페트로그라드 프롤레타리아 파업과 동시에
일어난 크론슈타트 봉기와 탐보트 봉기, 서시베리아 봉기 및
기타 농민 운동들로 인해 저항 운동이 터져 나올 수 있었으
나, 이러한 모든 봉기들은 다시 떠오르지 못할 만큼 깊은 죽
음 속으로 잠겼다. 그리고 작은 덩어리들(1930년 이바노프
방직공 동맹파업과 같은)이 위로 떠올랐을 때, 세계뿐 아니
라 소비에트 공간 내에서조차 이에 대해 알아채지 못했다. 그
어떤 소리도 새어 나가지 못하고 완전히 삼켜졌다. 민중의 정
권에 대한 진실된 감정이 터져 나와 모습을 드러낼 수 있었던
것은 (어떻게 눈에 띄게 감정을 내보일 수 있었겠는가!) 오직
독소 전쟁 시기뿐이었다. 1941년 여름에만 300만 명 이상
의 죄수가 투항을 했고, 1943년부터 1944년 동안 주민들의
대열이 줄지어 자발적으로 독일군 뒤로, 마치 독일군이 조국
의 군대인 것처럼 후퇴했다…. 만일 고통받은 우리 국민들에
게 독일의 침공으로부터 기대할 수 있는 게 없다는 것을 보여
준 나치군의 인종적 미련함과 교만함이 없었더라면 전쟁이
시작되고 첫 몇 달 동안 소비에트 정권은 쉽게 붕괴하고 우리
를 해방시켜줄 수 있었을 것이다. 오직 스탈린만이 독일의 침

공으로부터 무언가를 기대하고 있었다. 나는 이미 『수용소군도』에서 독일 측에 서서 러시아 의용군을 조직하려는 시도와 이후 블라소프 군대 창설의 시작에 관해 서술한 바 있다. 그리고 볼셰비키 사상가들(그리고 소심한 소비에트 인텔리들) 뿐 아니라 (러시아인들이 해방이라는 목표를 가질 수 있다는 것을 상상하지 못한) 서방에 의해서 러시아 해방군의 역사가 더럽혀졌지만, 러시아 해방군은 놀랍고 용기 있는 페이지를 장식하며 러시아 역사에 새겨진다. 러시아 역사의 길이와 장래성을 우리는 심지어 오늘날에도 믿고 있다. 러시아의 목표를 위해 마다하지 않고 국가의 외부의 적과 허울뿐인 연맹을 결성한 블라소프 장군은 비난을 받는다. 하지만 사실, 우리가 봐왔다시피 엘리자베타도 비론의 폭정을 전복시킬 당시 적이 너무 위험하고 뿌리가 깊었기에 마찬가지의 보여주기식의 연맹을 스웨덴 및 프랑스와 결성한 바 있다. 스탈린 이후의 시대에도 러시아인들의 저항이 무롬과 알렉산드로프, 크라스노다르, 특히 노브체르카스크에서 이따금 번뜩이기도 했다. 그러나 이러한 저항은 더할 나위 없이 훌륭한 볼셰비키의 '(소리를 덮어주는) 덮개' 덕분에 수십 년 동안 소리 없이 세상에 알려지지 않았다.

독소 전쟁의 피비린내 나는 전투가 모두 끝난 후, 스탈린주의 독재 정권이 새로운 도약을 맞이한 후, 전쟁 중에 어떻게 유럽인들과 접촉이라도 한 모든 사람들을 빈틈없는 장벽으로 둘러싸인 감옥에 앉히고 난 후, 그리고 전후에 잔인한 집단농장법(근무일에 생산 성과가 좋지 않으면 유배를 보낸다!) 도입 후, 러시아 민족, 그리고 그와 함께 소비에트 역사를 공유한 민족들에게 종말이 도래한 것일까?

아니다. 그것도 끝이 아니었다.

역설적이게도 위선적이고 무책임한 고르바초프 시대의 '페레스트로이카'를 지나, 이후 옐친 시대의 러시아와 러시아인을 상대로 한 금융 강도라는 또 한 차례의 눈사태를 겪고 난 이후에야 우리는 마지막에 가까워졌다.

볼셰비키의 바위 아래에서부터 단계적으로 신중하게 빠져나오는 합리적인 길은 적지 않았다. 고르바초프는 가장 애매하고 가장 혼란스러운 길을 선택했다. 살짝 변형된 형태의 사회주의와 당 노멘클라투라(구 소련의 특권 계급)들의 이익을 유지하려 했기 때문에 애매한 길이었고, 볼셰비키처럼 어리석은 데다 과부하로 인해 설비가 마모된 상황에서 불가능하고 치명적인 '가속화'라는 구호를 내세웠기에 혼란스러운 길이었다. '가속화'가 불가능해지자 고르바초프는 존재할 수 없는 '사회주의 시장'이라는 것을 꾸며냈는데, 그 여파로 생산 관계의 붕괴와 생산의 약탈 현상이 일어났다. 그리고 고르바초프는 '페레스트로이카(개혁)'를 '글라스노스트(개방)'와 함께 추진했는데, 거기엔 단 하나의 목표를 향한 근시안적인 계산이 깔려 있었다. 페레스트로이카(새로운 형태의 여물통)

로부터 얻게 될 자신의 이득에 대해 이해조차 하지 않으려는 극단적인 공산주의 추종자들에 대항하는 인텔리들을 동맹자로 삼는 것이었다.

또한 고르바초프는 이 글라스노스트가 동시에 모든 격분한 민족주의자들에게 문을 열어주고 있다는 것을 꿈에도 상상하지 못했다. (1974년작 논문집 『바위 아래에서부터』에서 우리는 민족적 증오심으로 소비에트에 매우 손쉽게 불을 지필 수 있을 것이라 예측했다. 당시에 나는 스톡홀름에서 "만일 소비에트가 갑자기 민주주의를 선언한다면, 우리에겐 그 민주주의를 완전 찰나에 씻어버릴 민족 간 섬멸전이 벌어지게 될 것"이라고 경고한 바 있다. 그러나 소비에트공산당 지도자들은 이를 이해할 수 없었다.) 그리고 바로 엊그제까지 수십 년에 걸쳐 열성적이고 성공적으로 공산주의 체제를 이끈 몇몇 민족 공화국의 민첩한 총통들은, 한순간에, 즉 누군가는 48시간 만에, 또 누군가는 24시간 만에 자신을 열성적인 민족주의자이자 지금부터 주권 공화국인 자신의 조국의 애국자로 선언했고, 그들에겐 그 어떤 공산주의의 잔재도 남아 있지 않았다!

끝나지 않는 고통

1991년 소비에트의 붕괴로 인해 지방의 민족 통치자들은 공화국과 자치국 내의 텅 빈 꼭두각시에서 실질적인 통치자로 거듭났고, 개방적이고 엄격한 국가 정책을 펼치며 러시아 문화를 억압했다. 더 나아가 교육받은 러시아 사회에서 '러시아인', '정교회 신자', 그리고 '애국심'의 정의에 의심스럽고 꺼림칙한 인상을 심어, 그 쓰임새와 의미를 퇴색시키는 손해를 입혔다.

비록 지난 수십 년 동안 우리가 소비에트를 통치한 건 아니지만, 우리가 아니라면 그 누가 범세계적으로 저질러진 모든 악행을 책임진단 말인가? 그렇다, 책임은 오로지 우리에게, 정확히 지목하자면 러시아인에게 있다! 이 부분에선 이례적으로 모두가 기꺼이 우리에게 일등을 양보한다. 사리사욕에 눈이 먼, 얼굴 없는 악당이 우리의 이름을 빌려 원하는 대로 지배했으니 다른 이들과는 달리 우리는 그렇게 빨리 손을 씻을 수 없다.

소비에트연합의 붕괴는 재난이 아니다. 그것은 불가피한 일이었다. 미래의 혼란을 야기한 거대한 재난은 바로 레닌이 그은 (역사적 근거가 없는) 거짓 국경에 따라 자동으로 붕괴가 일어나, 러시아에서 러시아 주(州) 전체가 잘려 나갔다는 점이다. 불과 며칠 만에 우리는 전체 러시아인 인구의 18퍼센트인 2,500만 명의 러시아인을 잃었다. 옐친 정부는 러시아에 엄청난 역사적 충격을 안긴 이 끔찍한 사건을 언급하거나, 정치적인 이의를 제기할 용기도 없었다. 그렇게 해서 미래에 어떠한 협상을 끌어낼 수 있는 여지도 남기지 않았다. 그렇다…. 8월의 '승리'(1991년)에 취해 이 모든 것을 놓쳐 버렸다. (심지어 러시아 공화국이 '독립'을 선언한 날을 나라 의 국경일로 지정하였고, 이를 통해 2,500만 명의 완전한 분 리 또한 선언했다.)

내가 「어떻게 러시아를 재건할 것인가」라는 글에서 언급 했듯이 가장 좋은 해결책은 세 슬라브 공화국과 카자흐스탄 의 국가연합이다. 언론에 따르면 벨라베자 조약에서도 크라 프추크가 동료들에게 진정한 끊을 수 없는 동맹, '투명한' 국 경, 단일 군대와 단일 통화를 약속했다고 한다. 그러나 이 모 든 것은 단지 단기적인 속임수였다. 그중 어느 것도 이루어지 지 않았고, 얼마 후 크라프추크는 "'투명'한 경계라는 허상에 서 벗어나야 한다"라고 대놓고 말했다. 그리고 입장을 완전 히 바꿨다. 국제 유가로의 전환은 '러시아의 명백한 협박'이 며(쿠치마 총리), 더 나아가 '국제 유가에 접근하는 것은 경 제 전쟁이나 다름없다'. (주 모스크바 우크라이나 대사의 말 이다. 여기서 또 '전쟁'이 등장했다. 이것이 전쟁이라면, 전 세 계인이 국제 가격으로 거래하는데, 왜 그 누구도 이를 '전쟁' 이라 부르지 않는가?)

그러나 러시아는 갈기갈기 찢겨 있는 상태였다. 러시아인 들은 어디로 이동하지 않고, 아버지와 할아버지가 살았던 '국 경 너머' 장소에 남아 있었다. 전례를 찾아볼 수 없는 세계에서 가장 큰 2,500만 명의 디아스포라. 어떻게 우리가 그들에게 등을 돌릴 수 있을까? 지난 기간 동안 우리는 중앙아시아에서 쫓겨나고, 본래 자신의 고향이었던 그루지아에서도 내쫓긴 4만 명의 메스케티안 투르크인들을 위해 땅을 내어주었다. 아제르바이잔에서 내쫓긴 아르메니아인들, 그리고 분리를 선언했던 체첸인들에게도 모두 터전을 제공했다. 심지어 자기 나라가 있는 타지크인들도 받아들였지만, 타지키스탄에 살고 있던 12만 명 이상의 러시아인은 돌아오지 못했다. 제때 알아챘더라면 많은 사람을 러시아로 데려올 수 있었을 텐데 말이다. 실제로 우리에겐 체첸에서 항상 강도와 폭력, 죽음의 위협에 노출되어 고통받는 러시아인들을 데려올 의무가 있지 않았는가? 또한 투바 공화국에서 러시아인들을 추방하기 시작했을 때도 과연 얼마나 많은 사람을 데려왔는가?

아니, 러시아는 러시아인을 위한 터전도 그들을 도울 재간도 없다며 포기했다. 우리의 독선적이고 무책임한 국가 두마는 그들에게 러시아 시민권을 돌려주는 일마저 어렵게 만들었다. (러시아 시민권 반환에 관한 법률에도 이민자 목록 중 러시아인이라는 용어는 언급되지 않았다.)

이는 자국민에 대한 배신이며, 전 세계 앞의 망신이다. 세상에 누가 이런 짓을 한단 말인가? 서방 국가들이 위험에 처한 국민 2~3명 때문에 얼마나 염려하고 조바심을 내는지 보라. 그런데 우리는 자그마치 2,500만 명을 내팽개치고도 까맣게 잊어버렸다.

우리를 향한 서방 국가들의 완강한 비난만 봐도 이것이 얼마나 큰 굴욕이자 흉인지 알 수 있다. 헬싱키 협정에 (유럽에서 우위를 유지하기 위한 소비에트의 요구에 의해) 국경선의 불가침이 명시되면서, 서부 정치인들은 무턱대고 무책임하게 내부적·행정적 국경을 옮겼다. 이런 경솔한 결정이 (티토가 부정확하게 국경선을 그어놓은) 유고슬라비아에서 다년간의 파멸적인 전쟁을 촉발했다. 숨가이트, 두샨베, 비슈케크, 오시, 페르가나, 망기스타우, 카라바흐, 오세티야, 그리고 조지아와 같이 무너지는 소비에트에서도 마찬가지였다. (그러나 이런 칼부림이 러시아에서 러시아인들에 의해 일어난 것이 아니라는 사실을 알아야 한다.) 하나 사실은 국경이 확고해야 하는 것이 아니라, 영토에 거주하는 민족의 의지가 확고해야 한다. 부시 대통령은 레닌이 그은 국경선으로 분리된 우크라이나에 동정을 표하며 우크라이나 국민 투표에 무례하게 개입할 수 있었다. (만약 북아일랜드였다면 그가 과연 이런 말을 할 수 있었을까?) 우크라이나 주재 미국 대사 파파듀크는 세바스토폴이 본래 우크라이나 영토라고 선언했다. 그는 무슨 역사적 지식이나 법적 근거로 자신의 견해를 내놓았을까? 이에 대한 설명은 없었고, 그럴 필요도 없었다. 왜냐하면 곧바로 미국 국무부가 파파듀크 대사를 지지했기 때문이다. 중앙정부 관할 시였기 때문에 크림반도에서 제외되어, 정신 나간 흐루쇼프가 우크라이나에 '선물할' 생각을 하지 못한 그 세바스토폴을 이야기하는 것이다. (그런데 미국 국무부가 대체 세바스토폴과 무슨 상관이란 말인가?)

러시아의 약점과 지속적인 파편화에 대한 많은 서방 정치인들의 관심과 바람은 의심할 여지가 없다. (이와 같은 지속적인 관심에 대해 미국 라디오 방송《자유》가 수년간 청취자들에게 들려주고 있다.) 그러나 나는 이 정치인들이 21세기를 장기적인 관점에서 내다볼 줄 모른다고 단언한다. 언젠가는 유럽과 미국 전체가 러시아를 동맹국으로 필요로 할 때가 반드시 올 것이다.

소비에트연합 공산주의 붕괴의 결과는, 8월에 목놓아 외쳤던 것처럼, 즉각적인 민주주의의 확립이었어야 했다. 그러나 70년 동안 이어진 전체주의의 토양에서 어떻게 민주주의가 순식간에 자랄 수 있는가? 변방 공화국에서 너무나도 완벽하게 무엇이 자라나는지 보여주었다. 그렇다면 러시아는? 우리는 오직 조롱 섞인 목소리로만 1991년 이후의 정권이 민주 정권, 즉 국민의 권력에 의한 정권이라고 말할 수 있을 것이다. 국가 두마(하원)의 좌석 절반이 국민의 권한을 대표하는 사람들이 아니라 '정당'의 익명인에게 주어지는 우리의 열등한 체계는 이미 부패했다. 정당들이 무슨 자금으로 국가 두마의 전체 분위기를 결정하는지는 알려진 바가 없다. (만약 의회 시스템을 신뢰한다면, 모든 선거구에서 소선거구제가 시행된다는 전제 하에 당선인을 '국민들이 선택한 자'로 확실하게 간주한다. 그러나 의회 시스템을 신뢰하지 않는다면, 어떤 배경을 선택하든, 그것이 정당을 보고 고르는 것이라도 상관없다. 1990년 『러시아의 재건』에서 나는 러시아 전통에 입각한, 민주주의가 보장된 완전히 다른 선거 제도를 제안했다. 이 제도의 장점은 인접한 자치 단위 간 인물에 대한 정보를 직접적으로 얻을 수 있고, 신뢰 형성이 가능하다는 점에 있다. 하지만 이 선거 제도는 아주 느리게 형성된다. 우리는 서방 모델에 순식간에 성장한 모습을 보여주고 싶어 했다.) 우리가 민주주의를 갖지 못한 이유는 활발하고 자유로운 지방 자치 제도가 없었기 때문이다. 우리 국민은 자신의 운명의 주인이 아니라 장난감이다. 지방 곳곳은 '아무도 우리를 신경 쓰지 않는다', '우리는 누구에게도 필요 없다'라는 절망에 빠져 있다. 그리고 이것이 사실이다. 국민들에게는 새로운 부담이 연이어 지어지는데, 공산주의 노멘클라투라는 고르바초프의 사전 준비에서도 교묘히 벗어나 '민주주의자'로 완벽히 적응하여 국가의 중대한 토대가 흔들릴 때도 별다른 타격을 입지 않았다. (노멘클라투라의 '황금 아들들', 공산청년동맹의 지도자들과 공산특별대학의 학생들은 곧바로 국가 행정부로 가거나, 신발을 벗어 책상을 내려칠 만큼 그들의 아버지가 저주하던 미국으로 기꺼이 떠나기도 했다. 다른 많은 사람들 또한 서방에 착륙장을 준비하고 있었다.)

행정부와 소위 입법부는 1년 반 동안 양쪽 모두가 기진맥진한 싸움을 지속하며 국가적 망신을 초래했다. (또한 여기에서 빼놓을 수 없는 역설적인 점이 있다. 최고 회의와 전체주의 지지자들은 전술적 목적으로 전력을 다해 '민주주의 원칙'을 고수해야만 했고, '민주주의자'들도 같은 전술상의 이유로 정권의 권위주의를 주창했다. 그만큼 각자의 원칙이 확고했다.) 양측은 무책임하게 앞다투어 자치공화국의 분리주의를 유린하면서 분개한 주, 변강주들이 스스로를 공화국으로 선포하도록 부추겼다. 그들에게 그 외에 다른 방도가 있었을까? 또한 만약 이와 같은 양두정치의 쇼가 끝나지 않았더라면, 러시아는 이미 산산조각이 났을 것이다. (다시 한 번 레닌이 '연방 조약'을 들고 무덤에서 벌떡 일어날 일이다. 그러나 러시아는 단 한 번도 연방 정부였던 적이 없으며, 그렇게 만들어지지도 않았다.)

그리고 다시 한 번 망신스럽게도 이 위기가 무관한 사람들의 피와 폭력으로 해결되었을 때, 민주주의가 아래로부터 흘러나오지 않고, 위에서, 중앙 의회에서부터 '정당 명부'를 통해 최악의 방향으로 흘러갔다. 정당이 당신의 선거구 대표가 될 사람을 결정하게 된 것이다. 그리고 이는 의회 의원들에게 호사스러운 특혜를 쥐여주며 또다시 국가의 빈곤을 초래했다. 우리 러시아가 가진 불행하고도 고질적인 특성이 있는데, 바로 아래에서 모이는 법을 도저히 배우지 못하고 군주나 수령, 혹은 영적, 정치적 지도자들의 지시를 마냥 기다리는 습성이다. 하지만 위에선 하찮은 북새통을 떨어댈 뿐, 그 어떤 지시도 내려오지 않았다.

옐친의 형편없는 '개혁'은 러시아 인구를 부유층과 빈민층으로 나누었다. ('귀족 자유에 관한 명령'이 시행된 1762년 당시보다 훨씬 더 가파른 계층이었다.) 하지만 이처럼 어리석은 '개혁'의 가장 무서운 결과는 경제적인 문제도 아닌 정신적인 문제였다. 야단법석을 떠는 비생산적 상업의 약삭빠른 사기꾼들과 (그들은 자기만족에 빠져 방송에서까지 기쁨을 표출하는 데 주저하지 않았다) 가이다르-추바이스식 개혁이 무방비한 공포와 절망으로 우리 대중을 이끌었다. 글렙 우스펜스키의 말에 따르면 그 공포는 오직 개혁 이후 일반 사람들이 견뎌내지 못한 '루블 쇼크'와 비견할 만하다. 그리고 이때부터 러시아는 파국으로 향하기 시작했다.

파멸적인 '개혁'이 가져온 가장 뚜렷한 결과와 반작용은 인구 상황에 나타나 있다. 매년 거의 100만 명씩 죽어나갔고, 꽃다운 나이의 청년들이 집단으로 자살했다.

최종적인 충격은 국가보다 국민의식에 더 강하게 가해졌다. 정의의 형체라도 존재할 것이라 믿었던 마지막 희망과 마지막 정신적 지주마저 망가뜨렸다. 그리고 신흥 대자본가와 뇌물 수수자들의 노골적인 뻔뻔함과 그들 패거리의 거리낌 없는 부도덕성이 더해졌다. 막강한 새로운 관료 정치의 어두운 부패와 새로운 돈주머니로 매수한 보여주기식 민주주의가 국민의식을 끌어내려 완전히 붕괴시켰다.

또한 대외정책에서 충격적이게도 '넥타이 없는 만남'이 등장했다. (그러한 만남이 대체 무엇인가? 수 세기 동안 여덟 번의 고달팠던 전쟁을 치르며 우리 선조들이 얻은 것이 흑해로 통하는 길이라면 어떠한 예를 계속 찾아야 한단 말인가? 벨라베스카야 숲의 소가 혀로 훑어 순식간에 모두를 화합 파티에 밀어 넣기라도 했단 말인가?)

고르바초프와 옐친 집권 시기에 개선된 (새것은 아닌) 정부 기구는 체계적이고 철저한 계획에 따라 점진적으로 형성된 것이 아니다. 약탈로 인한 혼란의 도가니 속에서 공산주의와 공산청년동맹 노멘클라투라의 일원들, 권모술수를 쓰며 적극적으로 비위를 맞추는 자들이 그 자리를 차지했다. 이런 잡다한 구성 때문에 정부 기구는 국가의 사상에 맞춰 통일하거나 하나의 목표를 가지고 단합할 수 없었다. 그들만의 끈끈함으로 뭉쳐져 그 어떤 번개도 뚫지 못하는 견고한 상태가 되었다.

도덕적인 러시아는 가능한가

오늘날 우리의 역사는 잃어버린 시간처럼 보인다. 그러나 올바른 노력과 의지를 보이고, 국가 내부와 국경 지대의 안녕을 돌보면서, 이미 초기에 겪은 여러 경험을 바탕으로 남의 일에 기웃대지 않는다면, 역사는 이제부터라도 충분히 건전한 방향으로 흘러갈 수 있다.

러시아의 운명은 건강한 국가 내부 건설을 시작할 수 있는지, 그리고 어떤 방식으로 그것을 이룩하는지에 달려 있다. 만약 우리가 우리의 민족성에 맞지 않는 타국의 사례들을 무턱대고 흉내 낸다면 고통만 남을 것이다. 과연 삶의 방식을 복사해낼 수가 있을까? 삶의 방식은 나라의 전통과 유기적으로 섞여야 한다. 예를 들어 일본은 남의 것을 베끼지 않고 독창성을 유지하며 세계적인 문명사회로 거듭났다. 구스타브 르봉이 정의한 바와 같이 민족의 정신은 전통, 사상, 감정, 선입관의 결합으로 이루어져 있다. 이 모든 것은 없앨 수도 없고, 또 그럴 필요도 없다.

우리는 이미 수년째 오로지 경제에 대해서만 논의하고 있다. 하지만 지금 국가가 마주한 위기는 경제보다 훨씬 더 깊은 곳에 있다. 바로 의식과 도덕의 위기인데, 그 정도가 굉장히 심각해서 빠져나오려면 몇십 년 또는 몇 세기가 걸릴지 가늠조차 할 수 없다.

우리는 도덕적인 러시아를 건설해야 한다. 그렇지 않다면 아무것도 세우지 않는 것과 다를 바가 없다. 우리는 아직 기적적으로 짓밟히지 않은 키예프 루시의 선한 씨앗들을 지키고 키워내야 한다. 학교를 세워 아둔하고 패덕한 사람들의 아이들을 1학년부터 교육해, 아이들이 도덕성을 갖춘 채로 졸업하게 해야 한다. 최근에 나는 지방에서 보내온 수많은 편지로 정신적으로 건강한 사람들이 광활한 러시아 땅에 흩어져 있다는 사실을 알 수 있었다. 그들 중에는 종종 젊은이들도 있었는데 각자 뿔뿔이 흩어져 있어 정신의 자양분을 얻지 못하고 있었다. 고국으로 돌아가면 그들을 최대한 만나보고 싶다. 오직 희망만이 살아 있는 인간의 건강의 핵심이다. 어쩌면 그들이 성장해서, 서로에게 영향을 주며 힘을 합쳐 우리 민족을 차츰차츰 치유할지도 모른다.

250년이 지났지만, 우리 앞에는 여전히 표트르 슈발로프가 남긴 민족 보존의 과제가 우뚝 서 있다.

다시 우리의 주제인 '러시아 문제'로 돌아가 보겠다. (인용부를 사용한 이유는 종종 이렇게 쓰이기 때문이다.)

루스키(러시아 민족)의 문제인가, 러시스키(러시아 국민)의 문제인가?

다민족 국가인 러시아에서 두 용어는 각각 고유한 의미가 있어 이를 준수해야 한다. 알렉산드르 3세는 '러시아는 러시아인의 소유여야 한다'고 말했다. (여기서 러시아인은 루스키만을 의미하는 것은 아니다.) 그러나 그 이후로 역사적 시대가 한 세기 더 성숙해져 이제 그렇게 말하는 것은 불공평하다. (우크라이나에 대해 우크라이나 쇼비니즘주의자들이 말하는 것처럼 말이다.) 민족의식은 예외 없이 항상 어디서나 존중받아야 한다. (나는 이미 『러시아의 재건』에서도 러시아에서 유익한 민족의 화합을 이끌어 각 문화의 전일성과 언어를 보존해줘야 한다고 말한 바 있다.) 그리고 '러시스키'와 '루스키'는 각자 이해의 규모를 가지고 있다. 공식적으로 사용이 불가피한 '러시아인'이라는 단어만 봐도 무기력하게 들린다. 왜냐하면 모르드바인도 츄바시인도 자기 자신을 그렇게 부르지 않기 때문이다. 그들은 "나는 모르드바인이다", "나는 츄바시인이다"라고 말할 것이다.

수 세기 동안 모든 민족 이동에 열려 있던 러시아의 광활한 평원에서 수많은 부족이 러시아 민족과 섞였다는 누군가의 지적은 옳다. 하지만 '민족성'에 대해 말할 때 우리는 핏줄을 일컫는 것이 아니라 항상 사람의 정신, 의식, 취향을 말해왔다. 민족 간의 혼혈은 아무것도 결정지을 수 없다. 이미 수 세기 동안 러시아의 정신과 러시아 문화가 존재해왔고, 이러한 유산에 정신적으로, 의식적으로, 마음으로 매인 모든 사람이 본질적으로 러시아인이다.

오늘날 모든 변방 공화국에서 애국주의는 '진보적'이라 여겨지고 있고, 그곳에서는 호전적이고 열렬한 민족주의를 그 누구도 감히 '쇼비니즘'이나, '파시즘'이라고 절대 부르지 않는다. 그러나 러시아의 애국주의는 20세기 초의 혁명적 민주주의자들로부터 붙여진 '반동적인' 정의를 유지하고 있다.

그리고 현재 러시아 민족의식을 드러내는 모든 표현은 강력히 규탄을 받고, '파시즘'과 가깝다고 속단되기도 한다. (단일 민족국가의 인종적인 토대가 없다면 불가능해서 러시아에선 존재한 적도, 존재할 수도 없는데 말이다.)

나는 논설 「후회와 자숙」에서 애국심에 대한 정의를 내린 바 있다. 20년이 지난 후에도 나는 이 정의를 고칠 생각이 없다. '애국심이란 국가를 위해 비굴하게 헌신하지 않고, 국가의 부당한 주장을 지지하지 않고, 솔직하게 단점과 과실을 평가할 줄 아는 국가에 대한 온전하고 끈끈한 사랑의 감정이다'. 이런 애국심을 가질 권리는 모든 민족에게 있으며 러시아인 또한 마찬가지이다. 이와 별개로, 러시아인들이 유혈 사태와 '미운털 뽑기식 말살 정책(카운터 셀렉션)'으로 인한 손실, 억압과 의식 우롱 행위를 겪은 후, 오늘날 러시아에서 애국심은 산산조각으로 흩어져 하나의 운동으로 인식되어 존재하지 않으며, 자신을 '애국주의자'라 부르는 대다수의 사람 또한 공산주의의 자양물로 파묻혀 그 속에서 사라져버렸다. (그리고 이미 여러 차례 러시아를 망가뜨렸던, 지금의 우리에겐 힘에 부치는 범슬라브주의의 망령이 또다시 그 모습을 드러내려 한다.)

이 논설 초반에서 짧게 개별적으로 둘러본 지난 4세기 동안의 러시아 역사는 극도로 비관적으로 보일 수 있다. 또한 현재의 깊은 몰락과 러시아 민족의 추락만 아니었다면 '페테르부르크 시대'가 부당하게 명성을 잃었다고 볼 수 있다. 한때 강대하고 건강했던 러시아가 어떻게 이렇게 무너질 수가 있었나? 17세기, 1917년, 그리고 현재, 이 세 차례의 고통스러운 동란의 시기가 그저 우연일 리가 없다. 어떤 근본적인 국가적, 정신적 결함이 이 혼란으로 이끌었을 것이다. 우리가 400년 동안 불필요한 외부의 일에 민중의 힘을 소비해왔고, 1917년도에는 무턱대고 약탈과 직무유기의 값싼 미끼를 물었으니, 언젠가는 그 대가를 치러야 하지 않을까? 오늘날 우리의 초라한 상황이 역사 속에서 어떻게든 축적되어온 것이 아닐까?

그리고 지금의 러시아 연방에서 (헌법에 단 한 차례도 언급조차 되지 않은) 러시아 민족이란 무엇인가? 러시아 민족은 모든 (사라질 정도로 소수가 아닌) 토착 민족 중에 유일하게 홀로 뚜렷한 자신의 영토를 가지고 있지 않다. 민족 공화국의 모든 학교에서는 러시아 역사를 필수 과목으로 지정하지 않고 있다. 그러나 일반적인 학생 수용에도 불구하고 러시아 학교가 국내에서 극심한 반발과 의혹을 사고 있다.

그리고 이제 우리는 1990년대의 러시아 대재앙까지 맞닥뜨리게 됐다. 지난 100년 동안 많은 사건이 얽히고설켜 여기로 이끌었다. 1917년, 볼셰비키의 70년 동안의 부패, 그리고 수용소군도로 끌려간 수백만 명과 전쟁터에서 보살핌 없이 잠든 수백만 명으로 인해 남성들이 러시아 시골로 돌아오는 일이 드물어졌다.

그러나 이보다 더 치명적인 것은 우리의 선조들이 알고, 우리의 작가들이 수없이 묘사하고, 통찰력 있는 이방인들이 관찰했던 러시아 민족성 자체가 소비에트 시절 전반에 걸쳐 짓눌리고 어두워지고 파손되었다는 점이다. 볼셰비키는 우리의 민족성을 잡아 찢고 엉클어뜨리고 불태웠다. 무엇보다 동정심, 남을 도우려는 이타심, 형제애를 불태워 없애고, 사악함과 무자비함을 일깨웠다. 그러나 우리의 치명적인 민족적 결함은 메우지 못했다. 바로 자기 주도적, 자기 조직적 능력의 부족으로 인민 대신 위원들이 모든 것을 지시했다는 점이다. 우리에게 있었던 개방성, 정직성, 높은 단일성, 자연스럽고 꾸밈없는 자유, 사교성, 운명을 신뢰하고 받아들이는 유순함, 참을성, 인내력, 대외적 성공을 좇지 않는 태도, 자기비판과 후회에 대한 각오, 업적을 세웠음에도 불구하고 잃지 않는 겸손함, 연민, 그리고 관대함이 우리의 정신에서 사라져버렸다.

그리고 뇌물 수수자와 도둑 무리에겐 기쁘게도 이 대재앙 속으로 옐친의 파멸적인 '달러 쇼크'마저 국민들에게 떨어졌다. 충격은 참혹하고 흉악한 범죄 사회로 우리를 몰아넣었고, 또다시 새로운 방향으로 민족성을 뒤흔들었다. 예전에 선한 성정을 유지했던 사람들은 새로운 삶의 방식에 가장 준비가 안 된, 생계를 유지할 능력이 없는, 무력하고 시시한 패배자로 전락했다. (아이들 앞에 선 부모들의 공포란!) 그리고 튀어나온 눈으로 헐떡이며, 새로운 유형의 구호를 외치며 무너졌다: '돈을 달라! 대가가 얼마라도 좋으니 돈을 달라!' 기만하고, 방탕하고, 타락한 방법으로, 어머니의 (모국의) 자산을 팔아서라도! '돈을 달라'는 구호는 새로운 (그리고 굉장히 하찮은) 이데올로기가 되었다. 우리 국민 경제에 아무런 이득도 성과도 주지 못하고, 줄 것 같지도 않은 시끄럽고 파괴적인 개혁은 민족성을 깊은 곳으로 떨어뜨려 붕괴시켰다.

신이시여, 현재의 몰락이 돌이킬 수 없게 되는 것을 막아주소서.

또한 이 대재앙에서 가장 끔찍한 점은 러시아인들이 현재 사멸하고 있고, 이런 손실이 더욱 커질 것이란 점이다. 지금의 칠흑 같은 빈곤 속에서 얼마나 많은 여성이 출산을 감행할까? 또 다른 대재앙에 속하는 것은 장애나 질병을 앓고 있는 아동의 수가 삶의 조건과 아버지의 지나친 음주에 따라 늘어난다는 점이다. 오늘날 학교는 도덕적이고 지식이 풍부한 세대를 키우는 데 완전히 실패했다. 주택 빈곤 또한 문명 세계가 이미 오래전에 지나온 수준에 머물러 있다. 정부 기구에는 뇌물 수수자들이 우글우글하다.

또 하나의 대재앙은 러시아인들이 두 가지의 다른 민족으로 분화되는 것이다. 줄어드는 지방의 농촌 계층과 그들과는 전혀 비슷하지 않고 다르게 사고하는, 서양 문화에 완벽히 적응한 소수의 수도권 계층으로 말이다. 대재앙은 오늘날의 무정형한 러시아 민족의식이고, 민족적 소속감에 대한 무지하고 무관심한 태도, 그리고 더 나아가 곤란에 처한 동포들에 대한 무관심을 포함한다. 대재앙은 소비에트 시대 때 일그러진 우리 지성에 있다. 공산주의의 기만과 거짓이 의식 속에 층을 쌓아 놓아, 많은 이가 눈앞의 장막을 구별하지 못한다. 또한 대재앙은 국가 지도부를 위한 지혜롭고, 용기 있는, 청렴한 사람들이 너무 적다는 것이다. 이 세 가지 특성은 새로운 스톨리핀 시대에서 도저히 결합하지 않는다.

러시아 사람들이 겪은 모든 일은 언어에, 그리고 민족성에 반영되었다. 우리 동포들은 소비에트 시대 전반에 걸쳐 한결같이 러시아어를 잃어버렸고, 지금은 실제로 러시아어 자체가 소실되었다. 나는 증권 거래인이나 평범한 기자, 재치 있는 정치학자에 대해서 말하고자 하는 것이 아니다. 하지만 심지어 농민의 자식이었던 작가들도 혐오스럽다는 듯 영원히 존재해온 본래의 풍부한 러시아어 단어의 사용을 기피한다. 이제 그들은 아무런 거리낌도 없이 브리핑, 프레싱, 레이팅, 홀딩, 토크쇼, 이스타블리시먼트와 같은 수십 가지의 멋진 러시아어 신조어를 더 잘 이해한다. 완전히 무감해진 것이다….

러시아 정교회는 정신 보전, 더 나아가 러시아 민족의 존재 자체에 어떤 영향을 미칠 수 있을까? 확실히 대답할 수는 없다. 이제는 러시아 정교회 신자들이 러시아에서 온전한 계층을 이루고 있진 않지만, 그래도 신앙을 지키는 이들의 신앙심은 선조들의 신앙심에 뒤지지 않으며, 많은 사람이 과거 모든 시련을 겪고 더 독실한 신자가 되었다. 오늘날에도 정교회 전통 의식과 예배는 신앙이 얕은 사람이나 무신론에게도 영적인 매력을 유지하고 있다.

20세기 말의 '러시아 문제'는 굉장히 명료하다. 우리 민족이 존재할 수 있을 것인가, 없을 것인가? 전 세계적으로 문화, 전통, 민족, 그리고 성격이 평평해지고 개성 없이 균등해지는 획일화의 물결이 퍼지고 있는 것이 사실이다. 그러나 얼마나 많은 사람이 굳건하고 자랑스럽게 그에 반대하는가! 그렇다면 우리는 어떠한가?

1909년 미래를 예견하고 전망한 토론에서 이미 언급됐던 말을 상기시키고 싶다. '민족은 자신의 얼굴을 가져야 한다'. '역사는 우리에게 답을 요구한다…. 과연 우리는 독자적 민족으로서 독립적으로 존재할 권리를 가지고 있는가?' 그리고 '다민족인 러시아에서 침몰하여 개성을 잃거나, 탈러시아화하는 것과 같은 대가를 치르지 않고도 존재할 수 있을까'.

과연 러시아 민족이 유지될 것인가, 사라질 것인가. 이 질문은 다음의 질문과 같다. 우리의 후손인 21세기, 22세기의 사람들이 러시아인으로서의 자의식을 자신의 세계관과 문화의 근본으로 삼아 지켜낼 수 있는가. 여기에는 정교 신앙의 전통이 포함되고, 우리에게 자비로웠던 시대에 존재했던 민족성과 풍습, 구비문학의 정점을 장식한 풍부한 어휘와 문장을 가진 러시아어, 그리고 19세기와 20세기에 정점을 선보였던 각양각색의 러시아 문화가 포함된다.

하지만 그동안 후손들을 위해, 정확히는 우리 민족을 지속시켜 나가기 위해 우리는 지금의 난처하고 굴욕적인 상황에서 스스로 벗어나야 한다.

그렇지 않으면 100년 후에 '루스키'라는 단어를 모든 사전에서 지워야 할지도 모른다.

물론 민족 보존과는 상관없이 러시아 문화는 보존될 수도 있다. (고대의 문화가 보존되었듯이?)

1994년 3월

4부. 붕괴되는 러시아

공산주의 시계는 멈췄지만 시멘트 같은 체계는 아직 허물어지지 않았다. 자유는커녕 오히려 그 폐허 속에 억눌려 있다. 나는 이에 대한 경고로 1990년 『러시아의 재건』을 시작했다. 하지만 당시 사람들은 새로운 삶에 대한 기대로 가득차 텔레비전으로 방송되는 최고회의를 뜨거운 시선으로 지켜보고 있었다. (…) 1991년, 그리고 누군가에게는 1992년에 보다 더 큰 환성이 울려 퍼졌다. 지금은 모두가 러시아가 납작 엎드렸다고 생각한다. 이를 정당화시키는 사람들은 다른 방법으로는 나아갈 수 없었고 다른 길도 없고, 단지 과도기적 어려운 길일 뿐이라고 한다. 그러나 건강한 생각을 하는 사람들은 좋은 길이 있었고 그런 길은 언제나 국민의 삶 속에 있다고 한다. 나는 항상 두 번째를 생각했지만 이러한 논쟁은 이미 무의미하다. 이제 우리는 폐허 속에서 어떻게 탈출할 것인가만을 생각한다.

12년간 더 깊고 새로운 국가의 위기, 평생에 걸친 러시아의 위기가 지속되는 상황에서 마지막이 될 이 글을 세상에 내놓는다. 내 생각이 우리 인생의 병든 부분을 도려내는 데 도움이 되기를 바라는 것이 아니다. 내가 이 글을 쓰는 이유는 러시아에서 끝없이 가혹한 시기에 증인이자 노력한 사람 중 하나이기 때문이며, 바로 그 때문에 우리가 보았고 또 지금 보고 겪는 일들을 기록하려고 한다.

물론 나는 많은 것을 알고 생각하는 유일한 사람이 아니다. 러시아에는 그렇게 혹은 비슷하게 생각하는 사람이 적지 않다. 우리의 아픈 부분과 잘못된 부분에 대해 구체적으로 쓴 글도 이미 많이 출간되었다. 그러나 누군가는 자신이 겪은 삶의 소용돌이에 대해 적어도 한마디는 말해야 한다.

전에 시작한 러시아 민족의 현황과 운명에 대해 쓴 단독 글「세기말의 러시아 문제」(1994년)를 이 글에서 이어갈 것이다.

권력의 지대

1. 러시아 땅의 분열

나는 지난 4년 동안 러시아의 26개 지역을 방문할 수 있었다. 이따금 지방 도시들을 들르기도 했지만, 주로 기차를 타고 작은 마을의 중심가나 지방 깊숙이 들어갔다. 참석자가 100~200명인 행사부터 1,500~1,700명에 이르는 행사까지 약 100여 개에 이르는 행사에 참석했다. 대화 주제는 다양했고 누구도 부끄러워하지 않았다. 행사가 끝나면 주변에 사람들이 몰렸고 그렇게 1,000명의 사람들과 계속해서 생각이나 문구를 교환했다.

그 외에도 개별적인 만남이나 몇 명과 토론(주 지도자들도 종종 참석했다)하는 모임도 있었다. 이 모두가 나에게는 살아 있는 강렬한 삶의 느낌, 민족의 다양한 계층의 기운을 느끼게 해주었다. (다시 러시아의 수많은 사람들로부터 수천 통의 빽빽한 편지를 받았다. 이 작은 책을 쓰는 이유는 현재 러시아 전역의 수많은 사람들로 인해 충격을 받았기 때문이다. 각종 문제로 인한 염려, 걱정이 계속된다. 러시아는 아무리 조각을 낸다 해도 여전히 하나의 조직이다! 내가 이 글을 쓰는 이유도 내게 편지를 쓴 이들의 지침, 작별의 인사, 부탁 때문이다. 그러한 규모는 국내에서 한 번도 보지 못했다. 그들의 호흡만으로도 남은 내 인생에 충분하다. (내가 루시 땅 모두를 다녔다면 모든 곳마다 심장을 남겨놓았을 것이다.) 이 글을 쓰는 또 다른 이유는 나를 향한 요구, 부탁, 절망, 분노, 애원의 시선을 느꼈기 때문이다. 그러나 기억에 또렷한 이야기라고 해도 분량이 상당해서 다 전달하지는 않고 몇 개 메모만 간추려 남기고자 한다.

"모든 것을 가져갔어요", "이제 누구도 아무것도 필요 없습니다. 정부에는 아예 프로그램이 없어요", "민주주의를 기다렸지만 지금은 누구도 믿지 않습니다"(크라스노야르스크 콤바인 기사).

"지금은 정직하게 일하는 사람이 살 수 없는 세상입니다", "습관처럼 일합니다. 어느 누구도 앞날이 보이지 않죠", "우리에게는 아무것도 없습니다"(비스키 화학 콤바인 기사. 좋은 직장에서 나와 보조로 일하는 젊은 남자의 눈에 어린 절망적인 슬픔이 마음을 아프게 한다).

"일하지 않는 사람이 오히려 더 잘삽니다. 시장에서 운이 좋아 돈을 벌어도 다시 돈을 거둬가요. 생산을 줄이는 것이 손해를 덜 보는 길입이다"(우스리스크 마을 촌로). "한 번도 농촌에서 살아본 적 없는 이들이 토지법을 만들고 있습니다"(그곳의 또 다른 촌로).

해양대학교 교수들은 가난을 호소할 뿐 아니라 가장 하층 존재들이 배출하는 쓰레기가 환경을 오염시키며 이로 인해 미래의 모든 생물들이 파괴되고 있다는 점도 호소했다. (대학에 아무것도 남아 있지 않아 그들은 심지어 연필까지도 직접 들고 다닌다.)

중국산 수입 직물이 가득한 크라스노야르스크 재래시장에서 천을 짜던 여자는 "나는 교사인데 부끄럽게도 이렇게 돈을 벌어야 합니다"라고 말했다. 나는 그 사람에게 "러시아가 부끄러워 해야지요"라고 말했다.

학생들은 "과연 학문이 무역보다 존중받는 시대가 올까요?", 부모로부터 버려진 아이들은 "어린아이들이 배고픔에 쓰러지고 있어요"라고 말했다. 노인들은 "평생을 바쳐 번 돈인데 휴지조각이 되어버렸어요. 대체 무엇 때문에 다 빼앗아 가는 겁니까? 곳곳에서의 장례비는 어디서 마련한단 말입니까?", "장례비가 한 푼도 없어요", "참전 군인이 죽었는데도 돈을 거둬야 했죠", "무엇을 해야 하죠?", "앞으로 어떻게 살아야 합니까"라고 외쳤다. 나는 심지어 역에서 기다리는 이

분 동안에도 이와 같은 말을 수없이 들었다. 퇴직한 철도 직원은 "남은 생이라도 잘살도록 해주세요"라고 토로했다. 이르쿠츠크나 다른 도시에서도 "지금 우리는 감옥살이나 마찬가지입니다"라는 말이 집집마다 들려왔다.

무엇보다 우스치-일림스크 '언덕'을 잊을 수 없다. 대형 수력발전소를 계획하던 시절, 건설자들이 처음으로 들어왔던 곳으로, 이들은 당시 임시 숙소를 짓고 있었다. 그로부터 30년이 지난 오늘 구시가지에는 '사회주의 도시'와 나란히 초가집들이 있고 주변은 '버려진 화학' 물질로 가득했다. 주 교차로에는 고철과 폐유리(11년간 이것을 치우지 않았다)가 나뒹굴고 있었고, 물은 모두 외부에서 가져온 것으로 유료였다. 겨우 식수만 있어 씻거나 밭에 물을 주는 것은 어려웠다. 청소나 설거지를 위해서는 멀리 있는 급수실까지 가야 했는데 여름에는 그조차 쉽지 않았다. 마을에는 전화도 없고 가게는 2킬로미터나 떨어져 있다. 현재 러시아에는 그러한 '언덕'이 몇 개나 있는 것인가?

지난 1994년 여름에도 시베리아를 관통하는 신음 소리가 울려퍼졌다. "어떻게 살아야 합니까? 왜 우리가 아직까지 살아 있는 겁니까?"(울란우데). "러시아가 해결할 수 없는 재난이 덮쳤습니다"(톰스크). "이미 우리가 몇 번이나 속았습니까?", "대체 무엇 때문에 상황이 이렇게 되었습니까?"(이스키팀, 우울한 사람). "말도 하기 싫습니다. 이제 끝내고 죽어버립시다"(튜멘, 노동자). "내 아들이 이 나라에서 노예처럼 사는 것을 원치 않습니다. 아들이 떠나기를 바랍니다!"(치타역). 1년이 지나고는 "시간이 좀 더 지나면 이미 아무것도 할 수 없게 될 것입니다"라는 말이 들렸다(펜자 주, 크즈네츠크).

실제로 1994년 한해 얼마나 많은 곳에서 얼마나 많은 목소리들이 울려 퍼졌는가. "평범한 국민들이 도처에서 강도 짓을 하고 있습니다", "나는 결코 이 정부를 믿을 수 없어요", "정부도, 의회도, 대통령도 아무것도 믿을 수 없습니다", "지도자 중 일부는 합법적인 도둑들이에요".

1995년 가을 볼가강 연안에 갔는데 그곳의 분노는 조금 더 절박했다. 어떤 이가 현재와 과거를 비교하며 '지난 시간'(공산주의)을 칭찬하면 대략 3분의 2 가량의 청중이 열렬한 박수를 보냈다. 젊은 사람들은 끔찍했던 과거를 모르기 때문이라고 반박하려고 하면 강의실에서는 불평의 소리가 들려왔다. 의회 선거를 약 3개월 남겨놓고는 이러한 상황이 자주 재연되는 것을 보니 공산당이 다수당이 될 것이라는 확신이 들었다. 어디를 보더라도 '온갖 자행되는 일들로 정신이 검게 물들고 있다'(사람뿐만 아니라 자연까지도). 사람들이 흙탕물을 마시고 있다(타라). '노란 아이들'(신생아 병, 알타이)-신체장애, 청각장애, 갑상선 질병에 걸린 아동 수가 증가하고 있다(보로네시, 체르노빌의 방사선이 이곳까지 침투했다). 예산이 지원되지 않아 학부모 스스로가 학교를 수리하고 있으며 교실이 부족해 화장실을 교실로 만들었다. 3교대로 수업을 하니 교대 시간이 채 오 분밖에 되지 않는다. 나가면 바로 교대 시간이다. 신입 여교사의 급여는 환산해서 월 12달러(미국 일반 노동자의 한 시간 임금에 해당)에 불과하다. 경력이 많은 교사도 일주일에 서른 시간이나 되는 수업을 하고 있다. "아프면 치료할 돈도 없어요"(노바야 코르체바), "입을 옷이 없어 아이들 앞에 서기가 부끄럽습니다"(노보실스키 지역). 학교 도서관의 책은 어디론가 뿔뿔이 흩어졌고, 도서관 사서들에게는 남아 있는 책이 없다. 사서들은 더 이상 빌려줄 책이 없어 "우리는 책도 없이 살게 될 겁니다"라고 한탄한다. 그러나 이러한 상황에도 불구하고 대학에 가기 위해서는 이 지역 11학년 학생들이 5대 1의 경쟁률을 치러야 한다. 정치위원회(바이칼, 아무르간선, 파둔스키 파루고프)로 차출되어 가는 징병자들의 시선이 애처롭기 그지없었다. 그들은 슬픔으로 가득한 눈과 이제 포기했다는 얼굴을 가진 연약한 청소년들이다. 다른 지역에서는 "요령도 피우지 못할 나이에 군대를 가게 됐습니다. 직업기술학교도 채 마치지 못했어요"(스타브로폴)라고 말했다.

"지금은 달러의 시대다"(로스토프), "지금은 이익이 곧 도덕인 시대다"(랴잔). "우리는 지금 약탈과 질투라는 이데올로기에 사로잡혀 있다"(키넬리). "도둑질하는 사람은 아주 잘살고 있는데 무능한 나의 아버지는 정직하게 산다"라고 자식들이 생각한다. "소녀들은 12세부터 사랑을 찾아 거리를 떠돕니다".

분노로 가득한 사람들은 "국가야말로 강도나 다름없다!", "재판에 연루되지 않을 만한 공직자가 하나도 없다"라고 한다. "민주주의자들이야말로 가장 부패한 사람들입니다", "어떻게 무일푼에서 하루아침에 백만장자가 될 수 있습니까?"(야로슬라블). "연금 수령 노인"(트베리). "내가 아는 한 언제나 무엇인가를 건설했었으나 지금은 '합법 국가'임에도 아무도 통제할 수 없습니다", "정말 자유로워졌나요? 직업을 버리고 강제로 휴가를 간다면 자유롭다고 할 수 있나요?"(노보시비르스크). "우리가 한 투표는 어떻게 됩니까? 정치인들이 헌법을 속이고 있습니다"(옴스크). "모스크바에서 정하는 환율이 사람들을 분열시키고 있어요"(킴르이). "모스크바는 러시아 도시 같지 않아요"(우글리치 노파). "어떻게 수세기에 걸쳐 지어진 것이 2년 만에 무너진단 말입니까?"(코스트로마). "권력이 극도로 우둔한 짓만 하고 있습니다". 그러나 다양한 목소리로 조화를 이룬다면 어디서나 더욱 단단하고 오래간다. "이것은 결코 짧은 생각이 아닙니다!", "이것은 특별히 만들어낸 것입니다", "러시아를 파멸시키려고 만든 정책이 틀림없습니다!", "언제까지 자격 없는 자들이 나라를 이끌 것입니까?"(펜자, 현장에서 큰 박수를 받았다). 노보시비리스크 예비 대학생은 "TV는 거짓이다!"라고 외쳤다. 사마라에서는 "공장에서는 마치 1917년도 때와 같이 무기를 만들라고 한다"라고 했고, 페름에서는 "만약 좋게 일을 끝내지 못한다면 재앙이 닥칠 것이다"라고 했다.

한편, 스스로를 반성하는 목소리도 적지 않다. "우리 모두가 잘못을 저질렀다. 우리 모두는 나약한 사람들이다. 모두에게 행동하려는 마음이 있어야 한다. 우리는 말할 수 있으나 아무것도 하지 않는다", "사실은 자기통제에 대해서나 그것을 어떻게 만들어가야 할지 한 번도 이야기를 해본 적이 없다. 이것은 생각만으로 그치는 것이 아니어서 내가 직접 이것을 끌어내어야 했다". "우리 모두는 누군가 우리를 하나로 만들어주길 기다리고 있다". 여기저기 찾아 헤매지만 진실은 같다. 바로 "우리가 어떻게 하나가 될 것인가?"이다.

우리 러시아인들에게는 이것으로 충분하지 않다!

분노를 표하지는 않지만 수많은 사람들은 고집스럽게 "과연 제3의 길은 없는가", "지금처럼 힘없는 정책으로부터 탈피할 수 있는 방법은 무엇인가?", "과연 약탈과 추락의 출구가 있는가?", "실제 젊은 세대는 정신적으로 파멸해가고 있다!", "무너진 공장은 다시 세울 수 있으나 공짜 루블의 맛을 본 사람은 절대로 회복될 수 없다"라고 주장하고 있다.

어리석은 정부와는 달리 곳곳의 국민들은 "곧 힘든 시절을 견뎌야 할 것이다"라는 걸 잘 알고 있다. 국민들이 자신의 의견을 말하는 것을 보면 각료들이나 의원들이 TV 앞에서 말하는 것보다 훨씬 진지하다. 또 인상 깊은 것은 지방 깊숙이 들어가 볼수록 지방의 주요 도시 심지어 지역 도시가 아닌 곳, 즉 볼가강 하류 외딴 집단농장 혹은 펜자의 포임 마을, 혹은 침수된 계곡에서 이주한 알가라 에이두찬카 마을 등의 사람들은 열정적이지도 화를 내지도 않지만 진지하고 생각이 깊다는 것이다. 특히 시베리아에는 목표 지향적이고 건전하며 모나지 않은 사람들이 많았다. (시베리아 횡단 길에서 몇 년째 매주 미국 라디오 《자유》 방송에서 들려오던 시베리아 분리주의, 즉 러시아로부터 독립하겠다는 각종 선전들이 별다른 영향 없이 지나갔다는 것을 쉽게 알 수 있다.) "국민들에게 표현의 기회를 주시오!", "누군가 우리 얘기를 들어준다면…". 그러나 그런 문제는 갑자기 던져질 수 있다(트베르 대학): "거짓을 말하지 않고 오늘날 어떻게 살 수 있는가?" 이보다 더 직접적인 질문도 있다. "어떻게 러시아를 구할 것입니까?"(울란우데). 대답을 찾아보자.

이처럼 불꽃들이 도처에서 타오르고 있다. "아닙니다. 러시아는 망하지 않았습니다. 하지만 어떻게 해야 쉽게 회복의 길로 갈 수 있을까요?"(스타브로폴). 블라디보스토크 고급 사립학교에 다니는 학생은 말한다. "가난한 아이들을 걱정해야 하나요? 그 아이들은 어디에서 공부하나요?". 크라스노야르스크에서 알게 된 한 생물학자(네 명의 자녀와 병든 노모를 두었다)는 노멘클라투라(특권 계층)가 재능 있고 정직한 사람들을 몰아내고 있다고 걱정했다. 그는 재능 있는 사람들을 밀어주는 시스템을 어떻게 만들 수 있을지 고민하고 있었다. (사실 우리 정부에는 재능 있는 사람들이 정말로 필요하다.) 그와 같이 외로운 사람들(이들이 편지를 보내오고 있다)이 힘든 삶으로 인해 빈곤으로 내몰린 사람들의 불을 꺼뜨리지 않으려 애를 쓰고 있다. 스타브로폴-볼가 지역에는 5학년 이상부터 다니는 아동문화학교가 있다. (스타브로폴-볼가 교사들은 "TV나 주변에서 말하는 것과 반대로 아이들을 착하게 가르치려면 어떻게 해야 하는가?"묻는다. 노바야 코르차바(트레비)에는 400명으로 구성된 특별 '문화센터'가 있다. 칼라진에는 60명의 학생들이 다니는 '예술학교'가 있다. 킬라흐에는 '수공예품 및 민속학교'가 있다. 5년간 200명의 아이들이 예술을 배우고 있다. 사람들은 일반적인 일로 힘들어하고 있다. 국민의 마음을 달래줘야 한다!(벨랴코바). 카쉰에서는 청년을 위해 마지막 힘을 짜내 '러시아 부활 축제'를 펼치고 있다. 카쉰도서관(100년이나 되었지만 그렇게 보이지는 않는다)에서는 능력껏 지식과 문화를 가르치고 있다. 이제 고전은 구입하지 않는다. 볼코바 소장은 "마지막까지 버틸 것이다!"라고 했다. (카쉰 자체가 그렇게 대단한데도 버려졌다. 현지 조각가는 '쓰레기통으로 변한 진주'라고 표현했다. 소도시 각각이 어느 정도의 역사를 갖고 있는지 그리고 미래를 위한 토양은 갖고 있는지!)

러시아 전역에서 붕괴와 굶주림을 버텨가며 자신의 일을 지키려 하는 도서관 사서 같은 이의 힘은 어디서 오는 것인가? 그렇다. 아직 국민들은 살아 있고 죽지 않았다.

그리고 여기 한 가지가 더 있다면 미묘한 뉘앙스일까? 그렇지 않다. 냉정한 톤이다. 블라디보스토크에서는 여전히 "러시아인은 자국의 문화를 소중히 생각하지 않는다. 문화를 지키지 못하면 민족도 지킬 수 없다"라는 소리가 들린다. 하바롭스크 지식인 모임에서는 "러시아 민족의 의식이 보존될까?"라고, 블라고베센스크 출신 중년의 정교회 여신도는 "러시아는 정교회 국가가 되어야 하지 않나?"라고 한다. 로스토프에서는 "신이 없다면 러시아도 필요 없다. 러시아가 없다면 자유도 필요 없다", "만약 회개하지 않으면 러시아 전체가 죗값을 치르게 될 것이다"라고 한다. 그 이후로도 모든 공공 모임에서는 그간 단절되어 살아 한 번도 억눌림을 당하지 않은 듯한 목소리가 들렸다. "아니요, 오늘날 정교회는 국가에 충분한 의지가 되지 않아요. 또한 강하지도 않죠". 사마라에서는 화물차 기사가 "러시아인을 완전히 몰아내고 있어요. 그런데 러시아인이 조금이라도 저항하면 바로 파시즘이라고 합니다"라고 전했다. 사라토프 대학에서는 "정말 러시아인은 희망이 없는 민족인가요?"라고, 모든 모임에 앞장서던 글리치의 젊은 청년은 "러시아인으로 사는 게 무슨 의미가 있는 건가요?"라고 물었다.

자, 여러분들이여. 이제 이중에서 내가 답할 수 있는 것은 답을 하려고 한다.

2. 기다리던 민주주의의 시작

1991년 8월 19일부터 21일은 러시아 역사상 빛나는 시간이 될 수 있었다. 그 사건들은 진정한 혁명의 모습이었다. 대중의 열정, 즉 사회단체뿐 아니라 상당한 수의 모스크바 시민(각 주에서도 마찬가지였다)의 열기였다. 거리에는 의지가 찬 시민들로 가득했다. 뜨거운 눈물이 솟아오를 만큼 위대한 역사적 변혁이 시작된 것 같았다. 소비에트 공산당위원회의 무력하고 겁에 질린 행동은 이미 소비에트에서 공산주의 정권의 쇠락과 마지막 운명이 다가옴을 알려주고 있었다.

혁명 지도자들은 강력한 수단으로 러시아 내부의 모든 상황과 '주권의 하모니' 같은 연맹 공화국들의 대외적 환경을 뿌리째 바꿀 수 있는 영광스러운 기회를 확보했다. 국민의 지지를 받는 새로운 행동가들은 어떠한 저항에도 부딪히지 않았다. 즉시 모든 공산당의 활동을 중지시키고 해산시켰다. 그리고 60년간이나 금지시킨 영세기업 및 소기업에게 활로를 열어주었다. 그간 숨막혀 지냈던 소비에트의 국민들에게 경제 개혁이야말로 가장 타당하고 옳은 최초의 조치였다. 또한 공산주의 시대의 의회라면 엄두도 못 냈을 지자체 권리를 발표했다. 그리고 마침내 볼셰비즘과 작별하고 레닌-스탈린-

흐루쇼프가 만든 억지스럽고 부자연스러운 공화국 경계선은 틀린 것이라고 단호히 선언했다. 이와 같은 조치들이 즉각 외부로부터의 물리적 행위를 촉구한 것은 아니었으나 다년간 정치 협상의 근간을 만들 수는 있었다. (역사적 규모를 생각하진 말자. 볼셰비키 정권을 전복시키려면 논리적으로 1916년 국가 법률을 다시 계승해야 한다. 2월 혁명 자체로 안도와 기쁨에 빠진 나머지 자신의 법을 만들지 못했기 때문이다.)

이것은 혁명과 비슷한 것도, 아무것도 아니었다. 혁명의 주동자들은 얼마 안 가 박수를 보내던 대중의 희망을 기만하고 배신했다. 이들 및 이들 휘하의 적극적 행동파들이 민주주의 승리 후 첫 번째로 한 조치는 크렘린과 구 광장에 있는 건물과 사무실, 자동차, 그리고 개인 아파트를 손에 넣는 것이었다. 따뜻하게 녹은 밀랍처럼 러시아의 운명을 새로 만들 수 있는 중요한 순간에 그러한 일에 매달려 있었던 것이다. 승리를 이룬 후 민족이 빠르게 단결했고, 역사적으로 중요한 운명의 순간이었음에도 의외의 선물처럼 손에 넣게 된 권력만을 생각하고 있었다.

러시아의 국경은 무엇을 의미하는가. 당시 러시아 부통령은 키예프에서 곧 알마티로 넘어가 러시아인이 많이 사는 10개 주와 1,800만 명의 러시아인을 반환한다는 조약을 체결했다. (이러한 조건부 항복은 1975년 헬싱키 조약 보호라는 명분으로 소비에트 내부 행정상의 국경을 국가로 인정한 사건에서뿐 아니라 후에도 여러 번이나 반복되었다.) 소비에트의 붕괴는 피할 수 없었고 이미 1991년부터 시작되고 있었으나 당시만 해도 심각한 경제, 생활, 수백만 개인의 네트워크에 미치는 피해를 줄일 수 있는 시간이 있었다. 게다가 이미 예정된 붕괴를 더 빨리 재촉해야 할 이유도 없었다. 소비에트 붕괴에 관심을 갖고 있던 사람은 러시아 대통령이 아닌 우크라이나 대통령이었다. 정작 러시아 수반은 그러한 조짐에는 조금도 신경 쓰지 않았다.

그처럼 처음 며칠 동안에 신정부는 수뇌부 내의 정치적인 혼란(오로지 혼란뿐이었다!)을 드러냈고 러시아 민족의 삶에는 무관심했다. 대형 사건들이 일어나게 되면 정부는 크게 당황하면서도 개인적 이익에 몰두한 나머지 신경을 쓰지 않았다.

이러한 습성은 7년의 시간이 지나도 여전하며 여러 전조들로 보아 앞으로도 이어질 것이다. 과연 러시아에 찾아온 것이 민주주의일까? 민주주의라고 선언하였으나 사실은 스스로를 민주주의자라고 칭하는 다수의 무리가 생겨났을 뿐이다. 더욱 충격적인 것은 새로 등장한 권력자 중 공산주의에 대항하여 투쟁하였던 사람들은 5~6명에 불과하다는 것이다. 나머지는 모스크바의 멋진 식당에 모여 안전하게 더 높이 승진하는 데만 열을 내고 있다. 이것조차 최악의 경우는 아니었다. 신문《프라브다》, 잡지《커뮤티스트》나 공산주의 아카데미, 공산당 주 위원회, 중앙위원회 출신들이 곧장 승진해 자리를 옮겨가는 일도 있었다. 우리가 얻은 사람들은 단순한 민주주의자들이 아니라 가장 급진적인 사람들이었다. 몇몇은 "우리는 그저 우리보다 더 나쁜 사람들이 이 자리를 차지하지 못하게 하려고 공산당 권력 정상에 있는 것이다"라고 해명했으나, 오늘날 새로운 러시아를 세우고 더 강하게 만들기 위해서는 그들 스스로가 권력을 얻는 데 있어서 가장 희생적인 태도를 가져야 한다. 그들은 국정 운영의 경험이 없는 이들이 아닌가? 전문가들…. (전문가라는 것은 화려한 이력이 아닌 행동의 결과로 증명해야 한다. 실제 이 변심가들의 행동은 곧 실패로 드러났다.) 새로운 권력은 실패에 대해 이렇게 변명했다. "경제, 사회적으로 혼란스럽고 정치적으로 불안정한 상황에서 어떻게 진정한 민주주의를 세울 수 있는가? 하지만 이 빌어먹을 '정치 불안'도 결국 잘못된 개혁으로 발생한 것이다."

새로운 민주주의자들이 전문 역량을 발휘하고 있는 분야는 새로운 체제의 이데올로기를 지지하고 확산시키는 일이었다. 반면 이들 관료들은 국민에 대한 동정과 염려는 조금도 보여주지 않았다. '충격요법'을 선언하는 이들은 인권 보호를 맹세할 자격조차 없다.

새로운 정권이 가장 서둘러 한 일은 최대한 빨리 인위적 다당제를 화제로 올리는 것이었다. 1년, 내년, 그리고 또 1년이라는 세월이 흐르면서 새로운 당, 연합, 파벌, 전선, 모임은 부풀어 오르거나 조각조각 나누어졌다.—이미 그 명칭조차 기억나지 않고 그 이름들을 일일이 세는 사람도 없다. 자유주의, 민주주의, 진보 민주주의 여러 지도자도 유명세를 누리다가 빠르게 사라지거나 추락했다.

다당제는 1991년 개혁이 가져다준 가장 멋지고 바람직한 상이었다. 당은 정책에 따라 연합하거나 모이면서 즐거워했다. 여전히 공산당이 현실적인 정당으로 존재하였음에도 불구하고 그들은 그저 기쁨에 빠져 있었다. (1992년 옐친이 10월 7일이 민족의 축제로 남게 될 것이라고 한 것은 우연이 아니다. 힘없는 애국 당원들은 바로 공산당원들의 사랑과 지지를 추구했다. 레닌의 '반애국주의자'의 후계자인 공산주의자들은 스스로를 '애국주의자'로 선언하는 것이 더욱 유리하다고 판단했다. 그 어떤 역사가 이처럼 아이러니하게 돌아설 수 있었을까?)

두 번째 세력은 하스블라토프 최고회의 의장 체제 속에서 세력을 확장했다. 이 세력은 1993년 무렵, 새로운 헌법 조항 추가를 두고 대통령과 대결을 하여 그로 인해 위협적인 분위기가 몇 달 동안 계속되었다. 헌법 개정은 부진했으나 대결은 치열해서 러시아에는 위험한 두 개의 권력 구도가 형성되었다. 그러나 이보다 더욱 위험한 것은 두 대결 세력이 더 많은 동맹국을 얻으려 민족 자치를 정치적 뇌물로 사용했다는 점이다. 당시 자치권이 급격히 화두에 오르자 러시아 지방주들은 하수인으로 남지 않으려 무모할 정도로 공화국으로 선포하는 일이 연달아 이어졌다. 그 뜨거운 상황을 눈치채지 못한 사람이 거의 없었겠으나, 나 역시 당시 멀리 떨어져 있었음에도 확실히 감지할 수 있었다. 이 두 권력이 공화국을 두고 벌이는 대결 때문에 일주일은 아니더라도 한 달 안에 러시아가 붕괴될 것 같았다. 또 다른 케렌스키가 등장한 것처럼 폭풍이 불었다. 러시아를 온전히 구하기 위해서는 두 권력이 승자를 가리지 말고 즉각 대결을 끝내야 했다.

6개월 전에 일어났던 충돌은 제대로 해결되지 못하고 1993년 유혈 사태로 종결되었다(50명 이상이 사망했는데 사망자 다수는 충돌에 개입한 사람이 아니라 죄 없는 사람들이었다). 새로운 민주주의자들은 "비열한 자들은 힘으로 밟아도 된다"라며 찬사를 이어갔다. 민주주의의 미래를 생각할 때 심히 경솔한 행동이었다. 그들은 "만일 적이 멈추지 않는다면…"이라는 공산주의에서 나온 유산을 그대로 실행에 옮겼다. 그로부터 3개월 후 가이다르와 코즈레프는 공산주의자들과 힘을 합쳐 '반파시즘 동맹'을 맺으려 했다. 그 결과 시민(공산당 엘리트) 합의 조약, 즉 신흥 귀족들 간의 조약이 발표되었으나 이후 아무 결과도 없이 어두운 복도로 사라졌다.

그렇게 대통령이 의장이던 최고회의가 무너졌다. 대통령과 최고회의 의장은 모두 동일한 헌법으로 선출됐다. 그러나 헌법 자체가 폐지되었음에도 불구하고 대통령 임기는 특별한 이유 없이 보존되었다. 이러한 법과 관련된 논란으로 새로운 헌법에 대한 신뢰를 높이지 못했다. 실제로 전국적인 논의를 거치지 않았고 수많은 혼란으로 인해 어떤 조항의 경우는 계속 수정을 해야만 했다. 공식 자료에 따르면 선거인 53퍼센트가 투표에 참여했다. (민주 선거 분석가는 47퍼센트였다고 발표했다.) 그들 중 58퍼센트가 헌법에 찬성했으나 이는 유권자의 31퍼센트밖에 안 되는 3분의 1 미만의 수치였다. (상당한 수준의 법률 문화를 갖고 있는 나라의 것을 그대로 모방한 우리의 헌법재판소에서도 이에 대한 분명한 규정이 없다. 이와 같이 문제가 불명확한 상황에서는 차라리 대법원에서 처리하는 것이 쉬웠을 것이다.)

공화국 헌법에 따라 러시아 대통령은 과거 수많은 군주들과 현재의 어느 대통령보다 더욱 광범위하고 확대된 권리를 얻을 수가 있었다. 나라의 운명이 달린 결정이었으나 어느 누구에게도 설명이 주어지지 않았고 그 누구와도 토론하지 않았다. 그저 악의적 생각이 담긴 준비된 문서만 발표되었을 뿐이다.

1993년에는 의회 선거 절차를 위반했다는 고발이 많았다. 절반에 달하는 의석을 정당들에게 되돌려주는 것은—바라던 '다수당'을 위한 인위적인 시도였다—후보자들의 평등권을 위반하는 것이다. 이런 방법은 정당 설립자를 벌하는 것과 마찬가지이다. 1993년 지리노프스키가 대대적인 성공을 거두었고 1995년에는 공산주의자들이 대성공을 거두었다. 이처럼 선거에서 투표자들이 절망을 느끼게 되자 모욕과 약탈을 당하면서 무기력하게 자기의 운명을 바꿔 가려는 힘없는 국민들의 분노가 폭발하기 시작했다.

3. 붕괴로 나아가는 개혁

다시 한번 고르바초프가 시작한 새로운 경제 개혁을 따져 보자. 고르바초프 개혁이 진행되던 기간에 외채 규모는 200억 달러에서 800억 달러에 달했다. (몇 년 후 이 부채는 이미 보잘것없는 액수가 된다.) 개혁 초기에 국가 경제 내부 구조가 허물어진 것이다. 어떤 것으로도 대체가 되지 않는 관계인 상호 협력이 무너져버렸다. (모르면 아무것도 하지 말라는 말이 있다.) 무지한 '사회주의 시장'을 선언하고 국영기업과 유착하여 허위 협동조합을 만들었다. 비록 매우 약하지만 유익하고 올바른 방향은 가장 작은 기업(시골을 포함해서 유익하고 가장 확실한 방법이다)에서부터 공산주의 장벽을 제거하는 것이다. 그러나 이러한 노력은 즉시 '불로소득'처럼 (1987년) 취급되어 당에 의해 짓밟혔다. 늘 불안했던 고르바초프의 개혁은 더 확실한 개혁 세력으로 인해 보다 어려운 상황에 놓였다. 나는 절대로 가이다르를 레닌 옆에 세워 비교하지 않을 것이나 한 가지 측면에서 그들은 매우 비슷하다.

국가의 책임을 알지 못한 채 유령 같은 아이디어에만 열광하는 광신도처럼 여러 차례 메스를 들어 러시아를 갈기갈기 찢어 놓았다는 점이다. 심지어 6년이 지난 오늘날에도 자신감 넘치는 그의 얼굴에는 조금의 당황한 기색도 없다. 어떻게 저 축예금을 깨뜨려 수천만을 가난으로 몰아넣을 수 있는지(그가 만들겠다고 약속했던 중산 계급인데 스스로 그 기반을 파괴했다. 6년이나 지나 중산층 계급 구축이라는 대화를 시작하고 있다…). 이를 위해서는 소기업부터 시작해야 하고 만족할 줄 모르는 거물급 독점 기업이 자라도록 놔둬서는 안 된다.

사유 재산은 인간이 활동하는 데 있어서 마땅히 옳은 전제 조건이다. 사유 재산은 적극적인 노동자를 육성하지만 동시에 법에 의한 엄격한 제어를 받아야 한다. 잘못은 사유 재산이 아닌 정부에 있다. 정부는 국가 재산을 파국으로 몰고 자국민을 무법천지 속 침략자의 입으로 몰아넣었다. 그들은 미친 듯이 러시아 경제를 뒤흔들어 폭발시켰다. 그러면서 이러한 혼란을 오랫동안 기다려온 개혁이라고 불렀다. 우리는 그 개념을 명확히 알지 못했으나, 사실 내부적으로 개발된 프로그램이라면 전혀 알 수가 없다. 어떻게 발견됐는지, 언제 없어졌는지…. (모든 것이 그때그때 즉각적으로 결정되었기 때문에 최선의 선택을 할 시간이 없었다.) 이것은 일종의 '충격 요법(서구 경제학자들의 이론을 가볍게 재인용한다면)'이었다. 대통령은 전날(1991년 12월 29일) "곧 어려움에 처해질 것이나 약 6~8개월 정도로 그리 길게 가지는 않을 것이다"라고 안심시켰다. (가이다르는 '3개월 후 물가가 내려가기 시작할 것이다'라며 더욱더 장밋빛 미래를 예측했다. 전혀 경쟁이 없는 독점 생산가들은 보지 못하면서 대체 무엇을 보고 가격이 하락할 것으로 기대한 것인가?)

그들은 개혁이 실패하였음에도 불구하고 곧 회복하여 정상으로 돌아갈 것이라고 약속했다. 전기 충격기를 경험한 사람들은 눈에 보이지 않는 약탈 앞에 무력하기만 할 뿐이다. (1993년 3월 국민 투표를 엉터리로 개표하는 상황에서도 명확한 파멸과 비참한 길로 이끌 '개혁'에 찬성표를 던졌다. 당연히 소비에트 국민들은 거의 모든 상황에서 다이내믹한 '시장경제'와 갑자기 맞닥뜨려 쇼크를 받았겠지만 그와 같은 고압 전류 같은 충격은 아니었다. 백 단위에서 천 단위로 가격이 뛰어오르는 것은 시작에 불과했다. 국민들은 '바우처'라는 전혀 모르는 이름의 채권으로 국부를 똑같이 배분했다는 말에 그저 행복했을 것이다. 이 종이로 최고급 차를 한 대도 아닌 두 대나 살 수 있고 영원히 안정적인 수입을 얻을 수 있다고 상상했을 것이다. 곧 대중의 머릿속에서는 혼란이 시작되었다. 좀 더 순진한 사람들은 이를 곧이곧대로 믿었으나 수백만의 사람들은 곧 고민에 빠졌다. 이 바우처를 어떻게 사용해야 할지 몰랐던 것이다. 그렇다, 실제로도 사용할 곳은 없었다. 가난한 사람이 어느 '기금'이나 공장에 바우처를 적립했다면 그 채권들은 수익을 줄 수 없는 낙후된 공장으로 사라졌을 것이다. 신흥 소유주들, 즉 그 공장이 어떠한 생산 이력을 가진 곳인지 전혀 생각하지 않고 약탈만 일삼는 탐욕스러운 자들은 회사에 발전 기금 투자는 고사하고 마지막 한 방울까지 모두 짜내고는 즉시 버렸을 것이다. 소액이나마 돈이 있던 약삭빠른 사람들은 망설이는 어수룩한 자들을 꼬드겨 대량의 바우처를 헐값에 사들여 평소 눈독을 들였던 국가 재산을 무더기로 구매했다.

그러나 이것도 거대한 재난의 시작에 불과했다. 가장 잘사는 나라의 사람들을 생각해보자. 그들의 재산과 가격을 비교하면 바우처 전체는 보잘것없는 액수였다. 국민들에게 공고한 분배는 거의 재산의 1퍼센트 정도에도 미치지 않았다.

1994년 중반 러시아 사람들에게는 익숙한 '강철 같은 의지'를 표명하여 높은 신임을 받던 부통령 추바이스는 국가 재산을 일부 사업가의 손에 넘기려는 '사유화 2단계'를 선언했다. (이런 목적은 그의 휘하들을 통하여 공개적으로 발표된 바 있다.) 이후 그는 사유화의 '추락'이라는 슬로건을 내걸었다. 즉 사유화의 거의 순간성, 놀랍게도 '그와 같은 사유화 속도는 아직 어디에서도 본 적이 없다'고 자랑스러워했다. (당연하다. 그러한 범죄와 가까운 어리석음은 전 세계 어디에도 없다. 빨리 뛰면 자주 넘어지기 마련이다.) 사유화가 그처럼 어리석게도 파괴적으로 온 나라를 뒤덮었다. 민족주의 (1917~1918)와 집단주의(1930) 때와 방향만 다를 뿐이지 파괴 속도는 거의 동일했다.

자산이 개인에게 흩어지자마자 경쟁이 저절로 생겨 주인 이 바뀌는 것만으로도 효과적으로 생산이 이루어진다는 거 짓 이론이 정말로 사유화 지지자들을 이끌었단 말인가? 가이 다르와 추바이스의 개혁은 마르크스 주장을 토대로 추진되 었다. 정말로 생산 자본을 개인에게 분배하면 곧 자본주의가 시작되어 돈을 벌게 되는 것인가?

1994년 여름부터는 '제2단계'가 시작되었다. 몇 달 만에 사실상 국유 재산의 무상 분배가 일부 약탈자들에게 실행되 었다. 국민의 재산이 놀라울 정도로 약탈당하고 있다는 보도 가 신문에 종종 등장하였다. 국민들은 그들의 비밀스러운 거 래와 가격을 모르고 있음에도, 그 본질을 정확히 꿰뚫고 있었 고 이것을 '약탈'이라고 불렀다.

소비에트 콤비나트(기업 결합)들의 규모상 한 개인에게 위임하는 것은 불가능한 일이었다. 그럼에도 불구하고 추 바이스와 그의 측근들은 조금도 주저하지 않고 대기업을 20~30개로 갈기갈기 찢어(단일 기술 공정을 끊어내어 전반 적으로 공장이 돌아갈 수 있는 가능성을 없앤 후) 여러 사람 들에게 분배했다. (그런 특별한 경제 정책은 일부 군수 공장 을 덮쳐 그 공장을 산산조각으로 나누어 마비 상태에 이르게 했고, 이후 호기심 많은 외국 기업과 '합작 기업' 형태로 일부분을 넘기기도 했다. 이것이 러시아 국방에 어떤 결과를 초래했는지 쉽게 짐작할 수 있을 것이다.)

일의 진행 과정에서 예기치 않은 사고가 발생하면 일의 본질을 보다 명확하게 파악할 수 있다. 이 변덕스러운 작은 사고는 다름 아닌 1994년 11월 아무르 주지사이자 콜룸스크의 유명한 지질학자인 블라디미르 폴레바노프를 갑자기 국가 재산 관리위원회 위원장으로 임명했던 사건이다. 그렇게 그는 모든 서류를 볼 수 있게 되면서 지난 몇 달간 재산이 어떻게 누출되고 사라졌는지 알게 되었다. 의무와 명예를 중요시했던 폴레바노프는 1995년 1월 18일 저질러진 범죄에 대해 명단을 작성하여 정부 수반에게 보고했다. (이 보고서는 현재 출판되었다. 보고서는 각종 사건, 숫자, 범죄 크기 등에 대한 내용을 담고 있어 어떻게 국민 경제가 무너지게 되었는지 적나라하게 보여주고 있다. 예를 들어 어떻게 '우랄마샤'의 51퍼센트를 한 사람이 보유하게 되었는지, 또 '가즈프롬'의 2억 1,000만 주가 어떻게 10배나 낮은 가격, 즉 거의 무상으로 팔렸는지, 그리고 리하초프 대형 자동차 공장이 어떻게 250배나 낮은 가격으로 팔리게 되었는지, 크라스노야르스크 알루미늄 공장은 300배나 낮은 헐값에 올리가르히(신흥 부자)들에게 팔렸는지에 대해 설명하고 있다.) 이 놀라운 보고서가 나간 후 그 결과는 어떠했는가? 보고서가 제출된

지 3일 만에 폴레바노프는 추바이스의 개혁에 방해가 된다는 이유로 해고되었다.

그로부터 1년이 지난 1996년 1월 22일 대통령으로부터 "말도 안 되는 가격으로 팔 수 있는 것은 죄다 팔아보았지만 국가는 아무것도 얻지 못했다"라는 고백을 들었다. 그러나 이것도 갑작스러운 발언이었고, 이 이후로는 단 한 번도 그러한 말을 듣지 못했다. 사유화 정책을 수정하려는 시도는 수용되지 않았다. 이는 결국 국가 자산에 대한 대규모 약탈을 승인하는 것이나 다름없다. 우리의 정부는 한 번도 "마지막 소비에트 사람들은 어떻게 수백만 루블과 수백만 달러를 갖게 되었는가?"에 대해 질문을 던지지 않았다. 막대한 수출 특혜와 친분, 그리고 뇌물에 대한 대가라는 것이 분명하기 때문이다. 그들은 과거 값싼 루블로 매점매석한 물건들을 아무런 제재 없이 수시로 외국에 싣고 나가 수백만 달러의 외화를 벌어들이고 있다. (얼마 전까지 공산당원이었던 사람들도 재빨리 눈을 돌려 불법 상거래에 참여했고 거부가 되었다. 과거 그들은 국가 소유를 처분하는 데 제한적이었다면 이제는 전혀 눈치도 보지 않고 있다.)

공산주의의 바벨론에서 아직 우리는 다리를 뻗어서는 안 된다! 그러나 다양한 포즈로 편하게 놓을 수는 있었다. 그렇지만 우리가 선택한 길은 가장 최악의, 가장 왜곡된, 가장 악한 길이었다.

당시 이러한 비리에 연루되었던 사람들로부터 상당히 믿을 만한 주장을 여러 차례 들은 바 있다. '시장 개혁'이라는 체제 하에서 이루어진 모든 것들은 충격적일 정도로 아무 의미가 없다. 그러나 개인이 부를 얻는 시스템으로는 훌륭하다. 머리가 아플 정도로 루블이 폭락하고(이처럼 장기간에 걸친 하락은 그 어느 나라에서도 일어나지 않았다) 최소의 달러를 들여 러시아 재산을 구매할 수 있었다. 반면 정부는 예금주들에게 돈을 지불하지 않았다. 국내 농업을 탄압하는 정책 또한 외국으로부터의 식료품 수입으로 돈을 벌도록 하는 기회로 악용되었다. 세관에서는 보다 쉽게 불법 행위가 이루어지도록 필요한 법을 만들었다. 놀라운 속도로 추진되던 사유화 정책은 새로운 권력의 지지 기반을 만들기 위한 것이었다. 주류에 대한 독점이 폐지됨으로써 국고는 텅 비고, 국민 건강은 더욱 위험에 처하게 되었다(위조품 제조). 그러나 대중들은 당시의 상황에 대해 더욱 무관심해졌다.

이러한 모든 모략은 어둠 속에서 진행됐다. 국민들은 여전히 일어나고 있는 일들이 모두에게 돌이킬 수 없는 일이라는 것을 인식하지 못했다. 막대한 규모의 약탈(수억 달러가 해외로 빠져나갔다)을 직접 보지 못했고 구체적인 수치나 자료도 알 수 없었다. 아니면 그에 대해 생각조차 못했다. 제3자의 손에 넘어간 사람들 때문에 국가 생산은 2배나 떨어졌다(히틀러와의 전쟁 당시에도 4분의 1 수준이었다). 1990년부터 러시아에는 대형 기업이 하나도 세워지지 않았다. 러시아 사람들은 어려운 일상이 흘러가는 대로 몸을 맡긴 채 나라 안에서 횡행하는 일들이 얼마나 돌이킬 수 없는 것들인지 자각하지 못했다. 가끔 동화처럼 갑자기 부자가 된 신흥 부자이자 약탈자들에 대한 소심한 비판의 목소리가 들렸을 뿐이다. (약탈자들에게 매수된) 언론인들은 한결같이 이들에 대해 우호적으로 보도했다.

'사유화의 재검토? 그렇게 되면 내전이 일어날 것이다! 잠에서 깨지 못한 국민을 약탈하는 것은 전쟁을 하지 않아도 쉽게 할 수 있는 일이다. 정의를 다시 세우려면 유혈 전쟁이 벌어진다! 아마도 빼앗은 것은 돌려주지 않을 것이다!'

그렇게 그들은 이를 '젊은 러시아 자본'이라고 선언했다. 그것은 있을 수 없고 설명할 수도 없는(어디를 가든 곳곳에 있다) 국가의 협조로 만들어졌다. 상업 은행을 인위적으로 만들고 인플레이션의 리듬에 따라 은행들이 허위로 대출을 하면 이후 국가가 은행에 들어온 지 얼마 안 되는 자기 돈을 가져갔다. 그것은 고리의 대출이었고, 그러면서 정부는 더욱 가난해졌다. 자발적인 정부의 자살행위였다. 상업 은행을 위해 모든 급여를 이 은행을 통해서만 지불할 수 있게끔 했다. 은행들은 이자를 마음대로 올리면서도 계속해서 지불을 늦췄다.

이러한 일이 발생하여 국고가 비게 되자 정부는 몇 년 동안이나 월급과 연금을 제때 지불하지 못했다. 인내심이 강한 국민들이 굶주렸고 아이들은 젊은 러시아 자본을 위해 창백해져 갔다. 여러 차례 러시아 국민들의 믿음을 다시 한 번 확인했다고 칭송하는 소리가 최고 권력자들로부터 들려왔다. 믿음이란 사회적 분노가 폭발한 적이 없었다는 뜻이다. (이제 사람들은 "반란은 생각 없는 행동이고 무자비한 것이다"라고 영원히 생각할 것 같다. 우리보다 약한 민족은 없을 것이다.)

지속적인 경제 악화는 끝나지 않을 것 같았다. 내년에는 '안정', '호황으로 반전'될 것이라는 얘기를 여러 차례 들었다. 그러나 신정부의 새로운 행사도 우리를 재난에서 이끌어내지 못했고, 잘못된 조치들은 파괴로 치닫고 있었다. 경제와 생산 전 분야에서 수많은 희생자—완전히 노쇠한 국가 경제 기관으로 인한 결과—가 발생했다. 사람들은 직장에 가면서도 만일의 경우를 대비해 가족과 작별 인사를 나누었다. 고작 "어쩌겠습니까, 사고니까요"가 고위층이 던지는 위로의 말이었다.

권력자 누구도 "이제 끝이다, 이 나라를 이제 늪에서 건져내야 한다"라는 말을 할 줄 모른다.

그렇다면 개개인으로 그들이 그 일에 필요한 사람들인가?

그리고 또 하나. 우리 정부는 루블이 어지러울 정도로 하락하고 있는 것에 대해 과연 걱정을 하고 있는 것인가, 아무

상관이 없다는 것인가, 전혀 분노하지 않는 것인가. 이것은 러시아의 가난과 무기력에 대한 명확한 증거다. 누구도 어떻게 하면 달러 대비 루블을 과거 수준으로 돌릴 수 있는지에 대해 고민하지 않았다. 그랬다면 우리의 건강한 상태를 보여주는 표시가 되었을 것이다. 얼마 전 들은 농담이다. "지폐에서 뒤의 0 세 자리만 지우면 문제없을 것이다". 루블이 새로운 화폐로 바뀌어도 계속해서 하락한다면 다음 대통령은 거기에 두세 자리를 더 없애기만 해도 우리를 기쁘게 할 수 있다.

4. 비틀거리는 러시아 그리고 서방 세계

1980년대 말부터 우리 수도에서 확산된 국제주의 열기는 초기 볼셰비키들을 압도할 정도였다. 러시아의 자유주의자들과 진보적 민주주의자들은 이 지구에서 가장 행복한 시기가 도래했다고 생각했다. 모든 사람들이 우호적으로 지내면서 각자의 책임을 다하면 전 인류애적인 가치들이 이 지구상의 모든 사람과 정치인들을 사로잡게 될 것이라고 생각했다. 그러므로 러시아가 확신을 갖고 추진하는 대외 정치에는 제국주의적 또는 실현 불가능한 정책들만이 반복되었다. 반면 러시아 정부는 압제적인 태도로 일관했다. 미국을 인식하는데 있어서도 그렇다. 미국인들이 마음이 넓다는 생각을 아무 근거 없이 미국 정부에도 그대로 대입했다. 그러나 미국 또한 다른 나라와 마찬가지로 상당히 이기적이고 계산적이다. 게다가 소비에트라는 경쟁자가 몰락한 상황이 되자 점점 더 세계 전체를 통제하려는 제국주의적 성향을 드러내고 있다.

소위 '새로운 사고방식'이라며 국제주의에 대한 열렬한 환호는 곧 고르바초프 정부의 방향과 행동에도 확고한 영향을 미쳤다. 고르바초프는 서구로부터의 환호와 칭찬에 도취되어 동유럽 국가들을 억지로 떠나 보냈다. 불과 얼마 전에는 변방 지역 KGB 고위직 출신이자 세계적인 외교관이 된 세바르나제가 당시 그들이 구두로 보증한 내용을 계약서로 확실히 만들어 놓으라는 지나친 배려를 보였다. (프리마코프의 증언에 따르면 1990~1991년 소비에트군의 철수를 조바심 내며 기대하던 미테랑, 메이저, 베이커는 고르바초프, 세바르나제, 야조프와의 회담에서 나토는 동쪽으로 1인치도 확장하지 않을 것이며, 바르샤바 조약 회원국 중 누구도 받아 주지 않을 것이라고 약속했다. 그럼에도 불구하고 고르바초프는 문서로 달라는 요청도 감히 하지 못했다.) 결국 1990년 고르바초프와 세바르나제로 인해 '제2의 알래스카'인 4만 제곱킬로미터에 달하는 베링해(대륙붕, 풍부한 어류, 석유, 가스)를 무의미하게 양보했다.

'넓은 아량'에서 나온 항복은 그 후 5년 동안 계속되었다. 1993년 바르샤바에서 옐친은 폴란드를 나토로 보내주겠다는 제스처를 더욱 강하게 보여주었다. 같은 해에 말레이시아를 방문한 코즈레프는 무슬림 연합군을 러시아 전투기로 전쟁 중인 보스니아에 보내줄 수 있다고 자신했다. 그러한 '보편적 인류애'라는 전염병 속에서 새로워진 러시아는 미국이 UN에서 군사 행위에 대해 승인을 받을 수 있도록 도왔고, 그 이후에도 지친 우리 군인들을 대체 어떤 이유에서인지 보스니아로 파견했다. 이러한 행동은 모두 반 슬라브, 반 러시아적인 것들이다.

새로운 러시아는 세계의 인식 속에 역사적 전환이 이루어지도록 도왔다. 멀리 있는 나라의 일에 강국들이 군사적 개입을 하는 것이 공격이 아닌 '평화적 노력'으로 불리기 시작했다. 그러한 용어는 21세기에 분명히 뿌리내리게 될 것이고 어쩌면, 러시아가 곧 이를 직접 경험할 수도 있다. 예를 들어 국제 '평화군'이 우리 자신과 지구를 우리의 핵무기로부터 구할 수도 있다. 이에 대해서 이미 미국이 여러 차례 말한 바 있다. (그리고 그러한 "사막의 폭풍" 같은 사건은 "세계적 승인" 하에서 일어날 것이다. 어쩌면 러시아 자체의 분열이 계속될 수 있다. 실제 '안탄타' 군사 동맹은 이미 뻔뻔스럽게도 러시아를 내전으로 갈라 놓았다.)

러시아가 혼돈의 상태에 이를 정도로 악화되면서 문명화된 서구의 의도는 우리보다 상대적으로 덜 감춰지는 반면 키신저나 브레진스키와 같은 러시아의 치열한 정적들은 러시아를 "세계 지도에서 '필요 없는 국가'"라고 노골적으로 말한 것이 이미 여러 차례다. 80년 전, 격렬한 러시아의 '2월 혁명'에서 알렉산더 볼록은 그의 일기를 통해 '러시아가 산산조각이 난다면? 혹은 강력한 국가 기관의 하수인으로 전락한다면?'이라며 두려움을 표했으나 오늘날의 상황을 보면 불가능한 것은 아무것도 없어 보인다.

미국 정부가 수십 년 동안 소비에트 연방의 패배와 붕괴를 바라 왔다는 것은 마땅한 사실이다. 반면 러시아에서는 1959년 미국 의회법 PL 86 - 90을 아는 사람이 거의 없다. 이 내용은 매년 《노예민족주간》이라는 라디오를 통해 우리 귀에 들려왔다. 모두에게 마치 공산주의 발밑에서 구원을 해 줄 것처럼 말이다. 그러나 모두는 아니다. 러시아인은 억압받는 민족에 포함되지 않았다. 반대로, 이 법은 노예(중국, 티베트 포함)에 대해서는 명시하고 있으나 세계 공산주의의 노예가 아닌 러시아와 러시아인의 노예로 규정한다. 그리고 브레진스키-키신저 그리고 이와 비슷한 사람들의 반 러시아적 발언을 보면 그 법은 미국이 공산주의에 반대하는 것이 아닌 러시아에 반대하고 있다! (그 법은 의회가 삭제하지 않아 오늘날까지 유효하다). 이것이 오해인가? 그렇지 않다. 1997년에도 미국은 《노예민족주간》에서 러시아인을 거론했다. (이것을 건망증이라고 부르지 말라. 그보다는 내일의 과제라고 하는 것이 마땅하다.)

이처럼 반 러시아 편에서 수년간 활약한 것이 《자유》 방송이다. 이 방송은 반 공산주의에는 꽤 온건한 태도를 취하면서도 러시아의 전통은 물론 종교, 문화조차 아주 날카롭게 반대한다. (나는 이에 대해 여러 차례 발언하고 글을 많이 써왔으며 레이건과 부시 미국 대통령에게도 편지를 보냈다. 미 행정부는 단지 냉전을 목적으로 설립된 이 라디오 방송국을 절대 반대하지 않고 미·러가 화해하는 때가 왔음에도 수백만 달러 이상을 쓰는 데 아까워하지 않았다는 사실을 알아야 한다. 전혀 러시아 방송이 아닌 이 방송은 하루 24시간 방송이 되며, 외국 지침에 의해 '전 주파수와 음역에서' 방송되고 있다.《자유》방송은 최근에도 뉴스만을 전하는 것이 아니라 그에 대한 예리한 논평으로 자국의 이념 및 정치적 관계를 미화시키고 있다. 정확히 말하면 자신의 이념과 정치 관계 때문이 아니라 미 의회 산하 라디오 방송 협회에서 지시하는 대로 따르는 것이다.

소비에트가 붕괴되자《자유》방송은 러시아 선거 운동에 간섭하기 시작했다. 누구에게 투표해야 하는지 직접 제시했고 언제 선거를 해야 하는지, 어떻게 정족수를 모아야 하는지, 어떤 전술이 가장 효과적인지를 최고회의의 여러 의원 단체에 충고했다. 심지어 반 옐친에 대해 방송하라는 지침이 내려진 적도 있다. 방송은 옐친을 비웃고 조롱했다. 그러나 그 후 옐친을 지원하라는 지시가 들어오자 전력을 다해 고삐를 당기기도 했다. 방송 기록을 보면 체첸 전쟁이 한창일 때《자유》는 마치 체첸 방송국처럼 대놓고 반 러시아적인 방송을 내보냈다. 방송 시간의 절반이 거의 대부분 체첸 지지 논평 및 선동들이었다. (게다가 이 방송은 하루에도 몇 번씩 반복됐다.)

아마도 최근 몇 년 동안 미국의 노골적인 간섭을 보거나 듣지 못한 사람은 없을 것이다. 우크라이나 국민 투표 (1991)를 앞두고 우크라이나 분리를 응원한다는 부시 대통령의 발언을 어떻게 잊을 수 있단 말인가! "세바스토폴은 우크라이나 영토이다!"라고 말한 초기의 열정적인 사람들 중에는 미 대사도 포함된다. 그는 키예프에서 그리고 여러 번이나 극도로 무례할 정도로 그러한 발언을 이어갔다. 미국은 온갖 수단을 동원하여 우크라이나에서 뜨겁게 오르는 반 러시아 열기를 지원했다. 비교를 하자면, 우크라이나에 대해서는 매우 관대한 반면 (반대 의견을 탄압하고 투표를 허위로 조작하고 있는 아시아계 공화국들에게는 더욱 너그럽다) 벨라루스에 대해서는 사사로운 것이라도 그냥 넘어가지 않았다. 벨라루스와 러시아가 아주 조심스럽게 진행하고 있는 통합 노력을 어떻게 해서든 무너뜨리려 하고 있다. 벨라루스가 '흑해 및 발틱해 연합' 사상, 말하자면 에스토니아로부터 크림반도에 이르는 반 러시아 '국경수비방역선'의 전체적인 계획과 아이디어를 위반하려고 했기 때문이다. 미국은 아주 명확히 러시아를 상대로 '주변'을 활용한 자신의 움직임을 과시했다.

나토 협상이 절정에 이를 무렵, 미국은 1997년 8월 흑해 크림반도 연안에서 해상작전을 수행하며 우크라이나와 친밀한 군사적 우호 관계를 드러냈다. (이 작전은 터키 해군들과 함께 진행되었다. 이는 실질적인 작전이 아닌 러시아를 극도로 모욕하기 위한 역사적으로 상징적인 행동이었다. 왜 아조프해에서 하지 않았는가? 그곳이 '우크라이나' 기슭인데 말이다.) 나토 사무총장은 중앙아시아 국가들과 나토 간 군사 협력을 위해 남캅카스나 중앙아시아를 순방했다. 이것이 행동으로 나타내는 것이 아니고 경고가 아니란 말인가?

새로운 상황에 가장 뛰어난 적응력을 보여준 국가가 터키였다. 터키는 캅카스를 침략했고, 중앙아시아 일부에서는 국제 조약에 반하는 보스포루스 다르다넬스라는 전례 없는 새로운 말을 만들어냈다.

나토가 동방(체코, 헝가리, 폴란드, 발틱해 연안, 우크라이나, 벨라루스, 흑해, 발틱해)으로 확장하는 것은 오랜 세월이 흘러도 여전히 냉전이 계속되는 것처럼 서구의 군사적 사고가 지닌 타성으로나 설명할 수 있을 것이다. 매우 오랫동안 러시아가 저평가된 만큼 향후 이것이 러시아의 약점이 될 것이라고 보기도 어렵다. 그렇다면 러시아를 탄압하겠다는 의도 외에 다른 설명은 찾을 수 없다. 나토 확장을 위해 체코, 헝가리, 폴란드에 300~350억 달러를 지불하면서도 미래의 '남'과 '북'의 심각한 대립에 동유럽 동맹국들을 끌어들이지 못하고 있다. 이 신생 동맹국들이 그와 같은 분쟁에 개입될 가능성은 매우 적고 또한 아무런 유익도 얻을 수 없다. (그러나 어쩌면 미국이 심히 애석하여 그토록 견고한 무슬림 보스니아 군사 기지를 유럽에 세웠는지 모른다.)

그러면 우리는 어떠한가? 우리 대통령은 한없이 넓은 마음으로 미국 대통령을 영접하면서 '미러 공동 개혁'을 위해 건배를 외쳤다(1994년 1월 14일). 공동이라니? 앞으로 우리는 러시아의 이익과 미국의 이익을 구별하지 말아야 한단 말인가?

양국을 똑같이 민주주의 국가로 인정한다고 해도 모든 면에서 하나로 합쳐야 한다는 뜻은 아니다. 프랑스 민주주의의 지도자이자 미국의 실질적인 동맹자였던 드골도 지금껏 미국의 독재에 복종하지 않았고 프랑스의 국익에 철저히 경계를 긋고 있다. 모든 나라는 각자의 국익이 있고 아무리 내부적으로 동맹국을 결성한다고 해도 국익을 고수해야 한다. 이것은 쇼비니즘이 아니다.

러시아는 세 차례나 EU 가입을 거절 당하는 모욕을 삼키며 굽실대면서 네 번째 신청서를 보냈다. 러시아가 'G7'이 된다 하더라도 그 정도의 모욕은 우리에게 충분한 것이다. 얼마나 안일하게 생각했으면 경제적으로 무력했던 러시아가 경제 강국 그룹에 영향력 있는 회원이 될 수 있다고 기대한 것인가. 러시아가 그곳에서 할 수 있는 일은 국익에 배치되는 일이라도 그들이 결정하는 일에 서명을 보태는 것뿐이다.

현재 모든 정치는 경제에 좌우된다. 비록 그것이 경제와 관계없는 일일지라도. 경제는 지금 이 글의 대상은 아니다. 그러나 이것은 전문가가 아닌 평범한 사람조차도 얼마든지 잘 알고 있다. 즉, 기술적으로 낙후된 러시아가 서방에 필요한 존재라는 것은 분명하다. 우리는 IMF 프로그램에 노예처럼 구속되어 있다. 무지 때문인 것인가 아니면 의식적으로 타인의 생각을 따르는 것인가? 예를 들면, 우리는 IMF의 가혹한 요구대로 우리 석유와 가스(미래의 자신과 후손을 포기하며 되돌릴 수 없는 우리의 지하자원을 계속해서 파내고 있다)의 수출 관세를 면해주었다. 막대한 예산 손실 대신 우리를 기다리는 것은 작은 유혹, 그것은 심지어 유혹도 아니고 고리의 대출일 뿐이다. 세계에서 어떤 정부가 그렇게 살림을 운영하는가? 경제에 치명적 손실을 입히면서 정부는 1년간 파괴적인 독재자에 복종하고 있었다. 심지어 IMF는 '러시아가 어려움에서 탈출할 수 있도록 도와줘서' 고맙다는 말을 우리 지도자들로부터 들어야 했다. 그러나 사실, 아무 생각 없이 국부를 매각하는 것은 소득 증가뿐 아니라 외채의 증가도 수반된다. 결국 러시아는 빚덩이 지옥 속에 앉게 되었다.

뒤처진 자들은 계속해서 뒤처져 이미 회복될 수 없다는 것이 세계 경제의 보편적인 상호 작용이다. 그러므로 우리는 앞으로 10년 후 아프리카 나라들 수준으로 떨어질 수도 있다.

이미 몇몇 나라들은 벌써 우리를 그렇게 취급하고 있다. 그리고 도처에서 외국 기업들이 때로는 가명을 써가면서까지 러시아의 핵심 기업들을 통제하고 있다.

그러나 현재의 좁아진 국경 속에서도 러시아는 경제적으로 자생 가능하다. 외국 투자자들에게 애원하는 것은 최근의 정신적 몰락과 절망 때문이다. (외국 기업들은 국내 생산을 안정적으로 보호하고 자본 혹은 공산품의 반출법을 철저히 지킬 때 이로울 수 있다.) 그러나 국제 금융계로 흡수되어버릴 경우, 우리가 이미 겪었을지 모르는 또 다른 금융 위기를 마주하게 될 것이다.

경제 분야에서 우리는 무지하게도 위험할 정도로 서둘러 서구의 생활 양식을 받아들이려고 했다. 그러나 이것은 불가능한 일이다. 고통스럽게 다시 태어나지 않고는 결코 타인의 생활 방식을 복제할 수 없다. 그것은 그 나라의 전통에서 유기적으로 흘러나와야 한다. '타인의 건강으로 자신의 질병을 고칠 수 없다'라는 속담이 있다. 서구와 구별되지 않는 길, 러시아는 아무리 노력해도 결코 그 길을 가지 못할 것이다.

5. CIS의 환상

선조들 중 가장 무력했던 이들이 과연 러시아의 치명적인 몰락을 예견할 수 있었을까? 1991년의 그 짧은 기간 동안에, 수 세기에 이르는 러시아 역사가 아무것도 아닌 것이 되어버렸다. 그해 8월, 무려 2세기에 걸쳐 흑해에 진출하려던 러시아의 희생과 노력(러시아-터키 전쟁 8회)이 불과 2~3일 만에 물거품이 되어버렸다.

오늘날 전 세계가 우리를 보고 궁금해한다. 어떻게 거대한 러시아가 엄청난 혁명과 내전, 대규모 기근, 전염병도 겪지 않고 갑자기 약해져 정신과 육체가 몰락하고 그렇게 빠르게 자기 파괴를 할 수 있었는지 말이다. 국가의 존재 가치조차 잃어버릴 정도로 추락 속도가 빨랐다는 점, 또한 국민들이 전혀 저항하지 않았다는 점이 모든 사람에게 충격을 주는 것이다.

이 같은 자멸 속도는 아마 어떤 역사에서도 찾아보기 어려울 것이다. 그러나 결국 오늘날과 같은 지경에 이르렀고, 이제는 그것을 인정해야 한다. 그리고 이 폐허 위에 새로이 건설을 시작해야 한다.

(레닌이 말년에 만든) 소비에트 연방은 대외적으로 강력한 힘을 발휘하고 있었으나 민족 간 관계들이 복잡하게 얽혀 있는 국내에서는 비정상적인 국가 조직일 뿐 건강한 단체가 아니다. "민족 간의 영원한 우정"과 "단일 소비에트 국가의 창조"는 신화에 불과했다. 소비에트 건설이라는 레닌의 민족 정책으로는 국가라는 조직을 계속해서 붙잡아 둘 수 없었다. 바로 민족 정책이 구심력을 키웠던 것이다. (이론적으로 소비에트의 자체 붕괴(분리)는 이미 과거 초기 소비에트의 헌

법에 있는 내용이다.) 전후 소비에트 수용소와 카자흐스탄 유형지에서 이것이 실제로 가능하다는 것을 충분히 관찰할 수 있었다. 또한 겉으로는 화합을 외치고 있었으나 소비에트 민족 간 상호 불신이 얼마나 팽배한지 충분히 볼 수 있었다. 이미 당시에도 분열의 가능성, 심지어 피할 수 없을 것 같은 분리가 다가오고 있었다. 나는 이 유배 경험으로 발언 기회를 얻자(「회개와 근신」, 1974), "모든 변방 민족 사람들에게 자신의 운명을 스스로 결정할 의지"를 줄 것을 촉구했다. 그러한 경험으로 이미 1990년에 소비에트가 붕괴를 피할 수 없을 것이라고 예측했다.

그것은 1991년에 일어났으며 불행하게도 수백만의 사람들은 이를 피할 수 없었다. 그러나 충분히 피할 수 있는 일이었다. 지도부의 이성과 앞을 내다보는 능력이 없었기 때문에 붕괴는 재앙처럼 일어났다. 러시아가 생각 없이 한 선언(독립이라는 것이 2,500만 명이나 되는 동포로부터 단절되는 것을 말하는 것인가? 이것을 심지어 '민족기념일'로 제정하고 있다!)이 거의 자동적으로 공화국들의 '주권 선언의 행렬'로 이어졌다. 이는 공화국의 열렬하고 상징적인 자존심이었다. (이들은 향후 경제력은 전혀 계산하지 못한 채 소비에트의 전 구성원이 힘을 합해 만든 초기의 산업 자산만을 생각했다.) 부자연스럽고 민족적 근거가 없는 행정 구분(레닌-스탈린-흐루쇼프의 유산)에 의해 통제가 불가능한 분리가 진행됐다. 여기에 더욱 말도 안 되는 것은 집요하게 주시하던 서구가 즉시 헬싱키 조약을 적용했다는 것이다. 러시아 지도부는 1991년 8월과 12월에 서둘러 그리고 순순히 이에 항복했다. 그렇게 무심할 정도로 경솔하게 과거 제2차 대전에서 잃었던 수와 거의 동일한 수의 러시아인들을 새로운 국경 뒤로 버려두었다. 또한 1991년 가을, 1세기 동안 우크라이나와 러시아의 관계를 결정짓게 될지 모를 우크라이나 국민 투표에 여전히 무관심으로 일관했다. 간교한 준비, 이후 벨로베자에서의 갑작스러운 협정으로 소비에트 붕괴가 완성되었다. 소비에트 분열은 무모할 정도로 신속하게 그리고 최악의 방식으로 이루어졌다.

벨로베자 협정 자체는 내용이 모호할 뿐만 아니라 러시아에게는 어떠한 명확한 보증도 하지 않았다. 우크라이나 대통령은 조심스럽게 앞을 내다보고 있었다. 합의하지 못한 피상적인 구두 약속을 향후 어떻게 우크라이나에 유리하게 만들 것인지. 반면 러시아 대통령은 뒤를 돌아보고 있었다. 무엇으로부터 빨리 분리되어야 하는지(가장 먼저 고르바초프 정부), 무엇과 작별해야 하는지. 그렇기에 조약 어느 부분에서도 걱정을, 심지어 생각이라는 자체를 찾아볼 수 없다. 우크라이나에 몇 개의 주를 넘겨야 하는지, 현재 거주하는 러시아인들, 그리고 역사적으로 1,200만의 러시아인들을 아무런 보장도 없이, 하다못해 그들의 문화적 정체성 및 법적 보호

장치 같은 것도 전혀 고려하지 않은 채 우크라이나에 넘겨주었다. (그러나 이러한 무정한 양보는 1991년 8월에 이미 경솔하게 시행되었다.)

보다시피 미래에 대한 생각은 전혀 없었다. 대체 CIS(독립국가연합)가 무엇이란 말인가? 그 프로세스는 어떻게 흘러갈 것인가? CIS 창립자들이 저지른 가장 어리석은 실수는 나자르바예프에게 합의를 숨긴 것이었다. 카자흐스탄은 난처한 입장에 처해졌고, 대통령에게 모욕을 주었다. 또다시 아직 카자흐스탄에 살고 있는 700만의 러시아인들을 독재 속에 놔두었다는 사실은 아예 생각조차 하지 않았다. 러시아 사람이 많으니 그런 '소수'의 사람들은 아무렇지 않게 희생될 수 있다고 생각한 것이다.

거의 모든 공화국의 지도자들은(소비에트 시절 동안 "국가 기관의 토착화"를 통해 양육된 당-민족주의자들, 혹은 본질적으로는 그저 민족 지도자들이다) CIS에 가입을 희망한다고 발표했다. (그들은 독립을 발표했으나 그들을 하나로 묶는 중심 센터가 없다는 것을 곧 알게 됐다.) 지극히 경솔하게 그렇게 독립을 받아들인 것이다. 소비에트가 이제 막 무너졌으나 여전히 국가로서 많은 것을 책임졌다. 그러한 소비에트가 CIS라는 반투명 텐트로 대체되었으나 그곳에서는 누구도(러시아를 제외한) 어떠한 의무도 지지 않았다. 이로 인해 CIS가 설립되는 모든 과정이 더욱 의미를 잃어갔다.

소비에트를 부활시키겠다는 것은 러시아 사람들의 이익이나 안녕과 전혀 관계가 없다. 그랬다면 팽창하는 아시아에서 러시아 민족은 침몰했을 것이다. 소비에트의 윤곽은 러시아에서 다시 회복될 수 없으며, 그에 대한 모든 시도는 가장 공허한 것으로 생각하고 포기해야 한다. 그것은 여전히 해롭기 때문이다. 소비에트를 재건하자는 주장이나 이야기는 우리를 떠난 국가에서 우리가 그곳에 버리고 넘겨 새로운 박해 속에 방치한 러시아인에 대한 적대감을 심화시킬 뿐이다. 우리 자신에게도 이 슬로건은 고유의 민족의식을 희석시킬 뿐이다.

만약 아직도 존재하는지 모르겠으나 유일하게 존재했던 건설적인 구상을 1991년에 놓쳐버렸다. 단 하나의 건전한 전망이다. 즉, 카자흐스탄과 3개 슬라브 공화국이 실질적으로 상호 보완적으로 연합하여 하나의 연방국가(국가연합-이것은 연기 같은 것이다)를 만드는 것이다. 더 이상 누구도 끼지 않는 4개 국가로 이루어진 연방이다. 그렇게 된다면 러시아 민족은 우크라이나 민족처럼 분열되지 않았을 것이다. (다른 공화국에 있는 사람들을 이주를 통해 받아들이는 것이 물리적으로 가능했을 것이다.) 하지만 러시아 지도부는 CIS 국가들의 모호한 회의에서 과거부터 그곳에 살았으나 하룻밤 새 외국인으로 신분이 바뀐 러시아인들의 거주를 보장하라는 말을 하지 못했다. 반면 소비에트에서 이탈한 다수의 공화국 지도부는 즉시 민족주의 이데올로기를 채택했다. (이로 인해 러시아인은 우즈베키스탄에서 2등 시민으로 전락해 무시를 당하고 있다.) 반대로 러시아 지도부는 러시아인의 이익을 조금이라도 추구하는 우를 범하지 않으려 전력을 다해 심지어 러시아인이라는 단어도 가능한 한 쓰지 않으려 했다.

1992~1993년 공화국들 사이에서 보존되던 활기도 역시 일종의 연합과 같은 상태로 발전될 수 있었다. 예를 들어, 남쪽 공화국들에서는 그들의 현대 문명의 구조가 러시아로부터 온 것이라는 생각이 여전히 강했다. (소비에트의 예산으로 그들 모두를 먹여 살리고 고급 러시아 인력들이 그들 공화국의 산업을 발전시켰다는 생각.) 그러나 이 느낌은 러시아가 명백히 도덕적 자기 파괴에 들어서자 빠르게 사라지기 시작했다. 공화국들은 이제 서방이나 부유한 동양의 이슬람 국가로 눈을 돌렸다. 1994년 CIS는 오랫동안 존재할 것이라는 등 실제 삶에 대한 명확한 희망을 주지 않았고 러시아는 계속해서 그곳에서 처음의 위치를 상실했다. 대통령은 'CIS에서 러시아의 전략적 노선', 'CIS 통합을 위한 호혜 조건'에 대해 1996년에는 "어쩌면 발트해 연안 국가들이 가입을 희망할지도 모른다"라는 무미건조한 발표를 이어갔다. 대체 청중을 어떻게 생각하고 그러한 소리를 믿을 것이라고 생각하는가?

지난 6년 동안 CIS에는 무엇이 있었는가?

직접적인 보조금 지원, 신용 대출 지원, 끊임없는 '부채 매각', 세계 시장 가격보다 두 배 혹은 다섯 배 가량이나 저렴하게 석유나 가스를 판매하는 등 다양한 방법으로 러시아는 막대한 규모의 CIS 생활을 도맡고 있다. (CIS 기구도 직접 맡고 있다.) 그렇게 입에 오르내리는 여러 수치들은 결코 적은 돈이 아니다. 잠깐 얼굴을 비치는 재정부 장관 중 한 명(보리스 표도로프)은 러시아가 국민총소득의 21퍼센트를 CIS 국가들에게 주고 있다고 했다. (미국이 다른 국가에게 제공하는 인도주의적 기금이 소득의 1퍼센트 미만에 불과하다는 것과 비교해보자.) 그럼에도 6년 후 키슈네프 회담(1997년 10월)에서는 러시아가 "CIS와의 거래를 약화하고 있다"라는 비난이 쏟아져 나왔다. 쿠치마 우크라이나 대통령은 여러 차례 러시아의 면세 거부를 '무역 전쟁'이라고 말한 바 있다. (이에 해당하는 속담이 있다. '나를 먼저 데려다 주면 나중에 너에게 가겠다'. 따라서 언제 '주권'으로 내뺄 달릴지 생각해야 한다.)

그럼에도 신러시아는 CIS 내에서 벌어지고 있는 사태들과 소비에트 시절 일어났던 일에 대한 책임을 지겠다고 공개적으로 밝히고 있다. 왜, 무엇 때문에 그래야 하는가? 일례로, 조지아가 스탈린 이주 정책으로 인해 추방된 사람들에게 과거에 살던 곳에서 다시 사는 것을 허락하지 않아 약 5만 명에 달하는 사람들을 중앙 러시아 지역으로 받아들였다. 우크라이나는 '연합회원국'이라고는 하지만 경제적 계산으로 CIS에 남아 있는 것이다. 조지아 대통령 세바르나제 또한 심한 갈등

끝에 CIS에 가입했다. (아제르바이잔에서처럼 조지아에서도 반러 분위기가 있다.) 만일 골치 아픈 국경 문제들이 러시아의 '책임'이 아니라고 한다면 이 문제들은 애초 나타나지도 않았다. 불타는 아프가니스탄(CIS 형제국)으로부터 타지키스탄 국경을 수호하고 (CIS 국가들은 군대 파병을 약속했으나 중대 규모를 파견한 국가는 극소수이며 카자흐스탄은 양쪽의 눈치만 보고 있다) 캅카스 지역을 '해체'하는 것도, 터키로부터 아르메니아를 지키는 것도 러시아가 모두 수행하고 있다. 타인의 슬픔은 러시아의 슬픔이지만 러시아는 정작 자신의 슬픔은 모른 척하고 있다.

과연 계속 약해지는 군대를 평화 유지군으로 파견하여 이 광범위한 지역의 안전 보장을 위해 전력을 쏟아야 할 필요가 있는가? 원탁회의 앞에 앉은 회장이나 의장을 맡은 것도 아닌데 러시아로부터 얻어내는 경제적 이익 때문에 머뭇거리고 있을 뿐 이미 심리적으로나 역사적으로 분리된 이들 나라에 왜 우리가 관심을 가져야 하는가. 이러한 이익을 얻는 일을 중단하라. 공화국의 민족주의 지도자들은 결코 그들의 권력을 포기하지 않을 것이며, 러시아와 어떠한 실질적인 통합도 하지 않을 것이다. 나자르바예프가 제안한 '유라시아 연맹' 역시 거대한 민족 관료 체계와 함께 제안한 것이며, 이는 러시아의 모든 움직임뿐만 아니라 우리 입(유일한 정보국)도 억제해야 한다는 뜻이다.

이에 대한 반론도 있다. 반대로(우리가 멀리 떨어진 외곽의 국경을 지키지 않았다면) 러시아 역시 더 악화되었을 것이라는 주장이다. 즉, 마약, 무기, 약탈 행위가 곳곳에서 벌어지는 것. 1991년과 같은 일이 일어난다. 우리는 이미 극도로 안 좋아졌지만 눈을 더 크게 떠야 한다. 즉 위험의 깊이를 재는 일은 오늘날에도 많은 사람들이 전혀 생각하지 않는다. 1991년 이미 아제르바이잔은 '이슬람 회의' 회원이 되었다. 중앙아시아의 거의 모든 지도자들은 공개적으로 터키를 지향하고 있다. 또 다른 영토 분쟁은 15~30년 후에 다시 듣게 되지 않을까?

CIS에 집착하는 것은 우리의 국가성을 약화시키고 국가 수립을 방해하는 일이다. 우크라이나 지도부의 심한 타성(거의 감춰져 있는 적대감, 이로 인해 아제르바이잔과 조지아와 장벽을 치고 있다)이 슬라브 3국 연합을 가로막고 있다. 그리고 우리가 모두 인정할 만큼 강력한 영향력이 벨라루스와의 재결합을 방해하고 있다.

우리는 이 모든 실패에 대해 용감하게 인정하고 CIS가 아닌 강력한 러시아 국가를 수립해야 한다. 러시아 국가는 아직 수립되지 않았고 여전히 의문이다.

우리가 동아시아와 필연적인 상호 관계를 맺고 있는 것처럼 우리에게 CIS는 무엇인가라는 생각은 당연한 것이다.

6. 당황한 러시아와 동방

남캅카스와 중앙아시아는 러시아에서 가장 동방에 있는 지역이다. 소비에트가 급격히 붕괴된 후 러시아 당국은 어떻게 그곳으로 관심을 돌렸을까? 서방 국가들과의 관계처럼 그리 큰 차이는 없다. 러시아 정부는 자국의 이해를 포기하면서까지 고집스럽고도 어리석게 '큰형'의 역할을 계속했다. 러시아는 스스로를 '평화적 수호자'로 선언하고 과거 러시아 제국주의에 대해 사과만 여러 차례 하고 있었다. 타지키스탄을 지키기 위해 우리의 사병과 장교들이 희생됐다. 해가 갈수록 혼란스럽고 낯선 내전에서 우리 병사들이 죽어가고 있다(1993년 한 해 동안 500명을 그곳에 묻었다). 그러나 정부는 우리 군대를 빨리 철수시키려는 생각이 없고, 그곳에서 흘린 러시아 군인들의 피를 안타깝게 생각하지 않는다. (만약 타지키스탄에서 우리 동포들을 구출하려 했다면 그러한 희생이 정당화되었을 것이다. 그러나 정부는 그렇게 하지 않았다.) 국방에 대한 잘못된 과거의 타성(완전히 재고해야 한다)에서 공화국들과 방위 동맹(우리는 부담만 질 뿐이다)을 맺은 것이다. 아르메니아와 동맹을 맺었지만 러시아에 비우호적인 조지아가 가로막고 있는데 어떻게 그것을 실현할 수 있겠는가? 우리는 치명적인 손실은 생각지도 않고, 자국의 영토에 레이더국을 설치하지도 않으면서 조지아에는 레이더 기지국을 설치했다. 그리고 그 응답 서비스도 책임지고 있다.

이제 이 공화국들은 '우리'나 '우리 공화국들'이 아님을 깨달아야 한다. 그들 스스로 주권국임을 선언했다는 사실을 기억해야 한다. 사실 이들 공화국은 우리에게 있어 세계의 여느 국가와 다르지 않다. 우리가 무자비하고 무지하게 우리의 동포들을 그곳에 버리고 그들의 권리를 지키지 못했으며 그들을 고국으로 부르지도 못했다는 점만 다를 뿐이다. 이러한 사실이야말로 우리가 진 가장 큰 도덕적인 실제 빚이다.

러시아 지식층 중에도 최근까지 널리 퍼져 있던 유라시아주의 추종자들이 있다. 그들의 주장은 러시아가 아시아에 속하므로 러시아의 미래를 아시아와 연결해야 한다는 것이다. 이 주장은 20세기 1920년대에 발전한 것으로 당시 서구의 가치를 부정(내전 후 많은 러시아 이민자들의 서구 사회에 대한 분노가 늘어났다)하는 이민자 사회에서 강한 세력이면서 낯선 세력에 기대고자 하는 나약한 태도에서 비롯되었다. (세기교체주의자, 일부 유라시아주의자들은 볼셰비즘에 기대려고 했다.) 이것은 퇴폐적인 욕망이자 정신적 나약함에서 나온 것이다. 그러나 오늘날에도 그러한 사상이 존재한다. 용기가 줄어들고 러시아 민족의 저력에 대한 믿음이 약해져서 소비에트를 다시 복원할 수 있는 힘을 타인에게서 찾으려는 것이다. 그러나 이것은 러시아 문화 정체성, 곧 다가올 밀레니엄을 거부하는 것이고 급속도로 성장하는 무슬림 사회에서 러시아인들을 침몰시키는 것이다. 민족의 죽음이 우리를

세기말의 러시아 문제

위협한다면 여기에 구원은 없다. 우리가 버틴다면 우리의 독립, 국가성의 지속성, 문화, 정교는 자갈밭에 서게 될 것이다. 그러나 버티지 못한다면 무너지는 것밖에 없다.

거대한 아시아 인접국인 중국이나 인도처럼 우리의 인구가 막대하지 않고 일본처럼 일을 열심히 하거나 애착이 있는 것도 아니다. 그러나 중국, 인도, 일본, 러시아 4개 국가는 개별 세계이자 개별 문명을 지닌다. 그러므로 각각의 소중한 자리에서 이탈하면 안 된다. 그 자리에 있을 때 가치가 있는 것이고 그 속에서 관계를 이루어야 한다.

이러한 생각에서 보면 러시아 정부가 쿠릴 열도를 두고 고집을 부리는 것은 비난받아 마땅한 어리석은 일이다. 광대한 러시아 10개 주를 맹목적으로 우크라이나와 카자흐스탄에 넘겨주고는 1980년대 말부터 국제 정치에서 미국의 하수인처럼 굴기만 한다. 이는 거짓 애국주의와 자긍심으로, 과거한 번도 러시아 땅이 아니었으며 혁명 전까지는 한 번도 소유권을 주장하지 않았던 섬들임에도 일본에 반환하는 것을 반대한다. (19세기 골로브닌 함장과 1885년 푸차닌 해국 장성은 현재 일본이 끈질기게 주장하고 있는 그 섬들을 일본 소유로 인정했다. 1904년 일본의 침략, 아니면 내전 때 일본이 간섭했다는 것 때문에 분노하는 것인가? 소비에트가 1941년 5년간의 '중립' 조약을 깨고 일본을 침략했던 것은 어떻게 생각해야 하는가?)

러시아 정부는 마치 그 섬에 러시아의 모든 미래가 달린 것처럼 움켜쥐고 있다. 땅이 부족한 일본에 있어 이 섬들을 반환하는 문제는 합의로 풀 수 있는 수자원 문제와 비교할 수 없는 국가의 명예, 위신이 달린 어려운 문제다. 다가오는 21세기에 서쪽이나 남쪽에서 어떤 친구도 떠올리지 못한다면 우리는 더욱 어려워질 것이다. 왜 우리는 가능한 선린관계를 밀어낸단 말인가? 그게 아니라면 우호관계는 대체 무엇이란 말인가?

중국은 수천 년간 강력한 이웃이자, 내부적 약점과 붕괴를 모두 겪은 놀라운 국가다. 중국은 사람으로 가득찬 대양으로, 중국의 발전법은 다른 민족에 비해 예측하기 어렵다. 중국의 갑작스러운 경제적 성공은 우리가 교만하게 필요 없다고 한, 지방 자치단체와 결합한 기업 덕분이다. 중국은 2020년 무렵에는 총 생산량에서 세계 1위를 차지할 것으로 예상되고 이미 인구 수에서는 러시아를 능가한 지 오래이며 현재는 러시아의 8배가 넘는다(곧 10배, 12배가 될 것이다). 이러한 인구로 어떻게 사막처럼 우리에게 버림받고 무시당하고 돌보지 못한 시베리아를 유지할 수 있을 것으로 보는가. 특히 극동지역은 불쾌하고 낯선 땅처럼 범죄로 가득하다. 중국에 전쟁은 필요하지 않다. 고르바초프에 의해 이미 외교적으로 더 쉬운, 분쟁 없는 '평화로운 싸움'이 시작되고 있다. 우리의 빈 영토에 수십만, 심지어 수백만 명의 중국인들이 정착했다.

중국 북부 인구가 3억 명이나 되는 것에 비해 시베리아 전역의 인구는 800만으로 1제곱킬로미터 당 2.5명에 불과하다. 일본은 330명이나 된다.

지구가 과포화 상태가 되어 버려진 러시아 공간이 계속해서 미개발 상태로 유지될 것이라고는 생각하기 어렵다. 내부 음모, 사소한 계산, 탐욕스러운 치부로 인해 우리의 올리가르히는 침몰했다. 언젠가 이를 깨닫고 신이 주신 이 공간, 말할 수 없는 아름다운 마음, 풍요를 돌아보아야 할 것이다. 불행하게도 잠시 동안 악한 세력에 지배당했지만 말이다.

중국과 현재의 우정이 얼마나 안정적이고 얼마나 오래 지속될지 예측하기란 어렵다. 지금까지는 그저 중국 무기 프로그램을 돕는 수준이다. 그러나 곧 중국은 우리의 무기를 필요로 하지 않게 될 것이다. 1986년부터 우리의 군수 산업이 붕괴 수준까지 몰락하였지만 중국의 군사비는 60퍼센트 증가했다. 곧 우리는 배척될 것이다. 무엇보다, 수천 년의 어려움을 겪은 중국의 정신은 결코 무너지지 않을 것이다. 그렇다, 아직 동방 전체나 전 아시아가 우리에게 필요한 것이 아니다. 아직 러시아 내부 자치주가 있고, 그들과의 관계를 만들어나갈 수 있는 정도의 지혜만 있으면 충분하다. (아래에서 더 자세히 설명하겠다.)

7. 러시아의 의회 정치

1994년 가을, 길고 긴 시베리아 및 러시아 북방주 그리고 남방주를 일주했다. 사람들과 이별할 때 들려온 말은 "국가 두마(여기서는 하원을 의미함)에서 말씀해주세요." 그리고 이것을요! …그리고 이것도요!

두마에서 초청 연설을 할 때 중요한 재판에 선 것처럼 정말이지 난 매우 진지했다. 혁명 이전 4대 두마에서 일어났던 일들에 대해 소개했다. 그들에게는 낯설기만 한 아무 소용없는 일이었으나 그래도 희망을 갖고 기꺼이 그들을 5대 두마라고 칭했다. 그러나 텔레비전에서 자주 볼 수 있는 것처럼 의원들은 옆 사람과 이야기를 하거나 컴퓨터 자판을 두드리거나 하품을 했고 심지어 잠을 자기도 했다. (그들은 나를 비웃고 싶었던 것일까? 그러나 그것은 결국 자기 자신을 비웃는 것이다.)

나는 약 사십오 분 동안 연단에서 국민들이 파국적으로 몰살당하고 있고 그래서 보호가 절박하다는 것, 중앙 정치와의 차별을 두지 말 것, 중앙 정부와 나라 문제의 고리가 미약하다는 것, 그리고 바로 그 러시아의 고질적인 문제점에 대해서 발언했다. 그러나 가장 씁쓸했던 것은 현 선거 제도가 적극적인 국민들에게 출구를 내어주지 않아 정당들은 국민을 선거 재료, 더 나가서는 아무것에도 쓸모 없고 필요 없는 존재로 인식한다고 말했을 때였다.

불행한 우리 선거 제도에 대해 나는 이미 러시아 전역에서 대중을 상대로, 또한 가차없이 잘린 중앙 텔레비전 담화에 출연해 여러 번 말한 바 있다. 선거 1년이나 1년 6개월 전부터 시작되어 나라를 흔들어 놓는 열병 같은 선거 운동, 국가 일을 해야 하는 모든 정치인과 하원 의원들은 이 기간이 되면 그들의 일을 잊어버린다. 직접선거가 가장 이상적이기는 해도 아직 권리에 대한 의식이 미약한 우리가 진정한 국민대표를 뽑을 수는 없을 것이다. 국민을 기만하는 것에 불과하다. 또한 행정구역이 너무 넓어 유권자들은 후보자들을 모르는 데다, 당 체제(의석의 절반을 당에 주어야 한다는 아주 악한 원칙이 있다)에서는 심지어 이름도 모른 채 투표를 해야 한다. 나중에 당 중앙위가 투표 대상자를 보낸다. (몰라도 된다. 중매쟁이가 모두 말해줄 것이라는 식이다.) 그리고 후보자 스스로를 추천하는 방식도 매우 거만하게 느껴지며, 이는 러시아의 전통에도 맞지 않는다. 선거 운동에서 들리는 각종 공약과 감언이설은 모두 공허하고 가볍기 그지없다. (귀가 얇은 대중은 여전히 그들의 말을 믿는다….)

이 같은 선거 체제는 겸손하고 도덕적이고 인격이 훌륭하며 정신적으로 성숙한, 즉 가장 높은 수준의 사람들, 위원들 중에 보기 드문 사람들을 선거전에서 밀어뜨린다. (높은 전문성을 가진 사람들을.) 그리고는 전혀 다른 자질, 즉 국정 운영, 경험, 지혜와 책임감 등을 요구하나 이러한 자질은 이미 당선된 자에게 필요한 것이다. 우리는 처음부터 운명적으로 진정으로 필요한 사람이 아닌 사람들을 뽑고 있는 것이다.

입맛에 맞춰 선거위원회를 구성하는 것은 또 어떠한가? 철저한 사회 통제가 없는 상태에서 다양한 부정행위가 일어날 가능성은? 선거 쇼는 비밀스러운 돈과 은행으로 얽혀 있으며, 불법 자금들은 국민의 의지를 뒤바꾸기도 한다.

불과 25퍼센트의 투표율로 선거가 치러졌다고 친다면 '국민들의 뜻'을 공개적으로 찾지는 않을 것이다. 그러나 75퍼센트가 무엇을 생각하는지는 우리가 알 바 아니다.

무관심한 민족이라고? 그러나 당시 국민들은 의회 제도에 대해 준비가 되어 있지 않았다. 국민을 대표할 보다 옳은 방식을 찾아야 했다.

두마 의원은 완전한 형사 불소추권 외에도 수많은 지위적·물질적 특혜를 누린다. 우리 의원들은 첫 번째 입법 활동에서부터 그러한 특혜에 대해 생각한다. '러시아의 선택' 당의 몇몇 의원은 이러한 한층 강화된 특혜에 반대하려고 했으나 다수의 찬성에 굴복해 침묵하고 말았다. 여러 신문이 몇 차례에 걸쳐 이러한 특혜와 의원들의 급여에 대해 보도했다. 그때는 당파들이 서로 싸우지 않았고 오히려 그들이 열렬히 충돌한 것은 아파트 때문이었다. 하원 최고회의는 정부에서 준 모스크바 아파트에서 나가지 않으려고 했다. (끝까지 나가지 않았다.) 5대 국회 역시 6대 의원들에게 양보하려 하지 않았다.

광활한 대지의 대표들 모두가 지금은 영원히 모스크바 시민으로 남고 싶어 한다.

옛 러시아에서 하원 의원들은 매우 검소하게 살았다는 것을 떠올리니 이 모든 것이 더욱 부끄럽기만 하다. 그들은 페테르부르크 아파트 임대료를 직접 냈고 (국가 재산에 대한 소유권이 없었다) 차도 정부 소유였다.

우리 의원들이 그렇게 많은 것을 정부로부터 얻고 있는데 과연 그들이 정부 반대편에 설 수 있을까?

또한 당내 당파들은 냉철한 논의 과정을 우스갯거리로 전락시키고 파괴했다. 많은 위원들은 자신을 당선시킨 것이 특정한 주의 국민이 아니라 자기가 속한 당이라는 것을 명심해야 한다. 따라서 분리할 수 없는 지역 주민들과의 끈끈한 유대감으로 투표를 해서는 안 되고 자신이 속한 당의 명령에 따라야 한다(이를 '구속적 위임'이라고 한다). 여당과 야당에 반대하는 의원들에게 있어 정파적 구분보다 더 높이 있고 그들을 하나로 묶는 것은 다음 선거에서 다시 당선되는 것이다. 그래야 안락한 삶을 이어갈 수 있으므로. 하나의 큰 배 안에 있다는 것은 배가 기울지 않게 그들의 모든 행동을 조심스럽게 만든다. 상하원 모두 무책임하고, 그들의 대표 또한 모호한 상황에서는 '다수 야당'이라고 해서 더 조심하는 것은 아니다.

스캔들을 일으키거나(당직 광대가 지키고 있다), 소란을 벌이거나 심지어 주먹질까지 해가며 회의를 난장판으로 만들어 주목을 끌고 있다. 모든 정파들이 회의장에서 보여주듯 퇴장하지만 그것은 그저 지루하기 때문이다. 해결하지 못한 법안들이 가득 쌓이고, 민생도 기다릴 수밖에 없다. 입법 활동은 강하지 못하며 느릿느릿하고, 법은 다듬어지지 않은 채로 나와 처음 읽을 때부터 즉시 그리고 자주 허점을 드러낸다. (대신 '의회 간 만남'이라는 여행은 한 번도 거른 적 없이 점점 더 좋아지기만 한다.) 결코 적지 않은 수의 어떤 의원들은 전체 회의의 4분의 3가량이나 참석하지 않는다. '임기는 흘러가고', 이들의 부와 명예도 계속 쌓여간다. 그러니 괜찮은 것이다.

얼마나 많은 사람들이 정신적으로 완전히 메마른 계층에서 흘러왔는가! 의원들의 거짓된 인터뷰를 보고 듣고 싶은 사람이 과연 누가 있겠는가. 정치적·개인적 계산에 몰두해 기계적으로 만들어진 그들의 표정과 목소리에 충격을 받지 않은 적이 있었던가? 멀리 있어 눈에 보이지 않는 사람들의 기분과 슬픔에는 무관심하면서 4년에 겨우 한 번 유권자들을 찾아다닌다는 것인가? 모두 진정성 없는 미사여구에 불과하다. 개인의 의정 활동은 결코 서두르지 않는 의원들이지만 그들이 정작 사람들의 운명에 관심을 두고 있다고 느낀 적은 결코 없다.

국민의 대표들….

세기말의 러시아 문제

물론 의회에도 건강한 영혼의 소유자가 입성한다. 이들이 가끔이라도 무능과 범죄에 대해 목소리를 내고 권력의 잘못을 어떻게든 드러내는 것만으로 고마운 일이다. 1993년 헌법은 두마를 마치 커튼 장식처럼 여겼고 실제 정치의 곁자리만을 내어주었다. 두마는 전대 의원들, 최고회의의 총성으로 인해 심리적으로 쇠약해졌다. (헌법에서도 의원 소집 제도에 대한 내용이 없다. 헌법 어디에서도 그러한 과정에 대한 논의를 찾아볼 수 없고 아무도 알지 못한다. 이러한 면에서 보면 의원에게 위협이 되는 것은 아무것도 없다.)

그러므로 문제로 돌아가자: 두마 없이는 불가능한가?

속담에 '꽃이 없어도 사는 데 문제없다'는 말이 있다. 선거로 뽑힌 국민의 대표들은 어떠한 당이나 임의의 정치가가 아닌 국민의 명확한 의사를 권력자의 귀에 대고 말할 수 있어야 한다. 그것이 권력자에게는 마음에 들지 않은 의견일지라도 말이다. 계단식 선거로 발전한 유명한 선거 제도가 있다. 그 제도에서는 후보자들이 국민의 삶과 실제로 연결되어 있다. (1990년에 쓴 『러시아의 재건』에 나와 있다.)

원래 의원제는 단원제나 삼원제가 유명하다. 현재 러시아에는 연방 소비에트(상원)와 국가 두마(하원)가 있다. 상원은 하원과 달리 지역 사람들과 관계가 끈끈하다. 상원에 대해서는 다음 기회에 자세히 말하겠다.

지방 자치법을 현실에 맞추기 위해서는 무엇보다 상원과

하원을 구분해야 한다. 비록, 양원(그리고 정부)을 가장 우선 문제로 다루겠다고 약속했지만 정부기관의 급변하는 프로젝트에 대한 회의로 모두 지쳐버렸다. 이때 만들어진 불필요한 법들이 자치법을 제정할 수 있는 기회나 재정을 방해하고 있다.

두마(그리고 정부)의 실수는 우연히 저지른 것이 아니다. 실질적인 국민 자치(진정한 민주주의)가 이루어진다면 그들은 위험한 경쟁을 해야 하기 때문이다.

지방 자치는 혁명 전에는 발전하지 못했고, 혁명 이후 젬스트보(지방 자치제)는 볼셰비키에 의해 탄압받았다. 젬스트보는 국민 권력이다. 젬스트보만이 국민들로 하여금 자유롭게 숨 쉬게 하고 민주주의의 노하우를 계속해서 발전시킬 수 있다.

정부는 아직도 윤리적인 것을 꿈꾸고 있는 것일까? 정말 우리가 그 수준으로 성장할 수 있는가? 과연 우리가 이것을 할 수 있을까?

8. 권력의 내면

과연 우리 정부가 1990년대에 잔혹한 역사적 패배를 만들지 않으려고 취했던 중대 조치 중에 무엇 하나라도 열거할 수 있을까? 적어도 우리 정부가 이를 언급조차 하지 않았던 것을 보면 정부는 전혀 아무런 걱정도 하지 않았던 것 같다.

모든 권력은 내면 속에 존재하므로 그 안에서 취해 있고 폐쇄되어 있다.

우리 머리는 수많은 명령과 명령, 혹은 법안과 법안들의 폭격에 시달렸다. ('우리는 5년 동안 이를 공부했다'. 생생한 러시아에서.) 그러나 사람들은 이러한 명령과 법안들을 거의 읽지 않았다. 누군가가 그것을 읽었다 해도 곧 잊어버리거나, 이행하지 않았다. 현 정부는 이미 두려워하며 쫓기고 있다. (정부는 습관적으로 모든 것에 겁을 낸다.) 누가 그런 권력을 존중하겠는가? 하지만 정부는 오히려 스스로를 견고하다고 믿고 있다. 신생 기관일지라도 (기관은 몇 배나 회의적이다) 더 이상 내치거나 쫓아내지 않고 오로지 한 데 뒤섞는 것만 가능하다고 생각한다.

가장 강력한 명령은 뇌물과의 전쟁, 그리고 범죄와의 전쟁에 관한 것이나 그 둘은 전혀 희망이 없다. 왜냐하면 러시아의 범죄와 부패는 생각 없는 '개혁'과 정부의 '태만'으로 빚어진 자연스러운 결과이기 때문이다. 90퍼센트에 달하는 국가 기관이 매각과 사리사욕으로 분열되지 않았는가? 범죄는 이미 최고위층을 포함한 모든 정부 기관에 만연하다. 썩어가는 생물체를 부패된 것과 멀쩡한 것으로 나눌 수 없는 것처럼 러시아 국가 기관 중 건전한 권력과 강도를 분리하기란 거의 불가능하다.

깃발, 문장 슬로건의 모양이 수없이 바뀌는 가운데 과거 공산주의 정권의 가장 중요한 특성인 국민과의 완전한 고립, 자신의 행위에 대한 철저한 무책임은 현 체제의 본질이다. 언론에서 무언가를 밝혀내더라도 정부는 그것을 무시하고 모든 민주주의 병풍들은 오로지 탐욕스러운 신흥 세력을 비호하고 세계 사회를 기만하기 위해서 사용될 뿐이다.

정부와 국민들 사이에는 깊은 골이 생기고 있으나 정부는 그것을 보려 하지 않고 수십만이나 되는 군인 및 방위 대원들이 정부를 지지하지 않는다는 사실도 인정하려 않는다. 현 중앙 정부는 나라에서 일어나고 있는 모든 파괴적인 행위에 대해 맹목적으로 그리고 무관심으로 일관하며 오로지 자신만을 위해 살고 있다. 그리고 모든 것이 유지되고 앞으로도 그럴 것이라고 생각한다. 현 체제 속에서는 우리가 정부 당국에 영향을 미칠 수 있는 방법이 전혀 없다. 정부가 아무리 '나라'와는 분리할 수 없다고 하지만 국민의 정신적 상태를 전혀 느끼지 못한다. 그러나 국민들의 정신에 균열이 가기 시작하면 수뇌부에 치명적인 영향을 미치게 된다. 만일 '이 나라'가 국민들의 무한한 인내로 인해 통치하기가 수월하고, 수백만 수천만이나 되는 돈을 쉽게 반출할 수 있다면 결국 그 나라는 침몰하고 만다. 그러면 고위층이라 하더라도 무너지지 않겠는가? 아니면 바다 건너 은닉처를 찾게 되지 않겠는가?

우리가 말하는 '중앙 정부'란 어떤 분야를 말하는 것인가? 물론 먼저 행정부일 것이다. 어느 정도는 입법부라고 할 수도 있을 것이다. 그런데 왜 사법부라고는 생각하지 않는가? 일하지 않는 검사와 가난한 법조계가 있는, 그리고 뇌물을 받아 급여에 보태는 사법부는 왜 생각하지 않는가?

우리 권력자들 가운데, 심지어 가장 뛰어난 권력자들 중에서도 순간의 정치적 판단으로 역사적 인식과 단절된다는 것을 느끼는 사람은 매우 드물다. 어떻게 오늘의 한 걸음이 역사에 놓이게 되는가? 과연 그 발걸음이 과거 세대 혹은 미래 세대를 배신하는 것은 아닐까? 어떻게 심오한 역사 속에서 그 걸음을 볼 수 있을 것인가? 아주 일부 단편이라도 말이다.

만일 그 짧은 단편 속에 권력이라는 것은 특권이 아니며 보디가드와 경호원이 붙은 특별 비행기를 말하는 것이 아니라, 무거운 의무이자 희생이다. 이타적인 봉사라는 의식이 과연 있기나 한 것일까. 우리의 여론과 문화계, 자유주의자들, 급진적 민주주의자들은 처음에는 민주주의 왕국과 멋들어진 개혁에 크게 환호했으나 곧 그 개혁과 당국에 실망했다. 그렇다고 그들을 책망할 정도는 아니었다. 그들 중에서 좀 더 특별한 네 번째 권력은 통치 내내 혐오하는 '연방군'에 맞섰다. 체첸 전사와 테러리스트를 정당화하고 러시아와 벨라루스가 합의한 통일을 저주했다면 대체 그들은 누구란 말인가? 과연 권력과 국가 정책이라는 지대 안에서 고유 영역을 습득한 것이 아니란 말인가?

아직까지 말하지 않은 권력의 또 다른 모습이 있다. 다름

아닌 금권 권력으로 직접적인 지시와 명령을 내릴 수 있는 절
대적인 힘을 발휘한다. 헐값으로 이루어진 사유화와 국고를
투자하여 만든 상업 은행 덕에 가장 핵심적인 권력이 자라나
게 되었다. 권력의 꼭대기에는 주요 은행가들이 있었으며 그
들은 "이제 누가 정부로 가는지 주사위를 던지자"라는 농담
을 했다. 베레조프스키는 이러한 자본 지배에 대해 "우리의
권력은 자본 권력이다"라고 여러 차례 공개적으로 발언했다.

그가 말한 내용은 진실의 경계에 있다. 이제 그 누구도 강
력한 자본(주로 마피아나 탈취)의 도움 없이는 현 체제 속에
서 정권의 꼭대기에 도달하지 못한다. 때문에 당분간은 총선
거에서 좋은 출발을 기대해서는 안 된다.

1996년에 대통령 선거 운동은 이를 잘 보여주는 예다. 공
산주의자들이 다시 권력을 잡게 될 것이라는 위험이 무섭게
(실수로) 부각되었다. 선거 운동은 3월부터 본격적으로 시작
되었고 4월이 되어서는 13인의 은행가들의 비겁한 행동이
공개적으로 드러났다. 그동안 축적한 재산에 대한 공포심으
로 대단한 아이디어를 만들어냈다. "민주주의라는 것은 매우
좋은 것이다. 그러나 러시아에 총선은 필요 없다! 민주주의
자들과 공산주의자들은 어떻게 해서라도 타협하여 서로 화
해해야 한다. 그렇지 않으면 우리는 나름의 방법을 사용할 것
이다. 우리는 필요하다면 언론을 돌이킬 것이다." 곧 러시아
의 최고 권력을 직접 통제하려고 했던 7인의 은행가가 등장

했다. (러시아 경제의 약 50퍼센트가 그들의 손아귀에 있고 그 규모는 더욱더 커질 것이다. 최근 소식에 따르면 15개 거대 기업과 은행들이 러시아 경제의 70퍼센트를 통제하고 있다고 한다.)

은행가들이 말한 공산주의자들과 민주주의자들이 화해하는 방안은 차안에 불과했다. 1년 후 베레조프스키와 이야기를 나누다 알게 된 것은, '신흥 재벌'과 신흥 과두 관료 간의 유착은 이미 쇠나 금처럼 단단하다는 것이었다. 어떤 일이 있어도 그들은 자신들의 대통령을 만들어 낼 것이다! 그리고 그것은 그들에게 있어 조금도 어려운 일이 아니었고, 결국 승리했다.

그들에게는 역사적인 의식이 없었다. 갑작스러운 어마어마한 재산에 취해 영원히 러시아를 지배할 것이라고 확신했다. 그들, 그러한 자들에게 양심을… 호소하는 것은 아무런 의미가 없다.

그러나 그 누구도 역사의 모든 예상외의 사건들을 예견할 수는 없다.

1995년 내내 크렘린 아파트들을 최고 황실 기준으로 치장하는 공사가 한창이었다. 혹시 이것이 앞으로 있을 민주적인 재선을 역경에 빠뜨리려는 시도는 아니었을까? 미국에서 검증된 선거 기준과 후보들이 연출하고 있는 쇼를 당장 시도하려면 이 정도까지의 무모함이 필요했을 것이다. 게다가 검

찰은 현금 50만 달러(!)를 훔치는 행위 정도는 사소한 범죄
로도 여기지 않았다. (붙잡지도 않고 방치한 그런 범죄가 얼
마나 많을 것인가?) 미국과 달리 모든 텔레비전 채널에서는
한 후보자에게만 많은 시간을 할애하며 찬양했다. 러시아가
자유의 최고 지점에 도달한 것인가? 뒤처진 서구 민주주의와
는 다르게 우리는 2000년의 후계자(공화당?)를 이미 받아들
였다며 아버지 같은 군주의 톤으로 안심시키는 소리를 듣고
있다. 심지어 그 후계자는 한 명이 아니며 그들은 벌써 '급성
장하고 있다(1996년 9월 6일)'. 또한 CIS의 모든 대통령들
은 세 번의 입맞춤을 할 수 있는 익숙하고 편한 동료들을 데
리고 지원 유세를 다니고 있다(1996년 5월 17일). G7 국가
들은 자기들에게 가장 우호적인 대상을 지지하고 나섰다. 재
선을 앞두고 그가 죽음 직전의 상태였는데도 불구하고 유권
자들에게 이를 감추는 데 성공했다.

이 무리들은 짧은 기간 동안 방만한 행동과 방식을 모두
동원해 수백만의 사람들을 지나간 공산주의를 회상하도록
부추겼다. (볼셰비키가 집권한 수십 년 동안 수많은 말살과
직접적인 관련이 없던 사람들이나 당시 희생 당한 사람에 대
해 안타깝게 생각해 본 적이 없는 사람들에게 잃어버린 '공
산주의 행복'을 떠올리도록 만들었다.) 또한 수백만 명 가까
이 되는 사람들은 공산주의로의 회귀라는 먹구름 앞에서도
전혀 두려워하지 않았다. 그렇게 그 선거에 대한 각종 건실한

생각이 모두 마비되었다. (당시 내가 확신을 갖고 제안한 유일하고 현명한 출구는 둘 다 반대하는 것이었다. 법에 따라 선거를 연기하고 후보자를 교체하거나 후보자들의 과거와 미래에 대한 정책을 논증을 통해 검증하자는 것이었다. 그러나 5퍼센트 정도만이 찬성했다.)

그 선거 운동에서는 주가노프에 대한 불신이 명확했다. 공산당 지도부에게도 승리에 대한 두려움이 있었다. 그들은 시간이 흐르면 흐를수록 늪에 빠진 세계 인터내셔널의 고리를 어떻게 건져 올릴지 제시하지 못했다. 그렇다, 그들은 CIS와 전 세계를 강타한 '벨로베즈 협약 철회'가 실패하자 그 충격으로부터 아직 벗어나지 못했다. 공산주의자들은 건방진 선언을 하면서도 과두 정권과 협상, 모종의 비밀 회의, 거래를 계속 이어갔다. 그러나 그 모든 것은 무위로 끝났다. 거리가 멀수록 좋은 법이다. 그렇게 야당은 자멸했다.

이러한 공산주의자들의 내부적 패배는 어쨌든 화해와 격려로 이어졌다. 이미 대통령은 과거 몇 가지 명령을 내려 '합의와 화해'를 추진했다. (그 얼마나 기다리던 화해인가! 그러나 안락함을 좇는 야당 지도자들이 아닌 가난하고 강탈당한 사람들의 어둠과 화해를 했어야 했다.) 화해의 정점은 볼셰비키 혁명 80주년 기념일에 이루어졌다. 대통령의 기념사에는 국가 안보국 비상위원회의 감옥이나 집단 수용소에 대한 언급이 없었다. 그 자리는 "운명적인 역사적 과오를 범한 사람들을 이해하고 용서하자"라는 내용이 차지했다. 그러나 위대한 독트린에서 놓친 것이 있다. 즉 3년 동안 용감히 붉은 무법자들로부터 러시아를 지켰던 백군들에 대한 것이다. 이제 넓은 마음으로 모든 것을 용서했다.

그렇게 기념일에 새로운 권력을 얻은 세력과 야당이라는 두 개의 가지는 합법적으로 밀착 관계를 맺었다. 우리의 목에 확실한 올가미가 씌워진 것이다.

한편 두 번째 대통령 임기를 시작하면서 추가 지지를 얻기 위해서는 민족주의가 필요하지 않았겠는가? 바로 그때 대통령 명령이 발표되었다(1996년 7월 6일). 그러나 우리 모두에게는 '민족주의를 생각해보고 써보시오!'라는 공지가 내려왔다. 그 사상을 연구하는 사람들을 찾아내기도 했다. 그러나 모두 헛된 일이었다. 이 정부는 민족주의 사상, 즉 국민을 보호하려는 사상을 선택하지 않을 것이 너무도 명백했다.

당시 동유럽 국가들은 공공연하게 민족 정부가 들어서고 있었다. (누구도 이에 대하여 그들을 비난하지 않는다.) CIS 공화국들과 러시아에 있는 모든 자치 정부들은 자기 민족들을 보호하느라 바빴다. (모두 당연하다고 생각한다.) 반면 지금 러시아 중앙 정부의 모든 기구들은 러시아 국민들의 본질적인 빈곤에 대해 무관심하며, 이제 그 태도는 바뀔 가능성조차 없다. (시골 저택에 붙은 애국주의자라는 호칭이나 훈장 같은 것도 전혀 효과가 없다.) 확고한 의지 없이는 가죽을 꿰맬 수가 없다. 우리의 중앙 정부는 첫 번째도, 두 번째도 마찬가지로 러시아 청년들이 다시는 체첸 같은 곳에서 피를 흘리지 않도록, 또한 젊은 영혼들이 흔들리지 않도록 하는 러시아의 문제에는 너무도 무관심으로 일관한다.

그중에서도 가장 관심을 두지 않는 일은 러시아로부터 독립된 땅에 버려진 2,500만 동포들의 운명이다.

분리된 사람들

9. 24시간 만에 이방인이 된 자들

중앙아시아에는 '러시아 사람들은 너희 나라로 떠나라!', '모두 없애버리기 전에 꺼져', '우리 땅에서 나가버려, 저주받을 녀석들아!', '우리는 노예가 필요하니 이곳에 남아라!'와 같은 슬로건이 공공연히 나붙고 있다. 그들은 거리나 전차 등 사람이 많은 곳에서 러시아 여자들을 희롱하고 추근댔다. 나는 아시아 공화국, 버몬트에서 이에 관한 수많은 편지를 받았고 이후 러시아에서는 더 많은 편지를 받았다.

그들은 자신과 아버지 그리고 할아버지가 평생을 보냈던 가장 낯익은 곳에서, 어느 날 갑자기 눈을 뜨자마자 본의 아니게 압박받고 경멸 받는 이방인이 되어 살게 된 것이다. 어떻게 그것을 받아들일 수가 있는가? 어떻게 그처럼 갑자기 마음과 가슴과 머리를 짓밟아 버릴 수가 있단 말인가? 그토록 찬양해 마지않던 소비에트 국민들의 우호 관계는 마침내 적대적인 감정과 억압의 본모습을 드러냈다. (깊이 역사를 들여다 보자. 소비에트라는 집에서 동거했던 100년 동안 우리는 아시아 민족들을 받아들이지 못했다. 과연 그것이 가능했을까? 과연 지구상에서 다른 예를 본 적이 있는가? 좋게 생각하고 당연한 것처럼 받아들이면 쉽게 잊힐 수 있으나 나쁘게 생각하면 민족적인 분노를 자라게 한다.)

변경에 정착한 우리의 동포들은 누구인가? 유형자, 추방자, 파견된 사람 중에는 뛰어난 사람들이 있었다. 그들 중에는 창의적이고 용감하고 전문가들이 적지 않았다. 그들은 학문과 고도의 문화를 변경 지방으로 가져왔고, 그곳에서 각종 기술과 공업들을 발전시켰다. (공식 자료에 따르면 타지키스탄에서 혁명 이후에 생산이 210배나 향상된 적도 있다! 어떤 방식이었는지 모르나 무에서 유를 창조해냈다.) 또 그들의 후손 역시 훌륭하고 게으름을 피우지 않고 부지런하며 술도 마시지 않는 사람들이었다. (내가 언젠가 입원했던 타슈켄트의 종양병원을 떠올려보면 모든 병원이 러시아에서 이주한 사람들과 유형자들에 의해 운영되고 있었다.) 그러나 지금 그곳에는 추방, 아파트 및 토지 정리라는 생존의 문제가 부상하고 있다. 러시아가 보호도 하지 않고 내버렸다는 비웃음을 당하고 있다. 그들은 높은 보수를 받던 자리에서 보수가 낮은 일자리로 내쫓기고 있다. 타슈켄트에서조차 러시아인의 공동묘지 울타리가 무너지고 비석들이 훼손되거나 도난당하고 있다. 러시아인 청년들이 속속들이 대학에서 추방되고 있다. 또한 러시아 학교들도 제재를 받거나 아예 폐쇄하기도 한다. 모든 CIS 국가에서 러시아어는 단지 학습 언어로만 사용하도록 강요받고, 민족이라는 이름 하에 역사도 가르치고 있다. 벌써 7년이라는 세월이 흘렀다. 7년이면 학창시절의 일부이지만 현재 그와 같은 학생들이 CIS 내 수백만 명에 이른다.

그리고 또한 구소비에트였지만 다른 공화국에 적립된 연금을 '이방인'들에게 지불하는 것을 금지시키고 있다(그런 경우들이 수없이 있다). "다른 나라에서 주고 있으니 그곳에 가서 받으시오!"(만일 그곳에서 받으려고 해도 연금 지급서를 주지 않고 있다.) 복권된 과거 유형인들에게 보상금도 지불하지 않고 있다.

"당신이 우리 공화국에서 재판을 받았는가? 당신이 재판을 받았던 곳에 가서 수령하도록 하시오!" 편지들 속에는 눈물 자국이 남아 있다. 그들이 왜 그 지경이 되었단 말인가? (그처럼 갑자기) 왜 조국은 그 사람들을 방치하고만 있단 말인가? 그들은 여전히 계속해서 러시아의 보호만을 바라고 있다. …헛되게도.

어떤 사람들은 희망도 없이 처음부터 끝까지 방치된 채 살고 있다. 버림받고 모욕 받은 이들은 다른 언어로 자식들을 가르쳐야만 하는 운명에 굴복하고 있다. 러시아로 돌아가고자 하는 당연한 충동에 불타오른 사람들은 새로 부임한 대사와 영사들에게 달려갔다. 그러나 이유를 알 수 없는 무관심한 태도와 마주했다. 과연 그들이 러시아 국적을 받을 수 있을까? 국적 없이 러시아로 떠나는 모험을 강행해야만 하는 문제로 장기간 해결이 지체되고 있다. 아파트를 팔아 자체적으로 움직이는 것은 어떠한가? (아파트 값이 순간적으로 폭락했다.) 그러나 어떤 공화국에서는 그들에게 판매도 금지했다. 심지어 작은 아파트를 포기하지 않으려면 큰 아파트를 작은 아파트로 바꿔야 하는데 아파트를 교환하는 권리조차도 금지했다. 정부는 가재도구를 위해 컨테이너를 주문하는 것도 방해하고 가구 반출도 금지시켰다. 공화국의 소유물이라는 것이다! "'개인 재산'의 개념은 존재하지 않는다." (투르크 공화국의 대답이다.)

다시 덧붙여 말하자면 아제르바이잔, 카르키스스탄, 카자흐스탄, 타지키스탄 같은 공화국 내에서는 '발화점'들이 불타오르고 있다. 내분으로 인한 학살, 폭행, 방화로부터 불타는 소용돌이 그 자체가 우리의 동포들을 떠밀고 있다.

어디에 '발화점'들이 없는 곳이 있단 말인가? 캅카스 공화국들과 중앙아시아에서 러시아인들이 없어지기 시작했다. 이들을 위한 곳은 없으며 앞으로도 존재하지 않을 것이다! 그러므로 떠나는 것이 당연하다. 러시아인들이 캅카스 연안 공화국에서 살기 시작한 것이 1960년대부터였고, 이미 1980년대 말 무렵 5분의 1이 떠나갔다. 통계는 이것이 역사적 사실임을 말해준다. (나는 이미 1937년에 조지아에서 러시아인들이 조지아 사람들로부터 탄압을 받고 있으며 공정한 취급을 받지 못하다는 불평불만의 소리를 들어왔다. 그리고 카자흐스탄에서도 유사한 것을 목격했다. 카자흐스탄 사람들을 상대로 재판을 하여 진실을 가리는 일은 이제 특별한 경우가 되었다.)

1970년대 후반부터 러시아인들은 중앙아시아에서도 배수의 진을 치기 시작했다. 1990년대부터는 절망에 빠진 사람들이 수백만 명에 이르렀다. 그처럼 철저히(아무런 의미 없이) 러시아 국경 수비대들로 하여금 타지키스탄 공화국을 방어하고 있는데도 유독 중년의 가난한 러시아계 사람들만 도망을 가지 못하고 있다. 우리의 배려가 그곳까지 미치지 못하고 있는 것이다. 지금 우리가 그곳에서 사는 것은 불가능하다. 만일 러시아 정부가 이를 이해했다면 수백만의 운명의 짐이 조금이라도 줄어들었을 것이다.

복잡한 계약이나 조건도 없이 국가의 파국의 순간에 서명하고 있었을 때, 독선적인 우리 통치자들은 과연 그가 하는 서명이 살아 있는 육체를 죽음으로 몰고 있다는 생각이라도 했던가? 벨로베즈 협약 이후 버려진 이 사람들에 관한 기억과 염려의 소리는 그 어떤 러시아 성명 속에서도 들리지 않았다. 게다가 러시아에서는 순간적으로 러시아와 단절된 이 사람들이 러시아 국적을 받을 수 있도록 하는 대책이 한 번도 공개적으로 거론되지 않았다. (비록 말살 일로에 놓인 우리 수백만 분리자들의 귀향 문제가 중요한 국가적 관심사라고 말하고 있지만 말이다. 위정자들은 잊히고 있는 우리 국민들에게 노력을 다했어야만 했다!)

러시아 당국은 자기 이익과 음모, 그리고 붕괴로 바쁜 나머지 7년 동안 CIS에 버려진 동족을 보호하려는 결단과 용기를 보이지 못했다. 진퇴양난에 빠진 이 사람들을 대상으로 소심하게 '이중 국적'을 요청했다. 그러나 투르크 공화국을 제외한 나머지 공화국들은 이러한 요청조차 거절했다.

마치 일순간 러시아 국경선 너머로 러시아 국민의 6분의 1을 내다 버린 것 같은 이러한 사건이 과연 세계사에 존재할까? 오로지 구소비에트가 500만 명 이상이나 되는 자기 군 포로들을 독일로 넘겨버린 사건과만 비교가 가능할 것이다. '민주주의'를 표방하는 러시아가 구소비에트 전통을 그대로 모방하고 있는 것이다.

그런데 지금 누구에 대해 말하고 있는 것인가? 누구를 구출해야 하며, 그것이 러시아의 의무인가? 사법부 쪽에서는 '소비에트 국적'에 몹시 당황했다. 즉 모두에게 하나의 국적만이 있었는데 갑자기 수백만의 국적이 여러 개로 나누어진 것이다. (벨로베즈 협약 당사자들은 이러한 문제들을 신중히 고려해야 했다.) 과연 그들이 '러시아' 국민을 구해야 한다는 말을 했을까? 러시아 국민이란 사실 1991년까지는 존재하지 않았다. 즉 현재 러시아를 구성하는 다민족 중 어느 하나에 속하는 사람들 모두 CIS에 자신의 민족으로만 이루어진 국가를 갖고 있지 않으며 따라서 러시아에서 살고 싶어 하는 사람들이다. 러시아가 평생 다민족 국가로 존재하는 험난한 길을 선택한 이상 러시아에 소속된 누구도 거부할 수 없다.

하다못해 세계의 여론 추세를 이용해서라도 곳곳에 흩어진 동족들의 권리 보호를 요구할 수는 없는가? 이 수백만의 사람들을 무기력하게 내어준 러시아 통치자들은 이들을 보호하기 위한 능력도 마음도 없다. 국제 사회에도 자신만의 해석이 있다. 즉 어디의 누구를 보호해야 할지 어디의 누구는 버려야 할지. 실제 발틱 연안국에 살았던 러시아인들만이 약간의 보호를 받을 수 있었다. 하지만 그것이 장기간 지속되었던가? 1997년 3월 22일 클린턴과의 회담 이후 우리 대통령은 "발틱 국가에서 러시아인들을 몰아내는 것을 문제 삼지 않겠다"라고 실언을 했다. (실제 1998년 리가에서는 아주 명백하게 탄압이 일어났다.) 적어도 독일은 러시아에 있는 독일인을 위해 각종 제안, 기구, 자금, 사절단 등을 보내 돌보고 있지 않은가? 우리도 그처럼 하고 있는가? 아니다. 절대 아니다.

한편 나자르바예프의 대대적인 이주 정책으로, 카자흐인들이 전 인구의 40퍼센트에 달한다. 러시아인은 700만이고 우크라이나인도 많다. 독일인은 33만 명이다. 폴란드인들은 조용히 떠나고 있다. 이것은 나약한 항복이다. 다수는 소수로부터 도망치지 않기 때문이다. 모든 CIS 공화국은 재산을 몰수당하고, 유배되고, 추방당한 러시아인의 힘으로 건립되었다. (카자크인이 아니고, 중앙아시아 사람도 아닌 모든 사람들은 러시아인으로 불린다. 그곳에는 또한 우랄, 오렌부르크, 시베리아, 세미레치 등 400년 전통을 가진 코사크 전사들도 남아 있다.)

카자흐스탄의 독립 선언 이후 카자흐스탄과 러시아의 관계는 급격히 악화되었다. 그들은 서둘러 헌법을 만들고 다민족 국가인 카자흐스탄을 '카자흐인의 민족 자결 국가'라고 공표했다. 카자흐어는 유일한 공식 언어가 되었고 '국어 사용을 반대하는 자는 국적을 박탈한다'라는 법안도 만들었다. 카자흐어로 말하기 싫으면 떠나든지, 혹은 사라지라는 말이다. (그 후 그들은 '비즈니스'를 위해 러시아어 사용을 허가했다.)

이후에도 러시아인들을 일자리에서 쫓아내는 일에 박차가 가해졌다. 러시아어를 사용하는 지역에 러시아 의원들이 진출하는 것을 저지하고, 앞으로 당선된 자들도 이후 몰아냈다. 러시아어권 사람들이 학교에서 러시아어 교과 과정에 따라 러시아어와 문학, 역사 수업을 해달라고 요구했으나 이를 거절했고, 오히려 '카자흐스탄 주권을 침해하는 극단주의'를 선언했다. 대학에서 러시아어 사용은 크게 제한되었고 거의 모든 곳에서 시험은 카자흐어로 보게 했다. 러시아 텔레비전 방송들이 연이어 중단된 데 이어 러시아어로 된 카자흐스탄 텔레비전 방송들도 줄어들었다. 러시아 간행물은 재정을 빼앗겨 점차 쇠퇴해 줄어들고 있다. 러시아어 출판물 계약도 인위적으로 불발되고 있다. 이에 러시아어 신문을 가지러 옴스크까지 가고 있고 러시아로 중요한 편지를 보내야 하는 사람들은 카자흐스탄 우체국을 피해 (검열 때문에) 기회를 틈타 러시아에 전해달라고 부탁하곤 한다. 카자흐스탄 북부를 비롯해 가장 러시아적인 지방에서는 러시아 정교 사원들이 방화로 불타거나 주교들을 습격하는 사건들이 종종 일어났다. '아자트', '알라슈' 같은 카자흐스탄 민족주의자들의 행동은 그처럼 거침이 없었다. 오래전부터 러시아 이름으로 불리던 카자흐스탄 지역의 도시와 마을은 모두 카자흐식 이름으로 개칭되었다. 나자르바예프는 "카자흐스탄에서 러시아 문제는 없다"라며 한마디로 이를 요약했다. 그의 선동은 체코슬로바키아가 1930년대 주데텐란트 독일인에 대해 가졌던 불안과 흡사했다(1933년 11월 24일). 나자르바예프는 무엇 때문에 불안해하는가? 바로 '러시아 제국주의' 때문이다(1994년 11월, 다보스). (많은 외국 옵서버들이 최고회의 및 지방회의의 투표 절차가 법을 위반했다고 지적했음에도 불구하고 1993년 5월에 미국 백악관은 "카자흐스탄에서 인권이 지켜지고 있다"라고 발표했다. 더욱이 최고회의가 해산된 이후에도 한 미국 옵서버는 나자르바예프를 '민주주의 스승'으로 부르기까지 했다. 그들이 보지 못한 것인가? 아니다. 그들은 자기네들이 유리한 대로 본 것이다.)

카자흐스탄에 사는 러시아인들처럼 그렇게 수가 많다면 다른 민족들도 끝까지 버틸 수 있었다. 바로 여기에 병적인 러시아의 약점, 자주적으로 조직을 만드는 데 있어 무능함이 밖으로 드러난다. 우리는 그곳에서 민족이 아닌, 유능한 민족적 조직과 리더를 갖지 못한 쪼개진 얼굴에 불과하다. 소비에트 시절 잔인하게 파괴된 카자흐인들만이 저항력을 갖췄다. 카자흐스탄 당국은 타민족의 필사적인 시도를 가장 대담한 방법으로, 즉 아파트 파괴, 구타, 체포, 옥사, 그리고 거짓으로 유죄를 만들어 형을 살게 하는 등으로 박해를 가했다. 모든 자체 방어 행동은 '민족 반목 선동'이라는 죄에 처해졌다. (그들은 나이 든 여성 변호사를 집에서 자동차까지 땅에 질질 끌어 체포해갔다.)

민주주의라는 동방 칸국에 사는 수백만 동포들의 미래는 어둡기만 하다. 수백만 러시아인이 다시 태어나야 하는가? 한 민족에서 다른 민족으로, 심지어 한 종족에서 다른 종족으로 바뀌어야 하는가? 이는 100년 이상의 깊은 상처로 남게 될 것이다.

카자흐스탄에서 탈출한 수만 명 난민들의 물결이 가라앉기 시작했다. (1994년 30만 4,000명, 1995년 19만 1,000명, 1996년은 더 줄어들었다.) 조국에 대한 믿음은 끊어지고, 그곳의 누군가에게 필요한 존재라고 생각하기 시작한 것이다. 이 모든 것이 러시아 정부의 완전한 방관 때문이다.

더 가슴 아픈 일도 있다. 수많은 러시아 지방을 다니며 수없이 많은 사람들과 만났지만 개인적인 혹은 공개적 모임에서 현재 삶에 대해 수없이 불평을 해댔던 사람들 중 그 누구도 우리가 버려두어 내팽개쳐진 그 사람들에 대해 말한 사람은 아무도 없다. (당사자인 난민을 만났을 때를 제외하곤 말이다. 스타브로폴스키에서 만난 조지아 출신 난민은 "러시아어를 말한다는 이유로 항상 두들겨 맞았다. 사람들이 나를 밀쳐냈다"라고 말했다.)

타인의 치아가 아프다고 해서 내가 고통을 느끼는 것은 아니다.

슬프다, 슬프다. 그러나 누구를 원망하겠는가? 그처럼 바닥까지 망가지고, 그처럼 삶 전체가 뒤바뀌었는데도 오로지 자기 두 발로 일어설 수밖에 없다.

우리는 하나의 민족이라는 생각을 잃었다.

10. 도망자들

소비에트가 붕괴되고 6개월이 지나서야 러시아 당국은 왜 신생 국가로부터 사람들이 넘어오는지, 이 불안한 동포들의 문제에 대해 알아보아야겠다고 생각했다. 그리고 느릿느릿 연방 이민국을 설치하였고 또다시 게으름을 피우며 러시아 지역마다 별도의 지부를 만들었다. 연방 이민국의 보잘것 없는 예산 중에서도 겨우 15퍼센트만 집행되었다. 난민들에 대한 보조금은 아주 적어 작은 식기를 사는 것조차 부족했다. 이따금 친척들조차도 그들에게 거주자 등록증을 내주지 않았고 이를 대가로 많은 돈을 요구했다. (노부모를 데리고 오는 것이 두려워 타지에 남겨두고 온 자들도 적지 않았다…. 이것은 사실이다.)

극도로 신경과 힘을 쏟아 이곳에 온 사람들은 새로운 삶을 건설하려고 노력했다. 약 40퍼센트의 난민들이 떠나온 곳에서 고등교육을 받은 사람들이었지만 낯선 고국에서 이들이 직업을 찾기란 쉽지 않은 일이었다. 어떤 사람들은 농촌으로 가서 그곳에 적응하려고 했다. 같은 생각을 가진 사람들끼리 시골로 내려가 작은 마을을 세우거나 집단농장 같은 것을 만들려고 했다. 그러나 그곳에서조차 의지할 수 있는 것이 아무것도 없었고 오히려 "이곳 사람에게 의지하려고 하지 마시오!"라며 많은 세금을 부과했다. 지방 당국은 "마음에 들지 않는다고? 그럼 다시 돌아가시오. 당신들은 우리에게 필요 없소!"라며 그들을 기만했고 뇌물을 요구했다. 이주자들은 절망과 혼란에 빠졌다. 그들은 지하실이나 난방도 되지 않는 곳, 아무것도 없는 벌판에 놓인 화물칸으로도 만족해해야 했다. 결국 당국은 그들 가운데 일부를 '임시 수용 센터'로 데려갔다.

프랑스의 드골 대통령은 어떻게 해서 잃어버린 알제리로부터 100만 명이나 되는 프랑스인들을 데려올 수가 있었던가? 어찌하여 전쟁으로 폐허가 된 독일이 프러시아, 포메라니아, 슐레지엔, 수제트 등과 같은 곳에서 온 수백만 명의 독일인을 받아들일 수 있었을까? 반면 우리 지도부는 다수의 난민이 고국으로 귀환하는 것을 재앙으로 간주한 것인가? 경제가 모두 무너진 상태에서 그들에게 일자리와 살 집을 어떻게 구해 줄 것인가?

그러나 사실은 정부의 손에서 온 나라가 찢겨나가고 죽음으로 몰린 것이다. 그러니 파산한 국고로 어떻게 이주자들의 문제에 관심을 쏟겠는가? 대통령은 "러시아 정부는 우리 동포들에게 피난처를 제공해 준 CIS에 감사한다"(1994년)라고 말하는 것 외엔 할 수 있는 것이 없었다.

그렇다면 러시아 언론은 무엇을 했는가? '민주 단체'들은 또한 무슨 일을 하고 있었는가? 그들은 버려진 이 사람들에 대해 알려고도 하지 않았다. 언론은 이들의 집회에도 나타나지 않았다. 이들은 효과적인 보도자료가 아니었기 때문이다.

도망자들에 관한 보도는 정부나 사회로부터 아무런 반응도 얻지 못하고 방치될 뿐이다.

더욱 무서운 것은 극도의 빈곤 속에 놓인 난민 동포들이 정부의 무관심은 물론 지방 주민들로부터 냉담과 배타적 그리고 적대적인 취급을 받고 있다는 것이다. "그들을 다시 조사해야 합니다. 그들은 부자예요", "그들은 왜 온 것이죠? 우리도 먹을 것이 없는데 말이에요!" 추도프는 겨울인데도 이주 동포들이 거주하는 임시 숙소의 난방을 끊어버렸다. 이주자들의 거주지가 불탄 사건에 대한 편지가 오기도 한다.

이것은 우리 국민들이 무너지고 있다는 사실을 의미하는 가장 무서운 전조이다. 이미 하나의 민족이라는 생각도, 우리 형제들을 받아들여 도와야 한다는 호의마저 사라져버렸다는 것을 뜻한다. 버려진 도망자들의 운명은 마치 우리들 속에 존재하는 러시아 전체의 운명에 대한 무서운 예언이다.

난민 동포들과 함께 대화를 나누거나 그들의 편지를 읽고 있으면 가슴이 찢어진다. 그들은 이제 도움을 요청하는 것에도 지쳐 있다. "우리는 러시아에서 전혀 필요하지 않은 사람들이다". 타국에서 억압당한 사람들에게는 특히 러시아인이라는 의식이 강하다. 그래서 러시아의 아픔을 이곳에서 덜어보려고 했지만, 오히려 잔인하게 모욕당하고 있다.

"정부는 우리에게 줄 지원금이 없다고 합니다. 그러면서도 다른 곳에는 아끼지 않아요."

1993년에서 1994년에 '러시아 난민동포연맹'이 설립되었다. 그러나 이 동맹은 러시아인들로부터 그 어떤 지원도 받지 못하다 끝내 힘을 잃고 사라졌다.

그러나 우리 대통령이 말한 것처럼(1997년 11월 7일), 모든 국민의 일상생활이 국가의 주요 과제가 되는 시기가 오고 있다.

그 시기가 '다가오고 있다'. 가까이 오고 있지만 결코 이르지는 못할 것이다. 12년의 '페레스트로이카' 이후 이제 눈으로 몸으로 이것을 느끼고 있다.

여기에 묘사한 구체적인 것들은 해마다 변하고 있지만 우리의 치욕적인 역사로부터 아직도 떠나지 않고 있다. 불쌍한 난민들의 서사시는 러시아의 90년대를 어두운 띠로 두르고 있다. 그러나 그 시절이 없다면 현대 러시아도 현대 러시아인도 결코 이해하지 못할 것이다.

11. 이민자들

난민에 관한 법률은 강제 이주민과 신생 CIS국의 온전한 권리를 가진 국민을 구분하지 않는다. 후자는 어떠한 이유로 러시아로 이주한 사람들이다. 이들을 구분하지 않음으로써 수십만 건에 이르는 사건들이 일어났다.

이미 1992년부터 정부는 난민-이주민이 모스크바, 페트라그라드, 로스토프주, 스타브로폴, 크라스노야르스키 변방

주에 정착하는 것을 금지했다. 그러나 이 금지 법안으로는 막대한 돈을 들고 들어오는 캅카스, 남캅카스, 중앙아시아인들을 막지 못했다. 그들은 손쉽게 금지를 뚫고 농지, 주택을 구입했고 사업을 시작했다. 러시아인 난민들은 집도 일자리도 없었으나 '캅카스 형제'들에게는 모든 것이 가능했다. 이 중 끊임없이 러시아로 이주하고 있는 아제르바이잔 사람들을 봐도 이미 1989년 무렵 30만에 달했고, 1996년에는 250만을 넘어섰다(러시아 전역에 퍼져 있다). (이주 이력은 이렇다. 1979년과 1989년 조사를 보면, 이 기간 동안에 러시아 소비에트 연방 사회주의 공화국으로 유입된 키르기스인들이 178퍼센트, 아제르바이잔인들이 124퍼센트, 타지크 공화국인들이 114퍼센트, 우즈베키스탄인들이 76퍼센트, 투르크메니스탄들이 73퍼센트 증가했다. 아르메니아인 수십만 명도 북캅카스, 특히 크라스노야르스키 지방으로 이주했다. 이주한 사람들의 또 하나의 특징은 생산직에는 종사하지 않고 상업이나 서비스 분야에 집중된다는 점이다.)

그렇다면 어떠한 국가적 결단이 있어야 하는가? 문제는 민족적 차원이 아니라 국가적 차원에서 해결해야 한다는 점이다. 이미 나히체바니나 돈나 및 그 주변, 아르마비르, 스타브로폴에는 에카테리나 시대나 14세기부터 그곳에 정착해서 살고 있는 아르메니아인들이 있었고, 그들은 자기들을 합법적인 러시아 원주민이라고 생각한다. 그러나 그곳은 우리 국민들을 죽이고 앞지르고자 한다. "만약 아르메니아 사람들과 아제르바이잔 사람들이 여전히 러시아로 이주를 원한다면? 그것은 인간의 권리이자 국제주의이다!" 그러나 CIS 국가들은 스스로를 민족 국가로 선언했고 이러한 자체적인 표명에는 스스로의 책임이 있다. 그리고 그 책임은 그 주권 국가의 모든 구성원에게 주어져야 한다. 당신의 나라는 나라 밖에 있는 당신을 외국인이라고 한다. 독립을 선언할 때는 결론도 내려야 한다. (당신들이 그렇게 쉽게 미국으로 들어갈 수 있는가? 즉각 당신을 추방시킬 것이다. 외국인이 그렇게 쉽게 이주할 수 없다.) 특히 현재 비참할 정도로 빈곤한 상태에 있는 러시아의 경우, 제한이나 추방 없이 가깝든 멀든 해외로부터 들어오기를 희망하는 모든 사람들을 받아들일 수는 없다. 신생 독립 국가인 CIS에서 나온 사람들은 러시아에서 '외국인'으로 생각될 수 있다. 그러므로 그들은 시민으로서의 활동이나 경제 활동에 있어 제한된 신분이 되었다.

마음에 드는 사람은 내버리지 않는 법이다.

스타브로폴에서 아주 전형적인 갈등과 마주한 적이 있다. 이 국제적 유입으로 인해 (이를 반대하는 긴장 국면이 고조되고 있다) 변방 두마가 1994년 초에 다음과 같이 결의했다. "구소비에트 공화국 국민으로 인해 인구가 과도하게 증가하여 통제가 불가능한 상황이다. 불법 경제 활동으로 변방 주에 거주하는 원주민들이 주택, 공공 서비스, 교통, 의료, 자원 등에서 손해를 보고 있다. 지금까지 러시아 법에는 외국인(CIS 국가 출신)과 무국적자의 입국 및 거주법을 규정하지 않았다. 따라서 변방 주 의회는 비자 및 외국인 입국 횟수 제한을 도입하고, 입국을 허용한 사람들에게는 토지 및 사유화 비율에 대한 요구 조건을 충족시키기 전까지 거주 자격을 7년으로 제한하기로 결정했다."

지극히 현명한 방어법이다. 그러나 러시아 대통령 산하 법률국(서류상으로는 눈에 띄지 않게 약어로 적혀 있다)이 이 변방 주 법에 거부권을 행사했다. '이민법에 위반'되고 러시아의 국제적 명예를 실추시키기 때문이라고 한다. CIS 국가들로부터 도망친 러시아인들과 외국인들은 이제 우리에게는 연구의 대상이다. 이 모두가 간편하게 하나의 정의 속에 묶여 있다. '이민법'이 바로 그것으로, 유일한 법이다.

타지키스탄에서는 내전이 벌어지고 있다. 그로 인해 타지크인들이 러시아로 도망치고 있다. 아르메니아와 아제르바이잔은 카라바흐 때문에 으르렁거렸다. 아르메니아인들과 아제르바이잔인들, 그리고 '예라스(예레반 아제르바이잔인)'들은 러시아로 홍수처럼 밀려들어 왔다. 그리고 상당한 재산을 가진 각각의 민족들 무리는 자기들끼리 규합했다.

외무부 장관이자 아첨꾼인 코즈레프는 1992년—역시나 국제적 명예 때문인지?—국제난민협약에 서명했다. 이후 러시아는 유럽으로 들어가기 위해 우리 대사관에 뇌물을 주고 그 대가로 러시아 공항에 도착하여 국경선을 걸어 넘어온 아프리카 및 아시아인 이주자들(그들은 50만에 이르고 있다)을 우리 영토에서 추방할 수 있는 권리를 잃고야 말았다. 이제 제네바 협상에 따라 러시아는 그들을 대상으로 '1차 피난처 제공국'이 되어버렸다. 즉, 우리는 그 사람들을 정착시키고 먹여 살려야 한다. 그들이 이주를 희망한 국가들은 이미 그들을 수용하지 않는다. 1997년 무렵 모스크바 주에서만 여러 나라에서 온 이주자들이 40만 명이나 되었다.

대량의 예외적인 이민으로 인해 모든 서방이 고통을 겪고 있으나 이것은 시대의 특징이다.

12. 슬라브의 비극

나는 '범슬라브주의'를 확고하게 반대하는 사람이다. 그것은 항상 러시아의 능력을 벗어나는 일이었다. 나는 결코 서구 슬라브인의 운명을 우리가 보호하는 것에 찬성한 적이 없다(알렉산더 1세의 가장 큰 실수는 폴란드와 합병한 것이다. 그리고 체코도 우리와는 결코 가깝지 않다). 우리의 희생이 들어간 남부에서도 불가리아에서처럼 불평만 들었고, 세르비아에서처럼 의무도 아니었던 파괴적인 전쟁을 치러야 했다.

하지만 동부 슬라브 민족을 억지로 떼어낸 사건은 크나큰 슬픔을 준다. 순간적으로 수백, 수천만의 가족, 친척, 친지들과 단절되었다. 이는 우리 신생 민주주의 정권의 무책임하고 부주의한 자세 때문이다. 현 러시아 국민들의 숙명적인 소극성에 의해 우크라이나에 살고 있는 1,200만 명과 우크라이나 사람들의 2배 이상이 마지막 인구 조사(1989년)에서 모국어를 러시아어라고 했다. 그들은 러시아로부터 분리되게 되었기 때문에 자기들이 배불리 먹게 될 것('소시지를 먹는 사람들')이라고 쉽게 확신한다.

러시아는 우크라이나가 국가를 설립하는 첫 단계부터 정치적인 유대를 공고히 할 목적으로 군사적인 위협을 강화했다. 그러자 그들은 우크라이나 장교들이 충성을 맹세할 때 반드시 러시아와 대항하여 싸울 수 있는 만반의 준비가 되어 있다는 선언을 하도록 했다. 그들은 러시아의 위협을 특히나 자주 이용했다(일관성도 없는 '우크라이나 정신'을 강조하기 위해). 러시아의 입장에서는 석유를 싼 가격이 아닌 국제가로 판매하겠다는 의도에 불과했으나 우크라이나의 반응은 "이것은 전쟁이다!!"라며 날카로워졌다. (쿠치마는 1993년에 "만일 국제 유가로 석유를 구입하게 된다면, 그 어떤 경제도 살아남지 못할 것이다"라고 말했다.)

1992년부터 1998년까지는 러시아와 우크라이나 간에 단한 차례의 협상도 이루어지지 않았다. 우크라이나는 크라프추코프스키 벨로베즈의 '투명한 국경', '러시아-우크라이나 연맹의 불변성'으로부터 멀리 벗어났고, CIS에서도, 국제 사회에서도 러시아의 야당은 줄기차게 러시아를 반대했다. 러시아는 변함없이 한 걸음 한 걸음 후퇴했다. 그렇게 후퇴만 했다. 항상(지금까지도) 우크라이나의 완고함을 달래려고 애쓰면서 경제적 양보를 계속했다. 심지어 러시아는 흑해 함대의 강직한 함장이었던 카소토노프와 발틴을 잇달아 희생양으로 삼기도 했다. 이 같은 양보가 되풀이되고 나서야 다음과 같은 축하를 듣게 되었다(1995년 6월 9일). "우크라이나와 러시아 그리고 전 세계를 축하한다!"

우크라이나를 축하하는 것은 당연하다. 전 세계를 축하하는 것도 의심할 여지가 없다. 그런데 무엇으로 러시아를 축하한단 말인가? 우크라이나는 이미 흑해에서 우리를 몰아내고 있다! '비공식 만남'(우리를 봉건주의로 몰아가는 외교)의 최근 모습은 러시아의 양보를 더욱 강요하고 있다.

1950년대 나는 다수의 우크라이나 민족주의자들과 수용소에서 함께 생활을 했다. 러시아와 우크라이나는 공산주의에 대항하는 진정한 동맹을 맺을 수 있다고 생각했다(모스칼리(우크라이나, 벨라루스, 폴란드에서 병사를 부르는 말-역주)라는 말은 당시 듣지 않았다).

1970년대에는 우크라이나인들이 대거 이민을 떠났던 캐나다와 미국에 있으면서는 나약하게 다음과 같은 의문점들을 던졌다. 왜 그들은 공산주의에 전혀 대항하지 않는가? 그들과 맞서기 위해 왜 아무것도 하지 않는가? 반면 그들은 왜 그처럼 날카롭게 반러시아적인 발언을 하고 있는가? 이는 매우 순진한 질문이었다. 불과 몇 년 후 '억압받는 민족'에 관한 미국의 악명 높은 법 86-90이 러시아인을 대적하기 위해 왜곡되어 만들어졌고 바로 우크라이나 민족주의자들(도브란스크 의원)이 미국 의회에 제출했다는 것을 알게 되었다.

우크라이나 민족주의자들은 자신들의 이데올로기 속에 가장 극단적인 노선과 호소를 집어넣었다. 우크라이나 민족은 '우월한 민족'으로 수천 년이나 되는 심오한 역사를 가진 만큼, 성 블라디미르와 심지어 호메르가 우크라이나인이라는 것이다. 우크라이나 학교 교과서는 그와 유사한 우스운 사상으로 수정되었다. 우크라이나 민족주의자들이 소수이기 때문에 우크라이나 전체에 민족주의 이데올로기를 강요하고 있는 것이다. '우크라아나인을 위한 우크라이나' 사상이라는 것은 이미 의심할 여지가 없다. (그러나 우크라이나 내에는 수십여 개 민족들이 살고 있다.) 이는 또한 '키예프 루시-우랄까지!'를 의미한다. 러시아인들은 '몽고-핀란드 혼혈'로 슬라브인들과는 다르다. 지금 오데사에 있는 국립지정학연구소는『러시아의 분리』라는 책을 쓴 저자의 이름(유리 리파)을 따 설립되었다. 저자는 1941년 '우크라이나 캅카스, 남캅카스 동맹을 맺어야만 러시아를 이길 수 있다'고 제안한 바 있다. 우크라이나 민족주의자들은 이러한 정신으로 1992년 르보프에서 히틀러 갈리치야 침공 기념 행사를 열었다(그러나 미국은 이에 대해 비난을 하거나 분노하지 않았다). 1990년에 대표 회의에서 그들은 이렇게 선언했다. "우리는 힘을 숭배한다. 힘, 그것이 전부이다!" 우크라이나 민족 동맹은 '우크라이나 민족 동맹에게 권력을'이라는 슬로건을 가진 공습 부대를 배치했다. 심지어 1994년 의회에서는 "러시아의 붕괴를 위해 지역 분리주의자들을 지지한다"라고 공개적으로 발언한 바 있다.

그와 같은 우크라이나의 반 러시아 활동은 마침 미국에 필요한 것이었다. 크라프추크 대통령과 쿠치마 대통령 시절 우크라이나 정부는 러시아를 무력하게 만들려는 미국의 책동에 장단을 맞추었다. 곧 '우크라이나-나토 특별 관계'를 선언하고 1997년에는 흑해에서 미 해병의 군사 훈련까지 수행했다. 저절로 1915년 파르부스의 불사조 계획이 떠오른다. 즉 러시아를 붕괴시키기 위해 우크라이나 분리주의자들을 이용하는 것이다.

러시아의 붕괴는 그만큼 현 정치 세계를 기쁘게 하는 것으로 슬라브 3개국에서 병적으로 끊임없이 논의되고 있다. 그러나 멀고 먼 서구에서 우크라이나를 향해 불고 있는 전략적 열기는 그리 오래가지 않을 것이다. 그저 그들을 필요로 하는 짧은 시간일 뿐이다.

수 세기 동안 전체 우크라이나와 단절되었던 우크라이나 서부 민족주의자들은 1991년에 발생한 대규모 소동과 이로 인한 우크라이나 지도자들의 불안을 이용해서, 반 러시아주의와 연계하여 공산주의를 서둘러 희석하여 우크라이나에 거짓된 역사적 길을 남겼다. 단순한 독립도, 순수한 민족 속에 국가와 문화의 자연스러운 발전도 아닌 점점 더 강하게 영토와 인구를 억제하여 유럽에서 가장 강력한 국가로 보이려 했던 것이다. 새로운 우크라이나는 소비에트의 모든 합법적 유산을 비난한 가운데 거짓 조작된 레닌이 만든 국경만을 유일하게 수용했다! (흐멜니츠키가 우크라이나를 러시아에 병합시켰을 때 우크라이나의 영토는 지금의 5분의 1에 불과했다.)

다행히 우크라이나는 독자적 발전을 하는 데 있어 많은 성공을 거두었다. 그러나 우크라이나가 저지른 가장 큰 실수는 돈강 유역 2개 주, 신러시아의 남부 지역(멜라토폴리-헤르손-오데사), 크림 지역같이 바로 레닌 이전에 한 번도 우크라이나에 속했던 적이 없던 땅을 지나치게 확장했다는 것이다. (흐루쇼프의 선물을 받은 것은 최소한 비양심적인 일이다. 세바스토폴을 점령한 것은 러시아의 손해인 것은 말할 것도 없고 소비에트 법률 문서에도 반하는 국가적 약탈이다.) 국가적 과제를 선택하는 데 있어서 저지른 전략적 실수는 우크라이나가 정상적으로 발전하는 길을 지속적으로 방해했다는 것이다. 이것은 처음부터 있었던 심리적 실수로, 애초부터 야기된 이 같은 심리적 실수는 확실히 악의적인 영향을 미친다. 즉, 서부와 동부를 무리하게 결합하고, 종교를 2개로 분리(지금은 이미 3개로 늘었다)하고 국민의 63퍼센트가 모국어로 생각했던 다수어인 러시아어를 탄압한 일이다. 이런 반목들을 극복하기 위해서 얼마나 많은 비효율적이고 무익한 노력들을 쏟아야 하는가? 성공하는 길은 절대로 쉬운 일이 아니다.

우크라이나 문화를 세계적인 수준까지 끌어올리려면 아직도 수십 년이 필요하다. 우크라이나 학자들이 외국어 번역을 염두에 두고 러시아어로 글을 쓰지 않을 정도로 끌어올려야 한다. 바로 이러한 것 때문에 우크라이나를 조국과 같은 감정을 갖고 사랑하는 것이다. 그러므로 러시아에 바라는 것처럼 우크라이나 역시 패권국처럼 발전하는 것은 원치 않는다. (문화 수준이 상승하지 못하고 묶여 있는 국가는 '강대국' 카자흐스탄이다.)

우크라이나 당국은 이미 러시아어 퇴출을 강화하고 있다. 그들은 러시아어가 제2의 국가 공식 언어로 지정되는 것을 거부할 뿐만 아니라 라디오나 텔레비전에서 사용되지 못하도록 힘을 쏟고 있다. 러시아 출판물에 대한 계약가를 10배나 올려놓았고 우크라이나어를 못한다는 이유로 직장에서 쫓겨나는 일들이 속출하고 있다. 대학에서는 입학 시험부터 졸업 논문에 이르기까지 모두 우크라이나어만 사용하도록 되어 있다. 전문 용어가 없는 경우에만 예외를 두고 있다. 학교 교육 과정에서 러시아어는 완전히 제외되었고, 소위 '외국어'나 선택 과목으로만 남겨두었다. 러시아 역사 강의도 완전히 폐지되었고 문학 수업 계획서에도 러시아 고전 몇 개만을 남겨놓았다. '러시아의 언어 침략'과 '러시아적인 우크라이나 인은 쓸모 없는 것'이라는 비난의 소리들이 울려 퍼지고 있다. 그렇게 그들은 우크라이나 문화를 계획적으로 발전시키는 것이 아닌 러시아 문화를 박해하는 것부터 시작하고 있다. 언어적 퇴보 사태까지 초래했다. 즉 우크라이나어를 키릴 문자에서 라틴어로 바꿔 쓰도록 했는데 우크라이나의 역사 속에서 비웃음을 받아 마땅한 일이다.

또한 그들은 모스크바 총주교의 신뢰를 받고 있는 우크라이나 정교회와 약 70퍼센트에 이르는 우크라이나 정교회 신도들을 탄압했다.

지금 우크라이나에서는 우크라이나가 러시아의 연방 조직을 차용했다는 것과 관련해 절대로 목소리를 높여서는 안 된다. 즉시 자치주 크림과 자치주 돈바스의 유령이 등장할 것이다. (우리는 이미 확고한 러시아 혈통을 가진 트란스카르파티아 사람들에 대해 생각하는 것조차 잊어버렸다.) 만일 체첸 전쟁으로 피를 흘리지 않았다면 심각한 크림의 위기를 알고 있던 모스크바가 혹시나… 용기를 내어 크림 사람들의 합법적 요구(크림 주민의 80퍼센트가 독립을 지지했다)를 지지하지 않았을까? 그러나 러시아는 체첸에 대해 무감각했고 그래서 크림의 희망을 배신하고 말았다. 우크라이나 민족 동맹은 크림 사람에게 "크림은 우크라이나 땅이 되거나 그렇지 않으면 무인도가 될 것이다!"라고 말하고 있다. 그러나 열정이 있는 적극적인 민족주의자들은 체첸 편에서 싸우려고 갔다. 이제 그들은 두다예프의 동상, 심지어 바사예프는 아직 살아 있는데도 동상을 준비하고 있다

많은 러시아인들은 분노와 공포를 삼키면서 우리 외교의 안일한 태도와 우유부단, 그리고 독선으로 24시간 동안 크림 반도를 반환했던 사건과 그 후 크림을 둘러싼 분쟁이 일어날 때마다 그들의 배신을 참고만 있었다. 또한 아무런 정치적 노력 없이 러시아군의 강력한 요새인 세바스토폴을 양도했다. 이 모든 것이 우리가 선택한 정부가 저지른 짓이다. 우리 역시 당시 저항도 하지 않았다. 그러나 앞으로 미래 후손들이 이 문제를 해결해야 한다.

우리는 광적인 위협과 증오를 보여주고 있는 우크라이나 민족주의자들을 결코 따라 해서는 안 된다. 그들의 불붙인 '반 러시아 운동'에 반응할 필요가 없다. '정신병'으로 치부해야 한다. 위협적 선언을 해서는 안 된다. 그것은 그들을 더욱 달아오르게 만드는 먹잇감일 뿐이다. 시간과 포용력, 역사적 프로세스가 해결해줄 것이다. 그들이 아무리 저주를 퍼붓는다 해도 우리 심장이 키예프, 위대한 러시아인의 기원인 키예프로부터 멀어지지 않을 것이다. 오늘날 키예프에는 러시아어가 여전히 울려 퍼질 것이며 키예프의 문은 닫히지 않을 것

이다. 그러므로 3국의 슬라브 민족들은 따뜻한 마음을 유지해야 한다. "당신들, 우크라이나 사람들은 벨라루스 사람들처럼 우리들의 형제들이오!". 넓은 마음으로 '문화 교류'를 강화하자고 제안해야 한다. (민족주의자들을 후퇴하도록 해야 하지 않겠는가? 그렇게 함으로써 러시아어와 러시아 문화의 위력이 모든 미사일보다 더욱 강력하다는 것을 보여주어야 한다.)

나누어진 슬라브 국가들 중 어떤 국가가 자국민에게 행복한 삶을 베풀 수 있는지 인내를 갖고 선의의 경쟁을 해야 한다. 사실 현재 각 국가 앞에 놓인 길은 멀고 힘들며, 화려하지 않다.

무엇보다 이미 세월이 흐르고 있다. 젊은 사람들에게는 매해가 하나의 시대와 같다. 우크라이나에 있는 러시아 청년들은 무엇을 해야 하는가? 러시아로부터는 어떠한 지원도 없을 것이다. 그렇다면 굴복해야 하는가? 언어를 바꾸고, 민족을 바꾸어야 하는가? 그들을 생각하면 마음이 아프다. (우크라이나에 살고 있는 평범한 러시아 가족들이라면 "적어도 우리 자식들은 체첸에서 싸우지 않아도 된다"라고 기뻐할 수도 있다.)

러시아와 벨라루스의 재결합이 이루어졌더라면 동슬라브의 역사적인 전통이 다행히도 유지되었을 것이다. 그러나 이를 감지한 외국 세력은 국가적 차원의 선동적 압력을 가하고

돈으로 매수하여 이를 심히 방해했다. 그런데도 러시아 언론
은 마치 그들과 한 팀처럼 러시아와 벨라루스가 동맹으로 나
아가는 첫 번째 싹을 저질스럽게 공격했다.

우리는 벨라루스의 탄압에 관해 수없이 많이 들었다. 우
크라이나나 그보다 가혹한 카자흐스탄에서의 탄압에 대해서
는 그 어떤 소리도 들리지 않는다. 스스로가 자신을 돌아봐
야 한다. 수백만의 러시아 시민들에게 정말 권리라는 것이 있
는가? 왜 당신들은 그에 관해 아무런 절규도 하지 않는가? 그
외에도(자리싸움을 제외하고) 현 러시아의 연방 조직이 재결
합에 장애가 될 것이다. 복층으로 된 연방을 설립하기에는 너
무 복잡하게 만들어졌기 때문이다.

13. 체첸에서

내전 당시 체첸인들이 볼셰비키를 지지하고 카자흐인들을
학살했다는 사실을 알고 있는 사람은 많지 않다. 대다수의 사
람들이 전혀 모르고 있었던 사실이다. 1920년대 초 제르진
스키는 볼셰비키들에게 상을 주고 카자흐인들에게 벌을 가
하면서 순젠스크 지역과 체레크강 중류(우측 기슭)로부터 카
자흐인들을 강제로 내쫓았다. 바로 그곳으로 체첸인들이 이
주해 오기 시작했다. (그러나 곧 소비에트의 질서를 강화하
자 체첸인들은 이에 저항했다.)

북캅카스 주로 이주한 러시아인들이 주로 살고 있었던 그

로즈니를 1929년에 체첸에 양도했다. 1942년 히틀러 군대들이 접근하자 체첸과 잉구슈인들은 그들을 지지하기 위해 봉기를 일으켰다. 이로 인해 체첸인들은 향후 스탈린에 의해 추방당하게 된다. 1957년에 흐루쇼프가 러시아로 반환된 체첸에 카자흐의 체레크강 좌측 땅을 주자 우측에 있는 강기슭의 초원 지대에서 살던 많은 러시아인들이 계속해서 그곳에 거주했다. (1980년 기록에 따르면 체첸에는 70만의 체첸인과 50만의 타민족들이 함께 살고 있었다.)

1991년 봄부터 이미 체첸에서는 타민족에 대한 학살, 약탈, 살인 등이 저질러지고 있었다. (그러나 나는 모스크바가 이에 반대하는 것을 보지 못했다.) 더군다나 체첸 지도자들과 적극적인 병사들은 1991년 가을 국가적 붕괴를 이용하는 데 망설이지 않았다. 두다예프가 정권을 잡게 되자 체첸인들이 간절히 염원하던 체첸 독립을 선포하기에 이르렀다. 역사적 사고를 잃은 러시아 지도부는 충동적으로 체첸에 즉시 전쟁을 선포했다. 그러나 2, 3일 만에 무기력하게 이를 철회하여 스스로를 웃음거리로 만들었다. 앞으로 3년 동안 그들이 얼마나 무사안일하게 행동할지를 보여주는 첫 번째 징조였다. 러시아군 지휘부는 독립을 선포한 체첸에 비행기를 포함해 각종 무기를 제공했다.

나는 1950년대에 카자흐스탄 유형지에서 체첸인들과 함께 지낸 적이 있다. 그곳에서 나는 그들이 강직하고 뜨거운 성격을 가지고 있고 분노와 결코 타협하지 않으며 고도의 전쟁 기술과 훈련을 매우 잘하고 있다는 것을 알게 되었다. 정치적, 사회적, 민족적 문제로 여기저기 뜯긴 채 위태롭던 러시아는 체첸과의 전쟁으로 인해(1991년) 초기부터 상당히 고전을 면치 못했다. 게다가 체첸을 달래보겠다는 정치적인 구상은 전혀 가망이 없어 보였다. 나는 속히 체첸 독립을 인정하여 러시아로부터 떼어내어 독립 국가라는 것을 그들이 몸소 체험할 수 있도록 하며, 또한 체레크강 왼편을 러시아에 남겨 두고 즉시 국경 초소를 기준으로 분리하는 것이 가장 바람직한 방법이라고 생각했다. (이미 14세기에 그랬었고 지금도 그것이 보다 확실한 방법이다. 약탈, 일반 사람 및 노예나 가축 무리를 납치하고 강탈하는 것이 저급한 체첸인들의 생산 방식인 것 같다.) 그리고 러시아로 오고 싶어 한 사람들과 범죄적 거래로 러시아로 온 수십만의 체첸 이민자들을 수용하기 위해 노력을 기울여야 한다. 이들을 외국인으로 분류하고 그들의 활동이 러시아에 이익이 되는지를 증명하라고 하거나 즉시 이들을 내보내야 한다. (1992년 6월 워싱턴-버몬트 전화 통화에서 옐친 대통령에게 그렇게 제안했으나 아무런 후속 조치가 없었다. 그 후 같은 제안을 러시아 신문사와 방송사에도 했으나 이 또한 허사였다.)

러시아는 분리된 체첸에 대해 3년 동안이나 손을 놓고 있었다. 모스크바 고위층들 간의 모종의 거대한 이해관계들이 있었는지 '마치 아무 일도 일어나지 않았다는 듯한' 제스처만 취하고 있었다. 어마어마한 양의 튜멘 석유가 그로즈니의 정유 공장으로 보내졌으나 러시아에는 석유 값조차 내지 않았다. 그 돈은 누군가에게 전달되어 어디선가 분배되고 있었다. 그처럼 러시아와 체첸은 국가 보조금은 물론 다른 모든 경제·운송 관계가 유지되고 있었다.

그러나 정작 체첸에서는 타민족, 주로 러시아 사람들에 대한 테러 행위가 공공연하게 자행되고 있었다. 체첸인들은 러시아 사람들을 제멋대로 모욕하고 무시했다. 자산과 아파트, 토지를 약탈했고, 러시아인을 살해한 후 창문 아래로 집어던졌다. 여자들과 남자들, 그리고 유치원 아이들까지 강간하고 납치했다. 그렇게 많은 사람들이 흔적도 없이 사라졌다. "러시아 놈들은 체첸에서 꺼져!" 체첸에는 러시아인들의 통곡소리가 울려퍼지고 있다. 러시아인들은 이러한 문제를 들고 러시아 재판소 문을 두드렸다. 그러나 3년 동안 아무도 이에 관여하지 않았다. 아무도 행정적, 법률적 보호를 받지 못했다. 50만 명이나 되는 타민족들의 운명에 대해 러시아의 모든 언론은 침묵으로 일관했다. 무려 3년이나 그 침묵은 계속되었다. 3년 동안 러시아 텔레비전 방송은 참혹한 광경과 시체들을 전혀 보여주지 않았다. 3년 동안 가장 고상하다는 러시아 '인권 수호자'들도 우리의 교양 있는 냉혈 사회를 적나라하게 보이면서 여유롭게 지내고 있었다. (나는 모스크바에서 발행되는 신문 중 체첸 사태를 보도한 유일한 신문사를 알고 있다. 체첸에서는 두다예프의 통치 초기 6개월간 3분의 1에 달하는 거주민들이 폭력을 당했다. 그들은 물론 타민족들이다.) 이것이 요즘 사람들이 말하고 있는 소위 '인종 청소'라는 것이다. 보스니아에서 벌어진 숙청은 전 세계가 주목하고 있었지만 체첸에서 일어난 숙청은 누구에게도 주목을 받지 못했다. UN과 유럽 안전보장이사회 그리고 EU에서는 아무런 관심도 갖지 않았다.

1994년 말까지도 러시아 정부가 이 일에 수수방관하던 것을 납득하지 못한 것처럼 갑작스레 체첸과 전쟁을 시작한 것 역시 전혀 이해가 되지 않는다.

그 후 수많은 생명을 죽음으로 몰아넣으면서 러시아군은 무능한 군사 작전으로, 러시아 정부는 무능한 정치력으로 서로 끊임없이 경쟁을 시작했다. (극장에서 군사 작전을 감행하여 복구 작업에 수조에 달하는 재정을 끌어다 쓴 것만으로도 이들의 무능함을 알 수 있다.) 체첸 주재 모스크바 행정부는 소비에트 시절을 참아 왔던 사람들이 놀랄 정도로 총선 선거 결과를 조작했다. (이후 전쟁에서 패하자, 그들은 아무런 조건도 내걸지 않고 이 '국민 정부'를 조용히 접어버렸다.)

이 전쟁 속에서 러시아 당국이 저지른 범죄 행위는 끝이 없다. (모든 죄 없는 자들이 희생당했다.) 1995년 6월 바사예프가 부조노프스키를 상대로 테러를 가한 사건이 일어나자 정부는 그 일당들을 풀어주었을 뿐만 아니라 반 년 동안 그들과 싸워온 거의 모든 지역을 체첸에 자발적으로 반환했다. 다시 러시아의 천성이 나타난 것이다.

러시아 정부뿐만 아니라 적지 않은 사람들도 이 전쟁은 '러시아의 통일을 유지'하기 위한 것, '그렇지 않으면 캅카스 전체를 잃게 될 것이다', '그렇게 하지 않으면 러시아가 붕괴될 것이다'라고 정당화했다. 이 모두 전쟁의 특성을 고려하지 않은 충동적인 것이다. 동시에 체첸과의 전쟁에서 행한 수많은 행동, 혹은 행하지 않고 가만히 있었던 방관적 태도로 인해 러시아는 회복이 불가할 정도로 붕괴 상태에 이르렀다. 흑해는 물론 크림도 양보했는데 과연 체첸을 붙잡고 있을 수 있을 것인가?

체첸을 내놓은 것은 아픈 사람을 치유하기 위해 떼어놓거나 러시아를 강화하기 위해서여야만 했다. 연이은 치욕적 실패로 러시아는 전 세계의 무시를 받게 되었다. 이것이 러시아를 붕괴로 이끈 가장 큰 원인이다.

물론 또 다른 원인이 있다. 레베지 장군이 없었다면 결코 이 전쟁에서 빠져나오지 못했을 것이다. 다시 1년, 다시 2년 동안 무참한 학살이 자행될 만큼, 국가적 의지도 지혜도 남아 있지 않은 듯했다. 실패할 것이 뻔한 불가능한 작전이었기에 그는 항복 문서에 서명했다. (모두가 그들의 잘못이었다. 그가 잘못한 것은 성급히 휴전한 것과 상대방이 마음이 넓은 사람이라고 기대했던 것이다. 그는 우리 군을 철수시키는 조건으로 체첸 대원들을 무장 해제할 것이란 약속을 믿었다. 아니면 믿은 척한 것일까? 그러나 그 지옥 같은 곳에서 발에는 사슬을 찬 채 있던 1,000명의 우리 포로들의 석방을 요구하지 않았다. 또 하나의 씻을 수 없는 오점을 러시아에 남겼다.)

군의 피날레 역시 이와 다르지 않았다. 전쟁에서 승리한 자들(우리로부터 떠나버린 그들)의 자긍심을 만족시킬 목적으로 대통령은 한겨울에 2개 여단 주둔군을 그로즈니에 급파할 것을 명령했다! 자국 병사들은 전혀 돌보지 않고 그 중 1개 여단은 눈보라 치는 들판으로 내보냈다. (그 여단은 봄이 될 무렵 무너지고 말았다.)

지금 정부 당국은 바로 얼마 전만 해도 핵무기로 "모스크바를 잿더미로 만들겠다"고 위협한 자, 그리고 "러시아는 절대로 존재해서는 안 된다"고, 또한 "모든 러시아인은 짐승과 같다"며 러시아의 철도에 테러를 가하겠다고 한 자에 서둘러 존경을 표하며 악수를 하려고 한다.

체첸에 살던 러시아인들이 이 전쟁을 통해 얼마나 많은 고통을 당했던가? 더군다나 그로즈니에 모여 살던 수많은 사람들은 체첸인들과 달리 제때 그곳에서 도망칠 교통수단과 돈을 갖고 있지 않았다. 1995년 봄 무렵 그로즈니에 있던 러시아 사람들은 이렇게 호소했다. "한편에서는 두다예프 무장 대원들이 러시아 사람들을 총을 쏘아 죽이고, 다른 한편에서는 러시아 군대가 총을 쏘고 폭격을 가한다. 그로즈니의 모든 거리, 골목, 공원, 구역은 온통 러시아 묘지들로 넘쳐나고 있다."

그러나 러시아 신문과 텔레비전은 체첸인들이 입은 피해에 대해서만 기사를 쓰고 방송을 했다. (아, 민주주의의 목소리는 참으로 공정한 것처럼 들려왔다. '어떻게 헌법을 수호한다는 목적으로 저처럼 많은 인간의 생명을 파괴할 수가 있는가?' 1993년 10월 4일 체첸에서 죽어간 러시아인들에 대해서는 이러한 주장을 듣지 못했다는 것이 이상할 뿐이다.)

항복 후 러시아 정부와 우리 사회는 그곳에 있는 러시아인들에 대해 완전히 잊어버렸다. 체첸에 남았던 1,400명의 러시아인들은 잔인한 지배와 대량 학살에 내몰렸다. 절망에 가득한 편지들이 전해졌다. '러시아는 우리를 잊었습니다. 우리가 이곳을 벗어날 수 있게 도와주십시오! 전쟁에서 죽지 않고 살아남은 자들의 가족을 몰살하고 시체들을 어디론가 끌어가고 있습니다. 연금도 주지 않습니다. 그 돈은 도시 복구에 사용되고 있습니다.' 그런데도 우리는 체첸에서 무슨 일이 벌어지는지 귀를 닫으려 한다. 그리고 체첸과 평화로운 세계를 약속하고 있다. 그러나 오늘날까지 러시아인 노예가 시장에서 거래되고 있으며 체첸 정부는 이를 간섭하지 않는다.

이것은 전부가 아니다. 모든 것을 빼앗긴 채 체첸에서 탈출한 사람들이 200~300명에 달하는데 그들은 러시아 이민국의 지극히 작은 도움으로 연명하고 있다. 전쟁이 끝난 지금 그들은 러시아 정부에게 과도한 짐으로 비칠 뿐이다. 1997년 초부터는 그 보조금마저 끊겨졌고 난민 '임시 숙소'에 거주할 수 있는 기회도 잃었다. 그러고는 다시 체첸으로 돌아갈 것을 종용 받고 있다.

그 일은 그렇게 끝났을까? 아니다. 여전히 종결되지 않았다. 지금의 러시아 같은 큰 땅을 갖고 있음에도 수백만의 의붓아들을 거부하고 있다.

군사 행위가 종결된 이후 체첸과 관련한 우리 정부의 태도는 여전히 맹목적이고, 상황에도 부합하지 않으며 심지어 저속하기까지 하다. 그로즈니 공항에 한 시간 정도 머무를 수 있는 것, 전례 없이 폭넓게 체첸의 권리를 보장하는 국경 조약을 생각해냈다는 것, 심지어 '주권을 허락하자'라는 것 들. 대체 무엇을 위해 당신은 2년 동안 피를 흘린 것인가?—'대신 우리는 그들과 함께 공동 경제 구역을 보존한다', 즉 불법 거래를 일삼는 체첸이 러시아라는 몸속에서 기생을 계속하도록 하는 것인가? 크렘린에서의 우호적인 회담이 있은 이후 '체첸은 우리의 전략적 동맹국이 될 수 있다'라는 선언을 하기도 했다—좋은 일이 아니던가! 그들은 24시간 만에 '러시아 자치 지역'에서 러시아 정부(대사관?)를 몰아냈다. 그런데도 우리 정부는 체첸과의 관계에 있어서 단지 식은땀만 닦고 있다. 체첸은 치욕의 한계를 넘었다.

그런데 체첸은 어떠했는가? 체첸 공화국은 터키 및 이슬람 국가들 그리고 기타 국가들과는 적극적으로 동맹을 추진하면서도 러시아와의 동맹은 원치 않았다. 그들은 우리로부터 수백만 달러가 들어오는 것만 기대할 뿐 동맹을 맺는 것에는 서두르지 않는다.

체첸은 완전히 노골적으로 그리고 순차적으로 러시아와 분리되려고 한다. 추가 선물을 받았던 카자흐 체레크강 일대 땅들을 차지한 채로. 우리 국경은 체레크강을 기준으로 삼지 않고 스타브로폴의 평평한 초원에 그려져 있다. 우리 정부가 스타브로폴 지방을 희생한 것이다. 체첸 도적들은 조금도 어렵지 않게 밤마다 일시적으로 감시를 하지 않는 국경선을 넘어 국경 지역 주민들을 강탈하고 가축을 훔쳐 달아난다. (코사크인들은 무기를 구하느라 분주하다. 정부가 아니라 그들이 직접 옆의 다게스탄인들처럼 방화와 화염을 일삼는 코사크 체첸 형제들로부터 스스로를 방어한다.)

그러나 러시아 정부는 왠지 꾸물거리기만 한다. (민주주의 신봉자들은 현명하게도 현재 침묵하고 있다. 전 세계 외교 기관들처럼 그저 조용히 인질들의 몸값만을 지불할 뿐이다.)

범죄적 전쟁의 수치스러운 마무리이다.

14. 계속해서 분리되는 사람들

시골

시골은 신러시아로부터 더욱 방치된 채 분리되었다. 스탈린의 집단화를 겪었고 그로 인한 결과는 잘 알려져 있는 바다. 즉, 시골을 다시 파헤쳐 150만의 훌륭한 촌락들은 황폐해졌고 무질서한 상태로 버려졌다. 언제나 견고했던 도시들은 구소비에트와 독일의 파괴적인 전쟁으로 그 건재함을 잊은 채로 살아갔다. 이 사실을 결코 잊어서는 안 될 것이다. 흐루쇼프의 소위 '집단농장 확대'가 시골 마을들을 덮쳐 10개 단위의 집단농장이 하나의 대형 농장으로 합쳐졌다. 그렇게 노동을 집단화시킨 결과 대충 해도 된다는 안일한 사고방식이 자라나기 시작했다. (이어 옥수수를 재배한다는 명목으로 양봉을 할 수 있는 초원까지 말살할 것을 명령했다.) 그 후 브레즈네프는 '전망 없는 시골'을 정리하라고 명령했다. 그로 인하여 중앙 러시아의 광대한 부지가 황폐해진 채 방치되었고, 수많은 정착 농민들의 삶은 파괴되었다.

그 후 러시아의 어리석은 개혁이 마을로 확장될 수밖에 없었다. 문제에 대한 역사적 분석이 준비되었는가? 능력 있는 결정들을 찾았는가? 국민들의 의견과 논의를 들었는가? 물론 그렇지 않다. 성급한 슬로건이 폭발할 듯이 내던져졌다. 그러나 그것은 신중하게 고려한 것도 아니고 재정적인 지원도 받지 못한 것들이다. 우리 운명의 꼭대기에 있는 그들은 최대한 많은 은행을 설립하고 거대 기업을 약탈하고 수입 식품을 손에 넣으려 할 뿐, 마을 쪽으로는 머리도 돌리려 하지 않았다.

급히 모방해서 만든 슬로건(고르바초프 시대도 마찬가지다) 가운데 하나가 순식간에 농장을 설립하자는 것이었다. 습관적으로 약탈을 일삼는 자들은 그때 '농장화'라는 캠페인을 벌였다. 주나 지방의 수많은 농부들은 혼란에 빠지기 시작했다. 이러한 가슴 아프도록 슬픈 일이 이미 여러 차례 벌어졌다. 이미 이에 대해 언론에 기재한 적이 있어 여기서 반복하지 않겠다. 매해 국가가 213퍼센트나 되는 고리로 대출을 한 것, 행정적인 기만, 지방 관청의 뇌물 수수, 노골적으로 지연시키는 행위, 대가를 받지 못한 노동, 무모할 정도로 용기 있는 사람들의 대규모 파산 등에 대해 쓴 것이다.

이미 70년 동안 익숙해졌지만 정부는 연달아 명령을 내리며 채찍을 휘두르고 있다. 처음 명령은 1991년 12월 27일에 시작됐다. 즉시 경매를 통해 토지를 매각하기 시작했다. 다행히도 우리의 타성은 질식해 죽더라도 명령에 따르는 것이다. 그다음 명령은 수 주일 내로, 즉 봄의 파종까지 집단농장 및 국영농장을 사영화하고 근로자들에게 재산을 양도하라는 명령이었다(1992년). 명령은 이행됐다. 사장과 대표자들이 근무하는 사무실의 '주식회사 사장'과 '대표'라는 문패가 교체되었고, 집단농장원들을 쫓아내며 이렇게 선언했다. "존경하는 소유자 여러분, 여러분 모두에게 몇 헥타르의 토지를 분배할 것입니다(누구의 토지이고, 어떤 토지인지 명시되지 않은 토지이다)". 그러나 어느 정도 규모가 있는 지주가 대상이라는 것 외에는 바뀐 것이 아무것도 없었다. 그들은 무려 1985년의 낮은 가격으로 가장 기름진 땅을 자신에게 분배한 데 이어 과거 지역위원회에 대한 책임에서도 벗어났다. (서방 세계는 빠른 사유화 속도에 박수를 보냈다.)

그러나 다음의 충격이 마을을 연이어 덮쳤다. 물가가 1,000배나 오르자 우유가 무분별하게(땅에 쏟아버려라) 생산되고 고기, 곡식 역시 그러했다. 더 많은 연료가 소요되고 상품들은 가공자들에게 아주 헐값에 넘겨졌으며, 잘 조직된 도매상도 존재하지 않았다. 그러자 제1차 단체 행동이 벌어졌다. 이는 황소 도살이었다. 1991년부터 총 가축 수가 절반으로 줄어들기 시작했는데 이 비극적인 수치는 향후 10년 동안이나 회복되지 않았다. 가혹한 집단화로 황소 1,620만 마리를 잃어버렸다면 1992~1996년 '개혁'으로 황소 1,960만 마리를 잃었다. 파종할 땅은 계속 줄어들었고, 들판은 잡초들로 무성해졌다. 자금도 부족했고 기계는 심히 낡아 들판에는 수확을 못한 곡식들과 채소들이 남겨져 있었다. 농업용 토지와 수천 헥타르의 전답들도 그대로 방치되어 있었다. (비료까지 준 토지들이었고 대형 트랙터를 사용했던 땅임을 기억하자.) 종자도 없고 일손도 없었다. 무엇 때문에 종자를 뿌리겠는가? 더군다나 국가는 폭락한 아마에 대해 전혀 보조를 하지 않았다. 숲에도 잡초들이 무성하다. 복구는 언제나 파괴보다 시일이 더욱 오래 걸리는 법이다.

'주주' 집단농장원이란 무엇인가? 대체 소비에트라는 나라는 농민들을 얼마나 기만한 것인가? 약속을 몇 번이나 이행했던가? 단 한 차례도 없다. 황량한 시골에는 노동력이 계속 감소하고 있고 성실한 태도마저 퇴색되고 있다. 무엇 때문에 일을 하는가? 만일 마을에서 생산되는 제품들이 필요 없는 것이라면, 삶에 유일한 의미는 술이나 마시는 것밖에 없다. '주주 조합인'은 열심히 일하지 않아도 좋은 것을 받는다. 잠에서 덜 깬 상태 속에서 그들의 생활은 유지되고 있다. 사람들은 자기 땅에서 난 산물과 집단농장에서 훔친 것으로 살아간다. 그리고 용광로나 사료 등을 과거 집단농장 관리자들에게 끊임없이 의존하고 있다. 때문에 현대 마을에 대해 잘 알고 있는 에키모프는 이렇게 설명한다. "마을 사람들이 집단농장과 부랑자로 자라난다. 곧 유혈사태가 일어날 것이다."

실제로 문제가 되고 있는 것은 토지 소유 방식이 아니라 얼마의 자금(그리고 아이디어)을 땅에 투자하는가이다. 소규모 자산 방식으로 전환하려면 그전에 모든 농기계를 바꾸고 장비를 대여해 주어야 한다. 네덜란드에는 지금도 많은 농업

협동조합이 있다. 물론 혁명 이전의 러시아도 저축대출조합까지 각종 형태의 조합들이 많이 있었고, 시베리아 소규모 버터생산조합은 최고급 버터를 전 유럽에 공급했다. (볼셰비키들은 협동조합을 집단농장으로 바꾸었고, 젬스트보를 연맹으로 바꾸어 파괴했다. 다른 것도 마찬가지이다.) 높은 기술이 적용되는 대규모 경작은 언제나 수익을 낸다. (혁명 전의 러시아는 다양한 형태의 생산과 소유에 대해 자유롭게 경쟁했다. 말하자면 국가 자산, 협동조합 자산, 젬스트보 자산, 크고 작은 개인 자산들이 존재했다.)

현재 마을의 모든 공공 건물, 상점, 클럽들은 문을 닫고 있으며 전화기 한 대를 마을 전체가 사용하는 곳도 많다. 의료 기관과 학교 들도 문을 닫고 있는 실정이다. 그렇게 되면 모든 마을에서는 아이들의 목소리가 들리지 않을 것이다.

러시아 국민 4분의 1이 그렇게 살고 있다. 우리 사회에는 러시아 국내 농업은 전혀 필요하지 않다는 생각이 스며들고 있다. 죽어가는 마을뿐 아니라 전 러시아 국민들이 반드시 다시 태어나야 한다.

땅의 운명

이상한 것이 있다. 농지의 필요성이 줄어들수록, 신흥 관리들과 언론들이 마을의 운명이나 농부들의 자산, 그리고 수확에 대해 무관심할수록, 자유롭게 토지를 매각할 수 있는 법을 점점 더 선명하게 요구하게 된다! 알 수 없는 수수께끼라고? 전혀 그렇지 않다. 자유로운 토지 매각에 대한 논의를 보면 농업은 전혀 고려하지 않으며, 그저 강탈한 자금들을 부동산에 투자하는 것이 가장 편하다는 생각뿐이다. 벌써부터 라티푼디움(대토지-역주)을 강탈당할까 봐 손을 벌벌 떨고 있다.

그들은 서둘러 경매에 부칠 것을 재촉했다. 하지만 나중에는 이런 말이 나올 것이다―아무도 손대지 말고 소유자의 권리를 건드리지 말라!―(누가 그 땅에서 살고 있는가? 그들은 소동을 부리게 놔두어라. 이미 그들은 사람들과 땅을 분리시킬 준비가 되어 있다.)

당시 모든 토지가 사실 다양하여 우선적으로 토지 대장 명부를 작성해야 하는데 이 작업은 국가적으로 10년에서 12년이 걸리게 될 것이라고 했다. 그러자 곧 한 달 안에 토지 대장 명부를 작성하라는 영리하기 짝이 없는 대통령의 명령이 내려졌다! 그러나 그 명령은 다른 명령들처럼 잊혔다.

그들이 지금까지 저주받을 법을 선포하지 않는 것은 다행스러운 일이다. (토지 거래 암시장이 곧 생겨났고 특히나 대도시들이 인접한 곳에서는 토지의 암거래가 성행하고 있다. 그리고 몇몇 자치구에서는 다수 민족에게만 토지 소유권을 부여하는 왜곡된 법률이 준비되고 있다.)

농지 매각을 뜨겁게 논의하기에 앞서 국가가 그 토지를 누구에게서 빼앗아 왔는지 곰곰이 생각해보아야만 한다. 실로 그 모든 땅은 농민들에게서 약탈한 것이다. 마찬가지로 토지 매각을 말하기 앞서 집단화 정책으로 인해 약탈당한 농민들에게, 즉 집단농장원들과 국영농장원들에게, 그리고 더 나아가 피해자의 후손들에게 어떻게 토지를 반환해야 할 것인가에 관하여 말했어야 했다. 토지를 강탈한 사례가 여러 곳에서 밝혀지고 있고, 그 후손들이 조상의 토지를 반환해줄 것을 요청하고 있다. ("그 사실을 서류로 증명하시오!"—어떻게 몰수당한 자들에게 그 증명서를 주었겠는가. 다행히 마을 사람들이 그 사실을 기억하고 있다.) 이것이 바로 모두가 함께 정의롭게 이루어야 하는 농민의 재건인 것이다.

만일 우리가 이를 행하지 않으면 우리는 약탈자들의 국가이다.

먼저 농학자, 토지 개량가, 당사자인 농민들의 견해를 폭넓게 들어야 할 것이다. 나 역시 러시아 여행 중에 가능한 한 여러 의견들을 모았다. 여러 가지 다양한 의견들이 존재한다. 그 의견들은 혁명 이전의 4대 국회의 의결 사항인 '지속적으로 유산을 사용할 수 있는 개인의 소유권'에 배치되지 않는다. 그러나 '누가 더욱 비싼 가격으로' 매각하는지를 따지는 경매가 아니라 누가 더 훌륭하게 이용하는지를 경쟁하는 방식이어야 한다. 러시아의 건강한 환경과 자원을 보존하기 위해서는 토지 소유자들이 바뀔 때 그 토지를 농지로 지정해야 한다. 이것이 가장 효율적이고 현명한 방법이다. 지역 농업 은행 시스템을 통해 그러한 메커니즘을 구축하려면 많은 시간과 작업이 필요하다.

종신 유산 소유권의 매각이 가능하고 임대도 가능하지만 토지 이용 방식은 아직도 지방에 달려 있다. 그러나 어떤 경우에도 지방의 관리가 철저해야 한다. 과연 효과적으로 농사가 이루어지고 있는가 그리고 그것이 환경적인 것인가? 만일 자연보호법을 위반하거나 2, 3년 농사를 제대로 하지 않는다면 토지 소유권을 취소하고 구매 대금과 그때까지 투자된 돈을 돌려주어야 한다. 토지세(토질과 토지의 위치에 따라 세금을 추가로 납부)는 지방 당국을 통해 납부하고 반드시 지방을 위해서만 사용되어야 한다. 땅은 영원히 인내하지 않으며 교환할 수 없는 상품이다. 누군가는 땅을 계속해서 재건해야 한다.

숲과 호수, 늪과 연못은 국가의 재산이며, 대개 판매될 수 없는 것이다. (아, 숲이여, 숲이여! 그 숲도 이미 팔려 나가고 있다….)

농부는 과연 식량만을 생산하는 존재인가? 그는 자연과 자연의 리듬과 함께 어울리며 살아간다. 농사일을 지혜롭게 해나가면 이러한 관계는 더 깊어진다. 국민 중 누군가는 그 자연과 화합하고 공감하며 살아야 한다. 땅은 순수하고 믿음직한 조국 사랑의 원천이다. 그리고 땅은 국가의 견실함이다.

땅과 민족 간의 근원적·정신적 관계는 시장의 '상품'이 아니라 바로 조국과 정신 그 자체처럼 우리에게 소중한 것이다. 바로 이러한 소중하고 뿌리 깊은 관계가 완전히 파괴될 위험에 처해 있다.

학교의 운명

이미 학교에 관해 여러 번 글을 쓰고 여러 차례 말한 바 있다. 여기서도 반복할 필요는 없다. 학교, 특히 농촌 학교들이 버려지고 있다. 학교, 교사 모두 심히 빈곤하다. 수백만의 미성년자들은 보호되지 않는 교육 속에 도태되고 있다. 균형적인 지식 체계를 본질적으로 허물어뜨리는 교과서들과 무책임한 교육 계획들이 끊임없이 뒤바뀌고 있다. 1997년에 대대적인 교육 개혁 물결이 휘몰아쳤던 것을 기억하는가? 하지만 교육 개혁에는 법률과 예산이 혼종되어 있다. 학교들은 이제 국가 예산에 의존하는 대신 자체적으로 운영을 해야 한다.—하긴 무슨 돈이 남겠는가.

혹시 우리 아이들도 모두 돌이킬 수 없는 분리자가 되는 것은 아닌가?

15. 전쟁 없이 붕괴된 군대

군에 관해서도 이미 여러 차례 이야기했고 글로도 쓴 바 있다. 두려운 경보가 줄기차게 우리에게 닥쳐오고 있다. 관리가 불량했던 탄약 창고들이 저절로 폭발하고 있는 것이다. 그리고 세계 전쟁사에서도 유래를 찾아볼 수 없을 정도로 동료들에 의한 이유 없는 초병들의 살인 및 자살행위들이 일어나고 있다.

군대가 이렇게 조금씩 무너지게 된 것은 과거 공산주의 체제의 전반적인 부패에서 기인한다. 장교들이 가난을 걱정하게 되면서 이를 해결하고자 다른 곳에 눈을 돌리게 된 것이다. 이미 수십 년 동안 쌓인, 무엇보다 병사들만이 가질 수 있는 전우애라는 것도 사라졌다. 나라 전체적으로 이기주의가 심해져 병사들에게 범죄에 대한 생각을 심어줬다. 이로 인해 인간의 품위를 짓밟고 모욕적으로 괴롭히는 일들이 발생했다. 아프가니스탄 전쟁 같은, 그처럼 무의미한 전쟁으로는 위태로울 정도로 해이해진 군대를 변화시킬 수 없었다. 그러나 정부 고위층들은 무너지는 군에 관해 걱정하거나 심각하게 고찰해보려는 의지조차 보이지 않는다. 그들의 아들들은 이러한 군 개조 작업에 투입되지 않을 것이며 국가의 군사력 또한 병사가 아니라 핵무기에만 의존하고 있기 때문이다.

그러나 몇 달 몇 년 동안 사회 전체가 국제주의 열광에 취해 있게 될 때가 왔다. 모두가 "만세! 이제 적들은 없다! 이제 그 누구도 우리들을 침략하거나 심지어 괴롭히지도 않을 것이다!" 이미 미국도 누구 하나 손가락도 건드리지 않고 있다 (심지어 석유를 위해서도).

그러나 문득 다른 생각이 떠오른다. 무엇 때문에 우리에게 군대가 필요한가? 이렇게 어리석은 힘에 반응을 기대할 수 있는가? 무자비한 언론에서는 군과 군에 있는 모든 것이 혐오스럽다는 캠페인을 벌이고 있다. 그들은 200만에 달하는 군의 비대함을, 군이 우리의 자유로운 삶에 있어 버거운 짐 같은 존재임을 열정적으로 그리고 확신에 찬 글로 써댔다.

1985년부터 1995년까지 10년 동안 군 복무 기피자들의 수가 10배나 증가했다. 군사위원회는 그들을 거리에서 체포하고, 아파트에서 끌어내면서 징병 기피자들 사냥에 나서기 시작했다. (붙잡힌 징집자들이 과연 군인에 합당한 자들인가?) 징집 서류상 그 수가 충분치 않자 심리적으로 정신적으로 질병이 있는 자들도 군대로 보내버렸다. (자신을 쏘라고 하는 것과 마찬가지 아닌가?)

여행 중에 가끔 징집자들과 대화를 나눌 기회가 있었다. 그들이 아직 어린 청소년에 지나지 않는다는 사실에 놀라움을 금치 못했다. 18세부터 징집이 시작된다고 하나 그들은 아직 나이에 비해 허약하고 덜 자란 미성년자들이었다. 그들 모두는 자신을 피해자라고 생각하고 있었다. 동갑 친구들 가운데 누구는 빠져나갈 구멍을 찾았고, 누구는 돈을 받고 대신 입대했으며, 누구는 이미 사업을 시작했고, 누구는 대학생이 되어 그들만 군대에 왔다는 것이다. (한 장교는 "우리나라의 군대는 또다시 노동자들이나 농민들로 차고 지식인들은 없다"라고 했고, 다른 장교는 과거를 회상했다. "옛날의 젊은이들은 병 때문에 입대를 못 하게 되면 치욕적으로 생각했는데 지금은 오히려 행운이라고 기뻐한다.") 신문마다 징집자들의 얼굴이 나오고 있으나 그들을 보면 우리 민족이 신체적으로 쇠퇴하고 있음을 알게 된다.

아직 어머니들을 이해시킬 수 없을 것이다. 젊은이를 징집하는 모든 국가는 그들을 형사범이나 노예가 아닌 국가의 아들처럼 먹여 살려야 한다. 그러나 후기 구소련이나 오늘날의 우리는 그런 국가가 아니다. 어머니들의 외침은 국가 수뇌부들의 걱정으로까지 이어지지 못하고 있다. 젊은이들에게 주어지는 첫 번째 위협은 벌판 위로 날고 있는 전투기가 아니라 병영 생활 그 자체에 있다. 강간, 구타에 이르는 극단적인 모욕, 그리고 마침내 자살할 정도에 이르는 절망적인 상태로 내몰려 있는 병영 생활이다. 수백만의 피가 굳어버릴 정도로 절망했으나 우리 통치자들은 그렇지 않았다.

그 같은 군의 현실 속에서 어떤 군인이 어떤 양심과 애국심으로 체첸을 파괴시킬 수가 있었겠는가. 그럼에도 정부는 여전히 '열강'이라는 위신을 높이고자 떠들어대며 이리저리로, 그리고 또 그 밖에 어디론가로 군대를 파병해야 하는 것인가?

나는 군인들과의 만남을 통해 노련한 중사급 병력은 거의 없다는 것을(젊은 장교들은 빈손으로 군을 떠나고 있다), 그리고 장교 10명 가운데 9명이 아파트를 가지고 있지 않다는 것을 알게 되었다. 설상가상으로 월급이 나오지 않아, 장교들이 막노동으로 돈을 벌고 있다는 것도. 그러니 누군가는 자살에 이를 정도로 극심한 절망감에 빠지는 것이다. (이에 관해서는 뒤에서 자세히 이야기하겠다.)

군부대에는 훈련용 휘발유도 없다. 그러니 무기 창고도 임대하지 못하고, 참호도 파지 못한다. 부속품도 주지 않고 군사 훈련 시간은 장비 수리를 하는 데 소비되고 있다. 얼마나 위험천만하고 파괴적인 전투태세란 말인가! 어떻게 최고위층은 조용히 침묵하고 있다는 말인가. 이들은 군을 건설 작업에 써먹을 무급 노동자로만 여기는 것 같다. 소요를 진압할 때만 가깝고 믿을 만한 대상으로 쓰고 있는 것은 아닌가? (아니다. 진압이 목적이라면 내부 병사가 있다. 그들은 보다 강화된 무기를 갖고 있다.)

나는 장교들로부터 이러한 말을 들은 적이 있다. "이제 군은 추방될 것이다", "언론인이나 국회도 우리를 비방하고 있다", "우리는 양심껏 임무를 수행하고 있다. 그럼에도 군이 모욕을 당하고 있어 화가 난다", "텔레비전과 라디오는 군에 반대하는 일만 하고 있다", "러시아의 텔레비전은 오래된 속담을 떠오르게 한다. '활을 쏜 사람은 우리가 아니다, 총을 쏜 사람도 우리가 아니다, 하지만 노래하고 춤을 줄 사람을 찾는다면 우리보다 좋은 사람을 못 찾을 것이다'", "국가가 우리를 무시한다는 느낌이다", "무엇이 우리를 인내하게 하는가? 충성 서약을 했기 때문이다", "아니다, 타성에 젖어 일하는 것이다", "그렇다, 누구를 위해 군에 종사하는가? 우리 역시 살고 싶다!", "개혁, 군 개혁이 필요하다. 물론 급진적인 개혁이다". 이미 경제에서 무의미할 정도로 다양하게 '개혁'이란 단어를 사용했으며 군에서의 '개혁' 역시 마찬가지이다. (비록 대통령이 군 개혁을 비롯해 많은 것을 하고 그것을 직접 챙기겠다고 희망을 주고 있지만.)

얼마 전 안드레이 니콜라예프 장군이 (물론 지금은 물러났다) 비평서를 출간했다. 그는 그 책에서 확신을 갖고 말했다. "당국은 조급하게 '군 개혁'(미화를 위한 소동을 벌인 것 외에 아직 시작되지도 않은)만을 반복하고 있을 뿐이다. '군 개혁의 의미, 주요 목적, 최종적인 결론을 분명하게 이해하지도 못한 채 눈치 보기에만 연연하고 있다. 공통의 과제를 명확하게 이해하기 위해서는 무엇보다 구체적인 사항이 먼저 마련되어야 하는데 아예 착수조차 안 하고 있다. 지금 러시아군은 어떤 전시 상황이 필요한 것인가? 그렇게 될 때에만 어떻게 군 개혁을 이루어야 하는지 알게 될 것이다." 장군은 '방위 독트린'(공격 가능성을 배제하지 않는다)과 '방위'를 구분할 것을 고집한다. 그리고 세계 도처에서 수년간 항복한 나머지 세계적으로 조소의 대상이 되었을 때 마지막 수단으로 두 번째 길을 선택해야 했다고 정확한 결론을 내린다.

모든 군 개혁은 재정 지원으로부터 시작되어야 한다. 하지만 심지어 붕괴의 위기 속에 처해 있는 군을 위한 재정이 우리에게 없다면 어디에서 찾아야 하는가? 용병 1명의 급여가 4명의 징집 병사들보다 더욱 비싼 상황이다. 만일 군을 축소한다면, 더욱이 군은 고도의 장비 취급을 위해 숙련된 병력이 필요하다. 아직도 러시아와 같은 나라를 경영하고 유지하려고 생각하는 자들이 군을 먹여 살리지도 못하고 조직 체계도 만들지 못한다면 이성을 잃은 것과 같다. '자기 군대를 부양하고자 하지 않은 군은 타인의 군대를 부양하게 된다'는 사실은 이미 잘 알려져 있다.

나라가 넓을수록 민족이 다양할수록 그 민족은 더욱더 튼튼한 군과 편안한 삶에 안주하지 않고 자기희생적인 장군이 필요하다. 또 하나의 원인은 페레스트로이카 초기에 있었던 열광 때문이다. 즉, 지금 우리에게 군산 복합체가 필요한가? 더 이상 한 푼도 들여서는 안 된다! 군산 복합체는 소속 연구소, 아이디어, 미완성 제품으로 냄비나 농기구 등 아무거나 만들어도 좋으니 스스로 생존하도록 내버려 두자. 정부도 그렇게 했다. 사실 그런 용도 변환을 위한 돈도 없었다.

그리고 학술단체의 붕괴, 기술과 공학의 손실이 이어졌고, 방위 산업 분야 두뇌들의 대량 유출(해외로)이 시작됐다. 그리고 외국인들이 참여한 '사유화' 정책도 있었다. 4년 후(1995년 10월 2일) 대통령의 예기치 않은 명령이 내려졌다.

그것은 '국가 전략 주식 매각 절차가 혼잡하고 불분명하다'는 것이다. (대통령 보좌관은 "매각은 엄청난 규모의 성격을 지닌다"라고 말했다.) 그리고는 비로소 지금에서야 제한이 시행된다. 그렇다면 통치자들은 이전에 어디에 있었단 말인가? 얼음이 녹으니까 못된 계모가 아들 붙잡는 격이다.

전략적인 핵무기도 적은 예산을 받고 있다. 현재는 수년 후 그 무기들이 완전히 녹슬어 없어질 것이라는 희망이 있다.

16. 우리는 무엇으로 숨 쉬는가

1990년대 말 러시아에는 유령처럼 보이는 존재가 세워지고 있었다. 마치 우리가 자유선거가 가능한 공화국인 것처럼, 마치 우리에게 '자유 언론'이라는 것이 있는 것처럼, 마치 정부가 생산 증대를 위해 모든 노력을 쏟고 있는 것처럼 말이다. 7년차 정부는 국가 기관의 뇌물 수수 행위나 무분별한 범죄와 힘든 전쟁을 벌이고 있는 듯했다. 그러나 유명한 부패자들은 그대로 자기 자리를 점하고 있었으며 살인자들은 거의 한 명도 찾아내지 못했다. 야만적인 범죄 집단들의 냉소주의로 인하여 인간 생명의 가치는 바닥으로 추락했다. 범죄 세계는 위대한 개혁이 시작되던 순간부터 개혁을 환영했다. 그들은 돈으로 접근하기도 했고 사회적인 이데올로기를 자기 밑에 두기도 했다. 법률 수호에 있어 당국의 무능력은 확연히 드러나 그동안 참아왔던 다수의 사람들은 더 이상 아무 소용이 없는 보호에 관심을 주지 않았다. 이것이 무슨 '법치국가인가'라며 단지 비아냥거리기만 했다. 국경 수비대가 국경을 지키는 것 같지만 범죄자들의 뇌물을 거절한 장교들과 전 국경 수비 대원들이 제아무리 수색을 해도 살인자들 중 그 누구도 발각되지 않는다. 마치 국가 방위군이 있는 것 같지만 평화 시에도 군은 경비조차 잘 하지 못하고 있다. 나라의 수없이 많은 것들이 그러하다. 참담한 현실이 감추어져 있고 그 현실을 덮으려는 미사여구들은 거북할 정도다. 이 큰 나라의 국민들이 자기 채소밭에서 쫓겨나 원시적인 자연 경제 상태로 내몰리고 있다. 북극, 캄차카반도, 극동과 시베리아 지역에 분산된 마을들, 즉 소위 광활한 러시아 지방들은 도망가든지 다른 나라로 떠나려는 듯 국가의 보호를 받지 못하고 겨울에도 난방이 없는 상태에 처해 있다.

우리의 고등 학문은 겨우 목숨만 붙어 있는 형편이나, 당국은 러시아의 미래를 죽이고 있다. 위대한 학자들은 배고픔을 호소하고 있으며, 급기야 과학 조사 연구 소장으로 하여금 절망 속에서 스스로 목숨을 끊게 만들었다. 이는 개인의 자살이 아닌 국가 전체의 자살이다. 자아를 잃어버린 우리 정부가 러시아의 미래를 치명적으로 담금질하고 있기 때문이다. 재능 있는 젊은 학자들은 학문을 계승하지 않고 외국으로 떠나고 있다. 대학생들은 대부분 굶주리고 있다. 각종 문화는? 도서관들은? 박물관들은? 붕괴되고 있는 사안을 열거하려면 지금 이 얘기는 시작에 불과하다.

모든 병원은 약물과 시약의 여분이 거의 고갈되었다. 이는 돈이 없는 환자들을 상대해야 하는 의사들을 최후의 절망으로 내몰고 있다. 국가의 어리석음을 깨우치고자 희생을 감수하며 자신의 건강을 바쳤던 체르노빌 '사고 처리자'들은 결국 희생양이 되었으며, 지금은 보조금도 없어 그대로 죽을 수밖에 없다. 장례는 돈 때문에 더욱 어려워져 관도 없이 묻히고 있다.

한편 밝혀지지 않은 것이 있다. 바로 인구학적 전복으로, 러시아 전체 민족이 아닌 슬라브인들의 상서롭지 못한 죽음을 의미한다. 최근 몇 년 동안의 통계에서 보듯이 러시아 민족이 죽어가고 있다. 1993년부터 러시아인들의 영아 사망률은 연간 100만 명에 달한다. 이는 러시아에서 내전이 한창이던 때와 같은 속도이다. 제2차 세계 대전 이후 세계 어느 곳에서도 이런 속도를 보지 못했다. 각종 자료에 따르면 앞으로도 수십 년 동안 이어질 전망이다. 왜 바뀌지 않는지 원인을 알 수 없다. (러시아 난민 유입으로 어느 정도의 인구 감소를 막아내고 있다.) 과연 이런 인구 감소 현상이 입으로만 떠드는 우리 정치인들의 염려를 자아내게 할까? 그들 중 누가 이러한 현상을 막으려고 노력하는가? 그들 가운데 누가 민족을 보전할 수 있는 안전한 환경을 만들려고 노력하고 있는가?

러시아인의 출생률 감소 현상은 아직도 세계에서 유래를

찾아볼 수가 없을 정도이다. 14세기와 20세기 초에 러시아 여성 1명이 7.5명을 낳았다. (적지 않은 가정에서 12~14명의 아이들이 태어났다.) 한 세대 동안에 인구가 1.5배나 증가하곤 했다. 그러나 오늘날 대부분 러시아 가정은 출산율이 1.4~1.8명에 그치고 있다. 출산율 2.15명이 재생산을 유지할 수 있는 마지노선이며 그 수치보다 더 낮은 경우 멸종으로 이어진다. 이에 21세기 중반에 이르면 국내 러시아인의 비율이 절반 이하로 떨어지게 될 것이라고 추측하는 사람들도 있다.

미숙아와 지적 장애아들이 최근에 더 많이 태어나고 있다. 공식 수치로는 신생아 100명당 20명이 유아기 때 사망한다. (참고로 선진국은 8~9명이다.) 출생률 감소 현상은 도시에서 더욱 뚜렷하게 나타나 농촌에서는 사망률이 더 높게 나타난다. 남성의 평균 수명은 57세이다. (남성의 평균 수명은 이미 1970년대부터 감소하기 시작했다. 이 수치는 인도, 인도네시아, 아프리카 일부 국가와 비슷한 수준이며 아프리카의 몇몇 국가는 우리보다 평균 수명이 더욱 높다.) 여성은 남성보다 약 900만 명이 더 많은데, 이 불균형은 계속 커지게 될 것이다. 남성 사망률은 저질 알코올 폭음(정부의 지혜로움)과 낙후된 생산 시설에서의 사고, 삶에 대한 비관, 가족 부양에 있어서의 무능력, 그리고 자기 불신(연간 수만 명의 국민이 자살한다)의 결과들로 인해 계속 늘어나고 있다. 의사들의 말에 따르면 신규 입원 환자들이 시간이 갈수록 중환자의 모습으로 찾아온다고 한다. 이전보다 중병 환자가 늘어나고 있는 추세라는 것이다. 그들이 자주 하는 말이 "답답하다"라는 것이다. 얼마나 많은 젊은이들이 의기소침해하고 있는가? (젊은 박사들이 일자리를 찾지 못해 방황하다 빈곤한 상태로 살아가고 있는 경우들을 수없이 보았다.)

이 모든 일을 책임지는 자가 누구인가? 행정부, 입법부, 은행들이 아닌가? 아니면 한마디로 올리가르히(신흥 재벌)인가? 어쨌든 개인적인 욕심을 좇는 인간들은 그들에게 예속된 국민들의 운명과 국민의 생존에 대해 철저히 무관심하다. 모두가 우울한 일상이다. 삶과 문화로부터 기대하는 것을 보여주는 것은 번쩍이는 푸른 텔레비전 화면뿐이다. 텔레비전은 붕괴된 나라와 연결된 유일한 실질적인 끈이다. 어떻게 텔레비전이 우리에게 활력과 영양분을 줄 수 있는가? 저속하고 저속한 모습들만이 넘칠 뿐이다. '아름다운 삶'을 보여주는 광고는 100명 가운데 98명이 부러워하고 질투하는 비현실적인 내용이다. 경련을 일으키는 인물, 저질 수입 시리즈물, 정신적 대리 만족물, 문화의 여러 조각들을 침몰시키는 행동. 미신, 매춘 혹은 약탈당한 지방 도시와 시골의 모습을 떠올리게 하는 도시 행운아들의 무분별한 연회, 우습고 소란스러운 시상식….

'상한 음식에 양념을 하지 않는다'라는 말이 있다. 이것저 것 보는 것도 지긋지긋하다. 국민은 이 텔레비전 상자를 증오하고 있으나 어쩔 도리가 없다. 또한 대중매체(신조어)도 있다. 현재 글라브리트로부터 과두 정부로 소속을 바꿨다. 이들은 러시아 대륙으로 확산되기에는 나약하다. 이런 매체들의 관심은 단지 실력자들과 그들의 음모, 속임수, 소리를 지를 만한 화려한 사건뿐이다. 그게 아니면 오한에 걸릴 만한 분석들이다. 《외국인》이라는 의미심장한 이름의 신문은 일반적인 시각, 즉 현재 러시아가 어떻게 보이고 무엇이 러시아를 위협하고 있는지를 이렇게 소개한다. " '민족주의 쇼비니즘'은 다행히도 러시아를 위협하지 않고 있다. 러시아라는 토대 위에 접목되지 않기 때문이다. (마침내 이해하게 된 것이다.) 그러나 위험한 부분도 있다. 말하자면 러시아는 인류의 견본처럼 지나치게 다양한 혈통들로 구성되어 있는 것이다. 러시아에는 제1 세계, 제2 세계, 제3 세계가 존재한다. (사실 민족의 다양성보다 더 위험하다.) 제1 세계는 바로 현대화와 서구화의 구심점이고 정치적, 재정적, 정보적 헤게모니를 장악하고 있는 모스크바이다. 제2 세계는 페테르부르크, 예카테린부르크, 니즈느이 노브고로드, 사마라이다. 제3 세계는 나머지 모든 지역이다. 즉, 남부와 동부(즉, 시베리아 전체는 물론 인적 없는 북부도 이곳에 포함시켜야 한다). 이 제3 세계는 우리에게, 그리고 제1 세계와 제2 세계에 있어 위험하다. 그러나 기회를 놓쳐서는 안 된다. 마오쩌둥 사상의 신봉자들과 '시골'

작가들의 슬로건에서 나온 기이한 '조합'이 그곳에서 생겨나지 않도록 말이다. 기회를 놓쳐서는 안 된다! 이 어두운 무리에 대항하여 방어 채비를 하거나 사전에 그 무리들을 진압해야 하는 것인가? (이 긴 기사에는 넘치는 힘으로 가난한 사람들을 도와주려는 생각은 희미하게조차 찾아볼 수 없다.) 지금 러시아는 방만하게 살고 있는 상류층들의 생활과는 전혀 다르게 스스로 억눌린(가족, 식량, 채소밭) 생활을 하면서 살아가는 사람들이 넘쳐난다. 좋은 결과를 낳을 수 있는 투표조차 사람들은 기대하지 않을뿐더러 국가가 추진하는 사업에 완전히 무관심하다. 누구도 소시민의 권리를 비호하지 않으며 앞으로도 비호하지 않을 것이기 때문이다. 수많은 소도시에는 암울한 실직자들이 있으며 이들은 도저히 스스로의 힘으로는 적응하지 못할 상태에 처해 있다."

대대적인 전쟁을 치른 노병들과 연금자들 그리고 스탈린의 집단 수용소의 희생자들은 겨우 생활을 부지해나가고 있다. 얼마 전 얼간이 같은 인간들이 외국 차를 굴리며 돈을 낭비하는 형태에 절로 눈살이 찌푸려졌다. 물론 눈에 보이지 않는 공공연한 행동 속에도 폭력이 존재한다. 공산주의 시절의 오랜 상실감을 해소할 목적으로 극약 처방을 하고 있기 때문이다.

과연 이 모든 무리들은 분리된 자들이 아니라고 말할 수 있는가?

1920년대 이후로 세계관, 정신적인 가치들이 극도로 교체된 적은 없었다. 당시 전 세계가 눈앞에서 무너져버렸다. 그리고 지금도 마찬가지이다. 우리의 삶은 미끼를 좇거나 도덕을 위해 각종 수단을 동원한다. 지금 정직이라는 말은 아무런 가치가 없어 누구도 정직하려고 하지 않는다. 정직한 노동은 무시를 초래하고 생계를 책임지지도 못한다. 반면 부패는 몇 년 안에 척결되지 않을 것이며 수십 년으로 된다고 한다면 그것으로도 다행이다.

서로 서로 아무런 관계가 없는, 모두가 분리된 분위기에서는 개개인이 각자의 슬픔과 아픔을 진다. 절망과, 무관심 속에서는 아무것도 필요하지 않고 심리적 피로만 느낄 뿐이다. 누구에게도 어떤 일에도 아무런 느낌이 생기지 않는다. 정신적인 공허함이란 자기 삶에 대한 통제를 상실한 것이다.

속담에서도 예견된 듯하다. '어디로든 갈 수가 없는 막다른 골목에 이르다.'

제3, 제2의 세계, 다양한 변방 지역으로부터 편지가 오고 있다. 모든 편지를 또다시 읽고 있다.

"곧 우리나라는 적에게 굴복하기 전에 무덤으로 변할 것이다", "이 국가는 일반 사람들의 적이다", "국민은 이제 아무도 믿지 않고 좋은 일이 있을 거라 기대하지도 않는다", "오물에 투표를 해야 하나—아직 결정하지 않았다", "국가는 강탈자다—정직하게 돈을 벌 수 있는 것은 아무것도 없다", "강탈한

것을 다시 강탈하다 이제는 벌어들인 것을 강탈한다", "무상
으로 일하기를 강요한다", "정부 인사들부터 시작해 공장의
숙련공까지 모두가 도둑이다. 누구의 눈치도 보지 않고 아무
것도 두려워하지 않는다. 마치 종말을 앞에 둔 사람들처럼",
"인위적으로 강요 당해 정신이 나간 사람들". "우리를 가축처
럼 취급하려는 목적으로 문화를 살려두고 있다", "무슨 이유
에서인지 우리에게 이성과 역사를 빼앗아가고 있다", "자아
를 잃어버린 것이 얼마나 무서운 일인가, 보지도 가지도 알지
도 못하는 존재가 되어가고 있다", "러시아가 뭔가 다른, 우리
가 알고 있던 그런 나라가 아니라는 것이 무섭다".

이제 출구를 찾는 일도 지쳤다. "삶이 아닌 생존", "목적 없
는 삶", "우리를 무시하는 공기로 가득하다", "슬픔이 가슴을
짓누른다", "마음으로 어떻게 생존하는가?", "대체 우리는 어
디로 가는가, 중심이 없다", "가난 때문이 아니라 억압 때문에
죽어간다".

모스크바에서 사람들에게 물어봤다. "정부 내각의 총 사퇴
에 대해 어떻게 생각하는가?" 사람들의 답변은 이러했다. "그
들이 우리들에게 해주는 일도 없으니 우리도 그들의 일에 상
관하지 않겠다."

지방과 소도시들을 우회하는 길에서 개별적으로 가진 만
남에서 토로한 불평과 절망은 마음을 무겁게 했다. 중년 및
젊은 학자들이 불굴의 의지를 담은 서면 계획안을 보내온다.

그렇다, 사람들은 아직 죽지 않았다. 그들의 눈과 생각은 아직 살아 있다.

선한 행위를 할 수 있는 힘과 그 힘을 발휘할 수 있는 활동 무대가 아직도 존재한다. 좁은 변경에서, 더 나아가 칸막이벽 속에서 말이다. 단지 그 개개인들이 광범위한 사회적 지지를 모으지 못하고 있을 뿐이다.

그러나 우리는 첫 번째 1세기를 살고 있는 것이 아니라 이미 11세기 동안 살아왔다. 민족의 인내를 시험하는 것이 지금이 처음은 아니다. 이번에는 일시적으로 권력을 가진 부패하고 타락한 범죄자들, 러시아의 삶을 그 안에 가둔 자들과 맞서야 한다.

우리를 질식시키려는 모든 것에 대항하여 사회적 정의를 지향하고 도적적 삶을 지향하는 불꽃은 아직 꺼지지 않았다.

그리고 그 힘 역시 견고할 것이다.

얽힌 민족들

17. 150개의 민족

혁명 전 러시아에는 150여 개 이상의 민족이 있었다. 시베리아의 소수 민족(만시족, 보굴족, 하카스족, 유카기르족 그리고 다른 종족들로, 이들은 시베리아의 강제 노동에 대해서도 모르고 있었다)들과 또한 알류트인, 알래스카 에스키모인, 카자흐의 중·소 주즈인, 즈이랸인(코미인), 마리인, 추바슈인, 모르드비아인, 카바르다인 같은 많은 민족들은 처음부터 자의적으로 러시아에 합병되었다.

그러나 몇몇 민족들은 애초에 무력으로 합병되었다. 이는 바로 16세기 볼가강과 시베리아의 타타르, 19세기 체르케스, 체첸, 다게스탄, 코칸드, 히바, 부하라 등과 같은 민족들이다. 17세기에는 야쿠트인과 예니세이강의 키르기스인, 축치인, 이텔멘인이, 그리고 18세기에는 바슈키르인들이 뒤늦게 봉기를 일으켰다. 오늘날 오세트인, 조지아인, 아르메니아인 등은 집요하게 러시아의 보호를 요청하고 있다. 타타르인들은 수 세기에 걸쳐 크림에서 모스크바로 침략해 왔고, 그 이후에는 체첸인들도 끊임없이 평원을 침략했다. 코칸드, 히바, 부하라로부터의 침략도 계속되었고, 러시아를 확장하는 과정에서 공격보다 방어에서 많은 희생자를 낳았다. (그러나 중앙아시아와 남캅카스의 합병은 러시아에 방해가 되지 않았다.)

우리는 어떻게 하면 러시아인 외에 타민족과 함께 발전할 수 있는가에 대해 생각할 기회를 놓쳤다. 어떤 국가들은 성공적으로 발전하면서 인접국들을 예속시키고 있었고, 또 다른 국가들은 권력을 넘겨주기도 했다. 그리고 또 어떤 국가들은 소송을 벌이며 시간을 흘려보내기도 했다. 야쿠트에서는 러시아에 예속되기 전의 시대를 '유혈 전쟁의 시대'라고 부른다. 투르키스탄에는 민족 간 전쟁이 자주 일어났는데 러시아가 그 지역을 정복하게 되면서 잠잠해졌다. 20세기 전까지만 해도 아제르바이잔에서는 아르메니아인과 당시 그곳 표현대로의 '타타르인 사이'에 긴장감이 남아 있었다. 그러나 그 같은 모든 충돌은 러시아로 인해 조용해졌다.

가끔 사람들은 1916년에 일어난 '투르키스탄인(카자흐인과 키르기스인)들'의 유혈(평화로운 러시아 주민을 잔인하게 보복한) 봉기에 대해 말한다. 그러나 그 봉기는 억압이 아닌 오히려 특혜 성격이 짙었다. 이미 세계대전이 3년째로 접어들었지만 그곳의 주민들은 그 어떤 병역의 의무도 지려 하지 않았다. 그들에게는 단기 노동 동원령을 공표했을 뿐이다. 주민들은 전쟁에 전혀 신경 쓰지 않았고 단순노동에 대항해 폭동을 일으켰다. 그럼에도 그 전쟁에서 러시아군 중 가장 뛰어난 군은 캅카스투젬(야만) 사단으로, 캅카스 민족(체첸을 포함하여)으로 구성된 6개 부대였다. 러시아 내전에서는 칼미크인뿐만 아니라 카바르다, 오세트, 잉쿠슈 부대들이 백군의 편에서 전쟁을 치렀다.

러시아의 화해 정책에도 불구하고 합병된 국민들은 한 국가에서 제한된 장소에 머물렀으며 고유의 자연환경, 종교, 문화, 관습을 보존했다. 즉 어떤 민족도 식민지 제국이나 북아메리카가 말하는 것처럼 말살되지 않았다.

전례 없는 다민족 연합이 어떻게 유지되고 견고할 수 있었는가? 과거 세계 역사에서 다민족을 하나로 묶기 위해 사용한 방법 중 성공한 것은, 군주 앞에 모든 사람들이 종교나 종족의 차별 없이 평등한 권리를 지니고 직업이나 거주지의 제약을 받지 않게 한 것이었다. 다민족들 또한 순순히 복종했으며, 지위 형태나 거주지에 아무런 억압도 받지 않았다. 사람들은 당시 적어도 '경계선을 긋는 행위'로 인하여 박해를 받지 않았기 때문에 이동도 적었다. 코사크 기마 부대는 드준가르 부대와 코칸드 도망자들로부터 벗어나 말을 키우기에 좋은 조건을 가진 남시베리아에 정착했다. 그리고 러시아 주민들과 화목하게 지냈다. (러시아가 하나의 예외를 두었는데 그것은 유대인에 관한 것으로 그 예외는 심각한 사태를 불러왔다.)

과연 러시아인들이 러시아제국의 지배자(예를 들어 영국인들) '황제 민족'이었는가? 물론 아니다. 다수의 러시아인은 고생하고 인내해야 하는 계층인 농민들이었다. 제국으로부터 이익이나 특권을 누리지 않았다. 반대로 국세를 온전히 짊어지고 있었으며 표트르 대제의 건설과 제국 전쟁(러시아의 많은 민족들은 군대에 가지 않았다)의 대가로 자기 생명을 지불해야만 했다. 농민들은 농노 제도로 인해 땅을 빼앗겼다. 소위 '제국주의적 의식'은 다민족 최고 관리들과 귀족 수뇌부 중 누군가에게 존재하고 있었을 뿐, 귀족이나 20세기 들어 강화된 부르주아 계급 일부에게만 있었을 것이다. 그러나 일반 대중에게는 좋은 것이 없었다. 제국주의 의식은 민족의식을 훼손시키고 내부 발전에 있어 정신적인 손실을 입힌다.

러시아 민족은 세기에 걸친 수많은 사건, 국가 수립에 있어서의 역할, 지형적 이주라는 측면에서는 제국주의적 민족이 아니다. 러시아 민족은 다민족이라는 양탄자—민족적 현상이 자주 드러나지 않는—처럼 포용적인 민족이다. 이는 러시아인들에게 모든 러시아 민족의 역사적 운명을 감싸 안도록 만들었다. 바로 그런 이유로 인하여 러시아인들에게 '레닌의 민족 정치'라는 타격이 온 것이다. 그리고 히틀러의 전쟁도 마찬가지이다. 그와 같은 기원으로 인해 오늘날 러시아 문제들은 표현하기 어렵다.

악한 생각을 하고 있는 몇몇 러시아 민족은 타민족과 이방인들에게 증오를 내비치며 그들을 비난한다. 그러나 러시아 역사의 전체 흐름을 보면 그러한 비난의 근거를 찾을 수 없다. 역대 러시아인들은 많은 나라로부터 이방인들을 기꺼이 받아들였으며 국경을 개방하고 그들에게(16세기부터 이미 기술을 수용했음은 물론, 19세기에는 독일 식민지인들부터 경영법을 수용했다) 배우기도 했다. 또한 혁명 전 러시아는 고위직에 비러시아인 출신의 관리를 임명했다. 그렇다. 외국인을 혐오하는 분위기 속에서 광범위한 다민족 국가가 몇 세기 동안이나 굳건히 존재할 수는 없다. (이의를 제기하며 사람들은 1881~1882년과 1903~1905년 몰다비아와 우크라이나에서 일어났던 유대인들 유린 사건을 예로 들기도 하지만 러시아인들이 거주하는 지역에서 유린 사건들은 없었다.)

그리고 오늘날 많은 러시아 주와 도시에는 지금은 외국인이라 할 수 있는 그루지아인, 아르메니아인, 아제바이잔인들이 관리직을 맡았다. 과연 우리는 CIS 국가들은 물론이고 러시아 내 자치 공화국에서 그와 유사한 현상들을 본 적이 있는가? 아니다. 그곳에서는 러시아인을 서둘러 쫓아내고 있다. 그곳이야말로 외국인 혐오증이 있는 곳이다.

20세기에 혁명과 러시아 국민들 간의 관계를 제외하고 과연 어떠한 문제들을 생각할 수 있는가? 혁명의 방향은 급격히 다른 곳으로 바뀌었다. 확인할 수 없는 전망은 이제 논의할 필요가 없다.

20세기를 지나 현재 세계 정세에 대해 말해주고 있는 것은 많다.

20세기 말에는 민족 문화 및 민족의식의 독자성과 기질 그리고 특성들에 대한 평가 무대가 점점 더 엄격하게 펼쳐지고 있다. 그리고 이러한 개별적인 특성들은 세계적 기준(미국, 앵글로 색슨)에 맞춰지게 된다. 그러나 이런 무대는 다양한 색조들과, 다양하고 현란한 모든 정신적인 불빛들을 꺼뜨리게 된다. 전체를 규격화시키는 이러한 과정은 말 그대로 엔트로피 과정이다. 차별성을 조장하게 되면 인류의 정신적인 발달뿐만 아니라 다른 형태의 발달 능력을 저하시킨다.

이미 나는 각기 모든 문화가 축복을 받아야 마땅하다는 내용을 여러 차례 쓴 바 있다. 민족은 인류의 색채이다. 만일 인류가 똑같은 형태로 만들어져 모든 사람들이 똑같은 외모와 성격을 갖게 된다면, 인류의 색채는 사라지게 된다. 틀림없이 창조주의 생각 속에는 태고부터 종족이 존재했을 것이다. 각종 인간의 조직이나 단체와 달리 개인, 가족, 그리고 민족은 인간이 발명한 것이 아니다. 그리고 가족과 개인보다 존재에 대해 더 큰 유기적 힘을 갖고 있다.

항상 그랬던 것처럼 인류의 삶 속에는 어떤 세력이 자신의 힘을 나타낼수록 더 강하게 그에 반대하는 저항 세력들이 나타난다. 그래서 20세기에 들어 민족들의 자기주장이 강화되었다. 지구를 주의 깊게 살펴보면, 전체를 아우르는 세력에 반해 다양한 형태와 강도를 가진 저항 세력들을 볼 수 있다. 그러한 예는 상당히 많다. 일본의 경우, 일본의 민족 유형과 구조는 놀랍도록 탄탄하다. 현대의 모든 경험을 극복하고도 고유의 민족으로 남아 있다. 이슬람은 흔들림 없이 이슬람 문화를 지켜내고 있다. 그리고 무려 2,000~3,000년 동안 전세계에 흩어졌으나 이후 선조들의 땅에서 기적을 일궈 유대인 국가를 만든 유대인도 있다. 이들은 그 긴 세월 동안 민족의 관습을 유지했다. 이러한 예만으로도 인류가 아직 하나의 형태로 흡수되어야 할 필요는 없다는 희망을 준다. 오히려 많은 민족들은 자신을 보호하려는 충동을 느낀다. 그것은 이 새로운 환경 속에서 정신적, 문화적 전통의 깊이를 보전하고 그 누구의 얼굴과도 닮지 않은 자신만의 얼굴을 보존하려는 생존 본능이다.

물론 이 자기주장 과정은 러시아 민족들에게도 나타났다. 이들의 민족적 생동감은 많은 사람들에게 보존되고 있으며 1917년에 명확하게 나타났다. 국가 내 모든 계층이 그들의 권리를 확대해 줄 것과 스스로 그것을 선언하게 해달라고 재촉했다. 나는 1917년 2월부터 10월까지 사실 관계들을 더 자세히 연구할 수 있는 기회가 있었다. 민족운동이 활발해진 것은 당연한 일이었다. 개별 민족(특히 우크라이나 민족들)과 개별 종파(이슬람)들이 강하게 주장한 적도 있었으나 폴란드와 분리된 핀란드를 제외하고는 그 어떤 주장도 문화 자치 및 지방 자치에 대한 요구보다 크지 않았다. 그 누구도(우크라이나를 포함하여) 영토 분할을 요구하지 않았다.

그 후 레닌 혁명은 러시아 민족들에게 (러시아인을 제외하고) 강력한 자의식과 행정적이고 문화적인 분리의 길을 활짝 열어주었다. 이러한 과정은 70년에 걸쳐 많은 '주류' 민족들로 하여금 자기 민족을 통치하고 러시아의 경제적 선물을 동반한 자치권을 강화하도록 했다. 그런데 자치 공화국들의 민족 시도자들은 권력을 쥔 상황에서 1991년의 사건에 붙잡혔다. 이후 분리 과정은 매우 역동적이었다. 몇몇 주는 만약 러시아로부터 완전히 분리되지 않더라도 국제적으로 주체로 인정해달라고 요구했다.

러시아인들을 제외한 모든 사람들에게 민족적인 감정을 예민하게 부추긴 이 과정은 1990년대에도 꾸준히 이어졌다. 발틱 국가들의 신분증에는 '민족'을 기입하는 칸이 만들어졌다. 키르기스스탄은 '진보적인 판단'으로 그와 같은 칸을 폐지시키긴 했으나 국민들의 요구로 다시 시행하고 있다. 만일 시베리아의 소수 민족들에게도 이에 대해 의견을 물어보았다면 그들 또한 자기 민족의 명칭을 사용할 것이 확실하다. 이는 소멸될 위험에 처해 있는 민족의 노력, 즉 전 세계적으로 민족적인 차별화 추세 속에서 스스로를 보존하려는 자기 방어를 위한 민족적 노력이며, 그것은 바로 보호 본능인 것이다. (그렇지 않다면 왜 전 세계는 서명을 하는 동시에 자신의 민족을 밝히려 하고 있는가?)

1977년 러시아에는 이와 같은 현상이 특이하게 나타났다. 정부 당국은 우리 국민의 교착 상태를 주의 깊게 돌아보지 않고 새로운 신분증에 민족 명칭을 기입하는 칸을 없애기로 결정했다. 그리고 수백, 수천만의 신분증을 만들기 위해 기계들을 작동시키기 시작했다. 그런데 과연 누구의 격앙된 목소리가 울려 퍼진 건가? 물론 러시아인들의 목소리가 아니었다. 그 소리들은 카바르다인과 바슈키르인, 타타르인들, 바로 다른 민족들의 목소리였다. 그들은 러시아 시민권을 가지기를 원한다. 그리고 민족의 이름이 희미하게 손상되지 않도록 자민족 이름으로 불릴 권리가 있다! 그러나 중앙 정부는 이를 즉시 시행하지 않고 망설였다. 과연 위협을 받으면서 새로 신분증을 만들 필요가 있는가라고 생각하면서. 우리는 그 민족들의 형제애에 감사하다고 말해야 한다. 우리는 부끄럽게도 러시아인이라 불리는 이 권리를 넘길 준비가 되어 있다. 그러나 민족 자결이라는 본능과 스스로의 정체성에 대해 생각할 수 있는 권리를 누구에게도 금지할 수는 없다. 그 본연의 것들을 있는 그대로 직접 느끼는 것은 누구에게도 금지되어 있지 않다. 왜 우리는 다른 민족들이 확고하게 아끼며 갖고 있는 그것을 가지려 하지 않는 것인가?

18. 진정한 연방일까

러시아에는 역사적으로 매우 복잡하게 얽혀 있는 100여 개 이상의 민족과 종족이 살고 있다. 그렇기에 앞으로 국가적 차원의 이해관계와 민족 단체들의 이해관계를 잇는 방향으로 나아가야 한다. 악사코프는 다음과 같은 질문을 던진 적이 있다. "이처럼 다민족으로 구성된 국가에 하나의 법을 적용하는 것이 합리적인가?"

적어도 15세기부터 형성된 러시아 국가라는 전통적인 생각은 단일성, 국가의 단일 통치 체제에서 비롯된다. 가장 절정의 시기는 젬스트보와 연결되었던 때이다. 이 6세기 동안 러시아 연방제에 대한 요구는 단 한 번도 없었고 심지어 그에 대해 생각조차 하지 않았다. 연방제는 레닌이 영토 구획 정책을 위해 들여온 것이고, 볼셰비즘 신봉자들의 힘으로 수용된 것이다.

전체 역사에서 진정한 연방이라는 것은 상호 지지, 더 확고한 공존을 목적으로, 반 국가 형태의 자발적 결합 노력 하에서만 건립되는 것이다(스위스 연방의 주, 독일 영토들, 미국처럼). 레닌의 혁명 구상에 따르면, 이와 반대로 민족들의 연방은 통합 러시아에서 선포된 것이다. 레닌 자신과 그의 추종자들은 국가라는 단일성과의 분리는 생각조차 하지 않았다. 다시 말해 그들은 독재 정당을 강화하는 연방을 생각했고 그것을 강력하게 실행했다. 그들이 근래를 위해 했던 생각은 러시아 내에서는 모든 소수 민족들을 동맹으로 받아들이고, 러시아 밖에서는 아시아 민족의 공감대를 끌어들이자는 유혹이었다. 그러나 이것은 기형적인 세분화라는 결과에 이르게 되었다(1920~1930년대). 말하자면 주변의 농촌회의나 지역, 원주민 러시아인에게도 없는 5개의 '민족 지역', '민족 농촌회의'를 설립했다.

그럼에도 불구하고 이 선언은 공허한 것에 그쳤다. 70년 동안 방치된 채 무르익어 국가 수뇌부들의 존재와 영향력을 굳건히 하는 데 기여했다. 게다가 1926년에 전 소비에트 연방 공산당 중앙위원회(루이스클로프를 우두머리로 하는)의 '민족' 위원들은 별도로 중앙위원회에서 자기들의 요구 사항을 이행했으며, 여러 차례 '민족 편향'적인 사건을 일으키기도 했다. 그러나 1991년 곳곳의 모든 것이 잘려 나가면서 70년 동안 키워온 다수의 국가 엘리트가 러시아 자치주 출신이라는 것이 드러났다.

1991년의 붕괴는 1917년의 붕괴보다 더욱 돌이킬 수 없는 강력한 눈사태가 되어가고 있었다. 새로운 혁명을 거쳐 과도기에 들어서자 국가를 포함해 많은 것이 알아볼 수 없게 뿌리째 바뀌었다. 자치주들은 자치 공화국들로 승급되었고, 이제는 분리되었으나 한때 연방국이었던 공화국의 위상을 획득했다. 교육과 직업 경쟁에서 특혜를 받으며 수십 년 동안 키워진 자치 공화국들의 지도부들은 빠르고 단호하게 실질적인 권력을 잡고 특히 행정 및 치안 기관에서 자기 민족의 비중을 크게 늘렸다. (이와 같이 종족 민족주의가 발발하게 되자 반대편으로부터 민주주의의 범람이라고 환영을 받았으나 바로 이 진정한 민주주의에서 국가의 선택은 반대로 나타났다.) 이 민족 지도자들의 편견은 지방 민영화 정책('자기들 것'을 우선적으로 하는)에서 강력하게 드러났다. 20세기를 거치면서 지도층의 누군가는 민족과 국가의 발전이 다방면으로 이루어지고 있다는 것을 알아야 했다. 즉 민족은 늘 자신을 일부라고 선언하지만, 국가(연방 형태도 마찬가지다)는 점차 거대화되고 있다. 소수 민족이 개별 국가로 생존하는 것이 거의 불가능하기 때문이다. 러시아라는 몸통에서(여기서부터 체첸의 다혈질적 기질, 혹은 약탈, 기생 행위는 논외로 하겠다) 어떤 민족도 현실적으로 분리할 수 없고, 분리를 요구할 수도 없으며, 러시아인들과 통합하지 않고는 살 수도 없다.

그럼에도 우리는 권력자들이 환희에 차 반복하는 연방제 슬로건들을 듣고 있다. 연방제는 단지 원심력이 아닌 구심력 속에서만 존재할 수가 있다는 사실을 이해하지 못하고 말이다. 타타르를 향한 유명한 말이 있다. "삼킬 수 있을 만큼 주권을 가지시오." (타타르 공화국은 주권을 쟁취했다.)

이 처방 덕분에 다른 자치 지역들도 적극적으로 움직일 수가 있었고 그들을 주시하면서 러시아 주와 변방 주, 그리고 지역들도 행동에 옮길 수 있었다. 이런 과정은 극도로 위험한 것이다. 러시아 같은 광대한 국가가 하나의 강력한 중앙 정부 없이 존재한다는 것은 불가능하다. 지속적인 불안과 혼란으로 인해 러시아는 붕괴의 지름길로 나아가게 된다. 따라서 주나 지역을 강화시키는 것만이 해결 방안이다. 특히 멀리 방치되어 버려지고 비참하게 잊힌 극동, 시베리아, 북극, 북캅카스 같은 변두리 지방이 자치권을 획득하는 것은 지역을 붕괴시키는 행위가 아니라 주 자체를 살리는 형태, 혹은 더 큰 지방 권력을 실현하는 것, 몇몇 지방에서 볼 수 있듯이 민족과 더 활발하게 접촉하는 것으로 비친다. 그런데 중앙 정부는 지방과 개별 조약 형식으로 전권을 분할하고 있으니 이 무슨 어리석은 짓이란 말인가? 한 국가에는 전 지역을 아우르는 하나의 조약만이 효력을 발휘할 수 있다.

정말 중요한 것은 과연 정부의 지방 분권화가 소도시들과 지방 도시들에까지 미치게 될 것인가 하는 점이다. 그렇게 된다면 지방에 진정한 활기가 돌 것이다. 소도시들, 즉 200여 개의 우리 소도시들은 지금 우리 곁에서 급속히 쇠락하고 있다. 어쩌면 아직 건강한 러시아에 종말을 가져올 수 있다. "나는 가능하다면 많지 않은 권력을 원하며, 그 권력을 아래로 내려보내고 싶다." 러시아 대통령이 이같이 선언(1996년 5월 17일 제2 채널 텔레비전 방송에서)한 적이 있었다. 실제 그가 전권을 지방 도시로까지 이양하는 것을 원치 않는다고 해도, 주지사들이 중앙 정부로부터 큰 독립을 얻어 이를 자신의 손에 움켜쥐려 한다는 것을 쉽게 상상할 수 있다. 그처럼 러시아 연방제는 거짓된 레닌의 계획이 아닌 대재난이 야기되는 국가 붕괴 과정에서 실질적으로 드러나기 시작했다.

비록 러시아의 연방제가 전혀 유기적이지 않고, 강제적으로 도입된 것이긴 하지만, 이미 수백만의 의식과 세계관 속에 뿌리내렸다. 더군다나 국가와 국가 속에서 러시아인의 역할이 퇴보하는 가운데 우리는 이 유산을 수용해야 한다. 연방제를 실현하는 것만이 진정한 민주주의와 대립하지 않으며 보편적 정의와도 대립하지 않고 지금처럼 개별적인 양자 특혜 조약이라는 혼란을 가져오지 않는다. 1993년 헌법의 선견지명이 아닌 자발적 강화 운동을 통해 소비에트 연방의 의미와 영향력이 커지고 있다. 소비에트 연방은 당의 표시도, 행정적 책임으로부터 자유로운 의원도 아닌 행정부와 입법부로 구성된다. 힘과 자유를 결합하여 실질적인 지방 일꾼으로 채워진 이 회의는 러시아의 붕괴로 인해 잃어버린 것을 채워주는 반대 고리를 약속한다. 그 연결 고리가 없다면 러시아는 보존될 수 없다.

이 국회는 현행 헌법상 매우 한정된 권한을 가지고 있다. 오늘날의 러시아와 내일의 러시아를 위하여 그 권한에 생기를 불어넣어야 하고 확대해야만 한다.

19. 자치권 문제

러시아의 모든 민족에 있어 이주 방법이나 그 수가 중요한 것은 아니다. 문화적이며 민간적 가능성을 갖고 있어야 한다. 가장 큰 민족이나 가장 작은 민족이나 손해를 겪지 않기 위해서이다. 물론 그렇다. 그러나 민족주의가 얼마나 철저히 전 국가적 조직 체제로 뿌리내려야 한다는 말인가? 그러나 민족주의는 다민족 국가 토대 속에서는 절대로 세워질 수도 없고 수많은 갈등만을 불러일으킨다. 거부할 수 없으며, 이유 없이 전개시켜도 안 된다.

소위 '민족 자치'라는 원칙은 레닌이 도입한 것이다. (어떤 경제적 판단도 없이) 그 원칙에 의해 개별 민족들에게 국가의 일부 지역이나, 때로는 아주 중요한 지역을 통치하는 길이 실제로 열린 것이다. 현재 러시아 인구의 7퍼센트(약 1,000만 명)는 21개의 자치 공화국과 10여 개의 민족 지구들로 구성된다. 그들은 타 민족과는 다른 최고의 특권을 가진다. ('연방 단위'는 번번이 면적, 인구 수, 경영의 잠재력, 문화적 비중 등과 종종 크게 배치된다.) 그러한 특권을 상실하게 된 인구 93퍼센트의 이익은 배척당한 것이다. (실제 자치구에는 1,000만 명 이상의 '비토착' 민족들이 살고 있다.)

이와 함께 또한 러시아에는 우크라이나인, 벨라루스인, 적지 않은 수의 독일인, 폴란드인, 유대인, 한국인, 그리스인 등 다민족들이 자신들만의 관할 지역도 없이 (무국적 민족) 흩어져 살고 있다는 사실 또한 잊어서는 안 된다. 또한 이들의 권리가 '자치 영토를 가진 사람들'보다 더 낮아서는 안 된다. 타타르인 같은 자치 민족들은 자치 지역을 넘어 널리 분포해 있다. (타타르 내에는 1,800만 명이 있으나 국외에는 3,800만 명이 있다.) 또한 우리는 종족상 비러시아인 1,580만 명 가운데(1989년 기록) 대다수가 러시아어를 모국어로 생각하고 있다는 것도 지나쳐서는 안 된다.

모든 민족을 지역적으로 뒤섞어버린 레닌식 구조는 국가적으로 아무런 의미도 없고 오히려 모든 상식을 뒤집는 것이다. 오로지 정치적인 구조로만 설정되어 있어 민족 지방 자치제 도입을 방해하고 있다. 다시 말해 민주주의를 향하고 있는 길을 차단할 뿐 아니라 모두에게 허용되어야 하는 문화 자치의 당연한 구조를 왜곡한다.

볼셰비키 체제가 특히 복잡한 이유는 자치구(대통령, 헌법, 국기, 국가를 소유한)의 대표적인 민족들 대부분(투바, 추바슈, 다게스탄 체첸 제외)이 소수 민족이고 일부는 극소수(야쿠트, 바슈키르, 카렐리아에서) 민족이라는 것이다. 게다가 그들은 스스로 통치 기구 및 이념을 정하고 있다. 민주주의를 지향하는 세계 그 어디에도 소수가 '합법적으로' 다수를 지배하는 곳은 없다. 곳곳에서 권력을 잡는 주체는 다수 민족이다(소수의 권리가 보호받는 조건에서). 모든 민족은 자신의 민족이 다수인 곳에서 지배력을 발휘할 수 있다. 물론 민족성과 상관없이 모든 민족의 권리가 평등해야 한다. 그런데 이러한 평등은 자치 지역 내 '주류' 민족들의 언어와 직권 때문에 훼손되고 있다.

이 모든 것은 명백히 불공평하다. 따라서 즉시 수정해야 한다. 해결되지 않는 민족 간 다툼은 경제 개혁을 뒤이은 두 번째 개혁 대상이다. 오히려 이것이 더욱 빨리 국가를 파괴시킬 수도 있다. 주류 민족이 소수가 아니고, 자치구 내 모든 민족을 통치할 수 있는 실질적인 권리가 있으며, 국가법에 따른 통치 일원이 아니면 절대로 주류 민족을 인정해선 안 된다.

그러한 예는 세계 어디에도 존재하지 않는다.

바로 얼마 전까지 우리의 형법에는 차별 대우뿐만 아니라 인종적, 민족적 혹은 종교적 특성에 따른 특혜를 금지하는 조항(74조)이 있었다. 언론과 사회에서는 차별 대우에 관하여 언급하면서도 특혜에 관해서는 침묵으로 일관한다. 1995년 2월 17일 지방 자치제에 따른 크렘린 협의회에 참석하여 사람들에게 이렇게 호소했다. 민족적 특징에 의한 특권을 바탕으로 러시아 연방이 세워졌다. 그러나 동시에 러시아인으로 구성된 지방주에 대한 차별 대우, 이것은 우리 법전에 따르면 형사법에 위반되는 범죄이다! 그러자 그들은 곧바로 거북스러운 74조를 법전에서 삭제해버렸다. 그러고는 새로운 법 속에 거의 졸렬하게 만들어진 282조를 내놓았다. 그 조항은 공개 발언을 비난하나 실질적인 행위에는 눈을 감는 항목이다.

'주류'와 '비주류' 민족의 불평등은 두말할 나위 없이 폐지되어야 한다. 민족적 불평등 제도는 사라져야 한다.

더욱이 지방 자치구들은 제도 이상의 그 어떤 경제적 특권으로도 이용될 수가 없으며, 오늘날 힘없이 사라지는 자기 땅들을 특권이나 전략적 수단으로는 가질 수 없다. 모든 민족 문화 속에는 전체 국가에 어울리는 균형이 보존되어야 한다. 즉 자치제가 형성되는 과정에서는 국가적 차원의 요구를 무시할 수 없다. 자치구 내 교육 프로그램은 사람들이 모두 러시아 외부에서 사는 것처럼 그렇게 시행될 수 없다. (즉 러시아어가 '외국어' 교과로 바뀌고, 러시아 역사는 전체 역사의 일부가 되고 있다. 이는 오늘날 국가의 일반적인 교육 및 문화적 공간을 파괴하고, 전 주민에게 손실을 입히고 있다.)

1992~1993년, 무질서하고 무기력한 시절, 자치구는 소위 러시아의 '헌법 창조'에 결정적인 영향력을 확보했다. 때문에 중앙 정부의 분파들은 자치구에 온갖 아첨을 다 하며 자기 편으로 끌어들이려 했다. ('공화국 회의'에서 러시아 민족은 30명 중 1표를 가졌다.) 결과적으로 불평등한 연방제 '주체'들의 체제가 확립된 것이다. 이 자치 '주체'들은 다른 러시아주와 비교하여 특혜나 중앙 정부의 보조금을 받게 되었다. (다게스탄 예산이 가장 많았다.) 다시 말해 본질적인 러시아를 희생시키며, 혹은 적어도 약화시켰고 심지어 중앙 정부에 납부하는 세금도 면제했다. (바슈키르, 타타르, 야쿠트 등. 물론 체첸은 말할 필요도 없다.) 그리고 국제법이 추가되는 경우도 있었다.

'연방제 하의 주권'이라는 자의적이고 야만적인 조항으로 인해 1992~1993년 자치주에 대대적인 정치적 양보를 한 이후 본격적으로 분리주의적 이기주의가 펼쳐지기 시작했다. 만일 1993년 헌법이 아직도 실행되고 있다고 간주해보자. '전 러시아 연방 주체들은 서로 공평하다'는 5조는 주체 간 의무도 평등하다는 것을 의미하는 것은 아닌가? 러시아의 연방제에서는 모든 '연방 주체들'(헌법과 자치구를 파괴하는

'민족 관할 지역'과 무관하다)이 공정하고 완벽하게 평등해야만 한다.

헌법도 그렇고, 형법도 누군가 사전에 관련 조항을 지워버린다면 러시아 민족의 평등법을 채택해서는 안 된다.

예를 들어 다음과 같이 만들어낼 수 있을 것이다.

1) 역사적으로 러시아를 구성했던 모든 민족들은 모든 권리와 의무에 있어 평등하다. (1991년 이후 러시아로 이주한 CIS 국민들은 이와 무관하다.) 모든 민족들은 자기 민족의 문화, 교육, 언어를 발전시키는 데 아무런 장애를 받지 않는다. 국가는 이들 민족과 종족의 문화적 발전을 위해 해당 민족 및 종족의 규모에 비례하여 재정을 지원한다.

2) 본 평등권에는 러시아 국민이 전문성에 기준을 둔 선출직이나 임명직을 맡을 수 있는 권리를 포함한다. (공용어를 명확하게 구사하는 경우, 특정 민족의 고유어를 모른다는 것으로 인해 제한을 받지 않는다.) 러시아 전 영토에서 민족적 판단에 의해 누군가를 임명하거나 임명에서 탈락시키는 경우 '민족 존엄성 훼손'으로 러시아 연방 형사법에 위배된다.

20. '러시아인'과 '러시아 국민'

최근에 조사된 바에 따르면 러시아 소비에트 연방 사회주의 공화국 시절과 러시아 연방에서 러시아 민족이 82퍼센트(단일 민족 국가에서 보이는 절대다수는 아니다)를 점하고 있지만, 그들은 자치구 여러 곳에 분포되어 있고, 심지어 과거 다수를 점했던 지역에서도 현재는 소수 민족에 처해져, 실제로는 소수의 권한만을 갖고 있다. 다시 말해 그들은 주류 민족의 위상을 상실했다. (자치구 정부에서 가혹할 정도로 불평등이 이루어지는 가운데 곧 나오게 될 1999년 자료에는 러시아 민족이 '주류 민족' 밑에서 보호를 받게 될 것이고, 전체 인구에서 차지하는 비중 역시 변화가 있을 것이라고 한다.) 무엇보다 러시아 민족은 국정이나 입법 분야에서 러시아 내 타민족이 내는 고유의 단독적인 '공화국'으로서의 목소리를 내지 않는다.

그러나 조금 더 깊이 관찰해 본다면 소위 '포용적인 민족'이라는 운명적이고 역사적인 유산이 자리 잡고 있다. 현재 우리는 모든 국가 권리를 자치구들과 함께 누리고 있다. 그러므로 러시아는 무너지지 않을 것이다. 수 세기 동안 '러시아 민족'은 이제 '러시아 국민들'로 성장했다. 이러한 관계를 충분하게 이해하려면 세심한 관심이 필요하다.

이 문제에 대해 집중적으로 관심을 가진 토론이 이미 1909년에 있었다는 사실은 잘 알려지지 않았다. 토론이 나오게 된 것은 전혀 이상하지 않았다. 중국 선양과 일본 쓰시마 섬에서 러시아 민족이 패배하자 러시아 교육계가 환호를 보냈다는 것은 놀라운 일이 아니다(페테르부르크 학생들이 일본 천황에게 축전을 보냈다). 그리고 1905~1906년 혁명

(엄격히 경고하는!) 이후 1905년 10월 17일 입법부 설립에 관한 황제의 명령은 러시아 민족의 역사적 권력 및 '러시아 민족'이라는 개념에 대해 지식인 계급의 폭소를 자아냈다. 여기에 1909년 러시아는 발칸반도에서 심각한 외교적 패배(러시아의 모욕적인 동의 속에 오스트리아가 보스니아와 헤르체고비나를 병합)를 입었고, 당시에 아직 꺼지지 않았던 범슬라브주의의 공격도 당했다.

페테르부르크 신문 《말》은 당시 토론을 주도하던 곳이었다. 토론을 주도한 사람은 표트르 스트루베였는데 거의 90년이 지난 지금도 그의 주장이 인용되고 있다. 그중 「인텔리겐치아(지식인)와 민족의 얼굴」이라는 기사가 있는데 이미 제목을 통해 두 가지가 대립된다는 것을 짐작할 수 있다. 스트루베는 이렇게 말했다.

"러시아인 인텔리겐치아는 스스로를 러시아 국민의 지식인으로 퇴색시키고 있다", "민족의 얼굴을 숨기는 것은 필요하지도 않고 유익하지도 않다", "민족의 얼굴은 결코 숨길 수 없다".

"민족성이라는 것에는 이를 분명하게 나누는 요소(인종, 피부색)보다 훨씬 강한 그 이상의 무언가가 존재하고, 동시에 민감한 그 무언가가 있다", "교활하게 속임수를 쓰고 (러시아 민족의 감정으로) 우리의 얼굴을 가리는 것은 우리에게 어울리지 않는다. (…) 나와 모든 다른 러시아인은 이런 감정을 가질 권리가 있다. (…) 더 명확히 이해가 된다면. (…) 미래에는 그만큼 오해가 줄어들 것이다". 우리는 이 모든 '오해들'은, 더욱 정확하게 말하자면, 파괴적인 갈등들은 우리의 1990년대 길에서 얻은 것들로, 아직 놓아주지 않았다.

차후 토론에서는 "그러한 제국은 물리적인 힘이 아니라 도덕적 힘으로 세워야 한다"라고 말했다. 또한 '건설적이고 국가적인 민족주의'를 부끄러워하지 말라고 호소했다. 그러나 우리는 수십 년 동안이나 부끄러워했다. 러시아 인텔리겐치아는 스스로가 '러시아인'이라고 불리는 것을 거부했고 그에 대해 수치스러워했다. 그러나 지금 러시아 민족의 노력으로 이루어진 법안들이 수치심을 느끼게 하는 동기를 제거할 것이다. 1909년 그 토론에서 놀랍게도 이제서야 우리가 오늘날 깊이 생각하고 찾는 결정적인 문제가 번뜩였다. 당시 독자들에게 제안했던 내용은 이렇다. 소위 '국가적' 정의로움은 우리에게 민족적으로 차이를 없앨 것을 요구하지 않는다.

" '러시아인 되기'를 원치 않는 사람들을 절대로 '러시아인이 되도록' 만들어서는 안 되는 것과 마찬가지로 우리 스스로를 '러시아 국민'으로 만들려고 하는 것은, 모든 제국의 종족뿐만 아니라 대러시아인의 민족성을 위해서 살아 있는 민족의 특성에 사망을 선언하는 것이었다. 현재의 모든 '러시아 문제'가 복잡한 이유는 바로 어떻게 그 문제를 대립시키지 않고, 또한 '러시아 국민'에게 해를 주지 않고 해결할 수 있는가 때문이다. '러시아인들을 위한 러시아!'라는 목소리들이 울려 퍼지고 있다. 그러나 이것은 바람직하지 않은 파괴적인 슬로건이다. ('타타르인을 위한 타타르스탄' 혹은 '야쿠트인을 위한 야쿠티야'와 같은 의미다.) '러시아 연방 속에 러시아 공화국이 있다'는 것도 마찬가지이다. 이는 분열과 붕괴로 등을 떠밀고 있는 것이다. 러시아인들에게는 고정된 국가적인 의무가 있다. 러시아인들 없이 러시아는 존재하지 않는다.

러시아인들의 '자결'에 관한 대화들도 무의미하다. '민족자결권'은 제1차 세계대전과 더불어 유럽 전역에 끊임없이 확산되었고, 무엇보다도 볼셰비키들은 그로 인해 크게 감동을 받았다. 얼마 후 (1966년 2월 12일) UN에서 승인을 받기도 했다. (자결의 원칙은 '국경 불가침' 원칙을 철저히 부정한다는 점에서 모순이 있다.) 그러나 오늘날의 러시아에 있어서 러시아인들의 자결은 러시아의 다른 나머지 민족들로부터의 자결을 뜻한다. 즉 현 국가의 붕괴를 의미한다. 따라서 우리는 결코 이 슬로건을 고집해서는 안 된다. 우리가 다민족 러시아를 설립했는데 어떻게 러시아인들을 위한 자체적인 국가 기구 설립을 추구한단 말인가? 모든 러시아 정부 기관 내에 민족 '비례대표'를 만드는 것도 현실적으로 불가능하다.

그러나 러시아인들은 CIS 국가의 새로운 국경선이 그랬던 것처럼 러시아 내부에서 분리된 민족이 되었다. 여러 자치주에 분리되고 여러 법안에 따라 산다. 러시아인들이 주요 다수

로 구성된 국가는 러시아인들의 이해관계를 보호하거나 혹
은 그것들을 억누르거나 하는 의무가 있지 않은가? 러시아인
의 평등권을 염려하는 것은 러시아인의 민족주의적 이기주
의가 아니다. 민족적 불평등이라는 부담감은 러시아 국가 체
제에 압박을 가하고 있다. 그러나 러시아에서 러시아 국민은
국가를 형성하고 있는 핵심이고 그들이 없다면 그 누구도 국
가 보존에 대한 책임을 강하게 질 수 없다.

러시아인의 운명은 러시아의 운명을 결정하게 될 것이다.

화해할 수 없는 것들

21. 볼셰비즘과 러시아 민족

1909년 토론에서 언급된, 러시아 지식인 계층이 교육계
에서 저지른 부끄러운 행동은 10월 혁명 후 러시아 민족주의
를 완전히 파괴하는 레닌의 파괴적인 전략으로 크게 발전했
다. (마치 볼셰비즘의 정적들처럼.) 그들은 이미 제10차 전
소비에트 연방 공산당대회(1921년)에서 내전 이후(내전의
연장선에서) 안도의 숨을 쉴 사이도 없이 '대국주의(great-
power chauvinism)' 척결을 민족 문제의 주요 과제로 선
언했다. 레닌은 이를 부르주아 민족주의보다 100배나 위험
하다고 주장했다. 1922년 말 레닌이 임종 직전 당으로 보낸
편지(제13차 대회에서 이 편지와 레닌의 정치적 유언이 낭

독되었다)에는 다음과 같이 적혀 있었다.

"쇼비니즘적 러시아주의를 추종하는 쓰레기들이 많다."

형식에 불과한 민족 평등은 지킬 필요가 없다. 소위 '위대한 민족'(실제로는 물리적 힘이나 박해의 정도로 봤을 때에만 그렇다)이라 불리는 낙담한 민족의 입장에서도 그러한 평등이 보상이 될 수는 있을지 모르나 무엇을 보상한다는 것인가? 소수 민족이 과연 자신에게 유리한 이익을 받을 수 있는가?

1923년부터 추진된 민족 자치구의 행정 경계선을 긋는일에 러시아인 마을과 읍 전체가 휘말려들었다. 동맹 공화국들은 국가 기관과 당 기관으로부터 러시아인들을 쫓아내는 움직임을 추진했다. (선언이나 희망과는 반대로 거의 '사라지고 있었다'. '전 민족의 합병'.) 이와는 달리 서구에서는 오늘날까지 많은 사람들이 레닌이 '변경 지역들을 러시아화'시키려 했다고 믿고 있다. 학자 루나차르스키도 "애국주의적 사상은 처음부터 끝까지 거짓 사상이다", "민족의 자부심, 민족적인 정서를 함양하는 수업은 반드시 폐기되어야 한다"라고 주장했다.

1920년대 전 기간 동안 수십 명의 당 연설가들과 이들에우호적인 수백 개의 글들은 민족주의를 저주하는 데 열중했다. "루소빠땀(역주: 러시아인에 대한 비하 표현)", "우리는엉덩이가 큰 러시아 여자를 쏘았다", "미닌과 포자르스키가 러시아를 구하시 않았더라면 더 좋지 않았겠는가?".

볼셰비키주의자들의 보복 전략 중에는 정교회의 귀중품을 약탈하고, 총주교와 대주교를 체포하며, 그들을 재판에 회부하는 일도 포함됐다(비밀스럽게 이 일을 추진한 자는 트로츠키로, 칼리닌도 이에 협력했다). 수만 명의 정교회 성직자들을 공개 및 비공개로 처형하고, 수용소에서도 그들을 말살시키는 등 정교회 파괴 공작이 감행되었다. 이와 동시에, 내전은 물론 20년대 내내 귀족 사회와 러시아 인텔리겐치아들을 말살하거나 추방하는 사태들이 벌어지고 있었다. 러시아의 민족주의는 억압받아 지하로 사라져 쇠퇴하게 되었고, 표면적으로도 거의 괴멸되었으며, 또한 반혁명적 언행은 엄격히 금지되었다.

그와 같은 분위기는 스탈린 시대인 1930년대 중반까지 약 15년 동안 무르익어갔다. (수백만 명의 우수한 농민들을 말살시켰고, 1935년에는 페테르부르크의 귀족과 인텔리겐치아들을 파괴했으며, 또한 1931년에 그리스도 사원을 폭파했고, 1812년의 대조국전쟁 기념비들을 파괴하거나 방치했다.)

스탈린은 큰 전쟁이 임박한 상태에서 러시아인 민족주의라는 지지 기반 없이 코민테른의 나약한 이데올로기에 기대었다. 그는 그 전쟁에서 결코 버틸 수 없었다. 소비에트의 선동 속에 이미 잊힌, 그리고 이미 세 번의 박해로 인해 짓밟힌 애국주의를 향한 호소가 일순간 상기되어 울려 퍼졌다.
(1936년부터 '큰형'이라는 말, 1938년부터 '위대한 러시아
민족'이라는 용어가 등장했다.)

이 애국주의는 '소비에트'의 애국주의가 아니라, 러시아
군대의 과거와 드미트리 돈스키(타타르에 맞서기를 두려워
하지 않은)까지 거론하는 러시아 자체의 애국주의였다. 말하
자면 이것은 전 세계와 러시아를 한 번에 살리고 스탈린을 수
장으로 하는 공산주의 정부를 구출한 것이다. (전쟁 후 스탈
린은 러시아 국민들에게 사의를 표하는 건배를 했다. 그러나
점차 모든 국제 공산주의 개념을 복구했다.)

제2차 세계대전에서 러시아 민족의 전 역사적, 전 세계적
업적(이것이 역사적으로 마지막 업적이 아니기를! 두려운 마
음으로 기도한다)은 러시아인에 대한 수수께끼 중 하나이다.
수백만이나 되는 사람들은 탄압과 단절, 끊임없는 억압, 그리
고 자기 생각을 입 밖에 내는 것을 무서워했다. 물론 당시 과
반수의 사람들은 혁명 이전 생활이 더 좋았다는 것을 잘 알
고 있었고, 볼품없는 사회주의 대신 받았던 바를 분명하게 느
끼고 있었다. 대체 무엇이 냉담하고 서투른 존재를 위해 자기
목숨을 바치도록 민중을 매료시켰던가? (다수의 수형자들도
전선으로 나아가겠다는 지원서를 제출했다.)

여기에는 물론 철의 강압(우리 민족의 장점은 억압된 상황
을 능히 이겨내는 것이라는 콘스탄틴 레온테프의 평가가 절

로 생각난다)이 있었고, 여기에는 늘 억눌리지 않는 러시아 애국주의가 상당히 발휘되었다. 그러나 이러한 요소보다 비록 잠깐 동안이나마 허리를 곧게 펴고 짧은 자유의 환상을 주는 죽음의 전투를 통해 강력하고 영웅적인 자아를 느끼고 싶은 열망이 있었던 것이다.

오늘날 러시아인이나, 3개국 슬라브 민족의 과거의 공적은 없다. (대다수 힘은 적군에, 후방의 공장에, 그리고 집단농장에 있다.) 즉 인적 피해를 최소화하면서 히틀러를 물리치고 서구 민주주의를 구원했던 과거 슬라브인의 공적은 없다. 사람들의 정서와 세계의 기억에 남았던 것도 오늘날에는 잊혔으며, 감사의 말도 없이 현대 생활의 흐름 속에 침몰했다. 아직 그것의 형태를 보존하고 있는 곳은 러시아다. 모두를 괴롭힌, 많은 사람들에게 비열한 괴물 같은 유물.

22. 스탈린에서 브레즈네프로

스탈린은 집권 말기 모든 것을 러시아가 '최초로 달성'하고 있다는 극단적인 민족적 오만에 사로잡혀 있었다. 그리고 이 추악하고 병적인 집착을 실현하기 위하여 소비에트의 이념 선전을 지속적으로 강요했다. 스탈린이 러시아 의식에 다시 타격을 입히려고 그렇게 했다고 생각해서는 안 된다. 여러 가지 면에서 볼 때 그에게는 수단이나 감각이 없었다. 이후 세계주의라는 공격적인 도약을 위해 동화처럼 마법의 말을 타려고 했던 것이다. 그의 죽음으로 이것이 모종의 결과에 이르지 못했지만 그는 러시아인의 의식에 큰 해를 끼쳤고 러시아를 전 세계의 웃음거리로 만들어버렸다.

흐루쇼프는 갑자기 공산당 청년동맹에게 볼셰비키 사상, 즉 국제주의의 불꽃을 드러냈다. 그는 냉정한 전략가인 스탈린보다 레닌 노선에 더욱 근접했다. 레닌 이후로 누구도 러시아 영토를 아무 생각 없이 체첸, 다게스탄, 그리고 무엇보다도 우크라이나에 넘겨주지 않았다. 그런데 흐루쇼프가 갑자기 '크림'이라는 선물을 생각해냈다. 바로 그 선물은 우크라이나인과 러시아인의 마음을 하나로 합치려는 악마의 유혹이었다. 흐루쇼프는 어떤 뚜렷한 동기도 없이 1961년부터 체제에 온순히 충성하던 정교회를 괴롭혀대면서, 다수의 사원들을 폐쇄시키려 맹렬히 날뛰었다. 볼셰비즘적 사상의 광기 말고는 다른 그 무엇으로 설명하기가 불가능하다. 그것은 수많은 사제들을 체포한 것만 제외하고 1920년대 레닌 운동을 연상시킨다. 흐루쇼프는 러시아 애국주의를 적으로 선언하지 않았지만, 호감도 없었다. 때문에 러시아의 애국주의를 '전 소비에트 애국주의'로 개조시켰다.

구소비에트의 모든 민족을 전대미문의 단일 '소비에트 민족'으로 합류시키려는 이 정책은 브레즈네프에게 인계되었다. 그들 원로들은 자신이 원하는 것만 보고 '단일 소비에트 민족'이라는 신화를 믿었던 것 같다. (그들이 그 의식을 대중

속에 심어놓자 많은 사람 역시 이것을 믿기 시작했다.)

흔들림 없이 집요하게 공산주의에 더욱 매달리게 된 러시아 민족주의자들의 노력으로 브레즈네프 체제에서 민족 재탄생 신화가 만들어졌다. 이 체제는 위험한 적들을 공격하고 마르크스-레닌 사상의 발톱을 드러내는 것을 주저하지 않았다. 브레즈네프 정권은 1972년 중앙위원회 선전문에서 러시아 민족주의 및 종교에 대한 동정을 반대한다는 위협적인 논문을 발표했다. 이 논문은 브레즈네프 시대의 이념적 기념비로 오랫동안 남아 있다. (그러나 1981년 3월 28일 '러시아주의로 감춰진 반 소비에트 분자들의 활동'이라는 제목으로 안드로포프가 정치국에서 발표한 내용은 비밀에 부쳐진 채 '러시아 역사와 문화 보호를 선동주의적인 판단으로 은폐하며 공산주의 권력을 파괴시키려고 준비하고 있다'라는 정도만 알려져 있다.) 현재 각성한 애국주의자들은 "공산주의를 그렇게 파괴할 필요가 없었다"라고 탄식한다. 그러나 그것은 살인자들에 대한 파렴치한 무력감이다.

브레즈네프는 '전망 없는' 수천 개의 시골을 강압적으로 제거해버린 사건을 마치 경제적인(실상 거짓 개념인) 판단에 의한 것이라고 한다. 하지만 브레즈네프 정치국은 소음이나 선언 없이 조용히 스탈린의 집단화 이후 가장 파괴적인 활동을 주도하고 있었다. 그들은 아직 파손되지 않은 소중한 농지를 버렸고 중앙 러시아의 땅을 내동댕이쳤으며, 민중의 생활

습관, 관습, 심리가 보존된 수많은 지역들을 황폐화시켜, 향후 러시아인의 독자성을 파괴시킬 준비를 미리 시작했던 것이다. 만일 신의 뜻으로 브레즈네프 일당이 사라져 겨우 중단된 무지하고 파괴적인 '시베리아 강줄기 이동 프로젝트'를 여기에 추가한다면, 그들 원로들이 천천히 '러시아 발전'을 위해 움직였다는 것은 과장된 신화임을 인정해야 할 것이다.

23. 문화계의 배반

노쇠한 브레주네프 체제 하에서 실제로 어느 정도 기력을 되찾은 사람은 다민족 러시아 인텔리겐치아였다. 이들은 풍요로운 지적 삶을 갖추고 있었으며 이미 내부적으로는 소비에트 지식인이 아니었다. 그들을 어쩔 수 없이 개별 대화나 검열을 피해 지하 출판이나 해외 출판에 집중하며 살았다. 끓어오르는 사회에 대한 관심은 수많은 현대 문제들, 그리고 역사적인 모습과 관련된다. 그 관심 중에 하나가 러시아 민족문제로, 새로운 해석이 필요했다.

1920~1930년 동안 수천 명에 이르는 신소비에트 지식인들이 열정적으로 공산주의, 특히 공산주의 선동, 그중에서도 민중을 대상으로 하는 대중 노래나 영화, 책의 집필에 참여했다. 모두가 마음을 다해 공산주의에만 집착하고 있었다. 그런데 그 사람들은 모두 어디로 숨어버렸는가? 공산주의를 숭배하던 모습은 전혀 그런 적이 없었다는 듯 갑자기 사라졌

다.

기억이 왜곡된 것인가? 건망증 때문인가? 그들은 1960년 대 말부터 지하 출판을 통해 단호히 주장했다. "이 정권을 선택한 것은 우리가 아니다!". 황당하게도 그때부터 "혁명의 앞잡이들이 '모두'가 된 것이다. 갑자기 혁명의 유일한 죄인이 러시아 민족이며, 그 누구도 아니라는 것을 알게 됐다. 즉 러시아인의 사상이 '볼셰비즘의 주요 내용'이고, 러시아 민족이 '박해자'이며, 따라서 인종 차별적인 러시아주의가 담긴 민족주의를 주장할 권리가 없다는 것이다.

그리고 이후 이러한 분위기는 전혀 소수 그룹의 표현이 아니었다는 것이 금방 밝혀졌다. 그러한 분위기는 1970년대부터 지하 출판을 통해 모스크바 지식인들 사이에 폭넓게 퍼져 있었다. 또한 그것은 서구로 떠난 이주민들을 통해, 무엇보다 서구에서 러시아어로 진행되는 라디오 방송을 통해, 그 방송을 받아 소비에트 연맹 전체 수백만에게 확산되었다. 이제 러시아 민족, 러시아 역사를 절망스럽게 왜곡한 주장, 멘셰비키와 트로츠키 주장들, 그리고 1920년대 혁명에 실망한 자들의 주장까지 차고 넘쳐난다: "물론 생각은 좋았을지 모르나 과연 이 민족과 무엇인가 훌륭한 일을 할 수 있을까?", "그렇다, 러시아는 '오랫동안 정신질환을 겪었다'", "심지어 이 민족의 '수많은 우울한 노래들', 질질 끄는 러시아 노래들은 이 민족의 정신적 질병의 시작을 말해준다".

계속해서 살펴보자.

"'이 나라'에서 모든 민족은 반동적 대중으로 흡수되었다", "민족의 권리에 대한 주장은 자기 기만이다", "이 나라에서는 기독교의 깊이조차 실상 끊임없이 도덕적인 저급함과 뒤엉켜 있다", "다른 어느 나라보다 러시아는 세계에 악을 가져오고 있다". 병적인 지적(오늘날의 '러시아는 맥주 가판대 유리창을 보면 알 수 있다') 외에 읽거나 들은 것들도 있다. "이 루시는 뚜껑부터 바닥까지 추악한 것들로만 채워져 있고, 인간 돼지우리이며 쓰레기 구덩이이다. 이것은 당신 나라, 당신 민족이다…."

혹은 '이반과 예멜야의 나라'라는 조롱을 동반하며, '아주 원시적'이라는 등 갖가지 모욕이 계속되었다. 그리고 더 예리한 견해들도 있었다. 특히 러시아를 떠난 소비에트 작가들은 해외 출판물에 다음과 같은 논의와 주장을 기고했다. "러시아의 진실은 죄악의 어머니라는 것이다", "정교는 남아프리카의 호텐토트족 같은 미개한 종교이다", "옴에 걸린 러시아 민족".

이러한 예들은 넘치고 넘친다.

24. 1980년대의 분쟁

고르바초프가 선언한 '글라스노스트(개방)'는 목소리를 낼 수 있는 근사한 기회를 열어주었다. 하지만 그 기회는 주류 문화계에 속하지 않은 사람들에게는 위험한 문이었다. 그러나 언제나 큰 목소리를 내려고 하는 사람들은 소규모 사회 활동 그룹들이나 전문가, 글 쓰는 이들이다. (이것은 러시아에서만은 아니다.) 사회의 병폐(혹은 건전성)의 정도는 이러한 소규모 그룹이 대중의 염려, 질병, 기분과 어느 정도로 떨어져 있는지(혹은 밀접한지)를 보면 알 수 있다. 말할 나위 없이 현재 우리 사회가 가진 병적인 모습보다 더 심한 것은 생각하기 어렵다.

다시 말해 소비에트의 지식인들이 모든 것을 말할 수 있는 자유를 얻는 순간부터 '민주주의자들'과 그 '애국자들'이 등장한다. 이들은 균형과 절제를 잃은 사람들이고 일부는 합리적 자유를 유지하는 말만 할 것이다. 재빠르게 성장한 양 진영에서 내뱉고 있는 언어 극단주의로 인해 대중들은 '빅마우스'들을 스스로 회피하고 이들과 거리를 두었다.

애국주의자들(많은 사람들은 오래전부터 잃어버린 공산주의의 자리를 때우고 있다)은 결코 70년 동안 러시아를 질식시킨 전체주의 체제를 전도하려 노력하지 않았다. 그들 스스로가 열정적으로 노력을 기울이고 연설을 토한 이유는 우리의 물리적, 도덕적 상실에 대해 연구하려는 것도, 러시아인의 관습과 정신을 회복시키기 위한 도덕적 기반을 찾으려는 것도 아니었다. 그들은 그저 맹목적으로 극단으로 달려가고 있었다. 20세기 러시아의 패배의 원흉을 조국을 보호하는 대신 레닌의 약탈과 '땅으로 돌격' 같은 호소에 쉽게 반응한 우리 스스로에게서 찾지 않고 말이다. 그리고 프리메이슨이나 지배층이 아니라 어디서나 비난의 표적인 '시오니즘' 혹은 유대인, 심지어 만화에서 찾으려 했다. 애국주의 쪽에서 튀어나오는 소리들은 거의 모두 이렇게 귀결됐다. 게다가 여기에 나타난 '기억'은 힘은 극히 작지만 열정에 의해 불이 붙고 폭발해서 유럽 의회가 위협적인 결의안을 채택할 정도로 실제 약 2년 동안 전 세계를 뒤흔들었다.

이번에는 민주주의 쪽이 또 다른 극단으로 내딛고 있었다. 구소비에트 시절 모든 러시아 애국주의 단체는 '극우', '쇼비니즘', '반동', '나치주의' 단체로 낙인찍혔다. 그러나 지금은 '친 러시아' 파에 각종 러시아인을 가리키는 말들이 추가되었다. 볼셰비즘이 전성기로부터 60년간이나 좋은 말은 잊히지 않았다. (여기에 그들은 민주주의의 본질적인 목적을 버리고 전체주의에서 민주주의로 가는 어려운 길을 버렸다. 그리고 그들은 새로운 권력과 개혁 과정에 이미 권위적인 영향을 미쳤던 것처럼 과대평가되었다.)

그러나 글라스노스트는 자유로운 의견을 개진할 수 있는 기회를 주었고 대도시와 바로 얼마 전 이주해 온 이민자들의 목소리를 하나로 합칠 수 있게 했다. 그로 인하여 다음과 같은 단호한 목소리들이 더해졌다.

"러시아는 여전히 100년 전과 마찬가지로 거짓 속에 있다."

"우리는 러시아 민족이 본연의 독자적, 독창적 발전에 대한 권리가 있다는 말을 그렇게 가끔 들어야 하는가?"

"친러파는 오늘날… 나라의 힘이다. 그런데 그 힘에 대한 위협이 과소평가되고 있다."

이 위험과의 전쟁에서 가장 최적의 방법은 당의 부처, KGB, 경제 부처가 통합되는 것이다. 그러나 이러한 통합은 이뤄지지 않았다. 그럼에도 불구하고 '친러파'의 패배는 계속되었고 더 심각해졌다. "러시아의 부활은 파시즘의 현상이다." 그들은 '농촌' 작가들을 직접 여러 차례 '유대인 혐오자'와 '파시스트'와 관련시켰다(라디오 방송《자유》및 출판을 통해). 고대 러시아인의 기원에 대한 발레틴 라스푸틴의 주장은 위험한 냄새가 난다. 가정 및 도덕 강화, 생식 증대, 자연 보호를 주장하는 애국자들의 호소에 대해 모스크바 잡지는 이렇게 쓰고 있다. "이것은 폭발물의 혼합체이다." 러시아는 공산주의로 인해 모욕적이고 파괴적 고통을 당했다. 이것은 배꼽까지 셔츠를 찢을 때 느끼는 마조히즘적 황홀함이다. (미국 언론에서는 기사를 통해 눈사태 같은 공격을 지지했다.)

그리고 그 당시 라디오 방송《자유》는 마치 국내 라디오처럼 인식되었다.《자유》방송은 '러시아의 사상'이라는 연속물을 방송했는데 러시아의 역사와 사상을 조롱하고 모욕했으며 곧바로 '러시아 정신의 급변'을 대놓고 요구했다. 러시아 두뇌들을 절망적으로 파괴시켰을 뿐만 아니라 타 청취자들에게 러시아인들에 대한 적대감이 자라도록 했다.

"러시아인들은 이미 존재하지 않는 과거의 국민이 아닌가?", "멸시받고 절망 속에 빠진 루시는 들을 수 있다", "전체주의가 등장한 원인은 러시아 족속의 유혹이다"(1989년 12월 11일). "러시아인들의 뼈와 피에는 항상 모든 것이 있다. 그러나 선함을 가질 줄 모른다"(1989년 10월 27일).

(이 라디오 방송은 매우 집요하게 분명한 목적을 드러내며 반복되었고, 주관하는 기관부터 의무적인 업무 외에 방송에 대한 열정적 감정이 엿보이곤 했다.) 바로 이 시점에 아제르바이잔, 동카스피해, 키르기지야, 타지키스탄, 카라바흐, 남오세티야 등 러시아 외부에서 러시아인들과 관계없는 대규모 살인이 벌어졌다. 그러나 소비에트 언론과 미국의 라디오 방송은 바로 '반 러시아 인종 차별주의', '어리석은 냄새를 풍기는', '반 러시아 애국주의'만 소리치고 있었다.

그처럼 몇 년 동안 계속 구소비에트의 여러 사회단체들 사이 잔혹한 알력은 이어졌다. '민주주의자들'과 '애국주의자들'은 공산주의와 공산당 청년동맹에 대항하여 연합을 꾀하기보다 상호 간의 욕설을 주고받았다. 그리고 다른 사람들은 유기적으로 그러한 능력이 있는 자들이 아니었다. '애국자'와

'민주주의자'라는 말이 욕설로 간주되다니 국가적 슬픔이 아닐 수 없다. 이 시기에 공산주의 노멘클라투라는 '민주주의적 노멘클라투라', '상업적 노멘클라투라'를 성공적으로 재구성시켰고 지위와 자금들을 모으기 시작했다. 어제만 해도 나라 안의 누구에게도 알려지지 않은 강도였다. 관직이나 자본을 소유했다. 성공적으로 승리한 이후에야 고마운 표정으로 상대방에게 감사의 인사로 고개를 끄덕일 수 있다.

"당신들의 분쟁에 감사하오!"

이 분쟁은 양쪽의 겸손하고 품위 있는 목소리, 우리의 미래에 대해 걱정하는 소리에 대꾸도 못 하도록 만들었다. 진정한 문제들은 모두 제거되고 불꽃이 튀는 양극 사이에 죽음의 벌판이 생겼다. 그 벌판에서는 반대로 보인다. 심지어 사려 깊고 유익한 생각도 아주 혐오스럽게 보인다. 불화의 불꽃이 점화될 수 있는 지역이 여전히 남아 있다.

25. 러시아 민족주의라는 병

20세기 러시아 최고의 사상가들 가운데에는 불가코프, 베르나드스키, 로세프, 러스키, 프랑크 등이 있다. 그러나 일린, 스투루베, 베르자예프만을 제외하고 그 누구도 특별히 러시아 민족에 대해 연구하지 않았다. (마지막 제3 로마, 즉 제3의 국제주의를 표방하는 매력적이나 가벼운 언행을 성공이라고 부르지 않는다. 지금까지 제3 낙원, 제3 세계, 제3의 이민, 제3의 길이 등장했다. 그러나 과연 이런 저항의 산맥을 따른다고 해서 어떤 본질적인 사고를 찾을 수가 있는가?) 두 번째로는 로자노프와 표도토프를 들 수 있다. 그렇다. 러시아인 사상가들을 오랫동안 잃어버렸다. 아니면 강제적으로 유형을 보내거나 침묵을 강요했다.

러시아 민족에 대한 연구는 이미 혁명 전에 시작되었다. 주로 정부 인사(국가 보조금 수령자)에 의해, 아니면 정치 잡지를 통해 이루어졌다. 그러나 난폭하고, 거의 욕설에 가까울 정도로 조잡한 다양한 발표문들로 인해 지식인 사회에서 배척당하거나 혐오를 자아냈다. 그래서 러시아 민족 문제는 가장 저급한 수준에서 조직적으로 이루어졌다는 인상(비평가들에게 편리한)을 만들어냈다.

그 후 공산주의가 수십 년간 러시아 민족 사상가들을 몰살시키다시피 억압하고 압박하여 결국 수준 이하로 만들어 놓았다. 1960~1970년대 새로운 세대가 등장하여 볼셰비키 하에서의 반세기 동안의 혼수상태로부터 깨어났을 때, 그 실상들은 심히 변모되었고, 사상적 전통은 거의 끊어졌으며, 과거 금지 서적들은 아예 구하지 못할 정도가 되었다. 민족 말살 정책이 잔인하게 실행되고 있었던 것이다. 러시아의 젊은 지식인들은 거의 처음부터 원인과 결과를 찾아야만 했다.

어떤 자들('러시아 사회주의 기독교 민족 해방 연맹'의 오구르초프 그룹)은 공산주의가 우리 재난의 원인이라고 보고,

그것을 타도할 목적으로 지하 조직을 만들었다. 그러나 그들은 사회적 무관심 속에 인정을 받지 못하게 되자 순식간에 무너져 내렸다. 사회의 약점을 인식하던 많은 다른 사람들(지하 발행 잡지 《배체》의 오시포프 그룹)은 이미 존재하는 보다 견고한 세력들의 지지와 보호를 기대하며 손을 뻗었다. 그들은 공산주의 민족의 재탄생이라는 신화에 굴복했고, 그것을 러시아 국민의 퇴폐자가 아닌 구원자로서 인식했다. 과연 공산주의가 우리를 '열강'으로 만들었고 그래서 우리의 위대한 메시아적 사명을 이행할 수 있었을까? 수백만 희생자들과 레닌의 모든 반 러시아적 만행을 잊고 용서를 한 그들은 이러한 사항들만을 질문했다.

"과연 러시아의 민족주의는 마르크스-레닌 세계관과 공존할 수 없는 것인가?"

그리고 반대로 이런 말도 나왔다.

"애국주의와 공산주의는 단독으로 존재할 수 없다."

"러시아 공산주의는 러시아의 특별한 길이다."

"레닌의 민족 정책은 민족 문제에 대한 러시아적 결정이다."

그리고는 그 괴상한 공식 속에 그들은 방향 전환주의자들의 민족 볼셰비즘을 부활시키며, 초기 볼셰비키 체제에서 15년 동안이나 '러시아인'이라는 말을 입 밖에 낼 수 없었다는 것을 잊고 있었다. 게다가 그들은 농장의 집단화야말로 러시아 농민들이 기대하던 선물이었다고 했다. (지노비예프로부터 들었다.) 체계적으로 억압받은 민족주의는 병적이고 극단적인 상황 속에서 찢길 수밖에 없다. 민족주의를 모욕하면 항상 쇼비니즘 정도의 공격적인 반응이 온다. 1970년대 소비에트 시절 민족주의는 이미 세계 및 러시아 역사 속에서 야기되는 모든 사건, 프리메이슨과 유대인의 행동을 해석하는 도구로 사용되었다. '페레스트로이카' 시대부터 세기적인 러시아 민족의 패배가 분명해지자, 그들은 더욱 필사적으로 패배의 희생양을 찾기 시작했다. 마침 이 기간에 국민은 자기 자신들이 아닌 누군가를 찾고 있었다. 사람들은 자신이 속았다는 것을, 또한 추락, 강도, 가난, 그리고 멸시를 당한 것을 알자, 때마침 자유를 얻은 방송과 신문은 각종 욕설과 증오를 가열하게 내뱉고 있었다. 그러나 이것은 실제 러시아 민족의 안타까운 상황과 맞지 않는 민족적 오만, 불손 및 야만적인 가장 병적인 반응을 불러왔다. 전례 없는 역사적 쇠락과 절망적인 상황에서 통제받지 않는 위협적인 현상들로 인해 더욱 위축되었다. 상처받은 러시아 의식은 잃어버린 지지 기반을 찾으려 민족주의와 볼셰비즘 연합에 손을 뻗었다. 그러나 다음과 같은 가장 조잡한 혼동이 야기되었다. 뒤섞여버린 '백군과 적군'이 어떠한 토대 위에서 화해를 했는지 모르고, 공산주의자들과 '애국주의 연대'의 성립 과정도 불분명하다. 그러한 가면을 수용하지 않은 애국자들은 1990년 선거에서 가장 모욕적인 패배를 겪었다. (이러한 경우가 아니라면 현재 러시아 연방 공산당이 과거 공산주의의 이름도 바꾸지 않으면서 '민족애국운동'과 정교회 수호자들이라고 떠벌리고 다니는 파렴치한 행동을 반복할 수가 있는가? 그 당의 지도자들 중 어느 누구도 어떻게 그들이 이 애국자들과 정교회 신도들을 박해했고 죽이고 불태워 버렸는가를 반성하지 않는다. 심지어 그에 대한 기억조차도 하지 않는다. 지금도 뻔뻔스럽게 '볼셰비즘의 끔찍함'이라는 표어를 세우고, 반세기 전의 일은 망각 속에 묻혔다고 한다. 그러나 과연 그러한가, 공산주의의 그러한 잔인무도한 행위는 결코 씻기지 않는다.) 신진 이론가들은 '유라시아주의'를 통해 러시아를 구할 수 있는지, 혹은 신흥 종교를 통해 기독교를 구할 수 있는지를 연구했다. "혹시, 여기에 러시아를 위한 새로운 진리가 열릴 것인가?" 이러한 혼란 속에서 소수의 이성적인 애국주의 목소리는 침몰했고 영향을 주지 못했다. 과연 이러한 새로운 연구들이 건강한 민중을 표현할 수 있을 것인가?" 그리고 러시아 민족의식의 외로운 쇠락은 90년대를 관통해서 기름띠가 계속해서 늘어났다. 스탈린 시대에 '민족 사회주의'와 '히틀러주의'라는 말이 편하게 사용되지 않았음이 밝혀졌다. 그리고 이탈리아인들로부터 '파시즘'이란 단어를 가져왔다. 파시즘은 범죄 세계에 빠르게 수용되어 수용소에서도 최근 전쟁에 참전했던 군인들을 포함하여 우리 정치범에게 '파시스트'를 새겨 넣었다.

재건 시대부터 그들은 히틀러로부터 세계를 구한 주요 세력인 러시아로 그 파시즘을 몰아내기 시작했다. 비록 러시아 민족주의자들이 우렁찬 목소리를 내고는 있었지만 약한 자의 등 뒤에 있는 위협적인 백만의 힘을 기대한 것일까? 이미 모두가 경멸해 마지않는 '러시아 파시즘' 속에서 진보적인 민주주의 지식인들과 외국 라디오 방송에 의해 비난의 소리가 울려 퍼지고 있다. 또 모스크바 신문 지상에서는 그 무서운 날개들이 빠르게 퍼덕이고 있다.

그러자 깊은 생각에 잠긴 러시아 대통령이 생생하게 반응했다. 부상당한 주민들과 격전을 치른 자들의 피와 신음 소리, 그로즈니에서 치욕적인 군사적 패배가 있었던 1995년 1월 중순 바로 그 당시, 격화되는 무서운 위협과 전쟁 속에 국제 반파시즘 심포지엄이 모스크바에서 개최되었다. 2월 연방 회의 앞으로 보낸 서한에서 대통령은 체첸에서 살육을 중단할 것을 요구한 것이 아니라 검찰과 법원에 파시즘으로부터 러시아를 단호히 수호할 것을 요구했다.

어떤 파시즘 사상도 결코 러시아에 존재하지 않으며 러시아를 위협하고 있지도 않다. 당시에 '계급의 적', '민주의 적'처럼 '파시즘'이라는 낙인은 반론자들을 제거하고 매장시키며, 탄압하는 성공적인 수단이었다. 인쇄는 상황에 따라 이루어졌다. 그것은 CIS 국가에서 노동을 하지 않는 무리들이 유입되자 이로부터 민족의 생존을 지키려는 우리의 단순한 시도였다. (어떤 유럽의 나라가 그러한 것을 염려하지 않았던가?)

－파시즘!

여러 신문은 보도했다. "만일 거칠고 조잡하고 맹목적인 잔학성과 폭력(초기 볼셰비키들에게 딱 들어맞는 정의)에 준비가 되었다면, 정확히 입밖으로 표현하거나 아니면 새로운 단어를 생각하라. 히틀러가 파괴하려 했던 그 민족을 '파시즘'으로 모욕하지 말라."

중앙아시아와 남캅카스 그리고 우크라이나(우크라이나 방위군의 공습 부대, 그리고 '갈리치아' 지방 리비우에서 히틀러 사단의 참전 군인들이 합법적인 집회를 갖는다). '파시즘'이라는 낙인은 그들에게 적용되지 않았다. 캠페인 내내 무모한 반사를 볼 수 있었다. "러시아 파시즘"의 강렬한 공격도 조금이라도 러시아의 인식을 재생할 수 없었다.

그렇다. 화해할 수 없는 것도 있다. 지상의 모든 민족주의는 예외 없이 병을 가지고 있다. 병든 민족주의는 무엇보다 그 민족에게 위험하고 해롭다. 화가 나서 맹세하는 것이 아니라 양심적 훈계로 민족주의, 건축, 건설로 바꿔야 한다. 그렇지 않으면 역사상 어떤 민족도 자신의 관습을 만들어낼 수 없다. 우리가 러시아인으로 존재할 수 있을까?

26. 애국심

일정한 애국심은 분명 존재한다. 러시아로 돌아왔을 때 많은 지역의 공개 회의에서, 그리고 또 곳곳에서 언제나 이해되었던 모든 것들을 여기에서 말하고자 한다.

"애국심은 희생과 불행을 나눌 준비가 되어 있고, 아첨과 불공평한 요구들을 거부하며, 그의 단점과 과실을 평가하고 또 그에 따라 솔직히 반성하는, 자기 조국을 향한 순수하고 집요한 사랑의 감정이다."

애국심은 본능적이고 자연적인 감정이며, 그것은 그 어떤 변명도 증거도 요구하지 않는다. 그러나 그 갖가지 옵션(사회민족주의, 좌파적 레닌식 투쟁, 민족적 애국주의, 그리고 지금의 투쟁) 본질은 몰이해 혹은 의도적인 조롱이다. 언젠가 바젬스키가 러시아의 자유주의파가 좋아한 수식어인 '크바스(러시아 전통 음료) 애국주의'에 대해 쓴 글이 있다. 여기에는 자기 나라를 사랑하는 평범한 사람들의 순수한 사랑을 비웃는 귀족적인 오만이 배어 있다.

애국심을 거의 '파시즘' 선상에서 짓밟는 것이 우리에게 유행처럼 번지고 있다. 그러나 바로 미국만 하더라도 애국심이 높다. 그 누구도 그것을 부끄러워하지 않을 뿐만 아니라 애국심으로 호흡하고 자랑스러워한다. 그러므로 다양한 민족 집단들은 그 속에서 하나로 합쳐지는 것이다. 모든 미국의 학교 교실에는 국기가 걸려 있다. 그리고 많은 학교에서 그 깃발에 대한 충성을 다짐한다.

애국심은 유럽을 포함한 많은 나라의 자산이다. 애국심은 민족 단결의 시작일뿐 결코 인류와 분리시키는 것이 아니다. 모든 인간의 감정처럼 애국심은 거부되거나 왜곡될 수 있다. 오늘날 세계에서 이해되고 있는 '자유'라는 개념은, 특히 온갖 '충격'들로 인해 흔들리는 러시아에서는 인간의 의무를 완전히 망각하고 모든 책임으로부터 벗어나는 것으로 이해되고 있다. 그러나 우리는 계속해서 스스로에게 의무를 느끼는 인간이라는 존재를 벗어날 수 없다. 시민의 책임이 뿌리내리지 않은 사회가 지속될 수 없는 것처럼 전 국가적 책임감을 상실한 국가는, 특히나 다민족 국가는 존재할 수 없다.

역사적으로 어려운 시기에 처한 다민족 국가는 국민들로부터의 지지와 격려의 기반이 필요하다. 모든 민족은 국가 전체의 이해를 하나의 방식으로 보호하는 것이 매우 필요하다는 확신을 가져야 한다. 지금의 러시아에는 그러한 국가적 애국심이 조금도 보이지 않는다. 자치 정부가 자기 민족의 개별적인 애국심을 강화하는 것과 별도로—여기에는 전체적인 혼돈 세력, 국민들의 눈에 스스로를 도덕적으로 낮게 보이게끔 하는 국가 권력의 잘못된 행동이 있다. 야로슬라블리에서 만난 한 장교는 말했다. "새로운 러시아는 조국처럼 느껴지지 않는다"라고.

27. 민족적 혼수상태

소위 국민적 애국심을 받아들였다 하더라도 민족적 애국
심을 놓쳐서는 안 된다. 단일 민족 국가에서는 이 둘의 본질
은 같다. 우리 같은 다민족 국가들에게 민족적 애국심은 전
시민을 단결시키는 부분이며, 반면 애국심이 분열된 국가라
면 그것은 큰 슬픔이다. 민족적 애국심은 고통 분담, 희생, 대
가를 바라지 않는 봉사의 자세이다. 또한 당연히 사람들과 연
대하려는 의식이다. 그리고 자연애나 가족애처럼 민족에 대
한 사랑이다. 이 안에서는 누구도 비난받을 수 없고 존경만을
받아야 한다. 현 세계가 계속 변하고 분산되더라도 우리는 가
족을 지키려 하고 가족 안에서 공유된 기준으로 가족을 생각
한다. 민족도 가족과 같다. 유일한 내부적 관계—같은 언어,
같은 문화와 전통, 공동의 역사에 대한 이해, 미래에 대한 목
표—를 단단하게 만든다. 어째서 민족이 스스로를 보호하는
것이 큰 잘못이라고 하는가?

지금 우리나라에 있는 많은 약소민족들의 민족적 애국심
은 러시아인들을 능가한다. 그들의 민족 감정은 그처럼 굳건
하다. 그러나 우리는 어떤가? 우리의 민족 감정은 짓밟히고
찢겨 산산조각이 나 있다. 독일과 전쟁을 했던 짧은 기간 동
안에만 러시아의 애국심이 높이 비상하여 명성을 떨쳤을 뿐

그 후에는 허수아비로 전락했다.

지금 내가 말하고 있는 것은 순수하고 우호적이고 건설적인 러시아의 애국심이다. 극단적인 민족 숭배("오로지 우리 민족", "오로지 우리 신앙!")나 신 앞에서 겸손해야 하는 우리가 그 이상으로 자기 민족을 치켜세우는 그런 애국심을 말하는 것이 아니다. 우리는 파괴적인 공산주의와 소심하게 동맹을 체결한 것을 두고 '러시아 애국주의'라고 부르지 말아야 한다. 러시아 애국주의는 노골적인 명령으로 금지된 것은 아니지만 거의 그러한 상태이다. 국가 내부와 외부의 적지 않은 세력이 러시아인들을 비인격화하려고 한다. 그런데 우리는 어떠한가? 우리는 그저 굴복했다. 20세기에 지속적으로 패배를 거듭하면서 스스로의 얼굴, 특성, 정신을 지키려는 의지가 땅으로 떨어졌다. 이렇게 쇠퇴하게 된 데에는 우리의 잘못이 매우 크다. 고골은 "러시아 속에는 러시아에 대한 무지가 대단히 크다"라고 했고 이반 악사코프(푸시킨에 대한 글)는 "우리의 모든 재난과 불행은 우리 모두와 귀족들, 그리고 민주주의자들 내면에 있는 나약한 러시아의 역사의식과 이미 사망한 역사관 때문이다"라고 말했다. 무엇보다 어려운 것은, 오늘날의 러시아 사람들에게는 조금의 단결 의식조차 없다는 것이다. 오늘날 큰 재난에 처해 있는 러시아 국민 중 다수가 지방 기관을 자체적으로 통일하고 강화하려고 한다. 그러나 러시아 국민은 매우 어려운 국면 속에 처해 있다. 지금 우리가 최악의 상황에 처해진 것은 상호 관계를 맺고 서로를 도우려는 연결 고리를 잃어버렸고, 국가 안에서의 자신의 자리에 대한 의식도 잃어버렸기 때문이다.

우리의 민족의식은 혼수상태에 있다. 우리는 뒤에서는 둔한 기억 상실과 앞에서는 무서운 소멸 사이에 겨우 살아가고 있다. 우리는 민족적 혼수상태에 있다. 전 세계에서 집요하게 민족주의가 성장하고 있을 때 우리는 민족의식의 혼절로 인해 생존 능력은 물론 자기 보호 본능도 잃어버렸다. 우리를 이런 붕괴로 나아가게 만든 원인 혹은 세력은 어제도, 오늘도 우리의 시야 속에 올가미처럼 뒤얽혀 있다. 그러한 것들은 우리의 먼 과거로부터 뻗어 있다.

28. 뿌리에 대한 권리

러시아 민족은 나름의 수난의 문화를 가지고 있다. 1,000년의 세월 전체가 아닌, 모스크바 루시 당시 정교회의 문화가 번성했던 때부터 600년 동안의 문화를 다뤄보려고 한다. 표트르 1세 통치 시기부터 러시아 문화는 지독한 변화를 겪었고, 강제로 낯선 틀에 가둬졌으며, 그 안에서만 발전할 수 있도록 강요당했다. (지질학에서 사용하는 용어로 가상(pseudomorphism)이라는 말이 있는데 본래가 아닌 다른 형태로 결정화되는 것을 말한다.) 그러나 푸시킨 시대부터는 민중 계층에서, 더 상위 계층에서도 많은 것을 지켜냈다. 또한 정교회는 수 세기에 걸쳐 우리의 정신적인 독창성을 키웠다.

소비에트 시기에 공산주의 언론과 러시아 문화를 대체하고자 만들어진 소비에트 문화는 파괴적인 결과를 초래했다. (무엇보다 우리의 언어가 훼손되었고, 심각하게 단순화됐다. 오늘날 러시아 민족과 그들에게 남아 있는 얇은 문화적 층위에서조차 고유 언어에 대한 느낌과 이해가 심각할 정도로 훼손되었다. 생생한 19세기 사전에 나와 있는 생동감 있고 표현력이 풍부한 러시아어 단어를 사용하면, 평범한 독자들뿐만 아니라 러시아 비평가 그리고 농촌 출신의 비평가들조차도 '혁신'적이고 '실험성'이 강하다고 질책했다. 그들은 이미 민중의 언어를 모른다! 얼마 전 대중 신문에 잘 알려져 있지 않은 러시아어 속담 수백 개를 발표했다. 그러자 이러한 속담들을 이해하지 못하고 불평하는 편지들이 오기 시작했다. 예를 들어 '바람보다 고개를 높이 들지 말라'는 속담은 무슨 뜻인가. 능력이 없으면 거만하거나 자만하지 말라는 뜻으로, 이는 지금 우리의 광기 어린 민족주의자들에게 주는 교훈이다.)

최근 10년 동안 러시아 문화가 유해하다며 사회적 형태나 정보 채널, 그리고 이데올로기로부터 정화하고 개조하려는 교육을 통해 새로운 방법으로 꾸미고 있다. 학교 교육의 붕괴는 더욱 치명적이다. 러시아 청소년과 청년들에게 러시아가 정신적인 본질로서 그리고 역사적인 현상으로서 존재하지 않게 된 것이다. 그러나 통일된 민족적 정서가 없다면, 특히 공간이 분산되어 있는 상황에서 우리 러시아인들은 아무런 개성이 없는 인종으로, 아무런 형태가 없는 대중처럼 가라앉고 말 것이다. 민족의 의미와 민족의 소속을 과장하는 것은 위험하다고 반대하는 이들도 있다. 그러나 우리는 과장하고자 하는 것이 아니다. 왜냐하면 그보다 높은 신의 기준을 절실히 느끼고 있기 때문이다. 게다가 개인의 의미를 '인권' 숭배의 수준까지 과장하는 것이 역사 발전에 있어 덜 파괴적이라 할 수는 없다. 개인 위에도 정신적인 심판이 우뚝 솟아 있기 때문이다. 그럼에도 불구하고 뻔뻔스럽기까지 한 이 우상 숭배에 대해서는 아무런 비판도 제기되지 않는다.

또는 이렇게 표현할 수 있다. "우리도 다른 민족들처럼 해야 합니다! 우리도 그들처럼 자신의 출생을 부끄럽게 생각하지 맙시다. 또한 그들처럼 우리의 언어와 우리의 가치를 소중히 여깁시다." 러시아 시오니즘의 선구자인 페레츠 스몰렌스킨의 가장 현명한 이 말에 동의한다. 그러나 "어떠한 가치가 있다는 말인가"라고 콧방귀를 뀌며 부질없다고 말하는 사람들도 있다. 얼마 후 다른 선구자인 아하드 하암은 "무엇보다 먼저 우리는 '가슴을 부활시키고', 민중의 정신적, 도덕적인 완성에 힘써야 한다"라고 말했다. 사실 그렇다.

그리나 현새 러시아는 정신적으로 무너졌을 뿐만 아니라,

육체적으로도 훼손되었다. 20세기 초에 이미 우리는 세계에서 두 번째로 인구 수가 많은 국가였다. 그러나 20세기 내내 많은 러시아 사람들이 죽었다. 러일전쟁과 1차 세계대전은 물론, 공산주의자들이 주민을 학살했고, 독소 전쟁에서 수많은 희생자들이 발생했으며, 오늘날 기아로 인한 사망자가 백만에 달한다. 이러한 소멸의 과정에서 정신은 쇠약해지고, 인구는 더욱 감소하면서 부활의 기회조차 줄어들고 있다.

우리는 공산주의를 떨쳐버렸지만, 너무 늦은 해방으로 새로운 손실을 감내해야 했다. 그렇게 우리의 미래도 흔들리고 있다. 오늘날에도 계속되고 있는 우리 민족의 붕괴를 그냥 지나쳐서는 안 된다. 우리는 정신적 전통, 우리 전통의 뿌리와 그 유기성을 상실할 위기에 처해 있다. 우리의 정신적인 힘은 우리가 생각하는 것보다 훨씬 더 많이 훼손되었다.

29. 러시아인의 민족성

과연 민족에 대한 전체적인 평가가 가능한 일일까? 우리는 인류 전체와 '전반적인 여성들', '전반적인 젊은이들', 농민, 도시인들에 대해서 너무 쉽게 말한다. 물론 그럴 때마다 사람에 따라 다르다며 합리적인 반대를 하는 사람들도 있다. 어디를 가더라도 다양한 사람들이 있기 때문에, 모든 것을 일반화하는 견해는 포용될 수 없고, 그러한 견해는 조심스럽게 피력되어야 한다. 그것의 무게감이 크더라도 말이다. 모든 개인은 천차만별이지만, 국민성이 존재한다는 사실은 의심의 여지가 없다. 민족성은 그 민족의 역사, 전통, 관습, 세계관이 쌓여 만들어지는 것이다.

현대 민족 사전에 따르면 민족성이란 행동, 사고방식, 정신적 기질에 나타난 그 민족만의 독특한 심리적 특징의 총체라고 정의한다. (물론 그중에는 인류 보편적인 특징도 있기 때문에 다른 민족에게서도 나타날 수 있다.)

성격에 의해 인간의 운명 중 많은 부분이 결정되듯, 민족의 운명 또한 마찬가지이다. 서방 세계와는 다른, 러시아의 삶의 분위기와 러시아 민족성의 뚜렷한 차이는 17~19세기 러시아를 자주 방문했던 외국인들의 기록에 이미 여러 차례 언급됐다. 서방에서 러시아는 오랫동안 '접근할 수 없는', '자기 고유의 유기적이고 독창적인 삶을 살아가는', '완전하고 단일한 세계'로 여겨졌다(F. 튜체프).

어디에서부터 그렇게 뚜렷한 차이가 발생한 것인가? 단지 경도상으로 더 동쪽에 위치해 있기 때문일까? 공격적인 유목 민족들과 인접해 있기 때문일까? 아니면 우리의 광활하고 드넓은 영토와 숲, 초원 때문일까? 러시아인들의 성격에 대한 묘사에는 대부분 이런 내용이 포함된다. 폐쇄적인 혈연 공동체로 살고 있었던 많은 민족과 달리 슬라브족의 선조들은 (폴란드인들을 제외하고) 지역 공동체를 이루며 살았다. (슬라브족은 독일인들처럼 선조의 이름이 아니라 거주지에 따라 명명되었다.) 그곳에 정착한 타지인들은 노예였더라도 이방인으로 간주되지 않고 공동체와 어울려 살며 그곳에서 결혼도 할 수 있었다. 폐쇄적인 혈연 중심이 아니라, '고향 땅'이라는 공통점이 중요했다. 러시아 민족의 개방성과 다른 민족들과 쉽게 동화되는 성격은 바로 여기에서 비롯된 것이다. (나중을 위해 큰 차이점 하나를 더 말해보자면, 슬라브 체제의 중요한 특징은 상향식으로 정권을 위탁했다는 점, 9세기 슬라브 부족의 연합은 하향식으로 건설된 국가들이었다는 점이다.)

그 이후 러시아인들의 성격 중 많은 부분은 정교회에 의해 규정됐다. "우리가 열광하고 있는 민족의 모든 근원은 거의 예외 없이 정교회로부터 나온 것이다"(L. 도스토옙스키). 정도의 문제가 아니다. 정교회로 인해 우리가 동양의 무슬림이나 불교와 차별화된 것이다. (물론 반대의 영향도 있다. 동슬라브적 성격이 습관화된 정교회의 형태에 영향을 미쳤고, 그로 인해 그리스 정교회와의 차이가 발생했다.)

지난 과거의 세기에 대해 말할 때면 민중의 대다수를 차지했던 농민이 떠오른다. 농민들의 성격은 운명과 순진하게 타협한다는 점, 러시아인들에게 사랑받는 성인은 온화하고 부드러운 기도자라는 점에서 확실히 드러난다. (확신에 찬 타협과 우유부단을 혼동해서는 안 된다). 러시아인들은 항상 온순하고 겸손하며 어리석은 사람들을 인정했다. 연민, 자신이 가진 절박한 것을 나누고 다른 이를 도울 수 있는 마음이다. 튜체프도 '자기 헌신과 희생 능력'을 정교회의 근원으로 설명했다. 대중에게 자아비판과 참회를 할 각오, 자신의 약점과 실수를 과장하는 것, 민족성의 근간인 믿음, 기도의 역할. "러시아인은 신과의 진정한 소통 없이 살아갈 수 없다"(L. 치호미로프).

이로부터 다음과 같은 속담들(삶의 진리이며, 행동 규범)이 나온 것이다.

"가난은 죄가 아니다", "고난에 순종하면, 고난 스스로 굴복한다", "고통이 많을수록, 신이 더 가까이 있는 것이다", "인내가 구원보다 더 낫다".

이와 유사한 속담들은 몇 페이지를 빼곡히 적을 수 있을 만큼 많다. (서구의 정서로는 이러한 행동을 수용하기 어렵다.) 세계관의 측면에서 계속 이어가 보자.

"죽음의 편안한 수용, 죽음을 받아들이는 장중한 평온함 (톨스토이와 러시아의 많은 작가에게서 나타남)."

"마침내 외적인 삶의 성공을 좇지 않고 부를 추구하지 않으며 가진 것에 대한 적당한 만족." 이와 관련된 속담이다. "작은 것에 만족할 줄 모르는 사람은 더 큰 것을 가질 자격이 없다", "능력보다 호화롭게 사는 사람에게는 큰돈을 벌 수 있는 행운이 따르지 않는다".

그런데 만약 삶의 목직이 물질적인 성공이 아니라면? 오늘날 방황하는 인류 속에서 이 변함없는 질문에 대해 명료한 답을 찾을 수 없다. 목적은 안갯속에 가려져 있고, 사람들은 그냥 살아간다. 그저 그곳에서 존재하기 위해서.

'진리'라는 단어 이외에 (거의 번역이 불가능한) '진실'이라는 또 다른 단어가 생겨난 것은 우연이 아니다. '진실'에는 진리, 개인의 도덕성, 사회의 공정성이 포함된다. 삶의 정의가 아닌, 정의에 대한 갈망이 넓게 퍼져 있는 것이다.

기독교 신앙과는 별개로 러시아 민족성에는 저절로 생겨난 선천적인 특징들이 두드러지게 나타난다. (누군가가 관찰하거나 언급한 내용이 모든 것을 포함하지 않으므로 그것을 인용하지 않겠다). 개방성, 정직, 허물 없는 진실한 관계, 행동의 단순함(어리석을 정도의 단순함), 분주함, 상당한 유머 감각, 러시아 속담은 다양하고 풍부한 유머로 빛난다. 관대함, "러시아인의 증오라는 감정은 견고하지 않아서 러시아인들은 오랫동안 증오할 줄 모른다"(L. 도스토옙스키), 붙임성-인간관계의 사교성, "모르는 사람도 잠깐이라도 만나면 가까운 사이로 느낄 수 있다"(G. 페도토프), 동정심, 모든 것을 '이해하는' 능력, 가장 폭넓은 능력 발휘, '개방적이고 관대한 이성'(L. 도스토옙스키), 과감함, 결단력, "울면서 사느니, 노래 부르며 죽는 게 낫다".

러시아인들의 성격을 극대주의나 극단주의로 규정하는 수많은 주장에 동의하지 않는다. 이와는 정반대로 대다수의 러시아인들은 작고 겸손한 것을 좋아한다. 그러나 지구상의 모든 성격이라는 것은 상반되고, 심지어 완전히 다른 모순들이 동시에 나타날 수 있다. 따라서 다음에 열거되는 내용이 모순적이더라도 놀랄 일이 아니다. 유명한 교육자 S. A. 라친스키는 하나의 도덕적 이상이라도 "강한 기질에서는 모든 업적의 공이 단순하고 겸손하게 표현되지만", "약한 기질에서는 자신의 무력함을 과장하여 인지한다"라고 지적했다. 그러나 체호프는 "자연은 러시아인에게 신을 믿는 특별한 능력과 유심히 살피는 지혜, 사색하는 능력을 주었지만, 이 모든 것은 무사태평과 나태 그리고 경솔한 공상으로 산산조각이 난다"(단편 「길 위에서」)라고 말했다. 이것은 우리에게 매우 익숙하고 이미 수없이 봐온 광경이다…. 애매하고 우유부단한 성격이 우리에게 존재하는 것이다.

혁명 전 오랫동안 러시아에서 살았던 마지막 프랑스 대사 모리스 팔레올로그는 우리를 관찰하고 여러 가지 분명한 인상을 남겼다. 러시아인들의 상상력은 현실에 대한 이해에 기반하지 않고 분명한 형태를 갖고 있지 않으며 몽상에 불과하다는 것이다. 러시아인들은 생각을 많이 하지만 예견하는 능력이 없어서 자신들의 행동으로 인해 뜻밖의 상황에 처하기도 한다. "괜찮다"라고 위로하는 러시아의 민족적 특징은 목표를 낮추고, 모든 것이 공허함을 인정하는 방법일 뿐이고, 결국 굳건히게 의지를 실현하지 못하는 것에 대한 자기변명일 뿐이다. 이는 운명에 빠르게 순종한다는 것이며, 실패에 기꺼이 굴복한다는 것이다.

클류체브스키는 신속한 것이 위력은 있으나 "우리는 질질 끌지 않고 단숨에 일한다"라고 말한 바 있다. "러시아인의 노동은 꾸준하고 균일한 긴장감이 부족하다. 방식이나 리듬도 없다"(S. S. 마슬로프, 20세기 사회 활동가). 러시아인에게 가장 부족한 것은 일관성 있는 방법, 끈기, 내부 규율이다. 어쩌면 이것이 중요한 약점일 수 있다. (그러나 아직 폭음으로 인사불성이 될 만큼 해이해진 것은 아니다.) 우리는 종종 핵심으로 가기 위해 의지를 불태우지 않는다. 바로 그러한 의지가 부족한 것이다.

앞에서 말한 특성들로 인해 나온 말들이다.

"잘 알려져 있다시피 (악명 높은) 육체적, 정신적인 끈기로 다져진 러시아인의 인내심, 이러한 인내심은 권력에 대한 공포로 인한 것이라기보다, 화해를 위해 수 세기 동안 유지되어 왔다."

서방 사람들에게서 나타나는 준법정신이 러시아인에게는 수 세기 동안 발전하지 않았다. 법을 대하는 태도는 항상 불신에 차 있었고 풍자적이었다. 그런데 사전에 모든 경우의 수를 포함한 법을 제정한다는 것이 가능한가? 경우의 수는 다르기 마련이다. 어쩌면 법을 제정하는 많은 사람을 분명 매수했을 수 있다. 그러나 준법정신 대신에 우리 민족에게는 생생한 정의감이 살아 있었고, 오늘날에도 남아 있다. 이를 나타내는 속담이 있다. "법이 사라지더라도 인간은 진리로 살아갈 수 있다". 바로 여기에 우리 민족이 정치나 사회 활동을 오랫동안 외면했던 이유가 있다. 차다예프가 언급했던 것처럼 러시아의 연대기에 따르면 "권력의 깊숙한 작용은… 거의 대중의 의지를 충족시키지 못한다". 마치 강한 바람에 풀이 꺾이지만, 그 이후 아무런 상흔 없이 줄기를 바로 세우는 것처럼, 민중도 마찬가지이다. 가능하다면 스스로의 믿음과 신념을 버리지 않고 '권력의 깊숙한 작용'을 견디며 기다린다. "러시아의 영혼은 외부의 자유보다, 지상에서 신의 섭리에 의해 더 많은 영감을 받는다"(S. 레비츠키, 20세기 철학자). 게다가 러시아인들은 권력을 지향하기보다, 멀리했다. 마치 이를 불가피한 부패, 유혹, 죄의 원천으로 생각하며 경멸했기 때문이다. 이와 모순되지만, 통치자의 강하고 정의로운 행동을 갈망했고, 기적을 기대했다. (특정 시기에는 대중이 공후에 종속되어, 공후가 전쟁을 가리키면 전쟁터로 떠났던 사례를 수없이 봐왔다.)

바로 여기서부터 힘을 모으고, 조직할 수 있는 능력이 턱없이 부족하게 된 것이고, 이것이 오늘날 우리를 가장 위태롭게 하는 요인이다. "러시아인들은 자발적인 조직력을 통해 뭔가를 이룰 수 있는 능력이 없다. 우리는 지도자가 반드시 필요한 민족 중 하나이다. 성공적인 지도자의 통치 하에서라면 러시아인들은 매우 강해질 수 있다… 러시아에서는 혼자서 무엇인가를 이루기도 힘들지만, 여럿이서 함께할 능력도 없다"(V. V. 슐긴).

이런 속담도 있다. "곡식단도 묶을 끈이 없으면 지푸라기에 불과하다". 모든 경계를 허물고, 전 세계가 경악과 경멸을 금치 못하는 무기력함과 운명에 대한 복종은 그렇게 만들어지는 것이다. 이러한 것들이 어디서 유래했는지, 어떻게 살아남았고, 어디로 우리를 데려갈 것인지 복잡한 정신적 구조를 분석하지 않는다면, 우리를 영원한 노예라고 꾸짖을 것이고, 이것은 유행이 되어 세계적으로 퍼져 나갈 것이다.

30. 민족성의 진화

물론 민족성은 영원하지 않다. 수 세기가 흐르고, 수십 년이 지나면 민족성은 주변 환경과 영혼을 채워주는 경관, 민중이 겪어야 하는 사건들, 특히 날카롭게 굴절된 시대정신에 따라 변하기 마련이다. 러시아 민족성 또한 변했다. 혼란스러웠던 17세기는 특정한 역동적인 민족 계층, 특히 코사크인들의 약탈과 잔인한 행동을 방치했지만, 건강하게 지켜왔던 국민의 도덕적 기반까지 뒤흔들지는 않았다.

17세기의 종교 분열은 훨씬 더 깊고 돌이킬 수 없는 영향을 끼쳤다. 분열로 인해 파멸의 균열이 생겼고, 향후 그 자리에는 우리의 풍습과 법령을 모조리 짓밟아버린 표트르 대제의 정책이 집행됐다. 그 후 애초의 러시아 민족성은 구교도의 고립된 환경에서 오랫동안 견고하게 지켜졌다. 방탕이나 타락, 게으름을 탓할 수 없고 산업, 농업이나 상업적인 일을 못한다고 비판하거나 문맹을 비난할 수 없을 것이다. 하물며 영적인 문제에 무관심한 것에 대해서는 말할 것도 없다. 그러나 3세기 동안 관찰한 '러시아의 민족성'이라는 것은 니콜라이와 알렉세이 미하일로비치, 그 후에는 지독하게 진취적이었던 표트르 대제와 그의 무감각한 계승자들이 만들어낸 잔인할 만큼 무관심한 분열로 인해 발생한 왜곡의 결과이다.

이러한 계승자들과 마찬가지로 페테르부르크 왕조가 얼마나 많은 부분에서 국민들의 힘을 쓸데없이 무력화시켰는지에 대해서는 다른 논문(「세기말의 러시아 문제」, 1994년)에 이미 언급한 바 있다. 그리고 왕조와 귀족들이 최소한 1세기동안 러시아 농민의 많은 부분을 차지하는 농노 계층의 온순함을 이용하여 얼마나 이기적으로 그들을 옥죄었는지에 대해서는 잘 알려져 있다.

이러한 세기가 지나고 해방 개혁이 발표되었지만, 개혁은 소심했고 농민들에게 충분한 토지를 주지도 않았으며 때로는 농민들이 오랜 기간에 걸쳐 돈을 지불하고 사야 했다. 개혁은 농민들이 겪어야 하는 경제, 사회, 정신적인 엄청난 과도기적 충격을 어떻게 완화할 것인가에 대해서는 근시안적이었고, 세심하지 못했다. 이리한 충격은 새로운 관계 시스템과 충격적인 '루블 파동'에 쉽게 적응하지 못하는 러시아 국민성에 빠르게 영향을 끼쳤다(글레브 우스펜스키). 다는 아니지만, 민중의 일부 계층은 관습의 파괴, 타락, 격분, 폭음의 증가로 인해 피폐해졌다. 이러한 타락은 우스펜스키를 제외한 많은 작가의 작품에 반영되어 있다. 1891년 레온티예프는 '우리 민족은 술에 취해 있고, 거짓말을 일삼으며, 정직하지 않고, 30년 동안 불필요한 전횡과 부당한 요구에 이미 익숙해졌다'라고 썼다. 그리고 만약 이런 식으로 계속된다면, 러시아 국민은 반세기가 지나면 (…) 자신도 깨닫지 못하는 사이에 점차 '신을 섬기는 민족'에서 '신을 거역하는 민족'이 될 것이라고 예언했다. 그의 예언은 훨씬 더 빨리 실현되었다.

이반 로지오노프의 『우리의 범죄』에서 20세기 초 러시아인의 음주 문화를 찾아볼 수 있다. 읽어보면 도덕의 타락보다 더 끝없고 우울한 것은 없다는 생각이 든다. 알다시피 더 중요한 것은 앞으로 일어날 일이다. 거기서 우리는 '귀족을 교살하고, 땅과 재산을 나누어라', '모든 귀족을 죽여라!'와 같은 문장을 만나게 된다(1910년). (당시 심판이 느슨했는데, 알렉산드르 개혁의 또 다른 결과이다.)

러시아 병사들과 오랜 경험이 있는 제니킨 장군은 "20세기 초에 종교성은 퇴색됐다. 국민들은 그리스도의 모습을 잃어버리고, 무의식적으로 물질적인 이해에 심취해, 그 속에서 인생의 의미를 찾기 시작했다"라고 증언했다. (이러한 얘기를 하는 사람이 많다.) 그는 "무지한 국민은 이러한 과제가 국가적인 것, 국가의 방어를 위한 것임을 이해하지 못했다"라고 말했다. 1915년 퇴각 시에 울려 퍼졌던 것은 '우리, 사라토프까지 독일인은 오지 못한다'였다.

1905년에는 악이 새롭게 폭발하여 영주의 소유지를 방화하거나 파괴하였지만, 1905년 혁명을 시도한 것 자체, 그리고 1906년 스톨리핀이 대중에게 혁명이 노출되지 못하도록 완강하게 차단함으로써 결국 대중의 마음을 움직이지 못했고, 국민성을 획기적으로 변화시키지 못했다.

1917년 미국 상원 의원('오버맨 위원회')으로 노후를 러시아인들 사이에서 보냈던 개신교 목사 사이몬스는 "나는 러시아 시골이나 노동자들 사이에서 만난 사람들보다 더 훌륭한 여성과 남성들을 만나본 적이 없다. 볼셰비키가 집권하기 전까지 나는 그들 사이에 있으면서 항상 안전하다고 느꼈다"라고 말했다.

그러나 러시아 민족성이 갑자기 위험하게 변했다고 많은 사람들이 말했다. 엘리자베스의 대신 베스투제프 류민은 "러시아 민족은 처음 자극을 받으면 뭔가를 해보려고 하지만, 그 순간이 지나고 난 후에는 완전히 복종한다"라고 썼다. 팔레올로그는 혁명 직전에 "감정을 폭발시키는 본능이 너무도 쉽게 이성의 고른 빛을 넘어버려, 그들은 아주 쉽게 자신의 환경에 굴복한다. 갑작스럽게 풀려난 본능이 러시아 민족성을 알아보지 못할 정도로 바꾸어 놓는다"라고 말했다. 이는 러시아 문학 속에서도 나타나 있다. 푸시킨의 작품 중 간략하지만, 진부한 문장에서 러시아인들의 반란을 폭발시키는 끝없는 분노에 대한 내용이 등장한다. 아마도 이것은 러시아인의 끝없는 인내심이 폭발하는 것을 극단적으로 대조하기 위해서다. 그러나 유명한 심리학자 구스타프 르 봉이 혁명적 군중의 행동들을 세밀하고 다각적으로 분석한 것을 살펴보면, 이것은 민족적 군중, 인종, 기질과 관계없는 일반적인 성격임을 알 수 있다. 러시아 혁명 중에 나타난 민족의 파괴성과 분노는 프랑스 혁명이나 스페인 내전(1936~1939년)에서 나타났던 것보다 더 광폭하거나 잔인하다고 할 수 없다. 이반 솔로네비치는 '혼란의 시기'와 '푸가초프의 난' 시기에 러시아 반란자의 행동이 정부를 부정하거나 '우매하지' 않았고, 훌륭한 군주 권력을 세우러 간다고 믿거나 혹은 자신을 외면하면서 '정통 군주제의 깃발 아래 나아갔다'며 꽤 합리적인 반론을 한다.

무정부적인 사회 현상들이 추하게 퍼져 나가고, 제멋대로인 국민의 의지는 1917년 2월부터 더욱 두드러지게 나타났다. 반대로 10월 혁명은 페트로그라드와 모스크바 전투 시에도 국민들의 참여 없이 진행되었고 양측에서 소수의 단체들만 행동했다. 이러한 무관심이 억제할 수 없는 폭발보다 훨씬 낫다고 할 수는 없다.

볼셰비키들은 재빨리 러시아 성격을 철통같이 무장시키고 자신들을 위해 일하도록 했다. 소비에트 시절 아이러니하게도 "오랜 시간 동안 러시아 민족들에게 온순과 복종을 주입했던 외부적 제약과 밀랍을 해제할 필요가 없다. (…) 러시아인은 다시금 현명하게 자유를 제한해야 하고, 평등주의라는 경사로에서 밑으로 떨어지지 않게 꽉 붙어 있어야 한다"라는 레온티예프의 바람이 실현되었다. 그의 바람은 몇 배 이상으로 과도하게 적중했다. 선명하고 확실하게 선별적 반대, 선택적 파괴가 행해졌다. 볼셰비키는 이렇듯 계획적으로 러시아의 성격을 개조하고 비틀어 엉키게 만들었다. 볼셰비키들의 압박으로 인해 민족의 도덕이 사라지는 현상에 대해 『수용소 군도』(6부 3장)와 다른 논문에서 충분히 서술했으니 여기서는 간단하게 말하겠다. 나라 전체가 마비될 정도로 공포가 가득하여(체포뿐만 아니라 사소한 일이라도 그 일을 시작하는 순간, 심지어 전횡에 가까운 주거지 변경으로 거주지 변경도 외출하는 것도 불가능할 정도였다) 인구가 밀집된 곳에서는 국민들 사이 밀고가 만연하고 사람들 간에는 비밀과 불신이 싹트고 자리 잡았다. 그러니 가까운 친척들과 위협에 빠진 친구들을 얼마나 외면했겠는가! 주위 사람들의 죽음에 끊임없이 귀를 막았다. 곳곳이 배신으로 가득했다. 살아 있길 원한다면 계속해서 거짓말을 하고, 그런 척해야 했다. 선함 대신에 배은망덕함과 잔인함, 극도의 후안무치가 자리 잡았다. 보리스 라브레뇨프는 (이미 1920년대, 내전 이후에) "볼셰비키들은 러시아인의 피를 불 속에서 펄펄 끓여 댔다"라고 말했다. 이것이 국민성을 완전히 바꾸고, 불태워버리는 것이 아니라는 말인가?!

소비에트 체제에서는 악한 사람들이 승진하고 성공할 수 있었다. 그러나 놀랍게도 많은 사람들이 선함을 간직하고 있었다. 더욱 놀라운 것은 우리 민족이 돌이킬 수 없을 만큼 훼손되지 않았다는 것이다. 그렇지 않다면 독소 전쟁에서 발휘된 거대한 힘이 어디에서 나올 수 있겠는가?

독소 전쟁과 그 과정에서 보존하지 못한 헤아릴 수 없이 많은 우리의 손실은 곧 내면적 파괴로 이어졌고, 러시아 민중의 용기를 오랫동안 사라지게 했다. 아마도 앞으로 100년은 더 그럴 것이나 영원히 그럴 것이라는 생각을 애써 지우자.

흐루쇼프와 브레즈네프 시절 민중의 무력함이 국민성을 바꿀 만큼 대단히 파괴적이었다고는 말하지 않는다. 레온티예프가 예언한 대로 나른한, 마치 평안한 복종이 도래한 것이다. 변방에서는 여전히 러시아로부터 분리되려 노력했고, 그러면서도 쇠약해지는 러시아의 즙을 빨아들이는 데 열중했다. 그러나 우리는 우리를 파멸로 몰아내지 않는다는 사실에 기뻐했다.

그러나 그 이후에 고르바초프와 옐친의 예상치 못한 비이

성적인 '큰 도약'이 우리를 초조하게 했다. 주위를 돌아보고, 변화에 대처하며 자신과 아이들을 준비시키거나 보잘것없는 재산을 챙길 겨를도 없이 우리는 뛰어내려야 했다. 우리는 '시장'에, 아니 '시장 이데올로기(정작 시장은 없는)'에 내동댕이쳐졌다. '인간이 인간에게 늑대'가 되고, '네가 오늘 죽으면, 나는 내일 죽겠다'는 그런 시장. 루블-달러 파동은—삶 자체에 그리고 더 심각하게는 심리적으로—알렉산드르 시대의 '루블' 파동보다 훨씬 더 많은 파장을 불러일으켰다. (우리의 피가 '불 속에서 펄펄 끓어' 올랐음에도 불구하고 우리의 인내심은 새로운 기록을 세웠다. 대가도 없이 온순하게 살면서 그렇게 우리는 유색 광물 조각을 팔기 위해 군사용 지하 케이블을 절단할 수 있게 되었다.

민족의 빈곤보다 더 무시무시한 것은 가이다르와 추바이스의 개혁으로 우리 국민들이 또다시 새로운 도덕적 붕괴를 맞닥뜨리게 된 일이다. 가장 온순하고, 근면하고, 믿음직한 사람들이지만 이토록 강력한 와해는 전혀 준비되지 않았다. 아직 완전히 파괴되지 않고 남아 있는 국민성을 어떻게 보호해야 하는가? 남아 있는 아량으로 막아야 하는가? 아니면 다른 이들의 고통에 대한 동정심으로 막아야 하는가? (반대로 본인이 고통스럽다면 어떻게 하겠는가?) 도와주고자 하는 마음으로 막아야 할까? (그러나 본인 스스로가 벼랑 끝에 놓여 있다면?) 중요한 것은 무례하고 모든 것을 집어삼키는 위선으로부터 우리 아이들을 어떻게 지켜낼 수 있는가 하는 것이다. 러시아 민족성은—선함은 퇴색되고, 약점은 발달했다—20세기 시련에 처한 우리를 무기력하게 만들었다.

당시 우리의 개방성, 그것으로 인해 타인의 영향력에 쉽게 항복하고 정신적으로 흔들리게 된 것은 아닐까? 그로 인해서 내면의 불일치와 우리 자신들 사이에 타인화가 더 심해진 것은 아닐까? 얼마 전에 공화국 난민들을 배척한 사건이 이를 잘 보여준다. 러시아인들에 대한 러시아인들의 무관심은 놀랍기만 하다! 우리처럼 민족적 단합이나 상호 유대감이 없는 민족은 드물 것이다. 이것은 현재 일어나고 있는 붕괴로 인한 것일까? 아니면 소비에트 시절 수십 년 동안 우리에게 주입된 성격인 것인가? 실제로 우리는 수 세기 동안 존재했던 우정 어린 형제 동맹과 활발한 공동체적 삶, 과연 이것을 복구할 수 있는가?

국민의 건강을 회복시키는 것만으로는 부족하다. 다가오는 정보 시대의 요구에 부응하여 다른 민족들 사이에서 뭔가 의미를 찾으려면 21세기에 걸맞은 수준으로 우리 자신의 성격을 개조해야 한다. 그러나 러시아의 역사를 통틀어서 우리는 이러한 집약적인 것에 익숙하지 않다. 오늘날 러시아 민족성은 저울에서 흔들리고 있다. 자 이제 어디로 기울 것인가?

31. 우리가 러시아 민족으로 남을 수 있을까

'러시아 민족'이라는 단어에 누가 포함되는지에 대해서 이미 오래전부터 명확하게 할 필요가 있었다. 혁명 전까지 이 단어는 세 개의 동슬라브 민족(대러시아인, 소러시아인, 백러시아인)을 통칭하는 단어로 사용되었다. 혁명 이후에는 해체된 대러시아인을 지칭하는 말로 쓰였다. (고유 언어가 무뎌진 까닭에 표현력이 풍부한 러시아 사람이라는 뜻의 '루스이', '루시치'라는 단어는 이미 오래전에 사라졌고, 대러시아인이라는 뜻의 '벨리코루스이'라는 명칭만 아직 남아 있다.) 이 단어의 의미를 보면 단순히 러시아인을 지칭하는 것이 아니라 러시아 민족, 역사, 문화, 전통을 진심을 다해 정신적으로 따르고 애착을 가지고 지키려고 하는 사람들을 지칭한다.

1919년 말 파멸 직전 의용군이 퇴각할 때 표트르 브랑겔 장군은 "우리는 마음으로 러시아인과 함께한다"라고 말했다. 이보다 더 정확하게 표현할 수는 없을 것이다. 국적은 자신의 피가 아닌, 진심 어린 애정과 개인의 정신적인 지향에 따라 달라지며 이것은 러시아 민족의 구성에 각별한 영향을 미쳤다. 수 세기 동안 단일 민족 국가에서, 보다 창조적인 민족으로 변화했기 때문이다. 즉, 러시아 국가 기관에 종사했거나 생활하면서 러시아 문화나 관습에 오랫동안 심취했던 많은 사람이 정신적으로 진정한 러시아인이 된 것이다.

그런데 우리가 그들을 '러시아인'이라고 부를 권리가 있는

지는 생각해 볼 문제다. 오늘날 방송이나 신문에서 순수하게 러시아적인 관점에서 이루어진 사건의 해석이나 전망은 결코 찾아볼 수 없다. '러시아인'이라는 단어의 사용은 정신적으로 금지된 것처럼 보이고, 건방진 도전처럼 느껴지기도 한다. 우리는 이 단어를 통해 무엇을 표현하고 싶은 것인가? 또한 누구를 배제하고 싶은 것인가? 타민족들은 어떻게 하고 있는가? 타민족들은 우리보다 자신들의 명칭을 고수한다.

오늘날, 특히 공식적으로는 '로시야닌'이라는 용어를 사용하려고 한다. 이 단어에 대한 의미상 배열은 바로 '러시아의'라는 형용사와 일치한다. 그러나 이 단어는 평범하고 자연스러운 대화에서는 들을 수 없기 때문에 생명력을 잃은 단어이다. 러시아 국민 가운데 '당신은 누구인가'라는 질문에 '로시야닌'이라고 대답하는 사람은 한 명도 없을 것이다. 대신에 타타르인, 칼미크인, 추바쉬인이라고 대답하거나 혹은 스스로를 진심으로 그렇게 생각한다면 '루스키'라고 대답할 것이다. 애매한 '로시야닌'이라는 단어는 국적을 대신하는 공식적이고 차가운 의미로 쓰인다. 그러나 자신을 '루스키'라고 부르지 못하는 비밀스러운 금지를 수용한다면, 우리는 결코 자기 자신을 규정하거나 이해할 수 없을 것이다.

전 인류적 가치 외에 민족·문화적 가치가 존재하는데 어떠한 민족도 그것을 부정할 수는 없다. 이번 장에서는 '우리가 러시아 민족으로 남을 수 있을까?'라는 질문으로 시작했다.

이 질문은 '국제적 교육을 방해'하고 있다거나, '민주적 개혁 수행을 저해'하고 있다는 이유로 이미 80년간 압박 당한 질문이다. 지구상에 러시아인으로 존재할 수 있을지에 대한 문제는 위협적으로 다가오고 있다. 1999년의 인구 조사에 따르면 확연하게 인구 수가 감소하고 있다는 것을 알 수 있다. 사망과 출생률 감소가 주요 원인이다. 그러나 과연 러시아 정부가 인구 통계 문제에 나설까? 이 문제를 해결하기 위해서는 인구 감소를 우려하는 마음과 막대한 재정이 필요하고, 무엇보다 이것은 수십 년 동안 계속되는 문제이다. (통계학적으로 인구의 감소가 심화되는데, 예전에는 '루스키'라고 대답했던 비러시아인들이 이제는 자신의 국적을 찾아 돌아갔고, 민족 고유의 언어를 사용하는 사람들도 러시아 민족의 대열에서 이탈하고 있다.)

그러나 책의 목차와 제목은 다시금 우리가 러시아인으로 남을 수 있을 것인지에 관한 질문을 돌아보게 한다. 우리가 육체적으로 살아남는다면 우리의 러시아적인 것, 우리의 믿음, 정신, 민족성을 지키고 전 세계적인 문화 구조 속에서 우리의 대륙을 보존할 수 있을까? 우리가 정신, 언어, 자신의 역사적인 전통 의식 속에서 우리를 지켜낼 수 있을까?

러시아인이 단일 민족으로 남기 위해서는 많은 장애 요소가 있다. 그중 첫 번째는 바로 우리 젊은이들의 운명이다. 과연 우리 학교가 러시아 문화의 중심이 될 수 있을까? 과연 학교가 러시아의 문화를 계승하고, 역사적인 기억을 보존하며 국민적 자긍심을 고취시킬 수 있을까?

소비에트가 해체되자마자 그들은 즉시 지극히 자신의 민족적 양식에 따라 학교를 개조했다. 러시아 내 자치 정부들도 적극적으로 자신의 민족 학교를 세우고 있다. 자치 지역이 없는 몇몇 민족들 또한 그렇다. (모스크바만 보더라도 유대인, 아르메니아인, 그루지아인, 타타르인, 리투아니아인 등을 위한 많은 학교가 있다.) 한편 '아이들이 왜곡되지 않은 러시아어, 러시아 역사, 러시아 인문·철학적 문화를 깊이 있게 습득'하게 하는 것이 쇼비니즘에 의한 강요는 아닌가 하는 자조적인 외침이 러시아인들 사이에서 울려 퍼지고 있다.

1857년에 우쉰스키는 민족 교육(그는 푸시킨을 따라 '국민 교육'이라고 했다)의 개념을 상세하게 설계했다. 모든 민족을 위한 단일 교육 시스템은 이론적으로도, 실질적으로도 불가능하다. 모든 민족은 자신만의 시스템이 있기 때문이다. 문화는 민족적 형태를 거슬러 건설적으로 발전할 수 없고, 당연히 벽으로 가로막힌 상태가 아닌, 다른 세계의 문화와 상호 작용을 통해서 발전한다. 그러므로 자신의 뿌리와 전통과의 연계를 강조하느라 현대적인 것을 지향하는 학생들을 이탈하게 해서는 안 된다. (러시아 전통 춤과 노래를 강요해서는 안 된다.)

요구 조건이 많은 현대성은(우리가 뒤처지고 있고, 앞으로도 뒤처질 부분) 잃어버린 가치의 부활뿐 아니라, 이제까지 한 번도 존재하지 않았던 새로운 러시아를 건설해야 한다는 더욱 복잡한 목표를 주문한다. 이러한 목표는 무엇보다 학교 교육을 통해서 해결할 수 있다. 학교 교육을 통하지 않고는 새로운 지식이 성장할 수 없기 때문이다.

예를 들어 학교에서 조국의 역사를 가르치는 것은, 그 자체로 새로운 것이다. 혁명 전 중학교 교과서에도 이전 세기의 역사를 심각하게 미화시켰고, 현대사에 접어들어서는 마지막 두 왕조에 대해서는 다루지 않고 감추었다. 소비에트 교과서에 실려 있는 역사의 무례한 왜곡에 대해서는 아예 할 말이 없다. 우리가 무책임하게 왜곡한 프로젝트를 새롭게 바꿔서 젊은이들에게 완전하고, 편견 없는 진실을 담은 조국의 역사를 펼칠 수 있을까? 러시아 문학뿐만 아니라 사료를 발췌한 선집을 낼 수도 있다. 고학년 학생들을 대상으로는 20세기를 포함한 러시아 사상가들의 풍부한 인용문을 수록할 수 있다. 학교의 교육 프로그램을 보면 우리 역사와 문화에서 정교의 역할이 논리적으로 기술된 경우를 찾아볼 수 없다. (국가의 지원을 받지 않고, 교사들의 의지로 그러한 노력을 기울이는 학교를 방문한 적이 있는데 그곳은 전반적으로 분위기가 활기찼고, 학생들이 자신의 학우들과 교사들에게 서로 모두 친근하게 대했다. 그곳은 마치 격분의 시대를 겪지 않은 섬 같왔다.)

현재 쇠락하고 있는 상황에서 학교를 설립하는 것이 충분히 가치 있는 일이라고 단정하기는 어렵다. 그러나 우리가 이러한 학교를 설립하지 않는다면, 이교도의 잔혹한 불꽃과 무슨 수를 써서라도 미끼를 던지고자 하는 욕망이 스며든 무질서하고 어두운 의식의 위험 속에서 우리의 아이들을 구해내지 못한다면, 러시아 민족과 러시아 역사는 종말을 맞이하게 될 것이다.

UN 조약에 따르면 부모들은 자신의 아이들에게 종교 교육을 제공할 수 있는 권리가 있다. 러시아에서는 이제 막 시작했고 드물기는 하나 학교 내부에 정교적 관습을 세우려는 목적으로, 다양한 어려움 속에서도 정교회 학교가 하나 둘 생겨나고 있다. 현재 상황에서는 아마도 종교 과목을 직접적으로 가르치기보다는 인문, 미학, 자연과학 등 전 과목을 전반적으로 가르치는 분위기가 더 효과적일 것이다. (학교에서 배우는 모든 과목에는 도덕이 포함될 수 있기 때문이다.)

그러나 오늘날 실제 러시아 학교의 교육 과정은 우리의 구원과는 정반대 방향으로 진행되고 있다. 공산주의 교과서 근절에 따른 전환기적 변형이 일어났다. 과거의 이데올로기에서 벗어난 새로운 교과서가 나오는 것 같지만 그렇지 않았다. 정도의 차이는 있으나 동일한 이데올로기를 다루고 있기 때문이다. 모든 러시아 교육 시스템이 재난에 가까울 정도로 물질적 부족 상태를 겪고 있고, 보급망이 파괴된 데다가 출판물이 비싸서 접근하기 어려운 상황에서 학교와 교사는 각종 기부자와 무료 교과서에만 무기력하게 의존하고 있다. 게다가 미심쩍은 부유한 해외 기금과 국제 사이비 종교들이 자신의 사상을 전파하고, 그 영향으로 우리 교육이 뜻밖에 가장 어려운 과도기에 처해졌다. 비교육자들, 개인적으로 학교 교육의 경험도 없는 작가들이 성급하고 경솔하게 러시아의 (때로는 해외의) '문화적 주도권'을 잡았고, 놀라울 정도로 쉽게 교육부의 승인을 받아서 새로운 교과서와 교재를 써 배포했다. 이러한 '교재'들은 학생들에게 문학을 교육적인 의미로만 받아들일 것이 아니라, 유희로써 받아들일 것을 주입시켰는데, 이것은 러시아 전통과 정면으로 배치되는 것이다. 혹은 젊은이들의 머릿속에 조국의 역사와 가치에 대한 존경의 싹을 베어버리는 것이다.

이것은 교육의 방법론과 지식의 평가에 있어서도 혼란스러운 영향을 미친다. 러시아 교육의 전통에 따라 엄격하게 지식의 체계를 배우는 것이 아니라, 표면적이고 잡다한 정보의 조각들을 제시하고, 학생들의 주도적 사고를 발달시킨다는 슬로건 하에 때로는 현기증이 날 만큼 단편적인 정보만을 제공하고, 학생들은 그저 제시된 자료를 심판하는 역할만 하면 된다. 이러한 교육 방법으로 인해 미숙한 젊은이들은 과목별 체계적인 기반 지식을 얻기보다는 종종 자신을 과대평가하는 무지를 범하거나 변덕스러운 주관성에 고무되기도 한다. 그러한 이유로 지식을 검증하는 과정에서도 자신의 지식을 논리 정연하게 서술하는 것이 아니라, 단순히 '정답과 오답'을 구분하거나 제시된 답안 중에서 정답만 고르면 되며 결과만을 중요시한다.

이렇게 왜곡되고 어수선한 환경에서 어떤 새로운 러시아 학교가 탄생할 수 있겠는가?

러시아 교육부는 교육 프로그램을 성급하고 경솔하게 변화시키려고 한다. 이미 러시아어 수업 시간을 줄였고, 이제는 러시아어 단독 수업을 완전히 없애고 문학 수업으로 통합하는 계획을 세웠다. 그러나 이것이 과연 언어 교육의 최종적인 목표인가?

이러한 '개혁'과 '혁신'의 흐름 속에서 다수의 교사는 망연자실하고 억눌리지는 않았을까? 도덕적 목적과 지식에 대한 갈망을 외면한 교사들은 지방 학교의 '조국의 역사' 수업에서 "부자가 되기 위해서는 공부를 잘해야 합니다"라고 얘기한다. 방치된 시골 학교 역사 수업에서 빈약한 지식과 궁핍한 삶의 운명을 타고난 불행한 아이들에게 "아마도 여러분들 중 누군가는 공장의 사장이 될 것입니다", "바냐, 너는 대통령이 되고 싶니?"라고 묻고 있다.

32. 혼란한 시대의 러시아 정교

볼셰비키 시절 교회는 결박된 노예 상태였기에 교회가 해방되면 오직 기쁘기만 할 것 같았다. 그 첫걸음은 밝아 보였다. 그러나 해방된 교회는 러시아 전체가 그러했던 것처럼, 그리 간단하지 않았다. 무신론자들에게는 70년이라는 속박의 세월 이전에 있었던 러시아 교회의 100년 세월 또한 더 나았다고 할 수 없을 것이다. 19세기 내내 거의 예외 없이 종교를 화석화시키려는 과정이 계속되었다. 그로 인해 교육받은 계층의 대부분이 (자기 발전을 이유로) 교회와 신앙으로부터 멀어졌다. 19세기부터 20세기까지 눈에 띄게 많은 평범한 민중들이 이미 관심을 잃고 이탈했으며, 이것이 1917년 혁명 발발의 결정적인 원인 중 하나였다. 교회 내부의 거룩한 업적도 있었지만, 일반 교구에서는 답답한 기운이 커져갔고, 교회 성직자들에게 충실한 평신도조차 이를 분명하게 감지할 정도였다(레스코프의 『사제들』). 교회 생활에도 불가피하게 개혁의 분위기가 나타났고, 20세기 초에 공의회가 이를 위한 준비에 나섰으나, 이 모든 계획은 군주의 뜻에 따라 무산되었다.

러시아 교회는 1917년 2월 비이성적인 국가 전복이라는 러시아의 엄청난 재난을 어떻게 받아들였을까? 조국전쟁 시기에는 어떠했는가? 종교 회의는 국민들에게 카오스적인 혁명 세력을 '신의 권력'으로 인정할 것을 호소했다. 그리고 무관심하고 형식적인 태도가 아니라, 오히려 추종하듯 환영하며 신의 축복을 빌고 서원했다. 미래 교회의 방향을 결정하는 3인, 세르게이 스트라고로드스키와 미래의 총주교인 치혼, 주교 안토니 흐라포비츠키조차도 향후 재난을 가져올 원흉에 입을 맞추었다. (해외 정교회도 이 순간을 기억해야 한다. 그들은 고국의 교회가 세속적 권력자에 충성을 맹세하는 것에 대해 성난 비난을 보냈고, 지금도 보내고 있다. 그러나 더 용서할 수 없는 것은 교구에서 직접 교회 파괴에 나선 일이다.)

그 이후 성공적이고 사려 깊은 교회 공의회가 활발하게 발전해나가고 있는 것 같았으나, 1917년 크렘린에서 벌어진 볼셰비키의 대포 사격으로 중단되었다. 그로부터 우리 교회는 반세기 동안 잔혹한 시간을 보내야 했다. 수만 명의 사제들을 몰살시켰는데(가족 전체를 얼음 구멍에 빠뜨리고, 검으로 신체 부위를 잘랐다. 그러나 지금 이 모든 것은 잊혔다), 이러한 사례는 고대 그리스에서 기독교인들을 탄압했던 일이 유일하다. 수천 명의 희생자들은 신앙에 대한 헌신적인 신념을 표했고, 그리스도를 위한 죽음을 택했다. 그러나 이러한 희생으로도 개인적인 영웅주의가 남아 있는 정교회의 신도들과 교회를 보호하지 못했다. 1943년부터 겨우 교회의 소심한 존재가 허용되었지만, 다시 흐루쇼프의 미치광이 같은 박해를 받게 되었다.

오늘날 우리 교회가 지금까지도 아무런 물질적 기반 없이 참패와 치욕, 예외 없는 몰락과 강탈을 겪어내고 일어섰다는 사실을 기억하고 이해해야 한다. 물론 많은 사람들은 정교회가 국가 내에서 완전히 독립적인 권위를 가지고 견고해지기를 바라고 기다리며, 그것이 바람직하다고 생각할 것이다. 국가의 모든 지원은 교회의 정신을 약화시킬 뿐이다. 교회는 권력의 수치스럽고, 혼란스러운 전시적인 '교회' 텔레비전 방송에 참여하지 않아야 한다. 대신 자신 있고 확신에 찬 목소리로 권력자들이 약탈 세력을 눈감아 주고 부추기는 행태를 폭로했어야 했다. 발버둥을 치며 살아가는 우리를 돕고 보호하기 위한 교회의 목소리가 굳게 울려 퍼져야 한다.

그러나 오늘날 교회는 지나치게 무력하고, 교회를 구성하는 성직자들이 단절되고 나약하다는 것을(이러한 문제를 개선하기 위해서는 수 년이 걸릴 것이다) 기억하고 또 기억하면서, 교회에 비난을 보낼 것이 아니라, 우리 스스로가 나약하고 무력하며, 일어나고 있는 모든 일들을 허용하고 있다는 사실을 두려워해야 한다. 우리 스스로가 신앙인이라면. 조국의 운명에 무관심한 사람들은 조국을 구하는 데에도 아무런 도움이 되지 않는다.

오늘날 우리 교회가 겪고 있는 어려움이 비단 물질적인 이유에서만 비롯된 것은 아니다. 그 원인의 하나는 바로 사회와 민중들 일상에서의 교회의 역할이다. 교회가 합법적으로 국

세기말의 러시아 문제

가권력과 분리되어도, 사회나 교회를 필요로 하는 사람들과 단절해서는 안 된다. 러시아 민족과 국가가 파멸 상태에 처해 있는 상황에서 가슴 아프게도 정교회는 전통적으로 수 세기 동안 사회와 분리되어 있다. 우리가 겪고 있듯, 이러한 파멸의 시기에, 사람들은 모든 어려움을 극복하기 위해 누군가의 강한 영적인 지지(그런데 과연 누구의 지지가 필요할까?)를 필요로 한다. 분명히 사원의 담장 너머에서 많은 일을 하는 일부 사제와 교구들이 있으나, 과연 이것이 전 교회로 확산될 것인가? 가톨릭, 기독교, 이슬람, 이 모든 종교는 사회적 문제에 적극적이다. 민족과 종교와의 연대는 이렇게 함으로써 자연스럽게 형성되는 것이다. 정교회가 러시아 사회에서 마땅한 자리를 차지해야 하지만(군대에도 있어야 한다), 지나치게 세속화되어서는 안 된다(부질없는 바람을 축복하는 일처럼). 또한 러시아의 다른 전통적인 종교들과 분란을 일으키지 않아야 한다. 스스로 역할의 의미와 영향력을 바탕으로 다양한 종교와 민족이 공존하는 국가 보존에 균열이 가지 않도록 그 경계를 넘어서지 말아야 한다.

다른 흐름은 교회 내부의 문제이다. 부실한 종교 교육 기관들로 인해 최고 교육을 받은 사제들이 국내에 충분치 않다. 볼셰비키가 황폐화시킨 수십 년의 시간이 지나고, 새로운 이교도 정신의 횡포가 성행하는 상황에서, 설교와 신념을 위한 적당한 언어를 찾는 것은 어려운 일이다. 어떻게 아이들을 교육할 수 있는가? 어떻게 교회를 찾은 성인들을 계몽시킬 것인가? 슬라브어에서 러시아어로 부분적으로 전환을 허용하는 문제에 대해서 교회 내부적인 논쟁이 있다. 정반대의 대립이다. 집요하게 (때로는 매우 급진적으로) 개혁을 추구하자는 입장과 아무것도 바꾸지 않는 것은 물론이고, 가능하다면 혁명 전 교회의 정신과 제도를 복구하여 정교회를 그대로 유지하자는 입장이다. 그러나 러시아에서 어느 것도 혁명 이전의 상태로 돌아갈 수 없듯, 교회 또한 마찬가지이다. 전통에 대해 깊은 믿음이 있다 할지라도 새로운 지향과 움직임은 불가피하다. 매년 주교 회의에서는 이 문제를 해결하기 위해 열심히 노력한다. 그러나 그러한 문제를 공개적으로 인식하고 결론을 도출하기 위해서는 많은 용기가 필요하다. (대체 언제 구교도와 깊게 뿌리내린 계파들이 진정한 화해를 이룰 수 있을 것인가? 단지 그들을 용서하는 것이 아니라, 과거에 행한 잔인한 박해에 대해 반성을 표현하면서 말이다. 오늘날 황폐화된 러시아는 향후 러시아가 존재할지에 대해서도 알려주지 않는다. 정교회가 큰 고난에 처해 있는 상황에서 우리는 고집스럽게 구교도가 오랜 분열을 만들어낸 것이라고 인정하지 않는다.)

우리의 새로운 이교도가 마치 우리 민족의 역사를 파괴할 것처럼 '약해진' 기독교에 반대하는 성난 목소리가 울려 퍼지고 있다. 정교회에 손해를 끼치고 필요 이상의 애국심을 불러

일으키는 목소리이다. 물론 우리는 우리의 개인적이고, 국가적인 특징과 세계관을 가지고 신앙생활을 시작해야 한다. 그러나 더 나아가 종교가 발전하는 과정에서 그러한 발전이 이루어진다면, 우리는 더 높은 곳까지 다다를 수 있을 것이고, 국가적인 것을 초월하여 훨씬 더 넓게 포용할 수 있을 것이다. 20세기에 발생한 국가가 분리된 것은 바로 정교회 신앙을 상실하고, 맹렬하게 뻗어 나가는 새로운 이교도에 빠져들었기 때문이다. 정교회를 거부하면 우리의 애국심도 이교도적 특징을 갖게 된다.

오늘날 러시아 영토 내에서는 우리의 영세한 교회와 비교하면 엄청난 금전적 자원을 가지고 비정교회적, 이교적, 종파적인 전도자들이 적극적인 '선교' 혹은 선전 활동을 하고 있다. 이러한 모든 전도자들은(우리 청년들의 교육과 훈련의 주최자들조차도!) 이에 대한 적법성을 주장한다. 그렇다고 하여도 판단을 위한 법적 수준은 알다시피 매우 낮다. 사법이라는 것은 도덕적 의무의 최소한의 경계로서, 이것이 지켜지지 않거나 이러한 수준을 넘어서면 인류는 이미 동물의 단계로 하락할 수 있다.

역사, 세계관, 문화적으로 그리고 정신적 구조와 존재적으로도 이러한 전도 방법은 우리의 정교회를 대체할 수 없다. 이미 우리 민족은 1,000년 동안 바로 그런 정교회 안에서 성장했고 살아왔다. 따라서 지금 우리가 정교회로부터 이탈하는 것은 적절하지 않다. 21세기 다가오는 새로운 유혹 속에서 정교회를 순수하고 사려 깊게 적용해야 한다.

오늘날 완전하지는 않지만, 러시아에서 전통적인 종교를 보호하기 위한 국가의 소심한 정책이 언론의 분노를 불러일으켰다(《자유》방송국이 기뻐하며 반복해서 방송하고 있다). 그러나 모든 종교에 대해 반대하는 것이 아니고, 무신론을 보여주고자 하는 것도 아니다. '국가 전체의 정교화'와 '조잡한 정교회'가 우리를 위협하고 있다며 정교회에 대해서만 반대를 한다. 또한 "주교가 체계적으로 총주교와 내무부를 유착시킨다"라고도 한다. 교회는 "전체주의를 마치 모유처럼 빨아들이고", "사회적 인식을 퇴보시키는 지렛대 중의 하나"이며, "스캔들이 될 폭로"와 "교회와 범죄 조직과의 결탁을 배제할 수 없다"라는 예상도 있다. 도대체 무슨 말인가! 지나치게 건방진 생각이고, 그러한 생각이 오늘날 러시아 언론의 고급스러운 문체 속에 숨어 있다. "총주교에게 첫날밤의 권한"이 주어졌다거나 "오늘날 우리를 다스리는 것은 옐친이 아니라 알렉세이 2세다"라는 말도 있다.

모든 것이 감춰져 있던 시절 붉은 말발굽을 피했던 사람들은 오늘날 많은 것이 공개되자, 현재의 러시아에서 정교를 비웃고, 불완전한 믿음을 조롱한다. 그러나 그들에게서는 말발굽에 짓이겨진 수만 명의 순교자들에 대한 존경심은 찾아볼 수 없다. 루시와 기독교의 1,000년의 단절은 혼란스럽다.

그러나 무엇인가를 생각하고 추구하고자 하는 주교와 사제의 상황은 더욱 어렵다. 교회라는 형식으로 두 차례 1,000년을 가둘 수 없고, 그러한 형식 자체는 급격하게 변하는 격동의 세기에 발전하고 다듬어질 필요가 있기 때문이다. 이미 생각이 굳어버린 사제들이 계속해서 이들을 '진정시키거나', '만류할 수' 있을까? 공개적인 논쟁, 허리를 곧게 펴는 사제의 행동은 '영적인 반란'으로 평가되고, 중요한 것은 이로 인한 외부의 격렬한 공격이 결코 바라지 않는 교회의 분열을 초래한다는 것이다. 교회의 폐쇄와 마비가 이러한 결과를 낳을 수 있다는 위험한 가능성이 우려스럽고 괴롭다.

오늘날 붕괴되고 압박받아 당황하고 타락한 러시아에서 정교를 통해 영적으로 강화하지 않으면 결코 스스로 두 발로 설 수 없다. 우리가 그저 무의미한 무리가 아니라면, 연대를 위한 마땅한 기반이 필요하다. 우리 러시아인들은 묵묵하고 꾸준히 정교의 영적인 선물을 보존해야 하지만, 우리가 잃어버리고 있는 마지막 선물이 무엇인지 이미 알 수 있다.

황제의 주권이 아닌 정교회가 러시아 문화의 형태를 만들었다. 우리의 가슴속에 그리고 관습과 행동에 보존되어 있는 정교회는 부족의 사고방식보다 더 강하게 러시아인들을 통일시킬 수 있고 정신적인 가치를 견고하게 할 것이다. 만약 향후 수십 년 동안 인구가 감소하고, 영토가 줄고, 국가 조직을 잃게 된다면 우리에게 영원히 남는 유일한 하나는 바로 정교회 신앙이고, 정교회에서 비롯된 고귀한 세계관일 것이다.

33. 지방 자치

실제로 사람들의 일상은—5분의 4 혹은 그 이상—국가 전체적인 사건이 아니라, 지역 이슈에 따라 달라지게 마련이다. 즉, 삶의 방향은 지방 자치에 달려 있다. 서방 국가들은 바로 그런 방식으로 삶을 조절한다. 지방 자치의 결정에 모두가 참여할 수 있는 효율적인 방식을 통해서 말이다. 그러한 절차가 민주주의이다.

그런데 우리 의회는 어떠했는가? 1917년 초기부터 의회(혁명 전 젬스트보의 왜곡된 형태)는 모든 국민의 대표 기관이 아니라, 계층 위에 군림하는 또 다른 계층(노동자, 군인)의 독재적인 기관으로 정치적인 목적을 위해 만들어졌다. 그 이후 혁명 과정에서 의회는 이러한 역할조차 상실한 채 공산당 권력의 장식품으로 전락했다. 의회는 지방 정당 기관뿐 아니라 하향식 '소비에트 수직 구조'와 중앙 '소비에트' 기관에 복종했고, 이로 인해 지방은 자주적 활동의 마지막 형체마저 박탈당했다.

1991년 8월 대변혁 당시 민주적 국민 지방 자치, 즉 '작은 지역의 민주주의'를 실현할 수 있는 최고의 기회가 있었다. 1993년 10월 의회가 해산한 당시에도 그 기회가 없어진 것은 아니었다. 그러나 중앙 정부는 이를 위해 어떠한 행동도

하지 않았고, 그들의 머리는 다른 계산을 하기에 바빴다. 최초 지방 자치 시도는 정당과 합동 전선의 경쟁으로 인해 시들해졌다(1991년부터 크라스노야르스크에서 공산주의자들과 '러시아 선택'당의 민주주의자들이 합동 전선을 벌였다. 비단 크라스노야르크에서만 그랬던 것은 아니다).

그런데 국가 두마는 합법적인 길과 재정을 제공해줄 수 있는 지방 자치 법안 마련에 무심하게 제동을 걸었다. 그들이 무산시킨 법으로 인해 이러한 가능성이 사라진 것이다. 잘 알다시피 1993년 헌법 제12조에는 '지방 자치와 그 독립성이 인정 및 보장'되며, 이는 '국가 권력 체계에 포함되지 않는다'라고 명시되어 있다. 그렇다면 그것을 보장해야 하나 그렇지 않았다! 지방 자치와 유사한 기관이 설립되더라도, 이는 국가 통치 부속 기관에 불과했다. (한편으로는 건설되지도 않은 지방 자치를 경솔하게 흉내 내면서, 국가 권력은 주지사, 그다음에는 지방이나 지역 행정가들의 선출을 허용함으로써 독자적인 수직 구조를 위험하게 파괴했다. 중앙 정부가 오늘날처럼 마비된 상황에서라면, 아마도 지방에서 삶에 안정과 활기를 불어넣어 줄 수 있겠지만, 이것은 임시방편일 뿐이다. 어느 정도 장기적인 시각에서 보면, 이로 인해 국가의 단일 통치가 위협받고, 분리주의자들에게 기회를 주며, 결국 몰락으로 이어질 수 있다. 이것은 진정한 국민 자치에 대한, 국민의 통일된 운동에 대한 두려움으로 인해 말도 안 되게 치러야 하는 대가이다.)

당연히 그렇다! 국민 자치로 가는 길은 법적으로 보장해야 한다. 그러나 의회가 해산되고 5년이나 기다려도 안 된다면 얼마나 더 기다려야 할까? 빨리 이루어질 것이라고 생각하지도 않지만, 만약 된다고 해도 지방 재정이 축소되거나 없어진 상태일 것이다. 특정 지방에서 국민의 고통을 더 잘 듣고 생각하는, 보다 합리적이고 감수성이 있는 주지사들이라면 아마도 더 폭넓은 지원을 요청할 수 있다.

그러나 국민의 일상적인 이해관계가 달린 지방 자치의 길이 열리지 않는다고 해도, 이러한 의지를 잃지 않은 사람들은 요지부동의 중앙 정부의 해법을 기다릴 것이 아니라, 직접 행동에 나서야 한다! 중앙 정부가 이를 깨닫는 것은 요원하기 때문이다. 오늘날 러시아에서는 안 된다고 하면 그만이라는 식으로 많은 것들이 거부되고 있다.

지방의 개별적인 문제들을 끈기 있게 해결해나가는 것부터 시작해야 한다. 이를 위해 일상생활의 관심사인 생활이나 직업, 문화 분야에서 발생하는 모든 문제와 관련하여 연합해야 한다. 적극적인 사회, 직업, 문화 그룹들로 연합해야 한다. 어디서든 적은 숫자라도 모인다면 단기 혹은 장기적으로 행동해나가야 한다.

수요가 없어졌다고 하면 지나친 말이겠으나, '충격적인' 개혁의 빗자루로 인해 옆으로 밀려나 가난에 방치된 지방 인텔리겐치아들이 가장 바라는 것은 지방 자치이다. 알다시피 인텔리겐치아는 정직하고, 교양 있고, 근면하며, 헌신적일 만큼 이상적이고, 공감 능력이 많으며 혁명 전 선배들의 직계 후손인 러시아의 독특한 자산이다.

문화, 교육, 보육, 전문, 향토, 환경, 토지, 원예 등 지방에서 생겨나는 모든 센터, 부문, 자치 활동, 이 모든 것은 지방 자치의 실질적인 시초이고, 지방 자치의 미래 구성 요소이다. 공동의 노력으로 힘을 합치고, 지방의 삶을 현명하고 살리는 방향으로 돌려야 한다. 많은 지도부와 수많은 법령이 우리를 혼란으로 몰고 갔던 것과는 다르게. 합법적 지방 자치 선거가 가능하기 전이라도 우선 단결해야 한다.

우리는 그럴 능력이 없다고 반박할지 모른다. 실제로 우리 국민은 정의감이 약한 것이 사실이다! 그러나 국민들은 지금 처해 있는 고난으로 인해 스스로의 정의감을 키워갈 것이다. 국민 자치를 위해 투쟁하는 과정을 겪으면서 그러한 정의감이 굳건해질 것이다. 모든 것을 완성된 형태로 빠른 시간 내에 만들 수 없다. 결코 그렇지 않다. 시도를 계속하면서 단계별로 접근해야 한다.

그런 능력이 있는 사람이 어디에 있냐고 반박할 수 있다. 그러나 과연 권력층에 능력 있는 사람이 많았을까? 그러나 재정적인 기반 없이 어떻게 지방 자치를 설립하고, 어떻게 새로 태어난 자치 기관에 재정적 독립성을 보장할 수 있냐며 더 날카로운 반론을 제기할 수 있다. "세금을 내지만, 우리 지방을 위해 우리에게 남는 것이라곤 아무것도 없다"라는 말은 어디를 가나 듣는다. 지방 재산, 기업, 생업, 무역, 엔터테인먼트 시설, 관광에서 걷어지는 세금은 지방을 위해 사용할 수 있도록(지방에서 제멋대로 사용하는 것이 아니라, 합법적으로) 남겨 두어야 한다. 또한 돌이나 점토, 수자원과 같은 것은 지방의 자산으로 세금을 걷지만 지하 매장물이 아니다! 예를 들어 국가 전체의 지하자원이나 숲은 운 좋은 특정 마을, 지역, 지방, 자치 공화국에 속한 것이 아니다. 그것은 사실이 아니다! 그러한 자산은 국가에 속하는 것이다. 특별법을 제정하여 이러한 자산이 지방 소유가 되는, '사유화된' 선물을 주는 것을 막아야 한다.

그리고 마지막으로 신흥 부호 모두가 분별력 없는 늑대의 심장을 가진 것은 아니다. 그들 중에는 루시에서 항상 그랬던 것처럼 자선을 베푸는 사람들이 있다. 새롭게 성장한 기업인들 가운데에도 자선 활동을 통해 좋은 일을 하는 선한 사람들도 있다. 그러나 또 다른 사람들은 그 일을 내일로 미룬다. 러시아의 운명에 책임감을 느끼는 사람들 중에는 우리의 교육, 문화, 그리고 더 넓은 영역에서 질적으로 영향을 미칠 수 있는 많은 가능성을 가진 사람들이 있다. 모든 국민이 완전히 하나가 되어 행동하는 경우는 없으니 모든 국민에게 즉시 요구할 것이 아니라, 사고하고 행동하도록 기다려야 한다. 강은 연못으로부터 시작된다. 다양한 개별적인 문제들은 교차하다 합쳐지고, 결국 전체적인 하나의 흐름으로 모이게 된다.

러시아 중앙 정부가 공식적으로 통치 능력을 상실한 이 어려운 시기에 열정적이고 적극적인 국민의 참여 없이 러시아를 구하는 것은 불가능하다. 우리가 만약 자치 조직을 준비하지 않는다면, 그 누구도 원망할 수 없다. 우리가 어떠한 가치를 지니고, 어떠한 운명에 처할지를 결정하는 우리 스스로에 대한 검증이다.

34. 젬스트보의 수직 구조

지방 자치는 단계적인 젬스트보 조직 설립에 있어 향후 기반이 될 수 있다. 거대하고 다양한 러시아에서 중앙 정부 권력은 하향식으로, 국민의 복지를 보장할 수 없다. 상향식의 영향이 불가피하다. 4세기 전 이미 모스크바 루시에서는 지방(마을, 지역)과 상위 권력 기관 사이에 협의문이 존재했다. 지방은 어떠한 의무를 이행해서 정부에 전달해야 하고, 반대로 정부는 어떤 의무가 있는지에 관한 것이다. 공개된 문서는 상당히 놀랍고 오늘날에도 배울 점이 있다. 이미 400년 전에 우리가 얼마나 선견지명이 있었고, 책임감이 있었으며 서로에 대한 신뢰가 깊었는지 알 수 있다. (오늘날 정부가 그런 문서에 서명했다고 한들 과연 이행할지 의문이다.)

이미 16세기 러시아에는 지방 자치 기구인 젬스트보가 존재했다. 젬스트보는 페테르부르크 왕조 시절에 사라졌다가 알렉산드르 2세 시기에 부활했고 바로 혁명 직전까지 활발하게 운영되었다. 이러한 국민들의 자주적인 활동은 볼셰비키들에게 방해가 되었고, 그들은 도처에 있던 젬스트보를 즉각 해산시켰다. (국민들의 역사에 대한 기억이 흐려졌고, 수십 년 동안 겪었던 공포가 너무 커서 "이게 무엇인가? 이게 젬스트보라는 것인가? 혹시 집단농장처럼 우리를 그곳으로 몰아넣는 것은 아닌가?"라고 말할 정도다.)

젬스트보란 그 지역에 살면서 일하는 모든 사람들의 연합이다. 이 연합은 정치, 정당, 민족적인 색채가 없고, 그것의 영향을 받지도 않는다. 그렇지 않으면 그 의미와 명분이 퇴색된다. 젬스트보는 국민 자치 형태로, 모든 단계에서 국민의 이해와 요구에 생생하게 대응한다. 이러한 체계는 표준화된 의회 정치나 현존하는 정치화된 선거 제도와는 확연히 구별된다. 진정성 있고, 국민을 대표할 자격이 있으며, 그들을 뽑아준 지역민들에게 항상 책임감을 느끼는 사람들에게 길을 열어준다는 점에서 그렇다.

젬스트보는 시민들의 목소리를 기계적으로 수치화하여 의사 결정을 하는 것이 아니라, 해당 지역에 대한 기여도에 따라 대표적인 사회단체들의 이해관계와 의견을 질적 대조하여 수렴한다는 점에서 원칙적인 차이가 있다. 이것은 현대 정치와는 차이가 있지만, 옛날 토론을 통해 결정했던 러시아 전통과 일치한다. 마을 공동체에서부터 전 러시아 대표부에 이르기까지 투표수가 아닌 주장의 정당성이 고려됐다. 독특한 의견이라도 투표의 결과에 의해 억압해서는 안 되고, 단순히 과반수만을 위한 것이 아닌 다른 방법도 찾아야 한다. 당연히 이를 위한 첫 번째 조건은 호의적인 상호 관계와 다른 이의 말을 듣고 이해하는 능력이다. 이러한 조건이 지켜지지 않는다면 시작해서도 안 되고, 결코 좋은 결과를 기대할 수도 없다.

젬스트보는 지방 재정 분배를 위한 전권을 가지고 있다. 지방 교육 시스템, 의료, 자연 보존, 사고, 농업, 토지 개발, 도로 및 주택 건설, 원조, 향토 연구, 발생한 사건의 통계학적 연구, 그 외에도 수십 개의 유익한 분야로 분류되어 사실은 정부 수직 구조의 행정 기관으로서의 권력이라기보다 치료, 회복, 교육을 위한 기관이고, 동시에 시민들의 합리적이고 실질적인 힘을 위한 공간을 열어주는 설득력 있는 기관인 것이다.

현 조건에서 젬스트보는 모든 이주의 형태를 고려한 것이므로, 대도시에서 국민 자치를 어떻게 이룰 수 있는가에 대한 의문이 제기될 수 있다. 우리가 바로 제안할 수는 없지만, 부족한 점이 있다는 것을 인지하고 있고, 이를 위해 별도로 근본적인 연구가 필요하다. (주택사무소장부터 뽑아야 하는지, 가구, 구역, 거리 위원회 선출부터 해야 하는지에 대한 것부터 시작해서 다양할 것이다.)

현재 지역-군-주-전 러시아라는 4단계의 지방 자치가 유기적으로 연결되어 있다. (군은 정립된 러시아 단어로서 의미가 명확하다. 오늘날 일반적인 행정 구역을 생각하면 되지만, 도시의 '구'나 '동'과는 차이가 있다.)

지역 젬스트보(시골의 '농촌 소비에트' 그룹이나 크지 않은 마을) 선출 시 주민들의 출신이 동일하기 때문에 공정성을 위반하지 않고 보통 득표 수로 결정하는 투표가 이루어질 수 있다. 그러나 이미 군 단위로 가면 주민들이 종사하는 일과 사회적 관심사가 달라지기 때문에 군 단위의 젬스트보에서는 그중 주요한 사안을 제시해야 한다. 이것은 예로부터 유명한 계급 조합 기구인 '쿠리'를 통해 이뤄질 수 있다. 동일한 출신의 유권자 그룹이 자신의 대표를 선거 기관으로 보내는 것이다. 하급 젬스트보에서는 (유급) 단체장과 2명의 (무급) 간부로도 충분하다. 군에서는 그 지역의 특수성에 따라 군 젬스트보 회의 위원 수를 정한다(그들은 참가비를 받는 것도 아니고 관료도 아니지만, 지역 복지를 위해서 활동한다. 그리고 집행 기관과 젬스트보 자치회는 최소 인원의 무급 직원으로 구성된다). 주 젬스트보 회의(현재의 주 정부 기관과는 다르다. 의원들은 집행 기관의 재정으로 구성되므로 해당 기관에 종속된다)와 주 젬스트보 자치회도 마찬가지이다. 젬스트보 기구 자체가 젬스트보 예산에 과중한 부담을 지워서는 안 된다.

이를 위해서는 조건이 있다. 자신의 지역을 살리기 위해 시간과 노력을 들여 희생할 수 있는 청렴한 사람들을 과연 찾을 수 있을까 하는 것이다. 만약 찾지 못한다면 우리는 국민으로서 가치를 잃게 되고, 무기력하게 모든 고민을 남겨둘 수밖에 없다.

모든 지역에서는 그들의 전통과 의견에 따라 유권자로서 책임을 다할 수 있는 투표권, 그리고 피선거권을 위한 최소 연령과 최소 거주 기간 등의 젬스트보 참여 조건이 정해진다. 지금처럼 이주가 활발한 상황에서 해당 지역 거주 및 정착 기간은 상당히 중요한 조건이다. 그리고 여러 회의나 서한을 통해 만일의 사태에 대비한 의원 소환 절차를 간소화하자는 제안도 들어오고 있다. 이와 같은 절차 그 자체가 국민들이 가장 효율적으로 통제할 수 있는 방법이다.

이러한 젬스트보 시스템은 복잡한 민족 문제를 근본적으로 해결한다. 즉, 오늘날 많은 자치 정부나 주류 소수 민족에게서 나타나는 것처럼, 실질적인 초국적성으로 인해 민족적 특징에 따라 통치자를 선발하는 관례를 없애고 있다. 반대로 특정한 민족이 밀집해서 거주하는 지역에서는 주로 그 민족에 의해서 지방 자치가 자연스럽게 형성된다. 이처럼 충분한 근거를 갖춘 진정한 민주주의 그 자체는 민족 간의 긴장을 해소한다. 민족적 특징에 따른 특혜나 결집은 이러한 젬스트보의 원칙을 훼손한다. 민족적인 창의력은 어디를 가나 종교, 문화, 교육, 학교에서 자신의 고유성을 보존한다. (공간적으로 넓게 흩어져 사는 시베리아 북방의 소수 민족은 독특한 삶의 방식만으로도 자신들의 독자적인 자치를 만들어낼 것이다.)

지원이 없거나 권력 기관의 반대와 재정난으로 인해 퇴색된 곳이 있긴 하지만, 최근 들어 젬스트보의 움직임은 이미 러시아 전역에서 자발적으로 시작되었다. 젬스트보가 실제로 설립되기 시작한다면, 그로 인해 지방에는 현재로는 아직 예측할 수 없지만, 전반적으로 (이미 존재하고 있는 러시아 지방 자치 운동과 몇몇 로컬 지방 자치 연합처럼) 분명히 감지되는 새로운 위험 요소들이 도사리고 있다. 첫 번째 위험 요소는 정당과 특정 정치인들이 젬스트보 운동을 선거의 예비 자원처럼(그러한 징후가 이미 나타나고 있다) 사욕을 위해 악용한다는 점이다. 두 번째는 허위 젬스트보 운동을 만들고, 다른 목적을 위해 젬스트보의 슬로건을 사용한다는 점이다. 세 번째는 폭력과 협박을 가하여 젬스트보 절차에 지역적인 영향력을 행사한다는 것이다. (시베리아에 갔을 때 중앙 선거에서는 후보자를 모르면 실수를 하기 때문에, 지방 선거에서라도 실수하지 말 것을 호소했다. 그러자 지방에서 의견 표시가 더 두렵다며, 모든 것이 드러나 있기 때문에 그것 자체가 압박이라는 대답이 돌아왔다.) 또 다른 위험 요소는 현재의 도덕적 해이 상태에서 지방 자치는 특정 지역에서 전횡의 형태로 나타날 수 있다는 것이다.

젬스트보 시스템의 도입은 인위적으로 어떠한 기간을 선정해서 추진하는 것이 아니라, 나무가 자라듯 천천히 단계적으로 이루어져야 한다. 그 이외에 다른 방법은 없다. 지방 젬스트보가 성공적으로 실현되었다 할지라도, 군 단위, 그다음으로는 주 단위로 그간 시도한 방법들을 확대하고 발전시킬 수 있어야 한다. (젬스트보의 단계적 도입에 대해 이미 『러시아의 재건』에서 제안했다.) 단계적인 시스템 발전을 위해서는 적지 않은 시간이 필요하다. 각 단계마다 과제를 숙지하고, 대표들을 상급 단계로 나눠야 하기 때문이다. (물론, 이에 대해서 다른 시스템과 마찬가지로 "어쨌든 출세주의자와 도둑놈들이 비집고 들어갈 것이 아닌가"라며 반박할 수 있으나 이것은 절망적인 생각이다. 어떤 것도 추구하거나 도입할 필요가 없다면, 손 놓고 낙담한 채 있을 수밖에 없다. 그러나 그렇게 되면 우리는 파멸에 이를 것이다.)

더 먼 미래를 내다보고, 만약 러시아가 젬스트보 지방 자치에서 성공을 거두고 경험을 쌓는다면, 전 러시아 지방 자치 회의(우리 역사에서는 지방 자치 대회에 해당)라는 상위 젬스트보 조직을 만들 수 있다. 다양한 지역의 의식적이고, 청렴하며, 희생적인 지방 자치 경험에 기반한 회의라면 현재 정치화된 의회의 겉모습을 모방하는 것이 아니라, 분명히 국민의 실질적인 의지를 대표할 수 있다. 이렇게 함으로써 실질적인 전권과 활동의 유형에 따른 하향식 방식과 권한은 제한되지만, 윤리적 무게가 더해진 상향식 방식으로 이루어진 젬스트보 권력의 수직 구조를 완성해낼 수 있다. (고대 러시아에는 '황제에게는 권력을, 민중에게는 의견 표출의 기회를'이라는 룰이 있었다.) 만약 진지한 의견이라면, 그냥 지나쳐서는 안 된다. 클류쳅스키에 따르면 모스크바 루시에서 젬스트보 대회의는 황제와 대립하지 않았고, 오히려 협력했다고 한다.

이러한 젬스트보 수직 구조는 정부의 수직 구조와 관계없이(위로는 막강한 권력을 가지고 있으나, 밑으로는 엄격한 심판도 있는), 러시아에서 연합 권력인 국가 젬스트보 조직을 세울 수 있다. 그러나 이와 동시에 중앙 집권화된 통치는 유지되어, 국민의 삶이 실질적으로 그들 스스로에 의해 결정되는 것이다. 지방, 군, 주, 그 상위의 각 단계에서 정부의 수직 구조는 젬스트보의 엄격한 법률 이행 여부를 감시하고, 젬스트보는 중앙 정부에 대해 업무 수행의 정직성과 개방성을 감시한다. 대통령의 권력 또한 젬스트보 상위층의 양심적인 통제를 받아야 할 것이다(현재 우리에게 부족한 것이다). 국가는 위에서 아래로 그리고 아래에서 위로 건설되어야 하는 것이기 때문이다.

35. 저항한다면

현 정권은 자신의 풍요로운 삶에 도취되어 있고, 국민들의 관심 사항은 완전히 무시하고 있으며 그것이 무엇인지 느끼지도 못한다. 향후 국민들이 저항한다 해도 아마 생각하지 못할 것이다. 도덕적 기준은 헌법에 포함할 수 있는 그 어떤 것보다 숭고하다. 통치자의 헌법적 책임은 그의 실수와 실패를 대중이 인정할 때까지 거론되지 않는다.

올리가르히는 돈과 국부를 탈취한 집단이고, 정권 교체에 있어서도 자발적 방식을 용납하지 않을 것이다. 오히려 필요하다면 그동안 강하게 양성했던 수많은 군 세력을 한 치의 망설임 없이 활용할 것이다. 현 정권, 그리고 수십억의 돈을 써 '선거'를 통해서 집권하게 될 사람들이 국민들의 운명을 염려할 것이라는 기대는 헛된 것이다. 그런 일은 없을 것이다. 망상에 젖어 있는 것보다 위험한 일은 없다. 아직 우리에게 남아 있는 올바른 행보조차 빼앗아가기 때문이다.

그렇다면 이러한 블랙홀에서 우리는 어떻게 헤어날 수 있을까? 러시아 전역을 다니면서 수도 없이 들었던 질문이다. 운명에 대해 항복하는 속성을 어떻게 털어낼 수 있을까? 우리 안의 두려움을 어떻게 극복할 수 있을까? 전 세계 역사 속에는 '자유가 아니면 죽음'이라는 용감한 자들의 외침이 수도 없이 울려 퍼졌다. 과연 우리의 운명은 '복종 아니면 죽음…'이라는 탄식밖에 없는 것일까?

그러나 무기로 일을 해결하려고 하면 안 된다. 그것은 결국 우리의 삶을 파괴하고, 국민을 파멸시킬 것이다. 무장한 노래가 아름답게 끝날 수는 없다.

그러나 그것을 모르는 자가 누가 있는가? 아직 버려져 방치되어 있는 자유의 조각들을 활용하지 않을 것인가? 광부들은 정권과 관계없는 '구조위원회'를 만들려고 했다. 아마 그랬을 것이다. 이것은 어쩌면 사람들이 극한에 치달았을 때 할 수 있는 최고의 방법일지 모른다. 아래에서 위로 향하는 우리의 자발적인 행동을 통해서만 우리를 구원할 수 있다.

아, 만약 우리가 평화로운 방법으로 진심으로 연대하고, 전국적으로 분노를 진지하게 표현해서 정부가 자신의 대리석 구유에서 떨며 정신을 차릴 수 있다면. 다른 나라에서는 이러한 방법이 역사의 방향을 바꾸기도 한다.

그렇게 하기 위해서는 지켜야 할 규칙이 있다. 자신이 살고 있는 곳에서, 일하고 있는 곳에서 행동하며 아직 두 손을 움직일 수 있는 한 끈기를 가지고 성실하게 행동해야 한다는 것이다.

36. 건설

현재 러시아 국민의 대다수는 무력감, 약탈, 빈곤에 시달리고 있다. 그러나 이보다 더 무서운 사실을 외면해서는 안 된다. 20세기 오랫동안 러시아 민족이 겪은 역사적인 패배는 정신적·물질적인 영향을 미쳤다. 우리는 1917년에 발생한 국가적 재난으로 수십 년 동안 대가를 지불했고, 이제는 그 재난에서 벗어나기 위해 엄청난 대가를 치르고 있다. 우리가 붕괴시킨 것은 공산주의 체제뿐만이 아니다. 남아 있는 우리 삶의 근간마저 지우고 있다.

인정한다는 것이 수용과 순종을 뜻하는 것은 아니다. 모든 기한이 완전히 끝나지 않는 한 기억한다는 뜻이다. 출구의 방향을 찾고, 이를 위해 힘을 모아야 한다. 이를 위해 가장 먼저 해야 할 일은 바로 우리의 내면을 회복하는 것이다. 경제 위기보다 더 고통스럽고 위험한 것은 정신적인 위기이다. 만약 우리 민족의 영혼이 파괴되도록 방관한다면, 이미 그 민족은 파괴된 것이다. "양심과 믿음이 없다면 러시아 재건을 위해 투쟁할 수 있는 것은 아무것도 없다"(I. A. 일린).

존재가 의식을 규정한다고 수십 년 동안 우리를 세뇌시켰던 원시적인 유물론으로부터 우리가 진정으로 벗어날 수 있다면, 우리는 우리의 미래, 우리 아이들의 미래, 우리 국민의 미래는 경제가 아닌 바로 우리의 의식과 정신에 전적으로 달려 있다는 사실을 받아들여야 한다.

러시아를 약탈하고 팔아버리는 것보다 더 무시무시한 것이 있다. 어떻게 이렇게 잔인하고, 흉악한 종족들과 '새로운 러시아인'이라는 이름을 손에 쥔 탐욕스럽고 더러운 사람들이 우리에게서 나왔을까? 이들은 국민적 재난에도 쾌락을 즐기고 호사를 누리고 있다. 사실 우리의 궁핍보다 더 치명적인 것은 만연한 뻔뻔스러움과 타락한 속성이다. 이것은 우리 사회의 정점에까지 침투했고 각종 텔레비전에서 우리를 향해 쏟아지고 있다.

그리고 손쉽게 매수할 수 있는 이 '킬러들'은 어디서 온 것인가? (신이 자비로 그들을 지칭할 러시아어 단어는 존재하지 않는다.)

이 추락의 끝은 대체 어디인가?

우리 젊은이들은 누구를 본받아야 하는가? 누구를 자랑스러워해야 하는가?

과연 이것이 우리가 수백 년 동안 알고 있던 우리의 모습인가? 과연 '가능하면 더 부유하게!'라는 문구가 우리나라의 전통이었던가? 과연 '개인적인 성공을 위하여!', '어떻게 해서든 성공하면 된다!'라며 우리의 영혼을 훔친 치열한 경쟁이 우리 민족의 특징이었던가? 오히려 그런 자질이 없다는 이유로 수백 년 동안 조롱을 당해온 것이 사실이다.

이렇게 새로운 파괴적인 타락에 조용히 우리 후손들의 영혼을 맡겨야 하는가? 그렇게 된다면 결국 우리 아이들을 빼앗기게 될 것이다! 이미 나이별로 그렇게 되어가고 있다.

우리가 땅에서 잃은 것은 러시아에 있어서 아직 손실이라고 할 수 없다. 모든 것과 단절된 이후 21세기의 상황이라고 할 수 없을 만큼 러시아의 인구는 점점 감소하고 있다. '위대

세기말의 러시아 문제

한' 공산주의를 건설하느라 인구학자들이 '살아 있는 재정착 섬유'라고 부르는 것을 파괴했다. 수백만의 러시아인을 보유한 국가들이 우리를 떠나기 전, 이미 러시아 내에서 바로 러시아를 '전망 없다'고 규정했다. 우리의 근원을 잃어버린 것이다.

우리가 입은 가장 큰 피해는 광활한 땅을 상실한 것이 아니다. 민족의 정신적인 삶은 광활한 영토와 경제적 번영의 수준보다 더 중요한 것이다. 위대한 민족이 되기 위해서 중요한 것은 내적인 개발이지, 외적인 개발이 아니다.

우리에게 마지막으로 남아 있는 것은—매일 빼앗기고, 약탈당하고, 파괴당하는—바로 민족정신이다. 지금도 우리를 약탈하려는 악한 분위기가 사방을 뒤덮고 있다.

4년 동안 러시아를 다니며 보고 들은 결과 맹세코 단언할 수 있다. 우리 정신은 아직 죽지 않았다! 그 중심은 아직 깨끗하다! 사람들과 만나면, 내가 아닌, 바로 그들이 오히려 "민족의 영혼을 구할 수만 있다면, 모든 것을 구할 수 있다!"라고 설득했다.

그렇다. 영혼은 그 어떤 파멸의 방향도 바꿀 수 있다. 비록 끝없는 심연의 끝에 있을지라도. 누군가는 믿지 않을 수도 있다. 그러나 아직 정의가 있다고 믿고, 우리 위에 존재하는 높은 힘을 확신하는 사람은 아무리 핍박의 100년을 보냈다 하더라도 러시아인에게 희망이 있다는 것을 믿을 것이다. 희망을 빼앗기지 않았다는 것을.

모든 사람이 스스로가 나무껍질이 아니고, 일어나고 있는 것에 영향을 줄 수 있는 존재라는 것을 느껴야 한다. 용기가 있어야 승리를 할 수 있다. 그렇지 않다면 누가 할 수 있겠는가? 우리의 자녀들? 손자들? 과연 그들에게는 쉬운 일일까?

우리 스스로가 자신의 운명을 개척해나간다는 사실을 믿지 않는다면 권력자들에게서 어떠한 것도 기대할 수 없다. 지구상에서 완전히 사라지지 않겠다는(이미 그런 위험이 존재한다) 의지가 있다면, 우리 스스로가 자신의 힘으로 현재의 파괴적 시간을 딛고 일어나야 한다. 운명에 지치고 무관심한 우리의 행동을 바꿔야 한다.

어떻게 하면 우리의 고질적인 약점인 사회에 대한 둔감함과 무기력을 극복할 수 있을 것인가?

그러나 모든 약점은 장점의 다른 면이다. 러시아 운명의 엄격한 심판자인 차다예프는(튜체프에게 보내는 편지에서) '우리는 왜 지금까지도 우리의 의미를 깨닫지 못했을까? 당신이 우리 국민성의 중요한 특징이라고 언급했던 자기 부정이 바로 그 이유가 아닐까?'라고 썼다. 아마도 우리의 자기 부정과 또 다른 정신적인 싹들이 세계의 누군가에게는 도움이 되지 않겠는가?

나의 영혼, 나의 가족 그리고 탐욕스럽고 불법적인 욕심을 외면하려는 노력, 이러한 것이 없었다면 어떻게 삶을 지탱할 수 있었을까? 도끼가 있다고 해도 집에 침입한 도둑에게 휘두르지 않으면(그런 일은 없겠지만) 아무것도 이룰 수 없다.

노력 없이는 선을 이룰 수 없다. 노력 없이는 주체적인 개인도 존재할 수 없다. 그 길은 멀고도 멀다. 우리가 한 세기만큼 퇴보했다면, 다시 부상하기 위해서는 얼마의 시간이 필요할까? 우리가 무엇을 상실했는지, 어떤 질병을 앓고 있는지 인식하는 데만 해도 수년이 걸릴 것이다.

우리가 물리적으로 유지되든 그렇지 않든, 수많은 세계 문화 체계 속에서 러시아 문화는 외면적으로나 정신적으로나 유례가 없는 독특한 것이다. 그렇기에 우리가 자신의 얼굴을 잃어버리고, 오랜 역사적 정신을 잃어버리는 것은 적절치 않다. 낯선 것을 들여오다 자신이 가진 소중한 것을 더 많이 잃어버릴 수 있다.

우리는 현 권력을 위해 봉사하는 것이 아니라 조국을 위해 봉사하는 것이다. 조국은 우리 모두의 기원이고, 그 어떤 헌법보다 위에 존재한다. 현재 러시아의 다양한 삶이 어떠한 위기에 처하더라도 우리에게는 지울 수 없는 1,100년의 과거를 가치 있게 만들 수 있는 시간이 있다. 지난 세월은 우리 이전 세대와 우리 이후 세대들의 자산이기 때문이다.

우리가 그들 모두를 배신하는 세대가 되어서는 안 된다.

시간을 관통한 솔제니친의 통찰과 비판 의식에 경의를

『세기말의 러시아 문제』는 노벨문학상 수상자로 우리에게도 잘 알려진 알렉산드르 이사예비치 솔제니친의 평론집이다.

솔제니친은 1918년 12월 11일 러시아인 아버지와 우크라이나인 어머니 사이에서 태어났다. 아버지가 1차 세계대전에 자원입대해 솔제니친이 태어나기 전 사망하여 홀로된 어머니와 솔제니친은 힘든 유년 시절을 보내야 했다. 중고 시절부터 에세이와 시를 쓸 정도로 문학에 깊이 빠졌으나 대학에 입학해서는 물리와 수학을 전공으로 선택했고, 독학으로 역사를 공부했다. 그가 문학과 역사뿐만 아니라 자연과학, 경제까지 넘나드는 광대한 지식을 가질 수 있었던 배경이다. 대학 졸업 후 교사로 잠시 일하던 솔제니친은 2차 세계대전이 발발하자 군에 입대했다. '붉은 별' 훈장을 받을 정도로 전선에서의 업적이 탁월했으나 오히려 이때부터 민생에 대한 관심이 커져 잔혹한 스탈린 체제에 대한 비판의식을 키워 나갔다.

그러다 오랜 친구에게 보낸 편지에 스탈린에 대한 비판 내용을 썼다는 이유로 시베리아 수용소에 수감되어 힘겨운 수용소 생활을 겪게 된다. 그러나 이때의 경험은 이후 『이반데

니소비치의 하루』나 『수용소군도』 등 솔제니친의 이름을 전 세계에 알린 대표 작품들의 소재가 되었다. 1970년에는 노벨문학상 사상 최초로, 작품이 발간된 지 8년 만에 수상자로 선정되어 세계 문학계에 큰 반향을 불러일으켰다.

그의 명성이 전 세계적으로 알려질수록 소련 정부의 탄압도 한층 거세져 이미 출간된 작품이 강제로 삭제 당하거나 도서관에서 모두 퇴출되는 등의 수모를 겪었다. 솔제니친은 작품 활동과 사회 활동을 이어 가기 어려워지자 결국 유럽을 거쳐 미국으로 망명했다. 그는 무려 18년을 미국에서 거주했으나 소련이 붕괴되자 1994년 다시 러시아로 돌아왔다. 어렵게 고국에 돌아온 이후로도 사망할 때까지 러시아 전역을 순회하며 수많은 사람들과 만나 의견을 청취하고 편지를 주고받았다. 이 책의 4부 「붕괴되는 러시아」는 이러한 자료를 바탕으로 쓰였다.

솔제니친은 2008년 8월 3일 급성심부전증으로 사망하면서 파란만장했던 삶의 종지부를 찍었다. 생전 '러시아의 양심'으로 불리던 그가 사망하자 당시 러시아 총리였던 푸틴과 구소련 대통령이었던 고르바초프 등 전현직 명사들과 수천 명의 시민이 그의 운구 행렬에 참여하였고, 당시 메드베데프 대통령은 솔제니친의 장례식에 참석하고자 짧은 휴가를 낼 정도로 그의 죽음을 깊이 애도했다.

솔제니친은 노벨문학상 수상자로 많이 알려져 있으나 사

회에 대한 비판과 충고를 게을리하지 않았던 평론가이기도 하다. 그는 전 세계가 두 진영으로 갈려 극명하게 대립했던 냉전시대에 사회주의와 자본주의를 고루 경험한, 누구보다 객관적이고 균형 잡힌 시각을 갖춘 평론가였다. 이 책을 비롯해 그가 남긴 다수의 책에서 솔제니친의 탁월한 견해와 미래 시대에 대한 선견지명을 발견할 수 있다.

솔제니친은 편협한 민족주의자라는 비판도 적지 않게 받았으나 그의 글을 보면 그가 얼마나 각 민족의 자결과 자유를 중시했는지, 그리고 민족과 국가의 경계를 무시한 소비에트를 얼마나 매섭게 비판했는지 알 수 있다. 강제적으로 그어진 경계에서 벗어나 타민족과 평화를 유지하며 민족 고유의 가치관과 정체성을 발전시켜 나가야 한다는 그의 주장은 오히려 다시금 강대국의 횡포와 무력이 세계 질서를 어지럽히고 있는 오늘날 더 큰 울림을 준다.

마치 지금 우리와 함께 있는 것처럼 시간을 관통한 그의 날카로운 견해와 예측에 감탄하다 보면 그의 부재가 더욱 아쉽게 다가온다. 위대한 작가이자 탁월한 평론가였던 저자의 생각을 다 전하지 못할까 걱정과 긴장 속에서 보낸 시간과도 어느덧 작별을 할 때가 왔다. 평론가로서의 그의 놀라운 식견들이 조금이라도 더 많은 공감과 지지를 얻는다면 여전히 떨치기 어려운 부담과 무게감을 조금은 덜 수 있으리라.

솔제니친은 본문의 문장 문장마다 괄호를 붙여 설명이나 부언을 많이 첨가했다. 그럼에도 낯선 표현과 정보가 적지 않아 역주에 대한 고민을 많이 했으나 저자의 수많은 괄호에 역주까지 더해진다면 독자들의 몰입을 크게 방해할 것이라는 판단에 최대한 자제하였다. 독자 분들이 느낄 불편함에 대해 미리 양해를 구한다.

2020년 10월

유정화

부록 | 용어 해설

고르바초프*(Mikhail Sergeyevich Gorbachyev, 1931~)*
러시아의 정치가로서 구 소련 공산당 서기장과 최초의 대통령(재임 1990.3~1991.12)을 지냈다. 페레스트로이카(개혁)를 추진하여 소련 국내의 개혁과 개방뿐 아니라, 동유럽의 민주화 개혁 등 세계 질서에도 큰 변혁을 가져왔다. 1990년 노벨평화상을 받았으며, 1991년 공산당을 해체하여 소련의 공산 통치사에 마침표를 찍었다.

네셀로데*(Karl Robert Vasilevich Nesselyrode, 1780~1862)*
독일계의 러시아 외교관·정치가. 나폴레옹 전쟁 때는 외교관으로 활약하고 외무장관도 지냈다. 신성 동맹(神聖同盟)의 중심인물로 활약하였다.

니콜라이 1세*(Nikolai I, 1796~1855)*
러시아의 황제. 보수주의자로서 폴란드, 헝가리의 혁명을 진압하고 오스트리아와 연합하여 동유럽에 반혁명군을 파견하기도 했다. 국내에서도 그리스 정교·전제·민족성의 3원칙 하에 철저한 반혁명의 입장을 고수했다. 크림 전쟁(1853~1856년) 중에 사망하였다.

니콜라이 2세*(Nikolai II, 1868~1918)*
로마노프 왕조 최후의 황제로, 재위 기간은 1894년부터 1917년까지다. 1905년의 혁명과 패전에 임하여 국회 개설(開設)을 약속함으로써 겨우 혁명을 억제하였다. 제1차 세계대전 때 니콜라이 니콜라예비치 대공의 파면 뒤 자신이 총사령관으로서 전선의 대본영에 있었으나 전황의 불리, 식량의 결핍에 따른 민중의 불만 및 라스푸틴이 조종하는 대(對) 독일 강화파의 암약 등으로 주전파(主戰派)인 자본가의 신뢰를 잃고, 1917년 2월 혁명이 일어나 퇴위하였다. 10월 혁명 뒤 소련 정부에 체포되어 가족과 함께 총살되었다.

데카브리스트*(dekabrist)*
1825년 러시아 최초로 근대적 혁명을 꾀한 혁명가들. 러시아제국 때인 1825년 12월에 일어난 혁명이기 때문에 12월혁명당원(黨員)이라고도 하며, 러시아어(語)로 12월을 데카브리라고 한 데서 유래한 명칭이다. 자유주의 사상에 영향을 받은 러시아제국의 귀족층인 젊은 장교들이 주도하여 혁명이 일어났다.

레닌*(Vladimir Il'ich Lenin, 1870~1924)*
러시아의 혁명가이자 소련(소비에트 사회주의 공화국 연방)의 초대 국가 지도자. 11월 혁명을 이끌어 최초의 사회주의 국가인 소련을 만들었다. 마르크스주의를 러시아의 상황에 맞게 발전시킨 '마르크스─레닌주의'를 완성했다.

미하일 표도로비치*(Mikhail Fyodorovich Romanov, 1596~1645)*
로마노프 왕조의 제1대 차르로 1613년부터 1645년까지 통치했다. 러시아 국민회의에서 차르로 선출된 이후 동란의 시대가 남긴 참혹한 잔재를 극복하고 국가경제를 정상적으로 복원하기 위해 힘썼다. 대외적으로는 폴란드─스웨덴 침략으로 빼앗긴 영토의 회복과 남부 국경 지대의 국방력 강화에 집중했다.

벨라베자 조약(Belovezha Accords)
냉전시대 소비에트 사회주의 연방공화국의 69년의 역사를 끝내고 유라시아에 평화 민주주의 체제 전환을 이끌어낸 조약. 1991년 12월 8일, 러시아, 우크라이나, 벨라루스의 지도자들이 비스쿨리 근처의 한 시골 저택에서 벨라베자 조약에 서명했다. 그 조약에는 이렇게 적혀 있었다. "1922년 연방조약에 서명한 소련의 창립국인 우리 벨라루스 공화국, 러시아연방 그리고 우크라이나는 소련이 국제법의 적용 대상이자 지리적 정치적 실제로서 더 이상 존재하지 않음을 밝힌다." 이 조약에 서명함으로써 소련은 해체의 길을 걷는다.

볼셰비키(Bolsheviki)
다수파라는 뜻으로, 1903년에 제2회 러시아 사회 민주 노동당 대회에서 레닌을 지지한 급진파를 이르던 말. 멘셰비키(Mensheviki, 소수파)와 대립하였으며, 1917년 10월 혁명을 지도하여 정권을 장악한 뒤 1918년에 당명을 '러시아 공산당'으로 바꾸었고, 1952년에 다시 '소비에트 연방 공산당'으로 바꾸었다가 1990년에 소련의 해체와 함께 해산되었다.

브레즈네프(Leonid Ilyich Brezhnev, 1906~1982)
공산당 제1서기 · 소련 공산당 중앙 위원회 정치 국원, 제2차 대전 직후부터 공산당 안에서 이름을 나타내기 시작하여 1960년 소련 최고 회의 간부회 의장의 자리에 앉았다. 1964년 7월에 최고 회의 간부회 직을 사임하고, 1964년 흐루쇼프 실각(失脚) 후 미코얀 · 코시킨과 함께 3인 지도 체제를 이루고 독재 정치를 하였다.

스탈린(Joseph Stalin, 1879~1953)
소련 공산당 서기장(1922~1953)과 국가평의회 주석(1941~1953)을 지냈던 소련의 독재자. 국제사회의 차가운 주시와 우려 속에서도 소련을 세계 주요 강대국으로 변모시켰다. 공업화와 더불어 농업을 강제로 집단화했으며, 철저한 경찰 테러에 의해 그의 지위를 확고히 했다. 2차 세계대전 동안에는 독일을 패배시키는 데 한몫했으며, 소련의 지배권을 동유럽의 여러 나라로 확대하기도 했다. 한마디로 그는 소비에트 전체주의의 최고 설계자였다. 이 과정에서 개인의 자유는 말살되었고 생활 수준도 나락으로 떨어졌지만 강력한 군사력 배양으로 세계를 핵무장의 시대로 이끌었다.

스톨리핀(Pyotr Arkad'evich Stolypin, 1862~1911)
1904년 4월 내무장관에 임명되고, 7월 총리까지 겸임하였다. 1905년의 혁명과 입헌제 발족의 뒤를 이어, 치안을 총동원하여 혁명운동은 물론, 조합운동·자유주의운동까지도 탄압하면서, 국회 해산 및 비입헌적 선거법 개정 등으로 이른바 6·3체제를 확립하여 여당 세력의 우세를 지켰다. 또한 1906~1911년, 농민들의 공동체 이탈과 경작지의 집약(集約)을 승인하는 한편, 건전한 자작농 육성을 위한 제반시책을 전개함으로써 정부에 대한 지지층 확대에 노력하였다. 이렇게 일련의 부르주아지적 개혁을 꾀하는 가운데, 1911년 9월 연극 관람 중 이중첩자에 의하여 암살되었다.

스톨리핀 토지개혁(Stolypin land reform)
농민들이 개인적으로 땅을 소유할 수 있도록 허용한 러시아 제국 정부의 조처(1906~1917). 그 목적은 부지런한 농민들이 자신의 땅을 갖도록 권장하여, 궁극적으로 부유하고 보수적인 농민 계층을 육성함으로써 농촌을 안정시키는 한편 독재정치 지지 세력을 확보하는 데 있었다.

안나 이바노브나(Anna Ivanovna, 1693~1740)

러시아 제국의 여제(재위 1730~1740년)로, 로마노프 왕조의 4번째 군주다. 그녀는 표트르 1세의 외교 정책에 따라 쿠를란디야(지금의 라트비아 서부 지역, 게르만계 공국)의 공후 프리드리히 빌헬름과 결혼하여 러시아를 떠나 살았다. 이후 표트르 2세가 후사 없이 사망하자 추밀원 회의에서 여제로 추대되었다. 즉위 후 쿠를란디야 출신의 비론 공작에게 정사를 맡긴 채 유희와 향락으로 시간을 보냈다. 재위 10년 만인 1740년 갑작스럽게 발작을 일으킨 여제는 태어난 지 2개월밖에 되지 않은 이반 안토노비치(언니 예카테리나의 손자)를 후계자로 지명하고 사망했다. 안나 여제의 재위기에 러시아는 이방인들이 국정을 농단함으로써 쇠퇴일로를 걸었다.

알렉산드르 수보로프(Alexander Vasilievich Suvorov, 1729~1800)

러시아 제국의 군사령관이자 러시아에서 국민 영웅으로 여겨지는 인물이다. 그는 러시아를 비롯한 여러 국가에서 훈장과 칭호를 받았다. 수보로프는 '승리의 과학'이라는 그의 군사적 매뉴얼로도 유명하다. 몇몇 사관학교와 기념물, 마을, 박물관과 훈장이 그를 기리기 위해 만들어졌다. 그는 그가 지휘한 전투에서 패배한 적이 없었다.

알렉산드르 1세(Alexander I, 1777~1825)

1801~1825년까지 재위한 러시아 황제. 대학의 신설과 근대적인 교육제도의 도입, 성제(省制)의 실시를 중심으로 한 행정 개혁을 단행하였다. 파리에 입성하여 빈회의와 신성동맹의 결성에 큰 역할을 하였고 폴란드왕국의 국왕과 핀란드대공을 겸하였다.

알렉산드르 2세(Alexander II, 1818~1881)

니콜라이 1세의 장남인 알렉산드르 2세는 1855년부터 1881년까지 러시아 제국의 '대개혁기'를 이끌었다. 사회 전반에 걸친 개혁 정책으로 크림 전쟁을 통해 확인된 러시아의 후진성을 극복하고자 했다. 특히 농노해방령을 공포하여 농노제를 폐지하였고 이로 인해 '해방자'로 추앙받았다. 1881년 3월 혁명 세력의 폭탄 테러로 사망했다.

알렉산드르 3세(Alexander III, 1845~1894)

1881년 3월 14일~1894년 11월 1일까지 러시아 제국의 황제로 재위했다. 로마노프 왕조 중에서 가장 보수적인 황제로 지주토지은행을 창설하고 경찰권의 강화, 대학 자치제의 박탈 등 자유주의적 조치를 대폭 제한하였으며 반유대법과 대러시아화 정책을 감행하였다. 러시아-프랑스 동맹을 맺었고 시베리아철도를 착공하였다.

알렉세이 미하일로비치(Aleksey Mikhailovich, 1629~1676)

제정 러시아의 황제(재위 1645~1676년). 우크라이나를 병합하고 농민의 농노화를 추진하였으며 라진의 반란을 진압하였다.

엘리자베타 페트로브나(Yelizaveta Petrovna, 1709~1762)

1741년부터 1761년까지 러시아 제국을 다스렸다. 로마노프 왕조의 6번째 군주로 표트르 1세와 예카테리나 1세의 딸이며, 궁정 혁명으로 제위에 오른 인물이다. 1741년 11월 25일 밤 페레오브란젠스크 근위대를 앞세워 궁을 장악한 그녀는 이반 6세를 하야시키고 제위에 올랐다. 여제는 정부 요직을 차지하고 있던 독일계 인사들을 몰아내고, 자신을 지지하는 러시아 귀족들을 측근에 두었다. 엘리자베타 여제는 귀족 정치를 기반으로 국가권력을 강화하는 한편 예술과 교육 분야의 발전을 이루어냈다. 1761년 12월 25일 여제의 사망으로 표트르 1세의 직계 후손은 대가 끊기게 되었다.

예카테리나 1세(Ekaterina I, 1684~1727)
표트르 1세가 죽은 뒤, 근위부대를 이용한 멘시코프 원수 등의 책모로 여황제에 올랐으나
(재위 1725년 2월~1727년 5월) 스스로 정무를 보는 일은 없었다.

예카테리나 2세(Ekaterina II, 1729~1796)
독일 출신으로 표트르 3세의 황후이다. 1762년 궁정 혁명을 통해 남편 표트르 3세를 퇴
위시키고 제위에 등극하여 1796년까지 34년간 러시아를 통치했다. 그녀는 표트르 1세가
이룩한 성과를 이어받아 제국을 확대했고 통치 제제를 근대화했으며, 학문과 예술을 발전
시켰다. 이러한 연유로 독일 출신 이방인임에도 불구하고 러시아사에서 대제로 기록되고
있다.

옐친(Boris Nikolayevich Yeltsin, 1931~2007)
러시아 초대 대통령으로, 1991년 6월 러시아 최초의 직선 대통령이 됐다. 이후 1996년
재선에 승리하면서 연임에 성공했지만, 두 번째 임기가 끝나기 몇 달 전인 1999년 12월
31일 건강상의 이유로 대통령직을 사임하였다. 그는 대통령 시절 구소련 붕괴에 주도적
역할을 담당하고, 러시아 민주주의와 시장경제를 도입하는 데 공헌한 것으로 평가되고 있
다. 반면 국영 석유사 헐값 매각, 체첸 전쟁 실패, 1998년 러시아 루블화 폭락에 따른 국
채 모라토리엄 선언 등 경제위기로 임기 말년에는 그 지지세가 급격히 하락했다.

젬스트보(zemstvo)
러시아 제국의 지방 자치 기구. 1864년 사회적 · 경제적 직무를 수행하기 위해 만든 이 기
구는 제정 러시아에 상당한 자유주의적 입김을 불어넣었다.

주가노프(Gennady Zyuganov, 1944~)
러시아의 정치가, 공산당 위원장. 보리스 옐친 · 블라디미르 푸틴 시대에 러시아 연방 공산
당을 중심으로 하는 극좌 세력을 지도하고, 옐친 정권을 비판했다. 그는 러시아의 1996
년 대선에서 "지금보다 더 안정된 사회"를 슬로건으로 내세웠으나 옐친은 사람들로 하여금
공산당의 정권 장악을 두려워하게 하는 네거티브 공세를 펼쳤으며, 결국 옐친에게 패배하
였다. 그후 2000년, 2008년 대선에서 당선되지 못하였고, 2004년 블라디미르 푸틴 대
통령에 대한 재신임 투표 성향이 강했던 대선에는 불참했으며, 2012년 러시아 대선에 다
시 출마를 선언했으나 낙선하였다.

표트르 대제(Pyotr大帝, 1672~1725)
러시아의 황제(재위 1682~1725). 서유럽화 정책을 추진하는 한편, 터키와의 전쟁과 북
방 정책으로 영토를 확대하여 상트페테르부르크를 건설하고, 육해군의 근대화, 중앙 집권
화, 농노제(農奴制)의 강화와 같은 러시아의 근대화와 강국화(强國化)에 힘썼다.

표트르 표도로비치(Peter Fyodorovich Romanov, 1728~1762)
표트르 1세의 외손자이자, 표트르 1세의 딸인 안나 페트로브나와 홀슈타인 고토르프 공
후 카를 프리드리흐의 아들로 태어났다. 1761년 12월 25일 러시아 황제에 등극한 그는
186일 동안 재위했다. 표트르 3세는 다수의 진보적 법령을 공포하고 귀족들에게 유례없
는 특권을 부여했지만 대외 정책에서의 실책, 정교회에 대한 탄압, 친독일적 성향으로 황

제로서의 권위를 스스로 훼손했으며 사회적 지지 또한 잃게 되었다. 1762년 아내인 예카테리나와 근위대가 주도한 궁정 혁명으로 폐위된 후 사망했다.

푸가초프의 난
예카테리나 2세 치하의 러시아에서 일어난 대농민 반란(1773~1775년)이다. 돈 코사크 출신의 푸가초프(Pugachov)는 스스로 표트르 3세를 참칭하고, 농노 해방·인두세 폐지 등을 주창하며 농민 반란을 일으켰다. 반란은 볼가·우랄 유역에 확대, 스텐카 라진(Stenka Razin)의 반란 이상의 규모가 되었으나, 농민군은 전반적으로 장비가 나쁜 데다 조직과 계획성의 결함으로 정부군에 패했다.

하이다마키 봉기
폴란드 지배하에 놓인 우크라이나의 농민들이 1734년 일으킨 봉기.

흐루쇼프(Nikita Khrushchyov, 1894~1971)
1918년 공산당에 입당했으며, 스탈린 사망 후 권력 투쟁을 통해 1958년 수상에 취임했다. 스탈린의 개인 숭배 사상을 혹독하게 비판하였으며, 서방 세계와 '평화 공존'을 구호로 내세워 세상을 놀라게 하였다. 한편, 중·소 분쟁 및 동구 자유화 운동에 대한 무력 진압의 장본인이기도 하다.

세기말의 러시아 문제

Русский вопрос на рубеже веков

2020년 11월 5일 1판 1쇄 펴냄

지은이	알렉산드르 이사예비치 솔제니친
번역	유정화
펴낸이	김성규
편집	김은경 미순 조혜주
디자인	김동선
펴낸곳	걷는사람
주소	서울특별시 마포구 월드컵로 16길 51 서교자이빌 304호
전화	02 323 2602
팩스	02 323 2603
등록	2016년 11월 18일 제25100-2016- 000083호
ISBN	979-11- 89128- 91- 3
	979-11- 89128- 70- 8 [04890] 세트

* 이 책은 한국문학번역원, 러시아문학번역원의 지원을 받아 출간되었습니다.
* 이 책 내용의 전부 또는 일부를 재사용하려면 반드시 지은이와 출판사의 동의를 얻어야 합니다.
* 잘못된 책은 교환해 드립니다.
* 이 책의 국립중앙도서관 출판시도서목록(CIP)은 서지정보유통지원시스템 홈페이지 (http://www.seoji.nl.go.kr)와 국가자료공동목록시스템 홈페이지 (http://www. nl.go.kr/kolisnet)에서 이용할 수 있습니다. (CIP제어번호: 2020045917)